TRAVEL
무작정
따라하기

홍콩

침사추이 | 센트럴 | 빅토리아 피크 | 몽콕

VOL 1

| 테마북 |

절대 놓칠 수 없는
최신 여행 트렌드

김승남·원정아·김수정 지음

길벗

무작정 따라하기 홍콩
The Cakewalk Series-Hong Kong

초판 발행 · 2024년 8월 28일
초판 3쇄 발행 · 2025년 9월 22일

지은이 · 김승남, 원정아, 김수정
발행인 · 이종원
발행처 · (주)도서출판 길벗
출판사 등록일 · 1990년 12월 24일
주소 · 서울시 마포구 월드컵로 10길 56(서교동)
대표전화 · 02)332-0931 · **팩스** · 02)323-0586
홈페이지 · www.gilbut.co.kr · **이메일** · gilbut@gilbut.co.kr

기획 및 책임편집 · 민보람(brmin@gilbut.co.kr) · **표지 디자인** · 강은경
제작 이준호, 손일순 · **마케팅** · 정경원, 김진영, 박민주, 류효정 · **유통혁신** · 한준희 · **영업관리** · 김명자 · **독자지원** · 윤정아

진행 · 김소영 · **지도** · 팀맵핑, 김향옥 · **교정교열** · 조윤희, 박세리 · **디자인** · 한효경, 별 디자인, 도마뱀퍼블리싱 · **광둥어 감수** 여지연
CTP 출력 · 인쇄 · 제본 · 상지사

- 이 책은 저작권법의 보호를 받는 저작물로 이 책에 실린 모든 내용, 디자인, 이미지, 편집 구성은 허락 없이 복제하거나 다른 매체에 옮겨 실을 수 없습니다.
- 인공지능(AI) 기술 또는 시스템을 훈련하기 위해 이 책의 전체 내용은 물론 일부 문장도 사용하는 것을 금지합니다.
- 잘못 만든 책은 구입한 서점에서 바꿔 드립니다.

ⓒ 김승남, 원정아, 김수정

ISBN 979-11-407-1420-9 (13980)
(길벗 도서번호 020253)

정가 19,000원

독자의 1초까지 아껴주는 정성 길벗출판사

(주)도서출판 길벗 | IT단행본&교재, 교과서, 수험서, 경제경영, 교양, 자녀교육, 취미실용 www.gilbut.co.kr
길벗스쿨 | 국어학습, 수학학습, 주니어어학, 어린이단행본, 학습단행본 www.gilbutschool.co.kr

✦✦✦

매거진과 가이드북을 한 권에!
여행자의 준비 패턴에 따라 내용을 분리한 최초의 가이드북
여행 무작정 따라하기

"백과사전처럼 지루하지 않고, 잡지처럼 보는 재미가 있는 가이드북은 없을까?"
"내 취향에 맞는 여행 정보만 쏙쏙 골라서 볼 수 있는 구성은 없을까?"

〈여행 무작정 따라하기〉 시리즈는 여행 작가, 편집자, 마케터가 함께
여행 가이드북 독자 100여 명의 고민을 수집한 후
그들의 불편을 해소해주기 위해 개발 과정만 수년을 거쳐서 만들었습니다.

매거진 형식의 다양한 읽을거리와 최신 여행 트렌드를 담은 테마북
꼭 가봐야 할 지역별 대표 명소와 여행 코스를 풍성하게 담은 가이드북

두 권의 정보와 재미를 한 권으로 담은
여행 무작정 따라하기 시리즈가
여러분의 여행을 응원합니다.

INSTRUCTIONS
무작정 따라하기 일러두기

이 책은 전문 여행작가 세 명이 홍콩 전 지역을 누비며 찾아낸 인기 명소와 함께,
독자 여러분의 소중한 여행이 완성될 수 있도록 테마별, 지역별 정보와 다양한 여행 코스를 소개합니다.
이 책에 수록된 관광지, 맛집, 숙소, 교통 등의 여행 정보는 2025년 9월 기준이며 최대한 정확한 정보를 싣고자 노력했습니다.
하지만 출판 후 또는 독자의 여행 시점과 동선에 따라 변동될 수 있으므로 주의하실 필요가 있습니다.

VOL.1 테마북

홍콩의 다양한 여행 주제를 소개합니다. 자신의 취향에 맞는 테마를 찾은 후
VOL.2 가이드북의 지역과 지도에 체크하여 여행 계획을 짜실 때 활용하세요.

홍콩의 볼거리, 음식, 쇼핑, 체험 등의 다양한 여행 주제를 소개합니다.

- 볼거리·체험
- 음식
- 쇼핑

이 책의 모든 지명은 현지에서 유용하게 사용할 수 있도록 홍콩·마카오 현지 발음(광둥어)을 기준으로 표기했으며, 영어 지명인 경우에는 최대한 외래어 표기법을 따랐습니다. 상호명은 한글 표준어 발음을 사용했으며 홍콩·마카오 현지 발음을 함께 병기하였습니다.

이 책에 사용한 아이콘

MAP 해당 스폿이 소개된 VOL.2 가이드북의 지도 페이지를 안내합니다.

INFO VOL.1 테마북과 VOL.2 가이드북의 해당되는 스폿을 소개하는 페이지를 안내합니다.

찾아가기 MTR 역이나 대표 랜드마크 기준으로 가장 효율적인 동선으로 찾아갈 수 있는 방법을 설명합니다.

전화 대표 번호 또는 각 지점의 번호를 안내합니다.

시간 해당 장소가 운영하는 시간을 알려줍니다.

휴무 특정한 쉬는날이 없는 현지 음식점이나 기타 장소들은 부정기적으로 표기 했습니다.

가격 입장료, 체험료, 식비 등을 소개합니다. 식당의 경우 여러 개의 추천 메뉴가 있을 경우에는 1인당 예산 비용을 알려줍니다.

홈페이지 해당 지역이나 장소의 공식 홈페이지를 기준으로 소개합니다.

VOL.2 가이드북

홍콩의 주요 도시를 세부적으로 나눠 지도와 여행 코스를 함께 소개합니다.
여행 코스는 지역별, 일정별, 테마별 등 다양하게 제시합니다. VOL.1 어떤 테마에 소개된 곳인지 페이지 연동 표시가 되어 있으니,
참고해서 알찬 여행 계획을 세우세요.

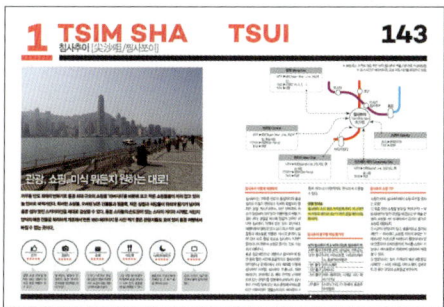

지역 페이지
지역마다 인기 관광지, 쇼핑, 식도락, 나이트라이프, 혼잡도 테마별로 별점을 매겨 지역의 특징을 한눈에 보여줍니다.

교통 한눈에 보기
세부 지역별로 주요 장소에서 그곳으로 가는 교통편을 소요 시간과 함께 자세하게 소개합니다.

여행 한눈에 보기
세부 지역별로 소개하는 볼거리, 음식점, 쇼핑 장소의 위치를 실측 지도로 자세하게 소개합니다. 지도에는 현지 발음과 한자나 영어, 자세한 소개글이 있는 페이지 표시가 함께 구성되어 길 찾기를 편리하게 도와줍니다.

코스 무작정 따라하기
그 지역을 완벽하게 돌아볼 수 있는 다양한 시간별, 테마별 코스를 지도와 함께 소개합니다.

① 모든 코스는 역에서부터 시작합니다.
② 주요 스폿별로 그다음 장소를 찾아가는 방법을 소개합니다.
③ 주요 스폿을 기본적으로 영업시간, 휴무일, 추천 메뉴 등 꼭 필요한 여행 정보만 명시했습니다.
④ 스폿별로 머물기 적당한 소요 시간을 추천합니다.

트래블 인포 & 줌인 세부 구역
그 지역 볼거리, 맛집, 쇼핑, 체험 장소를 소개합니다.
밀집 구역은 줌인 지도와 함께 한번 더 소개하여 더욱 완벽하게 동선과 위치를 파악할 수 있게 도와줍니다.

지도에 사용된 아이콘
- 관광 안내소
- 관광 명소
- 음식점
- 쇼핑 명소
- 위락 시설
- 호텔
- MTR 라인
- MTR 출입구
- 버스정류장
- 택시 승차장
- 주요 시설

CONTENTS

VOL.1 테마북

INTRO

8	작가의 말
10	홍콩 국가 정보
12	홍콩 지역 한눈에 보기

STORY

14	유래
15	역사
16	경제 · 도시
17	종교 · 야경
18	음식 · 영화
19	쇼핑 · 날씨 & 공휴일
20	홍콩, 언제 가면 좋을까?
22	홍콩에서 꼭 봐야 할 볼거리 베스트 10
26	홍콩에서 꼭 먹어 봐야 할 먹을거리 베스트 10
28	홍콩에서 꼭 해 봐야 할 쇼핑 베스트 6
30	홍콩에서 꼭 해 봐야 할 체험 베스트 5
32	HONGKONG HOT&NEW 11 2024~2025

PART. 1 SIGHTSEEING

40	**MANUAL 01** 랜드마크
54	**MANUAL 02** 야경 & 나이트 라이프
60	**MANUAL 03** 디즈니랜드 & 오션파크
70	**MANUAL 04** 축제
76	**MANUAL 05** 트램 & 페리 & 이층 버스

PART. 2 EATING

84	맛있는 홍콩 여행을 위해 알아 두면 유용한 정보들
88	**MANUAL 06** 중식
102	**MANUAL 07** 미슐랭 레스토랑
110	**MANUAL 08** 길거리 간식

PART. 3 SHOPPING

112	홍콩 쇼핑 여행을 위해 알아 두면 유용한 정보들
114	**MANUAL 09** 드러그 스토어
116	**MANUAL 10** 슈퍼마켓

VOL.2 가이드북

INTRO

121	무작정 따라하기 1단계
123	무작정 따라하기 2단계
128	무작정 따라하기 3단계
134	무작정 따라하기 4단계
136	홍콩 여행 코스 무작정 따라하기

Area. 1
TSIM SHA TSUI
침사추이 P.142

143	침사추이 교통편 한눈에 보기
144	침사추이 여행 한눈에 보기
146	코스 무작정 따라하기
152	TRAVEL INFO

Area. 2
CENTRAL
센트럴 P.164

165	센트럴 교통편 한눈에 보기
166	센트럴 여행 한눈에 보기
170	코스 무작정 따라하기
182	TRAVEL INFO

Area. 3
VICTORIA PEAK
빅토리아 피크 P.198

199	빅토리아 피크 교통편&여행 한눈에 보기
202	코스 무작정 따라하기
206	TRAVEL INFO

Area. 4
MONG KOK
몽콕 P.210

211	몽콕 교통편 한눈에 보기
212	몽콕 여행 한눈에 보기
214	코스 무작정 따라하기
220	TRAVEL INFO

Area. 5
CAUSEWAY BAY
코즈웨이 베이 P.224

225	코즈웨이 베이 교통편 한눈에 보기
226	코즈웨이 베이 여행 한눈에 보기
230	코스 무작정 따라하기
238	TRAVEL INFO

Area. 6
WAN CHAI
완차이 P.246

247	완차이 교통편 한눈에 보기
248	완차이 여행 한눈에 보기
250	코스 무작정 따라하기
258	TRAVEL INFO

Area. 7
STANLEY
스탠리 P.266

267	스탠리 교통편·여행 한눈에 보기
270	코스 무작정 따라하기
274	TRAVEL INFO

Area. 8
REPULSE BAY
리펄스 베이 P.276

277	리펄스 베이 교통편·여행 한눈에 보기
280	코스 무작정 따라하기
284	TRAVEL INFO

OUTRO

286	DAY-40 무작정 따라하기 디데이별 여행 준비
290	INDEX
296	홍콩 MTR 노선도

PROLOGUE
작가의 말

홍콩 생활자로서 그동안 기록했던 보석 같은 이야기들을 여러분들께 전해 드립니다 - 원정아

우연한 기회에 향기로운 도시, 홍콩으로 흘러들어 와 터를 잡고 십수 년 간 살고 있습니다. 홍콩은 그렇게 저에게 제2의 고향이 되었고, 이제는 홍콩에서의 생활이 더 익숙하기도 합니다. 만 19살 겨울에 떠났던 유럽 여행을 계기로 길 위에서의 생활에 매료되어 일본, 중국, 호주, 동남아 등으로 떠돌아다니며 자유분방하게 살던 제가 이렇게 한 도시에서 직장 생활을 하면서 오래 살게 될 줄은 몰랐습니다. 처음에는 너무나도 작은 도시국가이기에 금세 질려 버릴 줄 알았는데, 시간이 지날수록 흥미롭기만 합니다. 동서양의 분위기를 모두 가지고 있고, 세계 각국의 요리를 즐길 수 있으며 골목마다 다른 모습을 보여주는 팔색조 매력 덕분입니다. 이 책을 통해 여러분과 함께 그 즐거움과 매력을 나누고 싶어서 열심히 발품을 팔고, 협조를 구하고, 사진을 찍고, 글을 썼습니다. 이 책이 부디 여러분이 홍콩에서 행복한 추억을 만들고, 홍콩을 제대로 즐기는 데 도움이 되길 바랍니다.

- 홍콩여행협회(TIC) 공인 홍콩 여행 가이드
- 《우먼센스》, 《엄마는 생각쟁이》 등 잡지의 홍콩통신원 활동 및 기사 기고
- 저서 《마이홍콩》 (재승출판, 2012)
- 네이버 블로그 http://hk_news.blog.me

'여행'이라는 짧은 단어가 주는 떨림과 울림을 독자들과 함께 나누고 싶습니다 - 김승남

2010년 봄. 홍콩으로의 첫 여행 그 마지막 밤에 올랐던 빅토리아 피크에는 한치 앞도 분간하기 어려운 짙은 안개만 가득했습니다. 그토록 기대하던 찬란한 야경은 결국 보지 못했었지요. 다시 돌아 내려오는 피크 트램에서 '언젠가 또 오려고 이러나 보다' 스스로 위로하며 쓰린 속을 달래던 것이 홍콩에 대한 제 첫 기억입니다. 그리고 몇 년 후, 저는 취재라는 목적으로, 또 여행 작가라는 조금은 어색한 신분으로 홍콩을 수도 없이 여행해야 하는 하루하루를 살고 있습니다. 다시 찾은 홍콩에서, 다시 오른 빅토리아 피크에서 그토록 고대하던 찬란한 홍콩의 야경을 결국 마주할 수 있었지요. '언젠가 또 오려나 보다' 했던 그 바람은 결국 그렇게 이루어졌습니다.

- 여행 웹 매거진 (하나투어 겟어바웃, 씨에스타) 여행 기사 기고
- 국내 시도 초청 여행 기사 기고 및 콘텐츠 제작
- 네이버 블로그 http://blog.naver.com/ksn333111
- 저서 《무작정 따라하기 괌》, 《무작정 따라하기 호치민》, 《아이와 함께 호캉스》

여행을 마치고 돌아오는 비행기 안에서부터
또 다른 여행을 꿈꾸고 계획하는 여행중독자 - 김수정

매년 휴가지를 정할 때면 저에게 홍콩은 언제나 1순위였습니다. 그래서 한 번 찾고, 두 번 찾고, 친구와 함께, 엄마와 함께, 어린 딸과 함께, 또 어떤 날은 혼자서 무더운 여름날의 홍콩 거리를 구석구석 거닐어 보기도 했습니다. 혼자만 보기 아까운 흔적들을 메모하고 사진으로 남기면서 점점 더 홍콩의 매력에 빠져들었습니다. 하지만 '여행' 삼아 방문했던 적과는 다르게 '취재'를 목적으로 방문해야 했던 홍콩은 저에게는 전혀 다른 낯섦이었습니다. 그저 즐기고 먹고 쇼핑하며 나만의 여행을 즐기던 때와는 다르게 더 많은 것들을 경험하고 맛보고 구입해야 했으니까요. 처음엔 조금 힘들기도 했습니다. 다 먹지도 못할 음식들을 종류별로 시키기도 하고, 관광객에게 보다 현지인들에게 더 인기 있는 곳들을 무작정 찾아내야 했거든요. 하지만, 어느새 '취재'라는 이름으로 시작되었던 홍콩을 '여행'으로 즐기고 있는 저를 발견했습니다. 매번 먹던 음식만 먹고 보던 풍경만 보던 저에게 전혀 다른 매력을 계속해서 보여준 홍콩에 저는 더 빠져들 수밖에 없었지요. 이 책에는 널리 알려진 홍콩의 뻔한 매력 말고 작가들이 직접 취재한, 아직은 알려지지 않은 홍콩의 구석구석 다양한 이야기가 가득 담겨 있습니다. 제가 홍콩행 비행기 티켓을 구입할 때마다 왜 또 홍콩이냐며 묻는 사람들에게 이젠 <무작정 따라하기 홍콩>을 통해 제대로 된 답을 할 수 있게 되어 다행입니다.

- 3년 연속 네이버 파워 블로거
  https://blog.naver.com/wkwmd81
- KBS <세상은 넓다> 등 각종 여행 TV & 라디오 출연, 여행 관련 웹진 및 잡지 다수 기고
- 세계 주요 도시 관광청 및 항공사와 함께 다양한 여행 콘텐츠 제작
- 저서 <아이와 함께 해외여행 고고씽>, <무작정 따라하기 괌>, <후쿠오카 셀프트래블>, <아이와 함께 호캉스>

조금 더 새로운 책을 완성하기 위해, 더 정확하고 알찬 이야기들을 담기 위해 담당 지역의 거의 모든 골목을 누비고 다녔습니다. 촉박한 시간에 이리 뛰고 저리 뛰면서도, 한 번 걸은 골목을 또 다시 달리면서도, 여전히 부족함을 느낍니다. 홍콩은 참으로 빠르게 변화하고 있는 도시입니다. 처음 취재했던 레스토랑이 출간 즈음에는 문을 닫는 일도 파다했지요. 하지만 그렇기에 홍콩은 매력적인 여행지입니다. 홍콩을 처음 찾는 이에게도, 두 번 세 번 자꾸만 찾는 이에게도 늘 새로운 모습을 보여주니 홍콩은 분명 매력적인 여행지겠지요.

여행 작가라는 거창한 타이틀보다는 여러분보다 조금 먼저 홍콩의 골목골목을 누빈 선배 여행자로서 홍콩을 강력 추천합니다. 새로운 여행 가이드북 <무작정 따라하기 홍콩·마카오>와 함께 더 멋진 홍콩을 발견하게 되길 응원합니다.

마지막으로 취재 여행의 모든 순간을 오롯이 함께하며 홍콩의 골목 골목을 누벼 준 저의 첫 독자 홍지혜, 김온유, 김아인 님께 감사의 마음을 전합니다.

Special Thanks to

한 권의 책이 나오기까지 작가들에게 채찍과 당근을 아끼지 않은 길벗의 완벽주의자 민보람 과장님. 개정판 작업을 위해 밤낮없이 온 힘을 다해준 김소영 님, 한땀 한땀 꼼꼼히 교정과 진행을 맡아 주신 조윤희 님. 오랜 시간 동안 멋진 책을 위해 노력한 디자인팀과 지도 제작팀. 촉박한 마감 기한 내에 미션을 다해 광둥어 감수를 해주신 여지연 님, 여행과 취재 기간 내내 묵묵히 응원해 준 소중한 가족들. 정보 수집에 도움을 준 경진 씨와 두희 씨. 부족한 사진을 보충해 준 경찬 씨와 보라 씨. 취재에 도움을 주신 홍콩과 마카오의 호텔 관계자분들. SKY 100 홍보팀의 Tweety. 쿠폰 요청에 선뜻 응해 주신 GOD와 허유산, 문스프링 풋마사지까지. 도움을 주신 모든 분들에게 마음 깊이 감사의 뜻을 전합니다.

INTRO
무작정 따라하기 홍콩 국가 정보

국가명
중화인민공화국 홍콩 특별행정구
Hong Kong Special Administrative Region of People's Republic of China
中華人民共和國香港特別行政區

1997년 영국으로부터 반환되어 중국의 일부가 되었다. 하지만 통화, 우편, 이민 등 여러 행정 분야에서 자치를 인정받은 자치구이기도 하다.

국기

정식 국기 : 중국 오성홍기

홍콩 시기 : 자형화기
중국의 일부이므로 국기는 당연히 오성홍기를 사용한다. 다만 스포츠 행사 등 독립적인 지위를 가지고 참가할 때에는 홍콩의 시기인 자형화기를 사용한다. 자형화기는 광둥 사람들이 사랑하는 자형화 꽃잎 위에 국기의 다섯 별이 겹쳐진 모양을 하고 있다.

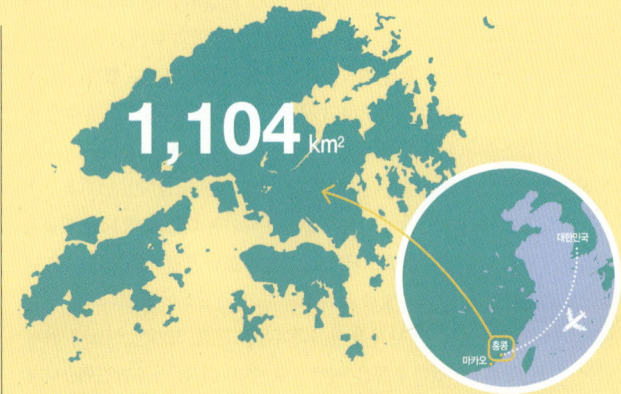

1,104 km²

위치와 면적
면적 : 1,104㎢, 서울의 약 1.8배
홍콩은 중국 본토 남쪽의 광둥성과 남중국해를 면하고 있으며, 면적은 까우롱 반도와 홍콩 섬 등의 면적을 합쳐 1,104km²로 서울시 면적(605km²)의 약 1.8배 정도이다.

거리와 시차
비행 시간 : 3시간 30분, 시차 : -1시간
서울로부터의 직선 거리는 약 2,100km로 비행 시간은 약 3시간 30분 정도가 소요된다. 시차는 1시간으로 서울이 홍콩보다 1시간 빠르다. 예를 들어 서울이 오후 3시면 홍콩은 오후 2시다.

비자&여권
무비자 입국 최대 90일
여행 목적 입국의 경우 중국과는 달리 최대 90일까지 무비자로 홍콩에 입국할 수 있다. 단, 홍콩에서의 최종 체류일 기준 최소 한 달 이상의 유효 기간이 남은 여권을 소지하여야 한다.

전압
전압 : 220V(50Hz),
콘센트 : 3구형
전압은 우리와 같은 220V를 사용한다. 다만 콘센트의 형태가 다르기 때문에 멀티콘센트를 미리 준비하는 것이 좋다. 인천 공항의 로밍센터나 현지 호텔 등에서도 대여가 가능하다.

언어
공용어 : 중국어, 영어
홍콩에서 인정되는 공식 언어는 흔히 북경어라고 하는 중국어와 영어 두 가지이다. 다만 홍콩의 인구 대부분이 캔터니즈라 불리는 광둥인이므로 광둥어(Cantonese)도 또한 두루 쓰인다.

화폐
1 홍콩달러(HKD) = 178원(2025년 9월 기준)
홍콩은 독립적인 화폐 단위인 홍콩달러(HKD)를 사용한다. 홍콩에서는 HSBC와 스탠다드차타드 은행, 중국은행 총 세 곳에서 화폐를 발행하며 은행마다 화폐 디자인은 다르다.

우편

센트럴과 완차이, 침사추이 등의 지역에 우체국이 있다. 'Stamp and Registration' 팻말이 붙은 창구에 문의하면 된다. 우표는 세븐일레븐 등의 편의점에서도 쉽게 구입할 수 있지만 10장 묶음 단위로 구매해야 한다. 우리와는 달리 초록색인 홍콩의 우체통은 거리 곳곳에서 쉽게 발견할 수 있다.

환전

환전은 미리 인터넷으로!
미리 환전을 해 두려면 각 은행마다 제공하는 환율 우대 서비스를 미리 확인하고 비교해 보는 것이 좋다. 요즘에는 트래블월렛이나 트래블로그 등 환전 수수료 없이 현지에서 바로 사용가능한 체크카드를 이용할 수도 있다.

교통수단

홍콩은 대중교통 요금이 저렴하고 대부분의 여행지가 MTR과 버스 등으로 연결되어 있어, 여행하기에 매우 편리한 도시이다. 시내 지역의 여행자들은 가까운 거리에 밀집되어 있어 도보로 손쉽게 이동할 수 있다.

친절도

특급 호텔이 아닌 이상, 우리나라에서처럼 살가운 서비스를 받기는 쉽지 않다. 최고급 식당에서도 툭툭 접시를 내려 놓는 일이 비일비재한데, 우리를 싫어해서 그런 것은 아니니 괜히 기분을 망치지는 말자. 여행이 끝날 즈음이면 그들 특유의 '시크'한 태도에도 익숙해지게 될 테니까.

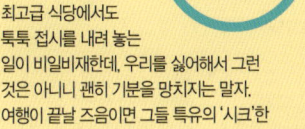

화장실

호텔 로비, 대형 쇼핑몰, 도서관이나 박물관 등 공공 기관의 화장실을 이용하자. 우리와는 달리 MTR 역 안에는 화장실이 없으니 유의하자.

신용카드

VISA, 아메리칸 익스프레스 (AMEX), JCB, Mastercard 등 해외 결제가 가능한 대부분의 신용카드를 홍콩 현지에서도 사용할 수 있다. 다만 여전히 현금만 받는 작은 상점과 식당들이 있음을 유의하자.

스마트폰

우리나라만큼은 아니어도 홍콩의 와이파이 인심은 꽤나 후한 편. 공항, 호텔은 물론 대형 쇼핑몰과 공공 기관 등에서 무료 와이파이를 제공한다. 커피숍이나 식당에서는 음식이나 음료를 주문해야만 와이파이를 제공하는 경우가 있다. 일정 시간 동안 사용 가능한 패스워드가 적힌 영수증을 꼭 확인하자.

INTRO
무작정 따라하기 홍콩 지역 한눈에 보기

1 침사추이 👍👍👍👍👍
TSIM SHA TSUI/尖沙咀

관광, 쇼핑, 미식 뭐든지 원하는 대로! 홍콩 최대 규모의 쇼핑몰 하버시티, 홍콩 스타들의 손도장과 함께 화려한 야경을 감상할 수 있는 스타의 거리는 홍콩 여행에서 빠질 수 없는 필수 스폿!

⊙ ★★★★★ Ⓜ ★★★★★ ⊙ ★★★★★

5 코즈웨이 베이 👍👍👍👍👍
CAUSEWAY BAY/銅鑼灣

홍콩에서 가장 많은 쇼핑몰들이 밀집해 있는 홍콩 쇼핑의 1번지로 화려한 쇼핑몰과 함께 골목마다 숨겨진 다양한 먹거리들로 여행자들을 유혹하는 곳.

⊙ ★★★☆ Ⓜ ★★★☆ ⊙ ★★★★★

2 센트럴 👍👍👍👍
CENTRAL/中環

홍콩의 심장이라 불리는 센트럴은 홍콩 섬의 내로라 하는 고층 빌딩들과 고풍스러운 역사 건축물들을 한번에 즐기며 숨겨진 소호의 뒷골목을 산책하는 재미가 있다.

⊙ ★★★★★ Ⓜ ★★★★★ ⊙ ★★★★★

6 완차이 👍👍👍
WAN CHAI/灣仔

빛바랜 전통 시장부터, 스타일리시 한 맛집 골목까지! 아기자기한 뒷골목들이 끝도 없이 이어져 복잡 다양한 홍콩의 또 다른 모습을 마주할 수 있는 곳.

⊙ ★★★☆ Ⓜ ★★☆☆ ⊙ ★★☆☆

3 빅토리아 피크 👍👍👍👍👍
VICTORIA PEAK/太平山頂

홍콩 섬의 가장 높은 곳이자 홍콩 여행의 1번지로 130년 역사의 트램을 타고 올라 만나는 황홀한 야경은 홍콩 여행의 필수 코스이다. 연인과의 데이트 코스로도 추천한다.

⊙ ★★★☆ Ⓜ ★★☆☆ ⊙ ★☆☆☆

7 스탠리 👍👍👍👍👍
STANLEY/赤柱

홍콩의 작은 유럽! 주말이면 해변을 따라 산책을 하는 외국인들을 많이 볼 수 있다. 세계 각국의 다양한 먹거리와 특별한 해변 풍경을 한꺼번에 즐길 수 있어 인기!

⊙ ★★★☆ Ⓜ ★★★★★ ⊙ ★★★★☆

4 몽콕 👍👍👍👍
MONG KOK/旺角

현지인들의 삶을 그대로 엿볼 수 있는 금붕어마켓과 새공원, 홍콩을 대표하는 재래시장인 레이디스마켓과 15층 높이의 대형 쇼핑몰 랑함플레이스까지 하나하나 열거하기도 힘든 팔색조 매력.

⊙ ★★★★★ Ⓜ ★★★★☆ ⊙ ★★★★☆

8 리펄스 베이 👍👍👍
REPULSE BAY/淺水灣

홍콩 유명 배우들과 부유층들이 모여 사는 부촌으로 홍콩을 대표하는 가장 아름다운 해변을 가지고 있다. 바쁜 여행의 중간, 달콤한 휴식을 즐기기 좋은 곳이다.

⊙ ★★★★☆ Ⓜ ★★★☆ ⊙ ★★☆☆

STORY
무작정 따라하기 홍콩 스토리

수백 가지 색깔과 수천 가지 맛, 수만 가지의 매력이 살아 숨 쉬는 도시 홍콩을 선택한 당신, 잘 오셨다! 자세히 보아야 예쁘다 했던가. 또 아는 만큼 보인다 했던가. 홍콩에 대해 더 알게 된다면 당신의 여행 또한 더욱 풍부해질 터. 그래서 준비했다. 홍콩에 대해 궁금했던 이야기들을. 자, 지금부터 워밍업을 하는 마음으로 당신의 여행 도시 홍콩을 파헤쳐 보자.

1. 유래 ORIGIN

'향기로운 항구' 홍콩

Q1. 홍콩은 왜 홍콩일까?
향기로울 향(香), 항구 항(港), '향기로운 항구'라는 시적인 이름은 이 도시에 귀한 향료와 향나무를 실어 나르던 무역항이 있었던 것에서 기인한 것이란다. 참고로 香港을 베이징어로는 '시앙강', 광둥어로는 '헝꽁'이라 발음한다고. 지금의 Hong Kong이라는 공식 명칭 또한 헝꽁이라는 발음을 영어로 표기한 것.

세계 물동량 10위! 홍콩 항의 위엄

다리를 대신해 홍콩 섬과 까우롱 반도를 연결하는 스타 페리

Q2. 홍콩은 항구도시다?
항구도시 홍콩의 지위는 여전히 유효할까? 그렇다! 홍콩은 천혜의 무역항으로 여전히 그 입지가 굳건한데, 물동량을 기준으로 세계 10위의 위엄을 자랑한다고. 참고로 상하이와 싱가포르가 각각 1, 2위, 홍콩의 이웃 도시 선전이 4위, 우리나라의 부산이 7위란다. 항구도시 홍콩의 위엄은 공항에서 시내로 이동하는 동안 직접 눈으로 확인할 수 있다.

Q3. 빅토리아 하버에는 왜 다리가 없을까?
까우롱 반도와 홍콩 섬 사이에 그 어떤 다리도 놓여 있지 않다는 점을 여행 중 문득 깨닫게 될지도 모른다. 이 또한 항구도시 홍콩의 특징을 잘 보여주는 점이라고 한다. 교량의 건설이 홍콩을 먹여 살리는 대형 컨테이너선들의 통행을 방해할 수도 있기 때문. 그렇기에 과거에는 스타 페리가, 지금은 세 개의 해저터널이 다리의 역할을 대신하며 홍콩 섬과 까우롱 반도를 연결하고 있다. 언젠가 멋진 다리가 놓인 빅토리아 하버의 모습도 볼 수 있을까?

2. 역사 HISTORY

Q4. 홍콩은 왜 영국의 땅이 되었을까?

청나라의 일부였던 홍콩이 영국의 조차지(합의에 따라 일시적으로 빌려 준 일부분의 영토)가 된 것은 그 유명한 아편전쟁 때문이라고 전해진다. 영국으로부터 수입해 온 아편으로 인해 심각한 사회문제가 발생하자 청나라 정부에서는 아편의 수입을 중단하고 밀수를 하는 이들을 극형에 처하는 등 강력하게 대응하기에 이른다. 아편 무역으로 막대한 이익을 남기던 영국은 이를 빌미로 아편전쟁을 일으켰고, 전쟁에서 승리해 홍콩 섬과 까우룽 반도의 일부를 할양 받게 된 것. 조금은 서글픈 옛 역사이지만 그 덕분(?)에 동양과 서양의 매력이 공존하는 오늘날의 홍콩이 탄생하게 된 것은 아닐까.

1842년~1997년(아편전쟁)

1997년 홍콩 반환식의 무대였던 완차이의 홍콩 컨벤션 & 엑시비션 센터

1997년

Q5. 영국과 중국, 홍콩은 어느 나라?

1997년 7월 1일 영국은 홍콩을 중국에 영구 반환했다. 이제 홍콩은 당연히 중국의 일부다. 중국의 홍콩 내 영향력은 그 이후로 점차 확대되고 있지만, 홍콩은 특별자치구로서의 자치권을 인정받아 독립적인 행정부, 치안, 화폐제도 등을 갖추고 있다. 중국 여행에서는 꼭 필요한 여행 비자도 홍콩에서만큼은 필요하지 않다.

우산은 비폭력 평화 시위를 지향했던 홍콩인들의 자부심이다.

Q6. 홍콩의 국기는?

홍콩도 중국 일부이기에 당연히 공식 국기는 중국의 오성홍기가 맞다. 다만, 1997년 반환 때부터 독자적인 시(市)기를 사용해 왔다. 홍콩의 시화인 자형화(bauhinia)가 그려진 붉은 기가 바로 그것. 완차이의 골든 바우히니아 광장에 가면 국기인 오성홍기와 시기인 자형화기가 나란히 걸린 모습을 볼 수 있다.

Q7. '우산혁명'은 왜 일어났을까?

2014년 홍콩을 뜨겁게 달군 '우산혁명'은 과연 왜 일어난 걸까. 이 혁명은 1980년대, 홍콩의 중국 반환 과정에서 영국과 중국이 약속했던 홍콩 행정장관 직선제가 제대로 이루어지지 않고 있는 것에 대한 홍콩 청년들의 반발로부터 시작되었다고. 현재의 간선제가 지속될 경우 중앙정부가 추천한 친중, 친공산당 인물만을 후보로 세워 선거가 이루어져, 결국 그들이 중앙정부의 꼭두각시 역할을 할 것이 자명하기 때문. 시위대의 규모가 커지자 진압대는 시민들을 향해 무차별적으로 최루액을 살포하기에 이르렀고, 맨몸으로 시위에 참여한 홍콩 시민들은 들고나온 우산만을 의지해 그 최루액을 막아낼 수 밖에 없었다. 우산혁명이라는 이름은 그러한 시민들의 우산 행렬에서 따온 것. 그렇게 처음부터 끝까지 비폭력 평화 시위를 지향한 홍콩 시민들의 모습은 전세계로부터 찬사를 받기도 했다. 이제 시위대는 해산되었지만, 우산혁명은 여전히 진행 중일지도 모른다.

Q8. 홍콩 사람은 누구?

인구 강국 중국의 힘은 홍콩에서도 유효한 걸까. 제아무리 오래도록 영국의 영향력 아래에 있었던 홍콩이지만, 700만 홍콩 시민 중 95%는 중국계라고, 그들 중 대부분은 '캔터니즈(Cantonese)'라 불리는 광둥 사람들이며 홍콩 토박이의 비율은 극소수란다. 그 뒤를 이어 필리핀과 인도네시아인들의 비율이 높은데, 대부분은 홍콩 부자들의 가정부 일을 위해 이주한 사람들이다. 일요일 오후, 황후상 광장이나 빅토리아 파크로 가면 그들의 삶의 모습을 엿볼 수 있다.

인도네시아 출신 가정부들이 가득 모인 빅토리아 파크. 그들도 분명 홍콩의 주인이다.

2014년

3. 경제 ECONOMY

아시아의 거부 리카싱

Q9. 홍콩은 부자다?
그렇다! 미국 경제 전문지 포브스 선정 아시아 8대 거부 리카싱(李嘉誠), 그는 홍콩의 대표 재벌 기업인 청콩그룹을 이끄는 것으로 유명하다. 그의 재산은 우리 돈으로 약 53조 원! 리카싱을 포함하여 열 명이 넘는 거부가 삼성 이재용 회장보다 재산이 많은 것으로 집계되었다. 1인당 GDP 또한 우리나라의 1.55배에 달한다.

○ **TALK PLUS**
센트럴 금융가 중심에 있는 청콩그룹의 본사, 청콩센터. 리카싱의 집무실도 이곳에 있다.

Q10. 홍콩엔 가난한 사람도 많다?
영화 〈첨밀밀〉에서 보듯, 홍콩이 빈부 격차가 심한 것은 이미 다 알려진 사실. 홍콩 드림을 꿈꾸며 수많은 이민자가 중국 본토로부터 넘어왔지만 꿈은 꿈일 뿐인 걸까. 그들 대부분은 쥐구멍 같은 단칸방에서 겨우겨우 삶을 지탱하고 있다고 한다.

Q11. 홍콩의 물가는 어느 정도일까?
서민적이고 소박한 맛집과 길거리 음식들이 넘쳐나고 교통비 또한 저렴하지만, 홍콩의 물가는 절대 저렴하지 않다. 웬만한 레스토랑에서 거나한 한 끼 식사를 할라치면, 서울의 어느 곳보다 더 큰 비용이 든다는 사실! 저렴한 맛집들과 분위기 있는 레스토랑을 적절히 섞어 여행 계획을 세우지 않는다면 금세 빈털터리 여행자가 될지도 모르니 주의하자.

4. 도시 CITY

메트로폴리스 홍콩

Q12. 홍콩은 섬이다?
정확히 말해 홍콩은 섬이다! 지금 우리가 흔히 말하는 행정구역상의 홍콩은 까우롱 반도와 홍콩 섬, 250여 개의 작은 섬들을 모두 포함하지만, 정확한 의미의 홍콩은 홍콩 섬(Hong Kong Island)만을 콕 집어 이야기하는 것이라고. 여행 중 마주친 현지인들이 말하는 '홍콩'이란 홍콩 섬만을 의미하는 경우가 많다는 점을 항상 생각해 두면, 혼동을 줄일 수 있다.

Q13. 홍콩의 인구밀도는 어느 정도일까?
빽빽함이 일상인 도시, 홍콩. 하지만 예상 외로 서울보다 인구밀도가 낮다는 반전 결과가 있다. 서울의 인구밀도는 제곱킬로미터(㎢) 당 1만 7,000명, 홍콩 섬은 그보다 조금 낮은 1만 6,000명이라고. 1만 7,000명이든 1만 6,000명이든 두 도시 모두 빽빽한 도시인 것만큼은 틀림없는 것 같다.

Q14. 홍콩의 낡은 건물들, 왜 헐지 않을까?
에어컨 실외기들이 덕지덕지 매달린 낡은 건물들의 풍경. 흉물스럽게 보일지도 모르는 낡은 건물들을 왜 그대로 두는 걸까. 그것은 홍콩의 땅값이 원체 높은 데다 내부를 잘게 쪼개 사용하고 있어 한꺼번에 철거하기가 쉽지 않기 때문이라고. 하지만 낡았다고 무시하는 것은 금물! 재건축하는 대신 웬만한 새 건물보다 훨씬 화려하게 내부 인테리어를 해 놓은 곳이 수두룩하니까.

Q15. 홍콩 최고의 고층 빌딩은?
홍콩 최고의 빌딩은 118층 484m를 자랑하는 침사추이의 ICC가 차지했다. 2등은 센트럴의 2 IFC로 높이는 그보다 조금 낮은 416m. 한때는 아시아 최고를 호령하던 완차이의 센트럴플라자도 이제는 3등으로 밀려난 신세라고.

○ **TALK PLUS**
홍콩 최고 높이 1, 2위의 영예를 차지한 ICC와 2 IFC. 하지만 1위의 영예도 절대 영원하진 않으리라!

5. 종교 RELIGION

홍콩 사람들, 그들의 신

Q16. 틴하우사원은 홍콩 어디에나 있다?
여기도 틴하우사원, 저기도 틴하우사원! '김밥천국'도 아니고 웬 사원이 이렇게나 많은 걸까? 그것은 틴하우를 바다의 신으로 추앙하는 도교 신앙 때문이란다. 예로부터 바다를 터전 삼아 살아온 홍콩 인들에게 바다의 신 틴하우란 결코 가벼운 존재가 아니었을 터. 오늘날 홍콩 내에 현존하는 틴하우사원만도 100곳이 넘으며, 여전히 홍콩 인들은 틴하우사원 앞을 지날 때마다 정성스레 예를 갖춘다.

Q17. 홍콩의 사람들, 어떤 신을 믿을까?
여행 도중 한 번은 만나게 되는 홍콩의 사원과 교회들. 홍콩 사람 열 명 중 아홉 명은 중국계이니 당연히 도교와 불교의 비중이 가장 높다! 다만 신앙으로써의 종교라기보단 예부터 이어지는 삶의 한 부분으로 받아들이는 사람들이 많기에 어쩌면 숫자는 그저 숫자일 뿐일지도 모른다.

6. 야경 NIGHTSCAPE

별들이 소곤대는 홍콩의 밤거리

Q18. 놓치지 말아야 할 홍콩의 밤 풍경은?
밤이 되면 더 화려하게 빛을 발하는 도시 홍콩. 그만큼 다양하고 매력적인 밤 풍경들이 당신을 기다리고 있다는데, 홍콩만의 아름다움을 담은 밤 풍경에는 어떤 것들이 있을까? 홍콩의 랜드마크들이 다 함께 빛을 발하는 심포니 오브 라이트, 네이도로드 위를 가득 채운 네온 사인 간판의 불빛들과 홍콩 섬 마천루들의 화려한 모습. 그리고 늦은 밤부터 이른 새벽까지 지치지 않는 열기가 피어오르는 란콰이퐁까지. 어느 하나 놓칠 수 없을 홍콩의 밤 풍경들을 만끽해보자.

Q19. 별들이 소곤대는 홍콩의 밤거리, 노래의 유래는?
원로 가수 금사향의 노래 〈홍콩아가씨〉가 발표된 것은 1952년, 한국 전쟁이 한창인 어렵고 험난했던 시절. 그래서 진짜 홍콩의 화려한 밤을 노래했다기보다는 그 도시의 자유와 향락, 풍요로움에 대한 막연한 동경을 노래했을 것이라는 해석이 많다. 야경 때문이든 풍요로움 때문이든, 70년이 넘도록 홍콩의 밤거리를 상상하게 하는 명곡임은 분명한 것 같다.

Q20. 홍콩의 밤 치안은 괜찮을까?
홍콩의 치안은 꽤 안전한 편이라고 정평이 나 있다. 란콰이퐁 같이 여행자들이 주로 찾는 지역에선 밤이 늦도록 경찰들이 상주하고 있는 것을 쉽게 볼 수 있다. 다만 뒷골목이나 네이도로드 주변 건물 내에선 주의를 기울일 것. 여행자들을 대상으로 하는 사기 사건이 종종 발생한다고.

7. 음식 FOOD

홍콩 사람들, 그들의 식탁

> **TALK PLUS**
> 홍콩의 또 하나의 상징, 딤섬! 모양도 맛도 다양한 딤섬의 세계에 폭, 빠져보자!

Q21. 딤섬은 언제부터 먹었을까?

'홍콩 = 딤섬'이라는 수식도 과하지 않을 만큼 대표적인 홍콩의 음식 딤섬의 역사는 3000년 전으로 거슬러 올라간다. 매일 오후, 중국식 브런치인 얌차를 즐기던 광동 지방의 농민들과 실크로드의 상인들이 차와 함께 가볍게 즐길 수 있는 주전부리로 딤섬을 먹기 시작했다는 것. 얌차와 딤섬은 3000년 전통의 광동식 애프터눈티인 셈이다.

Q22. 홍콩 사람들의 평범한 식탁은?

식도락의 도시라는 명성 때문에 왠지 일상의 식탁도 거하게 차려질 것 같지만, 실상은 소박한 죽 한 그릇, 국수 한 사발, 또는 갓 구운 빵 한 조각이 한 끼 식사의 전부라는 사실. 그들의 평범한 식탁이 궁금하다고 아무 집이나 뛰쳐 들어갈 순 없는 노릇. 그렇다면 '찬탱'이라 불리는 현지 식당을 찾아가 보자. 단돈 몇 달러짜리 소박한 한 끼 식사가 당신을 기다리고 있을 테니까.

8. 영화 MOVIE

홍콩의 또 다른 매력, 홍콩 누아르

Q23. 홍콩 영화는 왜 유명했을까?

아시아 문화가 별다른 주목을 받지 못했던 20세기 중반, 홍콩 영화는 이미 할리우드에도 진출하는 등 영화 역사에 한 획을 긋기 시작했다.
동양과 서양의 문화가 맞부딪혀 다양한 매력을 뿜어내는 도시. 또 그 안에 살아 숨쉬는 홍콩 인들의 삶의 모습. 그러한 홍콩만의 매력이 영화 속에 고스란히 담겨 할리우드 영화계와 팬들에게 강한 인상을 남겼기 때문일 터. 화려한 도시의 모습과 그 뒤에 숨은 그늘진 삶의 단면을 잘 보여주었던 홍콩의 영화들. 조금은 우울하고 삭막한 듯한 '홍콩 누아르(Hong Kong Noir)'라는 장르물이 홍콩 영화를 대표하게 된 것도 어쩌면 그 때문이 아닐까.

> **TALK PLUS**
> 홍콩 영화의 추억을 마주할 수 있는 스타의 거리에서 영화 속 스타들과 손을 맞대어 보자!

Q24. 홍콩 영화 배우들은 어느 동네에 살까?

홍콩 영화의 주인공, 무비 스타들은 과연 어느 동네에 살까? 홍콩은 산 위로 올라갈수록, 또 도심지에서 멀수록 부자 동네라고 한다. 도심지는 너무 밀도가 높아 환경이 열악하기 때문. 그렇기에 홍콩의 영화 배우들과 명사들, 경제계 거물들의 저택은 빅토리아 피크 주변, 또는 리펄스 베이나 스탠리의 여유로운 바닷가를 따라 펼쳐져 있다고. 2층 버스를 타고 그 주변을 여행하다 보면, 고급스러움과 화려함이 묻어나는 빌라들이 줄지어 서 있는 것을 발견할 수 있다.

9. 쇼핑 SHOPPING

쇼퍼홀릭 홍콩

> **TALK PLUS**
> 서양의 모던함과 동양의 화려함을 한 번에 당신의 눈을 사로잡을 홍콩만의 디자인 아이템은 뭘까?

Q25. 홍콩 쇼핑의 매력은 어디서부터?
아시아를 대표하는 무역항 홍콩. 또 서양과 중국 문화가 만나던 도시 홍콩. 그러니 다양한 상품이 흘러들고 흘러나가는 것은 당연한 일이었다. 또 거의 면세에 가까운 관세제도 또한 홍콩에서의 쇼핑을 매력적이게 했다. 물론 좋은 시절 다 갔다는 말이 있기는 하지만, 그래도 여전히 홍콩은 매력적인 쇼핑의 도시다!

Q26. 요즘 '핫'하다는 홍콩 쇼핑 아이템은 뭘까?
한 때는 '홍콩 = 명품 쇼핑'이라는 등식이 성립할 때가 있었지만 요즘 추세는 조금 다르다고. 어디에서나 구매할 수 있는 명품을 대신하여, 홍콩에서만 찾을 수 있는 '홍콩스러운' 패션 아이템이나 인테리어 소품 등이 새로운 'Must buy' 리스트로 떠오르고 있단다. 패션 아이템들은 대형 쇼핑몰의 편집 매장에서, 인테리어 소품은 센트럴의 PMQ나 완차이의 스타 스트리트에 위치한 디자인 숍에서 만나볼 수 있다.

10. 날씨 & 공휴일 WEATHER & HOLIDAYS

홍콩의 365일

Q27. 한여름에 쏟아지는 소나기 스콜, 홍콩 날씨의 특징은?
4계절이 뚜렷하지만, 전반적으로 우리나라보다는 훨씬 더운 아열대성 기후의 홍콩. 특히 여름철 무섭게 쏟아지는 스콜(열대 지방의 국지성 호우)은 여행자들을 당황스럽게 한다. 또한, 여름철에는 습도가 90%에 육박해 상상 초월의 불쾌지수를 경험하게 될지도 모른다.

Q28. 홍콩으로의 여행, 어느 계절에 떠나는 게 좋을까?
앞서 말했듯 여름철은 너무 덥고 습해 여행하기가 힘든 편이다. 다만 스콜이 지난 후 쾌청한 하늘을 마주할 수 있다는 매력도 분명 존재한다. 봄과 가을은 온화한 편이라 여행하기에 적절한 편. 그중에서도 가을에 조금 더 맑은 날이 많은 편이라고 한다. 하지만 여행지 날씨란 그 누구도 예상할 수 없는 법. 비 내리는 홍콩도, 파란 하늘 아래 홍콩도 매력적이니 섣부른 걱정은 말자.

Q29. 홍콩의 공휴일은 언제?
우리나라의 공휴일과 크게 다르지는 않다. 1월 1일 신정, 5월 1일 노동절, 석가탄신일과 추석 등을 우리와 똑같이 쉰다. 다만 설 연휴를 음력 1월 1일~3일까지 쉰다는 것, 영국의 영향을 받아 부활절과 크리스마스(12월 25~26일 연휴)의 의미가 크다는 점이 우리와 조금 다르다. 7월 1일 홍콩 특별자치구 수립기념일, 10월 1일 중화인민공화국 수립기념일 등도 중요한 공휴일이다.

STORY
홍콩, 언제 가면 좋을까?

| Jan | Feb | Mar | Apr | May | Jun |

12월~2월, 평균 12~20℃
시원하고 건조한 날씨가 이어진다. 비가 오는 날이 많지는 않지만, 흐리고 옅은 안개가 낀 날이 흔히 발생해 멋들어진 풍경 사진을 찍는 것은 하늘의 별 따기라고. 우리나라처럼 영하로 내려가는 경우는 없다 하더라도 두꺼운 옷이나 스카프 따위를 넉넉히 챙겨 두는 것이 좋다.

3월~5월, 평균 17~26℃
낮에는 온화하고 밤에는 선선한 날씨가 이어진다. 5월부터는 비가 자주 내리지만, 전반적으로는 가을과 함께 여행하기에 좋은 계절로 꼽힌다. 빅토리아 피크 등지에서 야경을 볼 계획이라면 짙은 안개가 끼는 날은 피해야 한다.

SUMMER

SPRING

남자 복장
긴팔 티셔츠 + 후드 or 재킷, 긴 면바지, 운동화

여자 복장
긴팔 셔츠 + 재킷 + 스카프, 긴 치마 or 바지, 스니커즈

남자 복장
긴팔 티셔츠 + 바람막이, 긴 청바지, 운동화, 우산

여자 복장
원피스 + 카디건, 스니커즈, 우산

남자 복장
반팔 티셔츠, 반바지, 슬립온 or 샌들, 선글라스 + 모자, 우산

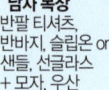

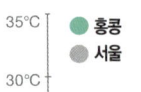

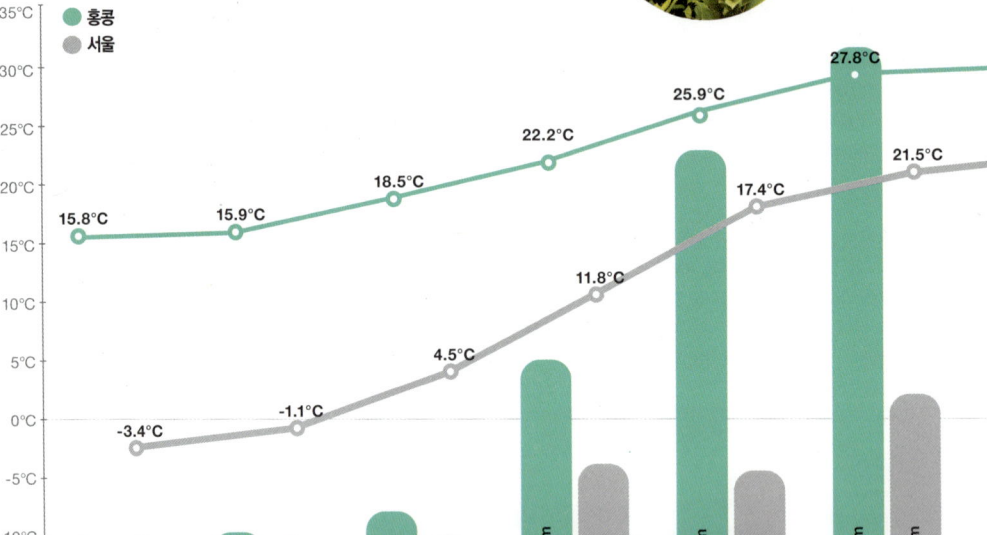

● 홍콩　● 서울

	Jan	Feb	Mar	Apr	May	Jun
홍콩 기온	15.8℃	15.9℃	18.5℃	22.2℃	25.9℃	27.8℃
서울 기온	-3.4℃	-1.1℃	4.5℃	11.8℃	17.4℃	21.5℃
홍콩 강수량	23.0mm	48.0mm	67.0mm	162.0mm	317.0mm	376.0mm
서울 강수량	23.0mm	24.6mm	46.8mm	93.9mm	91.8mm	133.9mm

(평균기온)

우리나라보다 위도가 조금 낮은 홍콩은 아열대 기후에 속하여 연중 온화하고 따뜻한 날씨를 보인다. 우리나라와 같이 봄, 여름, 가을, 겨울의 4계절이 뚜렷한 편인데, 그 중에서도 비 오는 날이 적고 따뜻한 날씨가 이어지는 봄, 가을이 홍콩 여행의 적기로 꼽힌다. 기온이 높은 여름철에는 습도 또한 높고 강수량도 많다. 반대로 겨울철엔 기온과 습도가 낮지만, 우리나라처럼 영하의 날씨로 내려가는 날이 거의 없어 한겨울에도 여행하는데 큰 불편함은 없는 편이다. 5월과 11월 사이에는 태풍이 자주 발생하는 편이다. 이 시기에는 항공편과 페리 등의 교통편이 결항되기도 하니 기상 특보에 귀를 기울여야 한다.

| Jul | Aug | Sep | Oct | Nov | Dec |

FALL

WINTE

6월~8월, 평균 26~31℃
기온은 우리나라와 비슷한 듯 보이지만 90%가 넘는 습도 때문에 쉽게 지칠 수도 있다. 하루에도 수 차례씩 번개와 함께 스콜성 호우가 쏟아지기도 하니, 우산은 필수다. 습도와 잦은 비 때문에 여행이 쉬운 계절은 아니지만, 비 온 뒤의 청명한 하늘을 마주할 수 있는 멋진 계절이기도 하다.

9월~11월, 평균 19~28℃
햇빛이 풍부하고 시원한 바닷바람이 불어오는 쾌적한 날씨가 이어져 홍콩을 여행하기에 가장 좋은 계절로 꼽는다. 비가 오는 날도 적고, 쾌청한 하늘도 자주 볼 수 있다. 이따금씩 찾아오는 태풍에 주의하자.

여자 복장
반팔 티셔츠, 반바지 or 짧은 치마, 슬립온 or 샌들, 선글라스 and 모자, 우산

남자 복장
긴팔 셔츠 + 카디건, 긴 면바지, 운동화, 선글라스

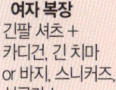

여자 복장
긴팔 셔츠 + 카디건, 긴 치마 or 바지, 스니커즈, 선글라스

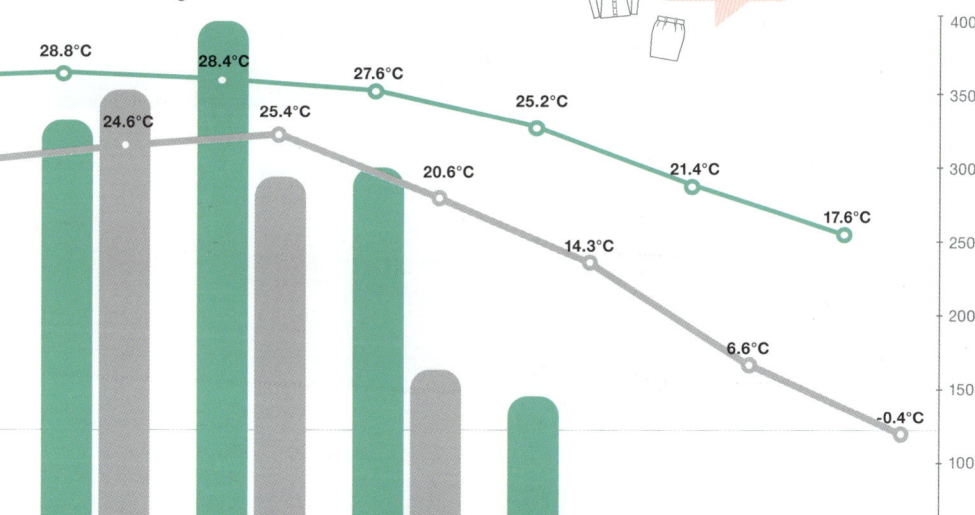

28.8°C, 24.6°C, 28.4°C, 25.4°C, 27.6°C, 20.6°C, 25.2°C, 14.3°C, 21.4°C, 6.6°C, 17.6°C, -0.4°C

324.0mm, 369.4mm, 391.0mm, 294.2mm, 300.0mm, 168.7mm, 145.0mm, 49.5mm, 35.0mm, 53.3mm, 27.0mm, 21.4mm

(평균강수량)

Hong Kong Sightseeing
Best 10

홍콩에서 꼭 봐야 할 볼거리
베스트 10

1

↑
빅토리아 피크
Victoria Peak
홍콩 섬의 가장 높은 곳에서
발 아래 홍콩 내려다 보기

←
야경 & 심포니 오브 라이트
**Night View &
A Symphony of
Lights**
수만 가지 빛으로 도시를 밝히는
지상 최대의 레이저 쇼 감상하기

2

3
→ 란콰이퐁
Lan Kwai Fong

매일 밤 온 거리가 거대한 클럽으로 변신하는 란콰이퐁에서 강렬한 비트에 몸을 맡기기

↓ ICC & 웨스트카우룽 문화지구
International Commerce Centre & West Kowloon Cultural District

홍콩 최고층 빌딩과 신상 문화지구에서 가장 힙한 홍콩 만나보기!

4

5
← 침사추이 해변 산책로
Tsim Sha Tsui Waterfront Promenade

빅토리아 하버의 파노라믹한 풍경과 인사하기

6

← 옹핑 케이블카 & 청동좌불상
Ngong Ping 360 & Tian Tan Buddha

유리 바닥이 아찔한 케이블카를 타고
청동좌불상 만나러 가기

7

→ 센트럴 빌딩 숲
Central Concrete Jungle

숨 막힐 듯 빽빽한
빌딩 숲 한가운데에서
'메트로폴리탄' 홍콩의
매력 발견하기

8

← 리펄스 베이 비치
Repulse Bay Beach

여유, 낭만, 멋이 살아 있는
한적한 해변에서 유유자적하기

9

홍콩 컨벤션 & 엑시비션 센터 & 골든 바우히니아 광장
Hong Kong Convention & Exhibition Centre & Golden Bauhinia Square

홍콩 반환식이 열린 역사의 현장에서 홍콩의 옛 이야기를 상기해 보기

홍콩 옵저베이션 휠
Hong Kong Observation Wheel

보랏빛으로 밤을 밝히는 관람차를 타고 360도로 탁 트인 홍콩의 풍경 만끽하기

10

↓담섬
Dim Sum
담섬을 맛보지 않은 자 홍콩을 논하지 말라! 다양한 담섬의 세계에 폭 빠져 보기

↑ 길거리 꼬치 **Skewers**
독보적인 색다름! 저렴하고 소박한 길거리 꼬치의 세계 경험해 보기

Hong Kong Eating
Best 10

홍콩에서 꼭 먹어 봐야 할 먹을거리 베스트 10

↓ 완탕면 & 죽 **Wantun Noodles & Congee**
소박하고 깊은 맛! 홍콩 스타일 완탕면과 죽으로 아침 시작하기

↓ 망고 디저트 **Mango Dessert**
망고가 듬뿍 들어간 달콤 디저트로 홍콩의 더위 날려 보기

5

↙ 광둥식 로스트 미트
Cantonese Roast Meat
홍콩을 감싸안은 중국 남부의
풍미 넘치는 육류 요리 즐기기

6

← 홍콩 & 마카오식 에그타르트
Hong Kong & Macau Style Egg Tart
서로 다른 매력을 품은 두 가지 스타일의
에그타르트를 한 번에!

↙ 베이징덕 **Peking Duck**
홍콩에서 맛보는 베이징요리의 진수! 베이징덕 맛보기

↓ 세계 음식 at 소호 **Worldwide Food at Soho**
홍콩 식도락 일번지 소호에서 다양한 세계 음식 경험해 보기

7

8

↙ 홍콩식 토스트 & 밀크티
Hong Kong Style Toast & Milk Tea
소박한 로컬 찬탱(餐廳)에서
홍콩 사람들의 한끼 식사
따라 해 보기

↓ 탄탄면 **Tan Tan Noodles**
매콤하고 고소한 쓰촨의 맛으로 여행의 활력 되찾기

9

10

1

↓
레이디스마켓
Ladies Market
홍콩의 대표적인
재래시장에서 홍콩을
추억할 수 있는 기념품
구입하기

Hong Kong Shopping
Best 6

홍콩에서 꼭 해 봐야 할
쇼핑 베스트 6

↑
지오디
GOD
지극히 홍콩스러운 디자인에 위트가 더해진
특별한 소품 구경하기

2

↓
드러그스토어
Drug Store
중국 전통 약품은 물론이고 다양한 화장품에 간식
거리까지 한꺼번에 쇼핑하기

3

4

← 하버시티
Harbour City
무려 450개의 매장이 모여
있는 하버시티에서 쇼핑의
즐거움 만끽하기

5

↓ 호라이즌플라자 아웃렛
Horizon Plaza Outlet
명품은 물론 유명 디자이너 제품이
가득한 홍콩 최대 아웃렛에서 쇼핑하기

6

피엠큐 **PMQ** ↓
홍콩에서 가장 핫 한
PMQ에서
레어템 득템하기

Hong Kong Experiencing
Best 5

홍콩에서 꼭 해 봐야 할
체험 베스트 5

1
← 스타 페리
Star Ferry
빅토리아 하버의 상징
스타 페리를 타고 홍콩의
찬란한 야경 감상하기

2
→ 트램
Hong Kong Tramway
110년 역사의 이층 트램을 타고
홍콩 섬 횡단하기

3

↑
5성급 호텔 루프톱 바
5 Stars Hotel Rooftop Bar
가장 높고, 가장 멋진 풍경을
선사하는 호텔 바에서
칵테일 한 잔의 여유 즐기기

→
스파 & 마사지
Spa & Massage
나를 위한 선물!
멋진 전망과 함께
홍콩 최고의 스파 경험하기

4

←
도교 사원
Taoist Temple
홍콩 속 크고 작은 도교 사원을
찾아가 소원 빌어보기

5

HONG KONG
HOT & NEW 11
2024 ~ 2025

Hot & New 1

Peak Tram

**더 스무스한 승차감과 더 파노라믹한 전망,
6세대 피크 트램 등장!**

1888년부터 운행을 시작한 아시아 최초의 케이블 카인 피크 트램이 새롭게 돌아왔다. 2018년부터 2022년까지 8억 홍콩달러를 투입한 대대적인 리노베이션을 통해 이전과는 확연히 다른 6세대 차량이 등장한 것. 레트로한 초록색 외관의 새로운 트램은 최대 210명(5세대 트램은 120명)을 동시에 태울 수 있어 악명 높았던 탑승 대기 시간이 획기적으로 줄어들었다. 더욱 안정적이고 부드러운 탑승감은 물론이고, 천장까지 이어진 전망창 덕분에 홍콩 섬 마천루를 내다보는 짜릿함이 더욱 커졌다. 차량 교체와 함께 터미널도 새로 리노베이션 했다. 몰입형 영상 전시와 과거 트램 모형 등을 둘러보며 새로운 트램을 기다려 보자!

Hot & New 2

World of Frozen

세계 최초이자 최대 규모의 '겨울왕국' 테마존 오픈!

세계에서 가장 작은 디즈니랜드라는 별명을 가진 홍콩 디즈니랜드. 하지만 최근 오픈한 월드 오브 프로즌 WORLD OF FROZEN 테마의 겨울왕국 세상은 세계 최초이자 최대 규모로 공개되었다. 입구에서부터 울려 퍼지는 겨울왕국 OST는 홍콩 디즈니랜드를 위해 특별히 편곡된 음악으로 겨울왕국 세계관으로의 몰입도를 끌어올려 준다. 덕분에 방문객들은 눈의 여왕 안나와 엘사의 고향인 아렌델을 더욱더 생생하게 경험할 수 있게 되었다. 보트를 타고 얼음궁전을 돌아볼 수 있는 겨울왕국 에버 애프터, 가족 모두가 즐겁게 탑승할 수 있는 가족용 롤러코스터인 떠돌이 오큰의 슬라이딩 썰매, 황홀한 인터랙티브 쇼 숲속의 플레이하우스까지 3가지의 어트랙션과 공연 모두 놓치지 말고 즐겨보자.

Hot & New 3

K11 Musea

일상과 예술이 공존하는 쇼핑 문화 공간, K11 뮤제아

홍콩의 새로운 랜드마크로 자리매김한 K11 뮤제아는 2019년 개관한 복합문화 쇼핑몰로 침사추이에 간다면 꼭 들러볼 만한 곳이다. 홍콩의 부동산 재벌 3세이자 아시아 미술계의 큰 손, 에이드리언 청의 야심작으로 여러 건축가와 예술가, 디자이너들과 협업을 통해 멋진 결과물을 내놓았다. 입구부터 시작해 샹들리에, 엘리베이터 등 쇼핑몰 곳곳에 다양한 예술작품이 전시되어 있어 눈길을 사로잡는다. 시그니처 디자인으로 유명한 건 거대한 오페라 극장을 연상시키는 중앙홀로 부드러운 곡선의 디자인과 반짝이는 조명들이 몽환적이고 화려하다. 눈길 가는 대로 걸으면서 쇼핑도 즐기고, 사진도 찍고, 커피도 마시다 보면 시간 가는 줄 모른다. 더운 낮 시간의 열기를 피해 쇼핑과 커피를 즐겨도 좋고, 바로 앞에 펼쳐지는 멋진 빅토리아 하버뷰의 야경을 즐기기에도 최적의 장소이다.

Hot & New 4

Hotels at Wan Chai

완차이, 떠오르는 호캉스의 성지!

팬데믹이 끝나며 홍콩 여행의 2막이 시작된 지금, 완차이 지역을 주목해 보자! 몇 년 전까지만 해도 홍콩 섬 여행의 일번지 센트럴과 쇼핑 천국 코즈웨이 베이 사이에 끼인 지역으로 그저 지나치는 곳이었지만, 지난 몇 년 사이 독특하고 럭셔리한 부티크 호텔들이 속속 개관하면서 완차이는 홍콩 섬 여행의 새로운 중심지로 떠오르고 있다. 2019년 개관한 초호화 5성급 호텔인 더 세인트 레지스 홍콩(The St. Regis Hong Kong)을 필두로, 더 플레밍(The Fleming), 더 하리 홍콩(The Hari Hong Kong) 등의 부티크 호텔들이 저마다의 남다른 콘셉트를 내세우며 여행객들을 불러모으고 있다. MTR과 트램을 이용하면 5~10분이면 센트럴과 코즈웨이 베이에 닿을 수 있고, 페리를 이용한다면 침사추이까지도 단 번에 이동할 수 있으니 숙소를 잡기에 이만한 메리트의 지역도 없을 것 같다. 비교적 저렴한 숙박료는 덤!

Hot & New 5

West Kowloon Cultural District

예술과 역사, 그리고 시민들의 삶을 담고 있는 서구룡 문화지구

홍콩은 전세계 가장 큰 아트페어 중 하나인 '아트바젤'이 열리는 곳으로, 상업화된 미술 시장은 발전했지만 미술문화는 그에 미치지 못한다는 평을 들어왔다. 이를 만회하기 위해 홍콩 정부는 오랜 시간 공을 들여 서구룡 문화지구의 틀을 만들어 왔고 여전히 진행 중이다. 17,000㎡의 거대한 내부 전시공간을 보유하고 있는 M+ 미술관은 20~21세기 아시아 예술에 집중하고 있어 현대미술에 관심 있는 사람들은 반드시 방문해야 할 곳이다. 근처에 있는 홍콩 고궁박물관은 자금성에서 빌려온 예술품들로 명, 청 시대의 화려하고 진귀한 공예품들을 감상할 수 있다. 빽빽한 도심 바로 옆에 자리 잡은 넓고 탁 트인 녹지공간 아트파크는 여유롭게 걸으며 홍콩을 감상하기 가장 좋은 장소이다. 많은 시민들과 여행자들은 녹지공간에서 휴식을 취하고 담소를 나누는데 가장 아름다운 시간은 황금태양빛이 내려앉는 일몰시간부터 반짝반짝 야경을 즐길 수 있는 저녁시간!

Hot & New 6

Regent Hong Kong

최고의 하버뷰를 자랑하는, 리젠트 홍콩 그랜드 오픈!

홍콩 최고의 하버뷰 순위에 늘 이름을 올리며 야경 명소로 유명했던 인터컨티넨탈호텔이 수년간의 리노베이션을 거쳐 2023년 11월 리젠트 홍콩을 다시 문을 열었다. 침사추이 스타의 거리 옆에 위치한 리젠트 홍콩은 하버뷰룸을 예약한다면 저녁시간에 밖에 나가지 않고도 야경이 찾아오는 매력적인 곳에 위치하고 있으며 침사추이의 새 랜드마크 K11 뮤제아와 스타의 거리 등과의 접근성도 좋다. 리젠트 홍콩은 129개의 스위트룸을 포함한 총 497개의 객실을 갖추고 있는데 전용 테라스와 인피니티 풀을 갖춘 프레지덴셜 스위트룸은 완벽한 나만의 안식처가 되어줄 것이다. 투숙을 하지 않더라도 애프터눈 티와 칵테일을 즐길 수 있는 더 로비 라운지나 미슐랭 2스타 중식당 라이 칭 힌(Lai Ching Heen)에서 광동요리를 즐길 수 있고, 더 스테이크 하우스에서는 최고급 스테이크와 와인을 즐길 수 있다.

Hot & New 7

Bakehouse
홍콩의 '빵순이'들이 주목하는 곳, 베이크하우스

최근 SNS에서 홍콩 여행을 다루는 피드를 거의 독점하다시피 하는 곳, 새롭게 떠오르는 '빵순이'들의 성지, 바로 베이크하우스다. 크리스피한 패스츄리로 감싼 포르투갈식 에그타르트를 선보이는 곳으로, 호불호 강한 홍콩식 에그타르트의 대체재를 찾고 있는 여행자라면 이곳 베이크하우스를 주목해야 할 터다. 2018년 완차이를 시작으로 센트럴의 소호와 코즈웨이 베이, 침사추이와 스탠리 지역까지 그 저변을 넓히고 있는 베이크하우스. 미디어 상의 어마어마한 인기 때문에 대기가 길어져서 '오픈 런'을 해야 하기도 하지만 그럴 만한 가치는 충분하다고. 런던의 어느 거리를 떠오르게 하는 매장 앞에서 인증 샷도 남겨 보자.

Hot & New 8

MTR East Rail Line Extension
빅토리아 하버를 종단하는 또 하나의 MTR 노선 개통

홍콩과 중국 간 국경검문소가 있는 로우(Lo Wu) 역과 침사추이 동쪽의 훙홈(Hung Hom) 역을 잇고 있던 MTR East Rail Line이 최근 빅토리아 하버를 건너 홍콩 섬까지 연결되었다는 소식! 이번 연장을 통해 센트럴 지역의 애드미럴티 역은 4개의 노선이 교차하는 주요 환승역이 되었고, 홍콩 컨벤션 & 엑시비션 센터와 인접한 엑시비션 센터 역이 신규 개통되면서 완차이 북쪽 지역의 접근성이 매우 좋아졌다. 완차이 페리 선착장이나 골든 바우히니아 광장으로 가려는 여행자들이라면 이 뉴스를 꼭 기억하도록 하자.

Hot & New 9

Airport Express
대폭 축소된 AEL 무료셔틀버스

홍콩공항에서 시내로 이동하는 대표적인 교통수단인 공항고속철도 AEL에서 제공하던 무료 셔틀버스 노선이 팬데믹 기간을 지나면서 대폭 축소되었다. 홍콩 시내 주요 호텔들을 거의 모두 경유했던 버스들이 이제는 단 11개로 줄어들었으며 남아있는 노선도 배차시간이 길어진 탓에 운행시간이나 간격을 꼼꼼하게 확인해야 한다(p.123). 조금 더 번거로워지긴 했지만 버스 대신 MTR을 이용해 최종 목적지로 이동하는 방법도 있다. 공항고속철도가 정차하는 칭이, 까우롱, 홍콩 역에서 MTR 환승이 가능하며 동일한 옥토퍼스카드를 이용해 1시간 이내에 환승할 경우 MTR을 무료로 탑승할 수 있다. 무료 셔틀버스 노선이 축소된 것만큼이나 안타까운 또 한 가지 소식은 AEL 이용객들을 위해 무료로 제공되던 인타운 체크인 서비스 역시 대폭 축소되었다는 것. 2025년 8월 기준 인타운 체크인 서비스가 가능한 항공사는 캐세이퍼시픽 항공과 콴타스 항공, 싱가포르 항공만 가능(홍콩 역만 가능).

Hot & New 10

Contactless Card
옥토퍼스카드 대신 컨택리스 신용카드

한때 홍콩 여행의 필수 준비물 중 하나는 옥토퍼스카드였다. 한국의 T머니와 비슷한 기능을 하는 옥토퍼스카드는 HK$50의 보증금과 함께 HK$100을 충전해 사용하는 방식으로 거스름돈을 내어주지 않는 홍콩 버스에서는 물론이고 MTR, 트램, 페리 등의 교통수단에서 유용하게 사용할 수 있다. 하지만 최근에는 비접촉식 결제 방식인 컨택리스 신용카드의 사용이 늘어나면서 한국에서 발급받은 신용카드를 이용해 홍콩의 버스나 트램, MTR 탑승이 가능해졌다. 별도로 옥토퍼스카드를 구입하지 않아도 되고 보증금 역시 필요 없다. 단 모든 신용카드가 다 사용 가능한 것은 아니다. 버스나 MTR, 트램 별로 사용 가능한 신용카드 브랜드가 따로 있다. 2025년 7월 기준 VISA 브랜드의 컨택리스 카드라면 거의 모든 대중교통에서 사용할 수 있다. 버스나 MTR, 트램 등에서 컨택리스 표시를 확인하고 가볍게 신용카드를 터치하면 끝.

Hot & New 11

Good Bye, Neon Signs
점점 사라져가는 네온사인 간판들

홍콩섬의 화려한 건물 들에서 뻗어 나오는 아름다운 불빛만큼이나 매력적이었던 네온사인 간판들이 점점 사라지고 있다. 홍콩의 상징이자 홍콩의 야경을 완성시키며 반짝거리던 간판들은 이제 과거의 사진과 기억, 오래된 홍콩 영화 속에서의 한 장면으로 남겨지게 되었다. 최근 홍콩 정부의 안전 규제가 강화되면서 규격에 맞지 않는 간판들이 하나 둘 철거되고 있기 때문이다. 오래된 네온사인 간판들은 거센 태풍에 휘청거리며 떨어져 나가기도 하고 안전성을 제때 체크하지 못해 내리는 비로 불이 나는 사건도 종종 발생했다. 과거 12만 개가 넘던 네온사인 간판들은 이제 고작 400여 개 밖에 남아있지 않다. 그러나 너무 아쉬워하지는 말자. 철거된 간판들을 한 곳에 모아 새로운 전시가 열리기도 하고 다시 규격에 맞는 간판들이 하나 둘 그 자리를 잡아가고 있다. 지금부터 천천히 다시 완성될 홍콩의 밤거리를 기대해 보자.

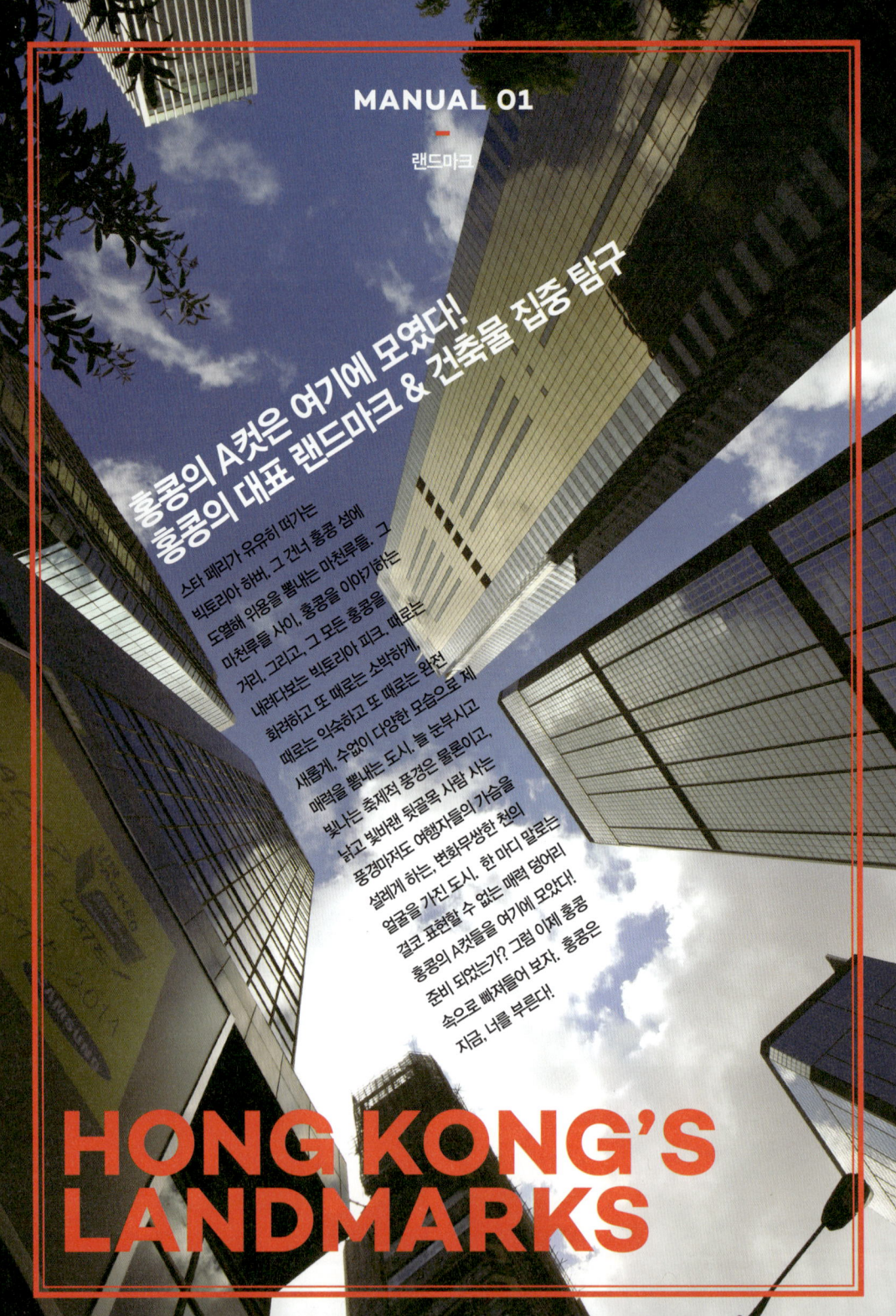

MANUAL 01

랜드마크

홍콩의 A컷은 여기에 모였다!
홍콩의 대표 랜드마크 & 건축물 집중 탐구

스타 페리가 유유히 떠가는 빅토리아 하버. 그 건너 홍콩 섬에 도열해 위용을 뽐내는 마천루들. 그 마천루들 사이, 홍콩을 이야기하는 거리. 그리고, 그 모든 홍콩을 때로는 내려다보는 빅토리아 피크. 때로는 화려하고 때로는 소박하게, 때로는 익숙하고 또 때로는 완전 새로운, 수없이 다양한 모습으로 제 매력을 뽐내는 도시. 늘 눈부시고 빛나는 축제적 풍경은 물론이고, 낡고 빛바랜 뒷골목 사람 사는 풍경마저도 여행자들의 가슴을 설레게 하는, 변화무쌍한 천의 얼굴을 가진 도시. 한 마디 말로는 결코 표현할 수 없는 매력 덩어리 홍콩의 A컷들을 여기에 모았다! 준비 되었는가!? 그럼 이제 홍콩 속으로 빠져들어 보자. 홍콩은 지금, 너를 부른다!

HONG KONG'S LANDMARKS

Victoria Peak

Panoramic Hong Kong! 빅토리아 피크에서만 허락된 백만 불짜리 풍경이다.

홍콩 섬의 가장 높은 곳, 빅토리아 피크

매년 700만 명의 여행자들이 찾는 홍콩 최고의 랜드마크이자 홍콩 여행의 1번지. 여왕의 이름을 따 빅토리아 피크라고 부르지만, 홍콩 인들은 일반적으로 'The Peak(山頂, 산텡)'이라고 부른다. 이곳이 주목 받기 시작한 것은 19세기 초, 도심의 고밀도와 견디기 힘든 고온 다습한 기후를 피해 주거지가 형성되면서부터. 그리고 파노라믹한 홍콩 최고의 뷰를 품고 있다는 것 또한 한몫했으리라. 하지만 당시 피크를 오갈 수 있는 교통수단이라고는 가마(Sedan chair)가 전부였으니, 자연스레 이곳은 부유한 사람들만의 주거지가 되었고, 실제로 1904년부터 1930년까지는 중국인들의 거주를 불허하기도 했다. 상대적으로 경제적 여유가 있는 사람들은 풍경을 즐길 삶의 여유도 있었을 테니, 빅토리아 피크는 그런 그들의 욕구를 완벽하게 채워주던 곳이었다. 오늘날에도 여전히 이 지역에는 홍콩에서도 손에 꼽히는 부촌이 형성되어 있다. 예나 지금이나 돈이 있으면 멋진 풍경을 사고 싶은 것이 인간의 본성인가 보다.

예스러움이 감도는 앙증맞은 사자상, 그 너머로 빼곡히 들어찬 마천루의 숲. 날것 그대로의 홍콩의 모습을 발견할 수 있는 곳.

스카이테라스 428
가장 높은 곳에서 홍콩을 보다!

부바검프
피크 타워 최고 전망의 패밀리 레스토랑

그린테라스
'공짜'로 즐기는 파노라믹 홍콩

퍼시픽커피
아메리카노 한 잔 가격으로 발 아래 홍콩 만끽하기!

빅토리아 피크의 전망대는 여기 모여라!
피크 타워와 피크 갤러리아의 숨은 전망대들의 위치는 사진 속 화살표를 주목해 보자!

새롭게 리노베이션한 피크 갤러리아와 홍콩 섬 남쪽 풍경

빅토리아 피크 여행의 시작과 끝
피크 타워 & 피크 갤러리아
Peak Tower & Peak Galleria

대부분의 여행자들은 피크 트램(p.79)을 타는 것으로 빅토리아 피크 여행을 시작할 것이다. 그 트램이 정상에 도달해 멈추어 서는 곳이 바로 피크 타워이다. 중국 전통 냄비인 '웍'의 모양새를 닮은 건축물은 영국의 건축가인 테리 패럴(Terry Farrell)이 디자인했다. 피크 타워가 자리잡은 곳은 빅토리아 피크의 정상보다 150m 낮은 피크 갭(Peak Gap) 일대. 이는 인간이 만든 건축물이 피크의 능선을 가려서는 안 된다는 건축가의 철학이 담긴 것이란다. 덕분에 피크 타워 너머로 끝없이 이어지는 유려한 산세를 오늘도 볼 수 있다. 피크 타워의 하이라이트는 옥상 전망대인 스카이테라스 428. 홍콩에서 가장 높은 야외 전망대인 이곳의 높이는 자그마치 428m! 막힘 없는 파노라마 뷰를 감상할 수 있지만 그만큼 자리싸움도 치열하고 무료가 아니라는 '치명적' 단점도 분명 존재한다. 홍콩 야경과 함께 멋진 식사를 할 수 있는 부바검프 레스토랑, 또 커피 한 잔과 함께 발 아래 홍콩을 만끽할 수 있는 퍼시픽커피 등이 위치하고 있으며, 세계 유명인들의 밀랍 인형을 만날 수 있는 마담투소 홍콩 또한 피크 타워 내에 위치한다. 피크 타워의 맞은편에 위치한 피크 갤러리아에는 홍콩 스타일의 다양한 프랜차이즈 식당과 디자인 소품 매장들이 자리해 있다. 무엇보다 코로나 이후 쇼핑 아케이드를 포함한 건물 전체를 리노베이션해, 더 쾌적하게 빅토리아 피크를 즐길 수 있다고. 스카이테라스 428보다 넓은 '공짜' 전망대 그린테라스도 주목할 것. 뷰는 제한적이지만 상대적으로 덜 붐비기 때문에, 좀 더 여유롭게 야경을 즐기고 싶다면 이곳으로 향하자.

피크 타워
빅토리아 피크
MAP p.200E INFO p.206

피크 갤러리아
빅토리아 피크
MAP p.200E INFO p.206

숨막힐 듯한 홍콩의 야경!
이 풍경을 보고자 한다면
뤼가드로드 전망대로 향하자.

빅토리아 피크의 진수는 여기!
라이언스 파빌리언 & 뤼가드로드 전망대
Lions Pavilion & Lugard. Road Lookout

피크 타워와 피크 갤러리아에서의 야경 감상이 조금 아쉬웠다면 이곳을 주목하시라! 여기 좀 더 새롭고, 무엇보다 더욱 홍콩스러운 빅토리아 피크의 야경 명소가 또 있으니. 피크 트램의 철로 옆으로 이어진 길을 따라 1분만 걸어가면 조그만 중국풍 정자를 만날 수 있는데, 이곳이 바로 라이언스 파빌리언이다. 1976년에 지어진 낡고 작은 정자에 불과하지만, 탁 트인 홍콩 섬을 발 아래로 내려다볼 수 있어서 그 어느 곳보다 인기가 많은 곳. 정자의 난간에 아주 귀여운(?) 사자 조각들이 놓여 있어서 함께 기념사진을 찍으려는 여행자들로 늘 붐빈다.

뤼가드로드는 피크 타워 옆으로 이어진 작은 산책로. 입구가 눈에 잘 띄지 않아 그냥 지나치기 일쑤지만, 아는 사람은 다 아는 멋진 전망대가 숨어 있다는 사실. 빅토리아 피크에서 찍은 야경 사진의 대부분이 산책로 중간에 숨겨진 전망대에서 촬영된 것이라고. 흡사 열대 우림을 떠오르게 하는 좁은 길을 따라 15분 정도 걸어 들어가면, 탁 트인 뷰 포인트가 나타나는데, 그곳이 바로 뤼가드로드 전망대. 언제나 아마추어 사진가들이 진을 치고 있어 찾는데 어렵지 않다. 전투적인 산 모기들과 조금의 어둠을 견딜 수만 있다면, 당신도 이곳에서 최고의 홍콩 사진을 얻게 될지도 모른다.

홍콩스러움이 가득한 중국풍 정자에서 내려다보는 홍콩 섬 마천루들의 풍경이란?

라이언스 파빌리언
빅토리아 피크
◉ MAP p.200E ◉ INFO p.207

열대 우림을 상상케 하는 산책로의 끝에서 홍콩 최고의 풍경을 마주할 수 있다.

뤼가드로드 전망대
빅토리아 피크
◉ MAP p.200A ◉ INFO p.206

ICC
& 2 IFC

홍콩 섬의 강자들을 모두 물리친 까우롱의 맹주
ICC
International Commerce Centre

2010년 까우롱 반도에 등장한 ICC는 자그마치 118층, 484m 높이로 홍콩의 높이 대결 판도를 단숨에 뒤엎은 초고층 빌딩이다. ICC의 높이가 어느 정도인지 감이 안 온다고? 세계에서 층수로는 아홉 번째, 높이로는 열세 번째로 높은 빌딩이란다. 저층부에는 최고급 사무실이 입주해 있고, 고층부에는 세계에서 가장 높은 호텔 중 하나인 리츠칼튼 홍콩이 들어서 있다. 지하에는 공항 철도 까우롱 역과 복합 쇼핑몰인 엘리먼츠가 있어, 여러모로 여행자들의 이목을 끈다. 매일 밤 7시 45분과 8시, 9시에 펼쳐지는 ICC 라이트 & 뮤직 쇼 또한 놓치지 말자. 심포니 오브 라이트가 여러 건축물들이 함께 만들어 내는 '교향곡'이라면 ICC의 조명 쇼는 홀로 화려한 빛을 발하는 '솔로 곡'과 같다. 건물 외벽에 설치된 수많은 LED 조명이 프로그램에 따라 빛을 발하는데, 단일 건물을 배경으로 하는 조명 쇼로는 세계 최대로, 기네스에도 등재되어 있다고. 앱을 미리 다운 받으면 음악과 함께 쇼를 감상할 수 있다. 심포니 오브 라이트처럼 화려하지는 않지만, 조금 더 감각적이고 세련된 빛의 축제를 경험해 보시라.

TIP ICC 라이트 & 뮤직 쇼는 뤼가드로드 전망대, 스타 페리 위에서 더 멋지게 감상할 수 있다.

◉ **MAP** p.144A

◉ ICC

[오존바]
자그마치 118층! 홍콩 최고의 높이를 경험할 수 있는 곳. 생각보다 저렴한 칵테일 한 잔 가격으로 홍콩 최고인 118층 높이를 경험할 수 있다. 감각적인 인테리어와 분위기는 덤!

[더라운지&바]
ICC의 102층에 위치한 리츠칼튼 홍콩의 라운지. 동양적인 화려함이 감도는 공간 자체도, 발 아래로 내려다보이는 홍콩의 풍경도 놓쳐서는 안 될 포인트라고. 창가 자리마다 고급스런 망원경까지 비치해 둔 특급 호텔의 세심한 서비스는 덤이다.

홍콩 최고의 키다리 아저씨는 누구?

63 빌딩쯤은 단숨에 '꼬꼬마'로 만들어 버리는 마천루의 도시 홍콩. 홍콩 섬에 도열한 고층 빌딩의 풍경과, 또 그들이 뿜어내는 찬란한 야경은 이제 부정할 수 없는 홍콩의 대표 이미지가 된 지 오래. 그 많고 많은 고층 빌딩 중에서도 서열은 분명 존재한다는데, 과연 1등과 2등의 영예는 누가 차지했을까? 바로 성도 같고 돌림자도 같은 두 키다리, ICC와 2 IFC가 그 주인공이다.

세월이 야속한 홍콩 섬의 노장
2 IFC
2 International Finance Centre

마천루들의 높이 경쟁이 늘 그러하듯 영원한 절대 강자란 없다. 홍콩 섬 센트럴에 위치한 2 IFC 또한 한동안 홍콩 최고의 자리를 지켜왔지만, 2010년 ICC의 등장과 함께 2등의 자리로 물러났다. 아, 야속한 세월이여! 하지만 아무리 2등이어도 그 높이는 상상초월. 지상 88층, 412m라고 하니 2등이라고 절대 무시하지는 마시라. 조금 심심하게 생긴 ICC에 비해 2 IFC는 확실히 독특한 모양새로, 멀리서 보면 마치 '바리캉'(이발기)를 닮은 것도 같다. 그래서일까, 미디어의 별다른 주목을 받지 못한 ICC에 비해, 2 IFC는 다수의 영화에 출연한 '경력'도 있다고. 〈툼 레이더 2〉에서 안젤리나 졸리가 뛰어 내렸던 곳이 바로 2 IFC이며 최근에는 〈트랜스포머 4〉에도 카메오 출연해, 노장은 죽지 않았음을 스스로 증명해 보이기도 했다. 2 IFC와 생김새는 똑같지만 높이만큼은 확연히 다른 쌍둥이인 1 IFC도 있다. 높이는 210m로 2 IFC의 절반밖에 되지 않지만 꼭 닮은 생김새는 여행자의 눈길을 끌기에 충분하다. '바리캉'을 닮은 두 개의 IFC를 꼭 찾아 보자.

◉ MAP p.166B ⓘ INFO p.182

홍콩금융관리국 인포메이션 센터 →

[스카이 100]
ICC의 100층에 위치한 유료 전망대. 침사추이의 서쪽 지역에서 바라보는 360도의 독특한 뷰를 제공한다. 고가의 입장료는 부담스럽지만, 그만큼 더 여유 있고 편안하게 발 아래 홍콩을 만끽할 수 있다. 와이파이, 휴대폰 충전, 오디오 가이드 투어 등 소소하지만 세심한 무료 서비스도 놓치지 말자.

 2 IFC

[홍콩금융관리국 인포메이션 센터]
홍콩 화폐 발행을 관리하는 금융관리국의 자료관. 2 IFC의 55층에 위치한다. 자료 관람과 함께 자연스레 창밖 풍경을 볼 수 있어 '두 마리 토끼'를 모두 잡을 수 있는 곳.

Panoramic Hong Kong Island!

1 코즈웨이 베이 최고 전망의 루프톱 바가 있는 **디엑셀시어 홍콩**(The Excelsior Hong Kong) 현재 재건축 중
2 눈 데이 건으로 가는 입구 **월드트레이드센터**(World Trade Centre)
3 코즈웨이 베이에서 가장 트렌디한 쇼핑몰 **하이산플레이스**(Hysan Place)
4 코즈웨이 베이를 대표하는 초대형 쇼핑몰 **타임스스퀘어**(Times Square Hong Kong)
5 홍콩 최고 부동산 재벌의 이름을 딴 **순훙카이센터**(Sun Hung Kai Centre)
6 완차이의 터줏대감 쌍둥이 빌딩 하나 **하버센터**(Harbour Centre)
7 완차이의 터줏대감 쌍둥이 빌딩 둘 **그레이트이글센터**(Great Eagle Centre)
8 홍콩 반환식이 열린 독보적 랜드마크 **홍콩 컨벤션 & 엑시비션 센터**(Hong Kong Convention & Exhibition Centre)
9 홍콩 컨벤션 & 엑시비션 센터와 하나로 이어진 **컨벤션플라자오피스타워**(Convention Plaza Office Tower)
10 세월이 야속한 키다리 순위 3등 **센트럴플라자**(Central Plaza)
11 홍콩의 이민국이 바로 여기! **이미그레이션타워**(Imigration Tower)
12 우주선을 닮은 원통형 빌딩 **호프웰센터**(Hopewell Centre)
13 홍콩 경찰의 심장부가 있는 곳 **아스널하우스**(Arsenal House)
14 세모난 평면이 재미있는 오피스 빌딩 **시틱타워**(Citic Tower)
15 네 개의 최고급 호텔이 모였다! **퍼시픽플레이스**(Pacific Place)

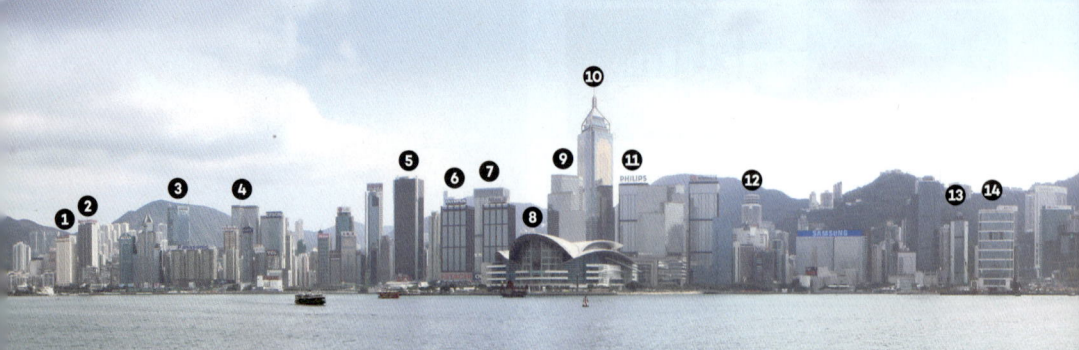

홍콩의 이미지 메이커

일등만 기억하는 더러운(?) 세상!? 홍콩에는 ICC와 2 IFC만 있는 게 아니라고 알리기 위해 매력 넘치는 홍콩 섬 마천루들을 모두 모았다. 키(?)는 조금 작지만, 더 독특하고 더 세련된 멋이 있는 홍콩 섬 마천루들은 각각의 매력으로 홍콩의 낮과 밤 풍경에 화려함을 더한다. 사실 이처럼 독특한 홍콩만의 스카이 라인이 완성된 데에는 오랫동안의 보이지 않는 노력이 있었다고. 일찍부터 홍콩 정부와 기업들은 건축물의 독특한 디자인이 도시와 기업의 이미지를 만들고, 경제적으로도 가치를 창출한다는 것을 알고 있었다. 때문에 디자인을 결정하는 단계부터, 시의 건축 허가가 날 때까지 건축물의 디자인을 세심히 검토한다고. 아직도 우리에겐 건축 디자인의 힘이라는 것이 크게 와닿지 않지만 홍콩에서라면 그 힘을 경험할 수 있을 테니, 다양한 건축의 힘과 매력을 발견해 보자.

16 반짝반짝 화려한 황금색으로 빛나는 **원동금융센터**(Far East Finance Centre)
17 유리벽에 매달린 코알라를 찾아보자! **리포센터**(Lippo Centre)
18 홍콩을 지키는 인민해방군 본부 **인민해방군빌딩**(Chinese PLA Forces Building)
19 홍콩을 상징하는 다이아몬드 타워 **중국은행타워**(Bank of China Tower)
20 홍콩 최고 거부 리카싱의 **청콩센터**(Cheung Kong Centre)
21 황후상 광장을 마주한 하이테크 빌딩 **HSBC빌딩**(HSBC Building)
22 중국 전통 프라이팬을 닮았다! **피크 타워**(Peak Tower)
23 장국영의 마지막은 이곳에서! **만다린오리엔탈 홍콩**(Mandarin Oriental Hong Kong)
24 '뽕뽕' 구멍 뚫린 창 **자딘하우스**(JaRoadin House)
25 홍콩 섬의 모든 버스는 여기 모여라! 버스 환승 센터가 위치한 **익스체인지스퀘어**(Exchange Square)
26 바리캉 형님 **2 IFC**(2 International Finance Centre)
27 바리캉 아우 **1 IFC**(1 International Finance Centre)
28 밤마다 색색의 네온이 빛을 발하는 **더센터**(The Centre)
29 마카오로 향하는 관문 **슌탁센터**(Shun Tak Centre)

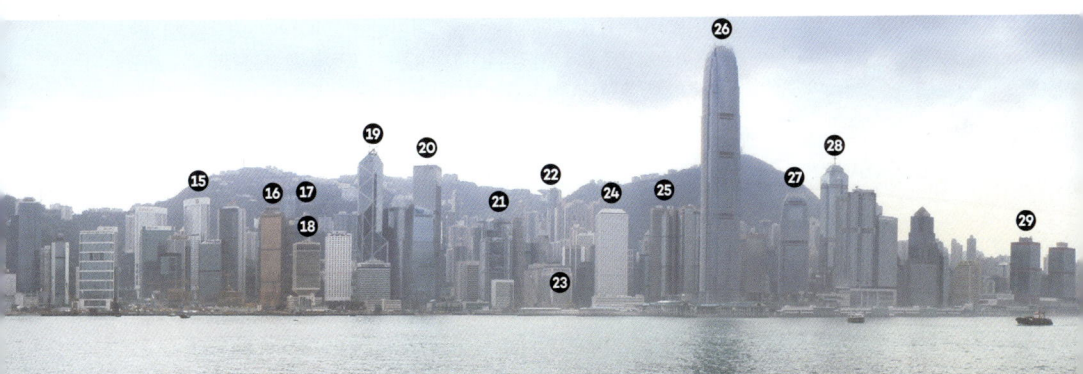

침사추이 여행의 시작점, 시계탑 (1915~)

침사추이 해변 산책로의 시작점에 위치하고 있어 여행자들에게 늘 이정표가 되는 고마운 존재. 시계탑이 완공된 것은 1915년. 원래 이 위치는 유럽까지 연결되는 철도의 종착역인 까우룽 역이 있던 곳이었고, 시계탑도 그 역 광장에 세워져 있던 것. 하지만 1975년 역이 홍홈으로 옮겨 가면서 시계탑만 혼자 남아 이 자리를 지키게 되었다고. 탑의 높이는 44m, 외벽은 적벽돌과 화강석으로 장식된 옛 모습 그대로를 유지하고 있다. 100년이 넘도록 이 자리를 지켜준 시계탑과 함께 인증 샷을 남겨 보자.

◉ MAP p.144E ◉ INFO p.153

Clock Tower — 109year

Former Supreme Court, Legislative Council Building — 112year

고풍스러운 옛 모습 그대로, 매력 만점 역사 건축물 BEST 6

동양과 서양이 만나는 교차점에서 그 누구보다 파란만장했던 지난 세기를 보낸 홍콩. 하늘 높은 줄 모르고 높이 경쟁을 하는 마천루 사이에서도, 오롯이 예스럽고 고풍스러운 멋으로 여행자들에게 손짓하는 역사 건축물들. 오늘날까지 옛 모습 그대로 남아 홍콩의 또 다른 색을 이야기하는 여섯 개의 매력 만점 역사 건축물들이 지금 당신을 기다린다.

홍콩에서 가장 오래된 시장, 웨스턴마켓 (1906~)

홍콩 섬의 서쪽 지역인 성완에 위치하고 있어 웨스턴마켓이라는 이름이 붙었다. 원래 웨스턴마켓은 1858년에 지어진 남관과 1906년에 지어진 북관으로 이루어져 있었는데, 1981년 재개발 때 더 오래된 남관을 철거해 버렸다. 지금 우리가 볼 수 있는 웨스턴마켓은 1906년 지어진 북관뿐인 셈. 웨스턴마켓은 1988년까지 식료품 시장으로 성업을 이루다가, 1990년 정부 기념물로 지정된 후, 보수를 거쳐 다시 개장하였다. 붉은 색을 칠한 건축물은 20세기 런던에서 유행하던 에드워드 양식을 따른 것. 바로 앞에 트램 정류장이 있어 홍콩만의 포토제닉한 사진을 찍기에도 좋은 곳이다.

◉ MAP p.166A ◉ INFO p.184

Western Market — 118year

황후상 광장의 터줏대감 구 대법원, 입법부 빌딩 (1912~)

센트럴의 가장 중심부, 황후상 광장 옆에 위치한 석조 건축물. 1912년 바다를 매립해 생겨난 땅에 수많은 목재 말뚝을 박고 그 위에 건축물을 세웠다. 신 고전주의의 클래식함이 묻어나는 건축물은 과거 대법원으로 사용되었던 건물. 이후 1985년부터 최근 2011년까지는 홍콩 입법부 빌딩으로 사용되었다. 수많은 마천루에 둘러싸인 2층짜리 낮은 건물일 뿐이지만, 그럼에도 불구하고 전혀 위축되지 않는 위용을 보여준다. 주변의 고층 빌딩과 함께 빛을 발하는 야경이 특히 아름답다. 현재 내부는 종심 법원과 전시관으로 활용되고 있다.

◉ MAP p.166F ◉ INFO p.186

해양경찰 본부가 화려한 부티크 호텔로, 1881 헤리티지 (1884~)

홍콩 해양경찰의 본부로 사용하기 위해 1881년부터 건축을 시작하여 1884년에 완공한 석조 건축물. 바다를 지키는 경찰의 본부였으니 당연히 빅토리아 하버를 마주하고 위풍당당 서 있다. 현재 남아 있는 메인 빌딩과 함께 과거에는 시그널 타워도 서 있었는데, 지붕 위에 달린 커다란 타임 볼이 오르락내리락하며 해상의 배들에게 시간을 알리는 역할을 했다고. 아쉽게도 지금은 옮겨져 이곳에서는 볼 수 없다. 베란다에 남아 있는 해포는 과거 눈 데이 건(Noon Day Gun)으로 사용되었던 것. 1881 헤리티지는 1994년 정부 기념물로 선정된 후 개보수 되어 지금은 전 객실이 스위트룸인 부티크 호텔 훌렛하우스(Hullett House)와 호화 쇼핑몰들이 들어서 있다.

◉ MAP p.144E ◉ INFO p.153

1881 Heritage 140year

동아시아에서 가장 오래된 성당, 성 요한 성당 (1849~)

센트럴 한복판에 고고히 남아 있는 영국 성공회의 홍콩 주교좌 성당. 1849년 완공된 동아시아에서 가장 오래된 성당이기도 하다. 영국 고딕 건축 양식을 그대로 따르고 있지만, 목조 천장 아래 매달린 선풍기들은 남국의 향취를 풍기기에 부족함이 없다. 1941년 일본군의 공격으로 많은 피해를 입었으며, 이 해 크리스마스 아침에는 포화 속에서도 100명의 신도들이 예배를 드리기도 했다. 일본군이 점령했을 동안에는 그들의 유흥을 위한 클럽이 되어야만 했던 슬픈 역사 또한 간직하고 있다.

◉ MAP p.166J ◉ INFO p.186

스탠리 최고의 랜드마크, 머리하우스 (1844~)

영국 콜로니얼(식민지)풍의 고풍스러운 석조 건축물로 1844년 건축되어 영국군 병영으로 사용되었다. 건물의 네 면에는 베란다를 널찍하게 두었는데, 이는 열대 기후를 견디기 위한 건축가의 아이디어였다고. 머리하우스는 오랜 역사만큼이나 파란만장한 삶을 살아왔다. 일본군 점령기에는 일본 군 경찰의 지휘소로 사용되어 중국인들의 사형 집행소로 쓰이기도 했다. 그래서일까. 1965년부터 귀신이 나온다는 흉흉한 소문이 돌아 정부에서 공식적으로 퇴마 의식을 치르기도 했단다. 원래는 센트럴에 있었지만 중국은행타워의 신축을 위해 자리를 양보하여 지금의 스탠리로 자리를 옮겼다. 우여곡절은 있었지만, 스탠리의 멋진 바다를 배경으로 서 있는 머리하우스의 모습은 더없이 아름답고 멋지다.

◉ MAP p.268C ◉ INFO p.274

St. John's Cathedral 175year

Murray House 180year

BEST가 아니면 어때?
놓칠 수 없는 또 다른 역사 건축물!

1. 플래그스태프 하우스 다기박물관
Flagstaff House Museum of Tea Ware

약 179살 (1840년대)
영국군 병영의 지휘관 관사였던 곳을 리노베이션 하여 차와 다기 박물관으로 사용하고 있다. 센트럴의 홍콩공원 내에 자리잡고 있다.
- 찾아가기 MRT 애드미럴티 역 C1번 출구로 나와 홍콩공원까지 도보 9분
- 주소 10 Cotton Tree Dr, Central

2. 프린지클럽
Fringe Club

132살 (1892)
냉장 창고, 육류 훈제 공장 등 파란만장한 삶을 살다 지금은 예술 공간으로 변신하여 멋진 노후 생활을 즐기고 있는 매력적인 벽돌 건축물.
- 찾아가기 MRT 센트럴 역 D1번 출구로 나와 오른쪽으로, Queen's Road Central을 건너 Wyndham Street를 따라 언덕 위로 이동. 도보 4분
- 주소 2 Lower Albert Rd, Central

3. 구 홍콩총독부
Government House

169살 (1855)
1855년부터 자그마치 25명의 총독을 모셔온 총독 관저. 지금은 정부 행사의 환영식장과 만찬장으로 쓰이고 있다고. 아쉽지만 특별한 날을 제외하곤 출입 불가.
- 찾아가기 MTR 센트럴 역 K번 출구로 나와 왼쪽으로 Des Voeux Central을 따라 걷다가 Garden Road를 따라 언덕 위쪽으로 도보 이동. 약 12분 소요
- 주소 Upper Albert Rd, Central

4. 더폰
The Pawn

약 119살 (20세기 초)
홍콩의 이름난 전당포로 쓰이던 고풍스런 석조 건축물. 지금은 멋진 인테리어 매장과 레스토랑이 자리잡고 있다. 때마침 빨간 트램이 그 앞을 지나쳐 간다면 멋진 인증 샷을 날려보자!
- 찾아가기 MTR 완차이 역 A3번 출구에서 도보 3분
- 주소 66 Johnston Rd, Wan Chai

5. PMQ
Police Married Quarters

73살 (1951)
홍콩 경찰의 기혼자 숙소로 쓰였던 곳. 경찰 대가족들의 삶이 고스란히 담긴 기숙사 방들은 디자인 숍과 공방으로 리노베이션 되어 매력적인 새 삶을 시작했다.
- 찾아가기 MTR 센트럴 역 C번 출구에서 도보 15분. 센트럴 – 미드레벨 에스컬레이터 이용
- 주소 35 Aberdeen St, Central

6. 구 센트럴 경찰서
Former Central Police Station Compound

105살 (1919)
센트럴 지역의 치안을 담당했던 옛 경찰서 건물. 이제 경찰서의 기능은 모두 다른 곳으로 옮겨졌고, 새로운 문화 예술 공간인 Tai Kwun Centre로 재개관했다.
- 찾아가기 MTR 센트럴 역 C번 출구에서 도보 7분
- 주소 10 Hollywood Rd, Central

전격 신상 공개! 웬만큼 나이 먹었다고 자랑하지 마시라!
여기 100살은 기본인 홍콩 역사 건축물들의 나이를 전격 공개한다. 홍콩 최고의 장수 건축물은 무엇?

7. 더페닌술라 홍콩
The Peninsula Hong Kong

96살 (1928)
예나 지금이나 홍콩 최고의 호텔로 꼽히는 더페닌술라 홍콩. 1928년 지어진 뒤 80년이 넘도록 홍콩 대표 호텔의 역할을 묵묵히 수행해 왔다. 지상 8층 이상의 고층 부분은 1994년에 증축된 것이라고 한다.
- 찾아가기 MTR 이스트 침사추이 역 L3번 출구 바로 오른쪽에 위치
- 주소 The Peninsula Hong Kong, Salisbury Rd, Tsim Sha Tsui

8. 성 앤드루 교회
St. Andrew's Church

118살 (1906)
빅토리안 고딕 양식의 붉은 벽돌로 지어진 건물로 영국성공회 소속의 성당이다. 2차 대전 중에는 일본군의 신사로 사용되었던 슬픈 역사 또한 지니고 있다.
- 찾아가기 MTR 조던 역 D번 출구에서 도보 3분
- 주소 138 Nathan Rd, Tsim Sha Tsui

9. 구 완차이 우체국
Old Wan Chai Post Office

109살 (1915)
홍콩에 현존하는 가장 오래된 우체국. 100년 전의 고풍스러운 모습을 여전히 간직하고 있다. 오늘날의 우체국 업무는 바로 옆 신식 건물로 옮겨졌고, 이 건물은 환경자원센터로 사용되고 있다고.
- 찾아가기 MTR 완차이 역 A3번 출구에서 도보 4분
- 주소 221 Queen's Rd E, Wan Chai

10. 자미아모스크
Jamia Mosque

109살 (1915)
홍콩에서 가장 오래된 이슬람 사원. 센트럴 - 미드레벨 에스컬레이터를 타고 언덕에 올라 모스크에 도착하면, 무슬림들의 간절한 기도 소리가 당신을 반길 것이다.
- 찾아가기 센트럴 - 미드레벨 에스컬레이터를 이용하여 Mosque Street까지 이동
- 주소 30 Shelley St, Central

11. 야우마테이 극장
Yau Ma Tei Theatre

94살 (1930)
1930년 문을 열어 영화 상영과 월극(Cantonese Opera) 상영 등 다양한 장르의 공연장으로 사용되어 왔다. 홍콩 도심에서 유일하게 남아 있는 전전(戰前) 영화 상영관으로 알려져 있다.
- 찾아가기 MTR 야우마테이 역 B2번 출구에서 도보 3분
- 주소 6 Waterloo Rd, Kowloon

12. 쑨얏센기념관
Dr. Sun Yat-sen Museum

110살 (1914)
홍콩의 이름난 거상 호콤통의 저택. 그의 이름을 따 '콤통홀'이라 불렸단다. 지금은 쑨얏센(쑨원)의 생애와 업적을 기념하는 기념관으로 바뀌었다. 내부의 목조 계단과 그리스 양식의 테라스가 특히 멋스럽다.
- 찾아가기 센트럴 - 미드레벨 에스컬레이터를 이용하여 Caine Road까지 이동한 후 도보 4분
- 주소 7 Castle Rd, Central

당신의 눈을 사로잡을 홍콩의 단 한 컷, 포토제닉 홍콩!

혹자는 이야기한다. 홍콩? 가 봤는데 별 거 없더라고, 복잡하고 정신 없고 숨막히더라고.
어쩌면, 그 혹평에 가까운 말이 사실일지도 모른다. 그러나 분명히 말할 수 있는 한 가지.
그런 복잡하고 정신 없고 숨막힐 것 같은 풍경 또한 홍콩의 모습이고 색깔인 거라고. 그래서 준비했다.
당신의 눈을 사로잡을 홍콩의 단 한 컷! 복잡하고 정신 없고 숨막힐 것 같은 뒷골목 풍경도 '볼 것'이 되는 도시 홍콩에서,
세계 어느 곳에서도 만날 수 없는 이 도시만의 매력을 발견하게 되길.
참, 화려하고 아름답기만 한 홍콩은 잊어 주시라. 적어도 여기에는 그런 거 없다.

트램이 달리는 모든 풍경은 그림이 된다

성완 트램 정류장
Sheung Wan Tram Terminus

 MAP p.166A

홍콩 섬의 상징, 트램이 달리는 모든 풍경은 그림이다. 다 차려진 밥상에 숟가락을 얹듯 빨간 트램 하나 프레임 속에 담는 것만으로도 홍콩의 색깔이 물씬 풍기는 한 컷이 나오는 것이 신기할 따름. 성완은 완차이와 함께 홍콩 섬에서도 옛 모습을 꽤나 많이 간직하고 있는 곳이다. 낡은 건물들과 촌스러운 듯한 간판 뒤로 호화스런 1 IFC의 실루엣이 보이는 풍경이야말로 참으로 '홍콩스러운' 풍경이리라. 당신도 달리는 트램과 함께 과거와 현재의 홍콩 섬을 프레임 속에 담아 보자. 잘 찍고 못 찍고는 상관이 없으니, 그저 마음에 드는 트램이 왔다면 셔터를 누르자! 그것이 바로 당신이 사랑하는 홍콩의 모습일 테니까.

PLUS TIP.
이토록 홍콩스러운 풍경을 아쉽게도 이제는 볼 수 없게 되었다. 지난 수 년간 홍콩 당국이 안전과 미관 상의 이유로 12만 개가 넘는 네온 사인 간판들을 철거해 왔기 때문. 여전히 빨알간 트램은 달리고 있지만, 다소 심심해진 풍경이 조금은 아쉽기도 하다.

PHOTO SPOT!
웨스턴마켓행 트램을 타고 종점에 내린다. 웨스턴마켓을 등지고 뒤로 돌아서면 바로 이 풍경을 마주할 수 있다. 점점 사라져 가는 커다란 간판들을 아쉬워하며, 북적거리는 홍콩의 모습을 마음껏 담아 보자.

밤마다 별천지가 되는 곳
네이선로드
Nathan Road

📍 MAP p.144E

네이선로드는 까우룽 반도를 남북으로 관통하는 도로로 서울로 치자면 종로와도 같은 곳이다. 아마 홍콩을 여행하는 사람이라면 적어도 한 번은 들르거나 지나쳐야 하는 이곳이 매력적인 것은 바로 과거와 현재의 홍콩이 공존하고 있기 때문. 고층 빌딩과 호화 쇼핑몰들이 경쟁하듯 들어서 활기를 더하면서도, 에어컨 실외기로 도배된 청킹맨션 스타일의 그로테스크한 풍경 또한 여전한 곳이 바로 네이선로드이다. 스치듯 이곳을 지나가는 것도 좋지만, 여유가 있다면 이곳을 천천히 걸으며 홍콩만의 색다른 풍경을 감상하는 것 또한 좋다. 2층 버스의 맨 앞자리에 앉아 머리에 닿을 듯 아찔하게 매달린 간판들을 무념무상으로 바라보며 시간을 보내는 것도 추천한다.

📷 **PHOTO SPOT!**
침사추이 쪽으로는 대형 쇼핑몰들이 들어서면서 클래식한 옛 간판들이 많이 사라졌다는 슬픈 현실. 아래와 같이 초대형 간판들과 네온사인이 가득한 사진을 찍고 싶다면 MTR 조던(JoRoadan) 역 근처로 가재 오늘도 여전한 홍콩의 옛 모습을 마주할 수 있다.

'랙(Lack) 걸린 아파트' 그게 뭐야?
쿼리 베이
Quarry Bay

얼마 전 홍콩의 아파트 사진이 인터넷 커뮤니티를 뜨겁게 달군 적이 있었다. 40층이 훌쩍 넘는 아파트의 수직적으로 반복되는 풍경이 마치 '랙' 걸린 사진을 보는 듯한 착각을 불러일으켰던 것. 홍콩을 처음 여행하는 여행자들 또한 그 무시무시한 풍경에 입을 다물지 못할 것이다. 홍콩 섬 동부에 위치한 쿼리 베이는 대표적인 주거 밀집 지역으로 이러한 아파트들이 군집해 있는 곳. 사진에 담긴 익청빌딩은 〈트랜스포머 4〉에도 등장해 유명세를 치렀다고. 홍콩 섬의 주요 여행지들과는 좀 떨어져 있긴 하지만, 섹소나 차이완 쪽을 여행할 계획이 있다면 홍콩 인들의 삶이 담긴 이 압도적인 풍경도 함께 마주해 보자.

📷 **PHOTO SPOT!**
샤우케이완 Shau Kei Wan행 트램을 타고 Mount Parker Road 정류장에서 하차. 바로 앞 병풍처럼 둘러선 건물이 익청빌딩이다. 영화에 등장한 중정은 뒤쪽으로 돌아가면 볼 수 있다. 단, 지금은 주민들이 불편을 호소해 방문자들의 사진 촬영이 잠정적으로 중단되고 있다.

MANUAL 02

야경&나이트 라이프

DYNAMIC
Hong Kong

밤이 되어야 비로소 깨어나는 다이내믹 홍콩

하루를 찬란히 비추었던 태양이 빅토리아 피크 뒤로 제 모습을 감추면, 비로소 진짜 홍콩이 깨어난다. 활기 넘쳤던 낮을 뒤로하고, 이제 화려한 홍콩의 밤을 마주해야 할 때. 다시 찾아온 홍콩의 밤, 해가 져 어스름 짙어진 도시를 또 다른 빛 조각들이 채우기 시작한다. 빅토리아 하버를 둘러싸고 위풍당당하게 선 빌딩들이 찬란히 빛을 밝힌다. 홍콩의 밤을 수놓는 총천연색 레이저 쇼, 심포니 오브 라이트가 이제 시작되는 것이다.

밤을 수놓는 총천연색 레이저 쇼, 기네스북도 인정한 심포니 오브 라이트
A Symphony of Lights

홍콩의 밤이 가장 찬란히 빛나는 시간, 단 14분!

매일 밤 여덟 시, 홍콩의 밤을 수놓는 '심포니 오브 라이트(A Symphony of Lights)'는 2004년 홍콩관광청이 총 4,000만 홍콩달러를 투자하여 기획 제작한 레이저 쇼로 세계 최대 규모를 인정받아 기네스북에도 등재된 홍콩 최대의 볼거리이다. 한 건축물이 주축이 되는 여느 레이저 쇼들과는 달리, 홍콩의 심포니 오브 라이트는 빅토리아 하버를 둘러싼 40개 이상의 건축물이 함께 빛을 쏘아 올리는 초대형 스케일의 조명 쇼이다. 도시 전체가 하나가 되어 음악에 따라 일사불란하게 빛을 발하는 모습을 보면 오케스트라의 연주자들을 떠올리게 한다. 바로 이 순간이야말로 빛의 교향곡, 심포니 오브 라이트라는 제 이름에 걸맞은 순간이리라.

심포니 오브 라이트는 '깨어남', '에너지', '유산', '동행', '축제'의 다섯 가지 주제로 약 10분간 펼쳐진다. 공연이 이어지는 동안 빅토리아 하버를 사이에 두고 서로 마주 보고 있는 까우룽(Kowloon, 九龍) 반도와 홍콩 섬의 47개 빌딩으로부터 레이저 빔, LED, 서치 라이트 등의 다양한 빛을 발산해 보는 이로 하여금 그 파노라마 같은 빛의 향연에 넋을 잃게 한다. 별도의 관람료 없이 누구에게나 개방된 지상 최대의 레이저 쇼, 도시 전체가 한꺼번에 빛을 발하는 화려한 빛의 교향곡, 심포니 오브 라이트. 시원한 바닷바람을 맞으며 해변 산책로 앞에 앉아 멋진 공연을 보는 것만으로 홍콩의 밤은 더없이 아름다운 추억으로 기억될 것이다.

- 시간 매일 20:00~20:10
- 휴무 3급 이상 태풍 경보 시
- 가격 무료

TIP

심포니 오브 라이트를 관람할 수 있는 장소는 해변을 따라 넓게 분포되어 있어 쇼가 시작되어도 크게 붐비지 않는다. 그러나 편하게 앉아 제일 앞에서 쇼를 보기 원한다면 조금 여유 있게 도착해 바닷가에 늘어선 벤치를 사수해 두는 것이 좋다. 꼭 쇼가 진행되는 10분이 아니어도 빅토리아 하버 주변의 야경은 언제나 아름다우니, 기다림이 지루하지는 않을 것이다.
2017년 12월 홍콩 필하모닉 오케스트라가 직접 연주하는 배경 음악을 덧입힌 '진짜' 심포니 오브 라이트로 리뉴얼해, 더 많은 밤의 여행자들을 불러 모으고 있다.

A SYMPHONY OF LIGHTS
홍콩의 밤을 수놓는 심포니 오브 라이트의 네 가지 빛!

❶ 서치라이트 Searchlights
등대의 빛과 같은 강한 빛줄기가 하늘을 향해 쏘아 올려진다. 하늘 위 구름에까지 빛이 닿을 정도로 밝고 강하게 홍콩의 밤을 수놓는다.

❷ 프로젝션 라이트 Projection Lights
외부에서 건축물의 벽을 향해 빛을 쏘는 방식. 창문이 없이 넓은 벽이 있는 건축물에 주로 쓰인다.

❸ 레이저 Laser
센트럴플라자, 1 & 2 IFC 등 홍콩 섬의 대표 마천루들이 쏘아 올리는 초록빛 레이저 광선. '쨍'하고 강렬한 빛줄기는 하늘 끝까지도 닿을 것 같다.

❹ LED 라이트 LED Lights
건축물의 외벽에 설치되어 외벽의 형태에 따라 빛을 발한다. 자유자재로 색이 바뀌니 더 화려하다고. 컴퓨터로 프로그래밍된 그림이나 문자를 표현하기도 한다.

A SYMPHONY OF LIGHTS
심포니 오브 라이트의 주역들, 놓치지 말아야 할 건축물 TOP 9

1 센트럴플라자
Central Plaza
완차이 최고의 랜드마크로, 건축물 자체도 멋스럽지만 초록빛 레이저를 쏘아 올릴 때 더 큰 매력을 발한다.

2 홍콩 컨벤션 & 엑시비션 센터
Hong Kong Convention & Exhibition Centre
마치 대장이라도 된 양, 홍콩 섬의 한 가운데 맨 앞에서 빛을 발한다. 시시각각 색이 변하는 LED 라이트가 특히 멋스럽다.

3 중국은행타워
Bank of China Tower
LED 라이트가 건축물의 다이아몬드 형태를 더욱 뚜렷이 보여준다. 강력한 서치라이트도 함께 빛을 발한다.

4 청콩센터
Cheung Kong Centre
멀리서는 눈에 잘 띄지 않지만, 광섬유를 이용한 형형색색의 빛이 은은하고 고급스럽게 빌딩 전체를 밝힌다.

5 HSBC빌딩
HSBC Building
LED 라이트와 서치라이트를 함께 밝힌다. 멀리서도, 가까이에서도 독보적인 멋을 뽐낸다.

6 1 & 2 IFC
1 & 2 International Finance Centre
홍콩 섬의 키다리 대장 IFC. 서로 높이가 다른 두 빌딩에서 함께 초록빛 레이저를 쏘아 올린다.

7 더센터
The Center
셩완 쪽에서 가장 화려한 오피스 빌딩. 시시각각 색이 변하는 LED 라이트가 빌딩의 형태를 더욱 도드라지게 한다.

8 홍콩문화센터
Hong Kong Cultural Centre
침사추이 해변 산책로 바로 뒤에 위치해 오히려 주목 받지 못한다는 또 하나의 주인공. 건축물의 외벽을 밝히는 프로젝션 라이트가 빛을 발한다.

9 ICC
International Commerce Centre
홍콩 최고 높이의 ICC 또한 심포니 오브 라이트의 중요한 볼거리. 높이 400m! 세계 최대를 자랑하는 LED 조명 쇼가 매일 밤 펼쳐진다.

TIP 심포니 오브 라이트를 가장 잘 즐길 수 있는 곳 TOP 5!
심포니 오브 라이트는 빅토리아 하버를 중심으로 까우롱 반도와 홍콩 섬에 도열한 건축물들이 함께 빛을 발하는 것. 당연히 빅토리아 하버 주변이 심포니 오브 라이트를 즐기기에 좋다. 홍콩의 야경 명소들을 한데 모은 다음 페이지에서 '심포니 오브 라이트 추천 마크'를 찾아보자. 심포니 오브 라이트를 감상하기에 좋은 곳들만 고르고 골랐으니까. 매일 밤 여덟 시! 그곳에서 홍콩의 가장 화려한 밤을 만나자!

HOT SPOT VIEW POINT
홍콩에서 가장 멋진 야경을 감상할 수 있는 곳 BEST 5

자, 이제 한 곳만 골라 홍콩의 밤을 기다리기만 하면 된다. 한 곳으로는 아쉬울지도 모른다고? 그렇다면 묻지도 따지지도 말고 모두 다 찾아가 보자! 같은 듯 다른 홍콩의 밤 풍경을 두루 마주하게 될 테니까.

MAP p.144F
INFO p.152

1 침사추이 해변 산책로 & 스타의 거리
Tsim Sha Tsui Waterfront Promenade & Avenue of Stars

홍콩 야경의 첫 번째 풍경은 누가 뭐라 해도 홍콩 섬 마천루들이 뿜어내는 빛의 조합일 것이다. 그리고 그러한 홍콩 섬의 야경을 가장 잘 볼 수 있는 곳이라면, 단연 까우롱 반도의 끝 침사추이 해변 산책로와 그로부터 이어지는 스타의 거리다. 스타 페리가 유유히 떠가는 빅토리아 하버의 뒤로 빽빽이 들어선 위용 넘치는 고층 빌딩들의 파노라마 같은 풍경을 마주할 수 있는 곳이 바로 이곳이니 누구든 홍콩 최고의 풍경을 마주하기 위해서라면, 두말할 것 없이 이곳으로 달려오자. 심포니 오브 라이트의 주인공도 홍콩 섬의 고층 빌딩들이니, 이곳은 심포니 오브 라이트를 감상하기에도 좋은 장소이다. 침사추이의 시계탑에서 출발해 바다를 따라 이어지는 해변 산책로, 그리고 그 끝에서 다시 시작되는 스타의 거리를 차례로 천천히 걸으며 빅토리아 하버와 홍콩 섬을 여유 있게 감상하자. 밤의 시간을 걷는 것만으로, 여행은 예술이 될 테니까.

INFO p.132

2 스타 페리 Star Ferry

까우롱 반도와 홍콩 섬 사이를 오가는 서민과 여행자들의 발. 이동이 주목적인 대중교통일 뿐이지만, 그저 대중교통으로 치부하기에는 숨은 매력이 아주 많다고. 심포니 오브 라이트는 빅토리아 하버를 주 무대로 하므로, 그 위로 유유히 떠가는 스타 페리에서라면 가장 가까이에서 다이내믹한 빛의 향연을 만끽할 수 있으니, 이보다 더 좋을 수는 없을 것 같다. 침사추이를 출발해 센트럴이나 완차이까지 가는 데 걸리는 시간은 편도 7~8분 남짓. 심포니 오브 라이트가 진행되는 10분과 맞아떨어지기만 한다면, 그 무엇보다 로맨틱한 홍콩의 밤을 경험하게 될지도 모른다. 스타 페리에 올라탈 때 바깥이 잘 내다보이는 양쪽 끝자리를 '꼭' 사수할 것.

◉ MAP p.200A
◉ INFO p.206

3 빅토리아 피크 뤼가드로드 Lugard Road Lookout

홍콩 섬에서 가장 높은 곳, 빅토리아 피크. 당연히 이곳은 홍콩 섬 최고의 풍경을 선사하는 장소다. 위에서 내려다보는 홍콩 섬의 풍경은 낮에도 좋지만 발 아래 마천루들이 찬란히 빛을 발하는 밤의 시간이야 더 말해 무엇할까. 특히 홍콩의 야경을 담은 엽서 사진들의 주요 촬영지인 '뤼가드로드 전망대'를 주목하자. 열대 우림을 상상케 하는 깊은 숲 속에서 마주하는 발 아래 찬란한 야경! 그 특별함은 오직 이곳 뤼가드로드에서만 경험할 수 있다.

◉ MAP p.167C ◉ INFO p.183

4 홍콩 옵저베이션 휠
Hong Kong Observation Wheel

런던에는 런던 아이, 싱가포르에는 싱가포르 플라이어가 있다. 하지만 홍콩에는 없었던 관람차가 2014년 드디어 모습을 드러냈다! 홍콩 관람차의 이름은 홍콩 페리스휠. 빅토리아 하버와 까우룽 반도, 홍콩 섬 일대까지 두루 내려다볼 수 있도록 센트럴 & 웨스턴 프롬나드 바로 옆에 있다. 최고 높이는 약 60m. 홍콩 마천루들의 전망대 높이와 비교하면 그저 '꼬꼬마'에 불과하지만, 360도로 펼쳐진 빅토리아 하버의 낮과 밤 풍경을 두루 볼 수 있으니 한번쯤 경험해 보는 건 어떨까. 42대의 관람차에는 각각 8~10명의 인원이 탑승하며 탑승 시간 약 15분 동안 천천히 회전하니, 멋진 풍경을 혹 놓치진 않을까 노심초사하는 마음은 잠시 접어 두도록 하자.

5 엑스포 프롬나드 Expo Promenade

해변 산책로는 침사추이에만 있다? 아니다! 홍콩 섬에도 여러 곳의 해변 산책로가 있다. 그 중 유유자적하며 야경을 보기에는 엑스포 프롬나드가 좋다. 침사추이의 산책로가 광각 렌즈라면, 이곳은 일종의 망원 렌즈랄까. 홍콩 컨벤션 & 엑시비션 센터 바로 앞에서 시시각각 색이 변하는 화려하고 웅장한 야경을 가까이에서 볼 수 있다. 센트럴 페리 선착장 바로 앞의 센트럴 & 웨스턴 프롬나드에서는 IFC를 비롯한 센트럴의 대표 마천루들의 야경을 바로 앞에서 올려다볼 수 있다. 침사추이의 그것처럼 파노라마 같은 풍경을 기대할 순 없지만, 좀 더 여유로운 분위기 속에서 홍콩의 밤을 만끽할 수 있을 것이다.

◉ MAP p.248A
◉ INFO p.258

MANUAL 03

디즈니랜드 & 오션파크

홍콩 테마파크 완벽 분석!
디즈니랜드 & 오션파크

홍콩 여행을 준비하는 여행자들에게 늘 큰 고민거리를 안겨주는 홍콩 테마파크의 양대 산맥 디즈니랜드와 오션파크! 여행 일정이 넉넉하다면 아무 고민 없이 두 곳 모두 다녀오면 좋겠지만 짧은 여행 일정 중 꼭 한 곳만을 선택해야 한다면? 더 이상의 고민이 필요 없을 만큼 완벽하게 분석한 디즈니랜드 & 오션파크!

Disneyland

꿈이 현실이 되는 마법의 나라!
홍콩 디즈니랜드
[香港迪士尼樂園] ◀» 헝껑땍씨레이록윤

입장하는 순간 아이들뿐만 아니라 어른들도 동화책 속으로 빨려 들어가는 듯한 착각을 느끼게 해주는 홍콩 디즈니랜드! 세계 최대 규모의 겨울왕국 테마랜드인 아렌델 마을이 새롭게 오픈하면서 겨울왕국을 그리워하는 많은 이들의 마음을 다시한번 사로잡고 있다. 메인 스트리트에서 진행되는 퍼레이드에서는 미키마우스와 미니마우스뿐 아니라 도널드 덕, 데이지, 구피 등 디즈니 친구들이 총 출동해 관람객들과 즐거운 쇼타임을 즐긴다.

Check! 홍콩 테마파크 이용 팁
주말보단 평일, 오후보단 오전 일찍 방문한다면 조금 더 여유롭게 관람이 가능하고, 입장 시 가이드맵과 퍼레이드 타임테이블을 챙겨 공략한다면 보다 효율적인 관람이 가능하다.

Check! 아래 심볼을 눈여겨 보세요
- 강력 추천 놀이 기구
- 디즈니 프리미어 액세스 사용 가능 놀이 기구

- **찾아가기** MTR Tung Chung Line의 서니베이(Sunny Bay) 역에서 디즈니 테마 열차로 환승해서 한 정거장 후인 디즈니랜드 리조트(Disneyland Resort) 역에서 하차(침사추이 역 출발 기준 40분 소요)
- **시간** 매일 10:00~21:00(날짜별 상이, 홈페이지 참고)
- **가격** 청소년 및 성인 HK$669~, 어린이(만 3세~11세) 및 시니어(만 60세 이상) HK$499~ *출발 전 미리 인터넷으로 구입하면 조금 더 저렴하다.
- **홈페이지** www.hongkongdisneyland.com/ko

🏰 홍콩 디즈니랜드 백배 즐기기

홍콩 디즈니랜드는 규모가 그리 큰 편은 아니지만 아침 일찍 서둘러 방문해도 7개의 테마랜드에 있는 모든 어트랙션들을 섭렵하기란 역부족이다. 미리 인기 있는 어트랙션을 체크해 두고 집중 공략하는 것이 좋다. 디즈니의 모든 캐릭터 들이 총출동하는 퍼레이드와 3D 프로젝션 맵핑 기술이 더해진 환상적인 불꽃놀이는 홍콩 디즈니랜드에서 놓치면 안되는 필수 코스!

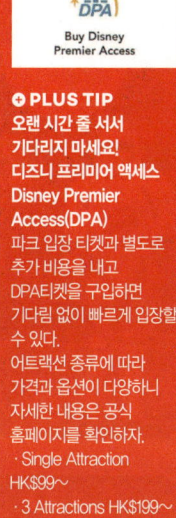

➕ **PLUS TIP**
오랜 시간 줄 서서 기다리지 마세요! 디즈니 프리미어 액세스 **Disney Premier Access(DPA)**
파크 입장 티켓과 별도로 추가 비용을 내고 DPA티켓을 구입하면 기다림 없이 빠르게 입장할 수 있다. 어트랙션 종류에 따라 가격과 옵션이 다양하니 자세한 내용은 공식 홈페이지를 확인하자.
· Single Attraction HK$99~
· 3 Attractions HK$199~
· 8 Attractions HK$429~

🏰 홍콩 디즈니랜드 추천 코스

입장할 때 당일의 공연 시간을 미리 체크해 이동하면 시간을 조금 더 효율적으로 활용할 수 있다. 규모가 그리 큰 편은 아니지만 나이트타임 스펙타큘러가 시작되는 늦은 밤까지 기다리려면 체력을 아껴 두는 것이 좋으니 놀이기구를 타는 사이사이 공연을 보며 쉴 수 있는 겨울왕국 테마랜드의 Playhouse in the Woods와 어드벤처랜드의 Festival of the Lion King을 관람하는 것도 좋다.(약 6시간 소요)

메인 스트리트 ➡ 투모로우 랜드 ➡ 판타지 랜드 ➡ 월드 오브 프로즌 ➡ 어드벤처 랜드 ➡ 토이스토리 랜드 ➡ 미스틱 포인트 ➡ 그리즐리 걸치 ⬇ 나이트타임 스펙타큘러

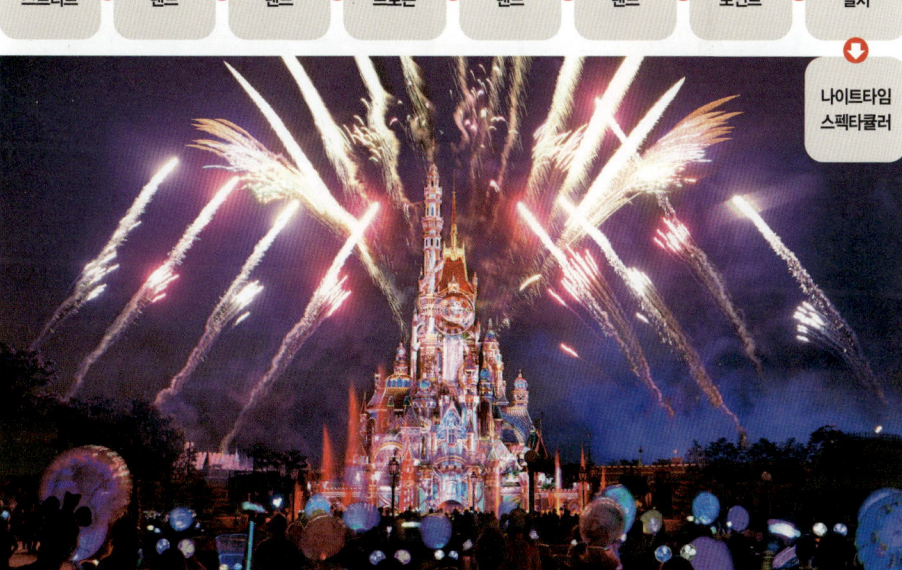

HIGHLIGHT
홍콩 디즈니랜드 하이라이트

TOMORROW LAND
투모로우랜드

우주를 테마로 꾸며 놓은 공간. 마블 슈퍼 히어로들을 만날 수 있다. 스릴 넘치는 놀이기구를 좋아한다면 Hyperspace Mountain 추천!

Iron Man Experience
슈퍼 히어로 아이언맨이 되어 볼 수 있는 특별한 체험

FANTASY LAND
판타지랜드

아이들의 눈높이에 딱 맞춘 어트랙션과 흥겨운 디즈니 공연을 볼 수 있는 극장이 있다. 예쁜 사진을 찍을 수 있는 포토존도 많다.

Mickey and the Wondrous Book
디즈니의 다양한 스토리를 신나는 뮤지컬로 만날 수 있다.

The Many Adventures of Winnie the Pooh
푸의 꿀통을 타고 떠나는 환상적인 여행

WORLD OF FROZEN
월드 오브 프로즌

안나와 엘사의 신비로운 고향인 아렌델을 직접 경험해 볼 수 있다. 겨울왕국의 OST를 감상하며 영화 속으로 빠져들어 보자.

Frozen Ever After
보트를 타고 얼음 궁전을 관람하며 엘사의 특별한 마법의 힘도 느껴볼 수 있다.

Playhouse in the Woods
겨울왕국의 주인공들이 등장하는 화려하고 특별한 인터랙티브 공연.

ADVENTURE LAND
어드벤처랜드

실제 정글의 모습을 그대로 재현해 놓은 곳으로 커다란 호수와 다양한 야생 동물들을 만날 수 있다.

Festival of the Lion King
브로드웨이의 유명 뮤지컬 〈라이온 킹〉의 주요 장면들을 모아 공연을 선보인다.

Moana: A Homecoming Celebration
디즈니 인기 애니메이션 〈모아나〉의 주인공과 함께 즐기는 특별한 라이브쇼

TOY STORY LAND
토이스토리랜드

토이스토리에 등장했던 모든 장난감들과 함께 신나는 모험을 즐겨볼 수 있다. 토이스토리 주인공 들과 기념사진을 찍을 수 있는 기회도 놓치지 말자.

Toy Soldier Parachute Drop
하늘 높이 올라가 순식간에 떨어지는 스릴 넘치는 낙하산

RC Racer
RC카를 타고 신나는 레이스를 즐겨 보자.

Mystic Point
미스틱포인트

전 세계에서 유일하게 홍콩 디즈니랜드에만 있는 공간으로 특별한 모험을 즐기는 사람들에게 추천!

Mystic Manor
일렉트릭 자동차를 타고 특별한 골동품을 감상하는 재미

NIGHTTIME SPECTACULAR
나이트타임 스펙타큘러

40개의 디즈니 애니메이션의 주요 장면들을 3D 프로젝션 매핑 기술로 재현해 냈다. 화려한 조명과 불꽃이 밤하늘을 수 놓는 황홀한 순간을 놓치지 말자.

MUST BUY 디즈니의 다양한 캐릭터들이 한곳에!

홍콩 디즈니랜드의 입구에 위치한 MAIN STREET U.S.A. 거리 양쪽에 모여 있는 캐릭터 숍에 들어서면 누구도 빈손으로 나오긴 어려울 정도로 귀엽고 깜찍한 캐릭터 상품들이 가득하다. 인형이나 문구류, 캐릭터 주방용품들과 스마트폰 케이스에 귀여운 쿠키까지! 기념품은 물론이고 선물용으로도 좋다.

- 아이들이 특히 좋아하는 곰돌이 물통
- 입장권을 넣어둘 수 있는 목걸이 홀더
- 길이가 마음대로 조절되는 열쇠고리 겸 동전지갑
- 커다란 덤보로 변신 가능한 모자
- 그립감 좋은 인형모양의 빨대 물통
- 커플로 사용하면 좋은 머그컵
- 식사시간이 즐거워지는 스푼&포크

MUST STAY 홍콩 디즈니랜드를 누구보다 오래 즐기고 싶다면? "홍콩 디즈니랜드 호텔"

홍콩 디즈니랜드와 가까운 거리에 총 3곳의 디즈니랜드 제휴 호텔이 있다. 각 호텔마다 디즈니 캐릭터들이 다양하게 등장해 홍콩 디즈니랜드에서의 아쉬움을 달랠 수 있다. 호텔과 디즈니랜드를 오가는 무료 셔틀버스가 수시로 운행하고 있는 것도 장점!

시간대별로 호텔 로비나 조식 레스토랑에 등장하는 미키마우스와 미니마우스

디즈니 익스플로러스 로지 Disney Explorers Lodge
탐험가로 변신한 미키마우스와 미니마우스를 컨셉으로 오세아니아, 남아메리카, 아프리카, 열대기후까지 총 4개의 구역으로 나뉘어 있다. 세계 곳곳을 탐험하는 기분으로 호텔 구석구석을 둘러보자!
가격 HK$1,350~ 홈페이지 www.hongkongdisneyland.com/ko/hotels/disney-explorers-lodge

겨울왕국 스위트룸 로얄 에디션 Frozen Suites Royal Edition
겨울왕국을 테마로 만들어진 스위트룸 객실 1박과 함께 웰컴 기프트세트, 보물찾기 게임, 애프터눈 티 등의 혜택이 포함된 패키지로 아렌델 왕국의 왕실 손님이 되는 특별한 경험을 즐길 수 있다.
가격 HK$10,300~ 홈페이지 www.hongkongdisneyland.com/ko/offers-discounts/frozen-suite-royal-edition

Ocean Park

홍콩 최고의 해양 테마 공원 오션파크
[香港海洋公園] 헝꼉허이영꽁윤

우리나라 사람들에겐 홍콩 디즈니랜드에 밀려 늘 다음을 기약하게 되는 곳이지만 어마어마한 규모를 자랑하며 오랜 시간 홍콩 사람들에게 큰 사랑을 받아온 오션파크는 멋진 전망을 자랑하는 케이블카와 스릴 만점의 놀이기구, 바닷속 세상뿐 아니라 다양한 종류의 동물 친구들까지 모두 한곳에 모여 있어 한번 들어가면 좀처럼 나오기 힘든 마성의 매력을 가지고 있다.

찾아가기 ① MTR South Island Line의 오션파크(Ocean Park) 역 B번 출구 ② MTR 애드미럴티(Admiralty) 역 B번 출구에서 629번 버스 탑승 종점 하차 (20분 소요) **시간** 평일 10:00~18:00, 토·일요일·공휴일 10:00~19:30 (시즌별 상이) **가격** 청소년 및 성인 HK$498, 어린이(만 3세~11세) HK$249 **홈페이지** http://www.oceanpark.com.hk/kr

Check! 오션파크 입장권 저렴하게 구입하는 팁!
출발 전 미리 인터넷으로 구입하면 조금 더 저렴하다.

⚓ 오션파크 백배 즐기기

놀이공원과 동물원, 아쿠아리움이 한곳에 모여 있는 오션파크는 산을 통째로 깎아 만든 대륙의 스케일이 그대로 느껴지는 테마파크로 워낙 규모가 크고 볼거리, 즐길 거리들이 방대한 곳이라 특별한 전략이 필요한 곳이다. 중국 단체 관광객들이 많이 몰리는 오후 시간을 피해 서둘러 입장하는 것이 포인트!

> ✚ **PLUS TIP**
> 돌고래 쇼나 펭귄 산책 같은 다양한 동물 체험 공연은 매일 조금씩 시간이 바뀌는 경우가 많으니 입장 시 입구에 마련된 타임테이블을 참고하는 것이 좋다.

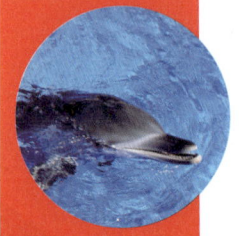

⚓ 오션파크 추천 코스

사람들이 가장 많이 몰리는 케이블카를 제일 먼저 공략하는 것이 포인트! 마린월드로 이동해 오션파크타워, 오션시어터, 폴라 어드벤처, 스릴마운틴에서 어트랙션을 즐긴 뒤, 오션익스프레스를 타고 해안 지역으로 내려와 자이언트판다, 올드홍콩, 그랜드아쿠아리움을 둘러보는 코스가 가장 이상적이다. (약 7시간 소요)

케이블카 ➡ 마린월드 ➡ 열대우림 ➡ 스릴마운틴 ➡ 폴라 어드벤처 ➡ 오션 익스프레스 ➡ 자이언트판다 ➡ 올드홍콩 ➡ 그랜드아쿠아리움

HIGHLIGHT
오션파크 하이라이트

CABLE CAR
케이블카

거대한 오션파크의 해안 지역과 정상을 잇는 케이블카로 어마어마한 길이는 물론이고 여느 전망대 부럽지 않은 멋진 뷰를 만끽할 수 있다.

RAINFOREST
열대 우림

이름도 생소한 진귀하고 특별한 동물들이 살아 숨쉬는 자연 그대로의 공간!

The Rapids
둥근 탐험 보트를 타고 거친 물살을 가르며 열대 우림을 탐험해 보자!

MARINE WORLD
마린월드

정상에 위치한 이곳에서는 오션파크를 한눈에 내려다볼 수 있는 놀이기구는 물론이고 다양한 바다 생물들의 재롱을 만날 수 있다.

Ocean Park Tower
72m 높이에 올라 애버딘과 함께 홍콩 주변 섬 풍경을 감상할 수 있다. 360도로 회전하며 서서히 상승, 하강하기 때문에 어린 아이들과도 함께 이용 가능하다.

The Eagle
독수리를 타고 하늘로 날아올라 보자! 하늘 위에서 빙글빙글 돌아가는 특별한 체험!

Pacific Pier
시간에 맞춰 물개와 바다사자의 쇼를 구경할 수 있다.

Dolphin Explorations
다양한 돌고래들이 등장해 묘기를 보여주는 건 물론이고 바다사자나 물개 등도 만나 볼 수 있다.

Wild Twister
가장 최근 오션파크에 오픈한 어트렉션으로 최대 중력가속도 4G에 이르는 엄청난 스릴을 느낄 수 있다.

놀이기구 마니아라면 꼭 들려야 하는 스릴 마운틴!
쉽게 경험할 수 없었던 짜릿함을 온몸으로 느껴 보자!

THRILL MOUNTAIN
스릴마운틴

👍 **Hair Raise**
다리가 공중에 뜬 상태로 달리는 롤러코스터로 이름 그대로 머리카락이 쭈뼛 설 정도로 스릴 넘치는 어트랙션이다.

👍 **The Flash**
무려 최대 시속 60km의 속도로 앞뒤로 움직이는 커다란 원이 360도 회전을 반복하며 동시에 좌우도 움직인다. 한번 탑승하면 세상이 빙글빙글 도는 듯한 느낌을 받을 수 있다.

👍 **Whirly Bird**
조종대를 잡고 직접 파일럿이 되어 보자! 하늘 높이 날아오를 때의 짜릿함을 느낄 수 있다!

POLAR ADVENTURE
폴라어드벤처

OCEAN EXPRESS
오션 익스프레스

👍 영하 50도의 강추위에서도 버틴다는 북극여우와 함께 70여 마리의 펭귄을 만날 수 있는 곳으로 공연 시간에 맞춰 입장하면 먹이 주기 쇼도 관람 가능하다.

오션파크의 해안 지역과 정상을 단 3분 만에 연결하는 기차. 1.3km의 터널을 지날 때면 마치 해저 여행을 하는 기분이 들기도 한다.

GIANT PANDA ADVENTURE
자이언트판다 어드벤처

거대한 자이언트판다와 귀여운 너구리판다를 볼 수 있는 곳이다. 운이 좋다면 대나무 잎을 먹고 있는 판다와 기념사진을 찍을 수 있다.

AQUA CITY
아쿠아시티

WHISKERS HARBOUR
휘스커스 하버

오션파크에 입장하면 가장 먼저 만나게 되는 이곳에서는 특별한 기념품을 구입할 수 있고 시즌별로 다양한 축제가 열리기도 한다.

어린아이들을 위한 공간으로 아이들을 위한 미니 회전목마와 기차 등 다양한 놀이기구와 어린이 놀이터가 마련되어 있다. 가족 여행으로 오션파크를 찾은 분들이라면 꼭 한번 들려 보자.

👍 **The Grand Aquarium**
지름 5.5m의 세계 최대 규모의 동형 수족관에서는 귀상어와 쥐가오리, 태평양 참다랑어 등 450종 이상의 해양생물을 만날 수 있다.

Old Hong Kong
1950년대와 1970년대 홍콩의 거리를 재현해 놓은 공간. 트램과 인력거, 극장 간판 등과 기념사진을 찍으며 홍콩의 과거로 떠나 보자.

Sea Life Carousel
흔한 말이 아닌 물개와 상어, 거북이 등 바닷속 물고기들과 함께 즐기는 바다 여행!

⚓ **오션파크 추천 레스토랑**

그랜드아쿠아리움 넵튠 레스토랑
Neptune's Restaurant

거대한 아쿠아리움 안에 마련된 레스토랑으로 해양 동물들이 헤엄치는 모습을 직접 보며 식사를 즐길 수 있다.

폴라어드벤처 턱시도 레스토랑
Tuxedos Restaurant

귀여운 펭귄들을 바로 코앞에서 만날 수 있는 레스토랑으로 거대한 수조 안에서 헤엄치는 펭귄들과 함께 펭귄 모양의 피자를 즐겨 보자.

아쿠아시티베이커리
Aqua City Bakery

홍콩의 대표적인 디저트인 에그타르트는 물론이고 귀여운 동물 모양 케이크와 다채로운 빵을 즐길 수 있는 디저트카페로 아이들이 좋아하는 메뉴들이 다양하게 준비되어 있다. 가격도 저렴하고 골라먹는 재미가 있다.

PASTA HK$268~

STEAK HK$308~

PIZZA HK$288~

PORK CUTLET HK$248~

Bread HK$50~

MANUAL 04

—

축제

일 년 중에 딱 이때만!
홍콩에서 축제 즐기기

일년 내내 다채로운 축제와 이벤트가 있는 홍콩! 더욱 특별한 홍콩을 즐기고 싶다면 축제와 이벤트 기간에 맞춰 홍콩을 방문해 보자.

1 MONTH

자정 불꽃놀이와 새해 카운트다운 [New Year's Day, 元旦新年]

홍콩의 새해는 거리에서 시작된다. 평소에도 사람으로 가장 붐비는 침사추이, 코즈웨이 베이, 란콰이퐁이 새해를 축하하려는 사람들로 더욱 인산인해를 이룬다. 홍콩 사람들은 전통적인 명절인 구정에는 가족과 함께 식사하고 친척과 친구들의 집에 방문해 인사를 하며 보내는데, 12월의 마지막 밤에서 1월 1일로 넘어가는 새해 첫날은 친구나 연인과 함께 밖에서 즐기는 편이다. 자정이 되면 홍콩의 거리에서는 카운트다운과 함께 불꽃놀이가 펼쳐지는데, 침사추이와 센트럴 해안선 근처, 코즈웨이 베이, 란콰이퐁 등에 사람들이 가장 많이 모인다. TV에서는 매년 3곳의 카운트다운을 즐기는 인파와 불꽃놀이 광경을 생방송으로 중계한다. 특히 란콰이퐁에서는 한 손에 맥주 한잔을 들고 흥에 겨워 새해를 맞이하는 사람들의 모습에서 이국적인 분위기를 만끽할 수 있다.

- **날짜** 양력 1월 1일 자정
- **장소** 침사추이 프롬나드, 코즈웨이 베이 타임스스퀘어, 센트럴 란콰이퐁

2 MONTH

구정 꽃시장 [Lunar New Year Fair, 年宵市場]

농경문화였던 중국에서 전통적으로 가장 중요한 2대 명절은 구정과 추절이다. 구정 기간에는 가족들과 함께 식사하고 친척이나 친구들을 방문하는데, 새로운 한 해에 행운을 바라며 대청소를 하고 집안을 꽃으로 장식하는 풍습이 있어 보통 구정 1주일 전부터 구정 새벽까지에는 꽃시장이 선다. 화개부귀(花開富貴)라고 해서 꽃이 좋은 운을 가져다 준다고 믿기 때문이다. 꽃시장에는 꽃 외에도 행운을 빌어주는 물건들이나 이슈가 된 제품 등 사람들에게 인기가 있는 각종 물건들을 판매하고 있어 홍콩의 트렌드를 읽을 수 있다. 영화 〈첨밀밀〉에서 장만옥이 전재산을 투자해서 부스를 열고 등려군의 카세트테이프를 팔던 장면에서 꽃시장이 등장했다.

- **날짜** 매년 변동, 구정 일주일 전부터 구정 새벽까지
- **장소** 코즈웨이 베이의 빅토리아 파크와 몽콕 꽃시장

구정
[Hong Kong Chinese New Year, 香港新春節慶]

구정 기간에는 건물 안팎으로 붉은색 장식물과 행운을 기원하는 글귀들을 볼 수 있다. 그리고 상점들 주변에서는 현란한 북소리에 맞춰 악령을 쫓아내고 행운을 기원해 주는 길한 동물인 용과 사자들의 춤을 구경할 수 있다. 가장 큰 규모의 구정 행사는 구정 저녁에 침사추이에서 펼쳐지는 도심 퍼레이드와 불꽃놀이이다. 각종 단체와 나라에서 참가해서 화려한 쇼를 펼친다. 구정 불꽃놀이는 다른 불꽃놀이와 마찬가지로 빅토리아 하버 위에서 펼쳐진다.

- **날짜** 보통 음력 1월 1일, 매년 날짜와 시간이 다르기 때문에 확인 필요.
- **퍼레이드 루트** 컬추럴센터를 출발해 캔톤 로드, 하이퐁로드를 거쳐 네이선로드 쉐라톤 호텔 앞까지
- **장소** 빅토리아 하버가 보이는 곳이라면 어디든 괜찮지만, 감상할 수 있는 최적의 장소는 침사추이 프롬나드
- **TIP** 홍콩관광청 홈페이지에서 축제와 이벤트에 관한 자세한 정보를 확인할 수 있다. www.discoverhongkong.com/kr/index.jsp

아트바젤 [Art Basel]

3 MONTH

아시아 최대 규모의 아트페어로 전 세계 예술 애호가와 수집가들이 모여든다. 뉴욕과 런던에 이어 세계 3대 미술시장인 홍콩에 걸맞는 규모의 행사이다. 세계 최대 규모의 아트페어인 아트바젤이 2013년 홍콩아트페어를 인수하면서 더욱 글로벌 하고 공신력 있는 행사로 자리 잡았다. 아시아의 예술 트렌드를 보고 싶다면 반드시 참가할 것!

- 아트바젤 보통 3월에 열리는데, 매년 날짜가 달라진다. 정확한 날짜는 홈페이지를 확인할 것. 아트바젤은 매년 스위스 바젤, 미국 마이애미, 홍콩에서 정기적으로 열리는 아트 페어이다. (2025년 3월 28~30일)
- 장소 홍콩컨벤션센터(HKCEC)
- 홈페이지 www.artbasel.com/hong-kong

4월 부활절
[Easter, 復活節]

4 MONTH

영국의 영향으로 부활절은 홍콩에서 이틀 간 연휴 기간이다. 대규모 행사가 있는 건 아니지만 각 쇼핑몰에서 부활절 달걀을 테마로 한 장식물을 볼 수 있다. 디스커버리 베이 등 외국인들이 많이 거주하는 지역에서는 어린이를 위한 다양한 부활절 행사가 열리기도 한다.

- 날짜 3월 말~4월 중순(2025년 4월 21일)

청차우 빵축제
[Cheung Chau Bun Festival, 長洲太平淸醮]

5 MONTH

매년 5월경에 홍콩의 유명한 해적이었던 '청포자이(Cheung Po Tsai, 張保仔)'가 근거지로 삼았던 청차우 섬에서 열리는 축제이다. 해적들에 의해 희생된 사람들의 원혼을 달래기 위해 붉은색으로 '평안(平安)'이라는 도장을 찍은 흰 빵을 만들어 나눈다. 그 빵으로 18m 높이의 탑을 만든 후 자정에 바구니를 맨 선수들이 탑에 올라 일정한 시간 안에 더 많은 빵을 바구니에 담아 내려오는 선수가 승리하는 경기를 한다. 전통적으로는 각 마을 대표 청년이 참가하는 축제였지만, 지금은 개인들이 참여하는 스포츠가 되었다. 낮에는 수백 명의 주민들이 골목마다 돌아다니며 퍼레이드를 하는데, 틴하우(바다의 신)와 팍타이(도교의 신) 등 신상을 가마에 태운 것과 어린 아이들을 신화와 현대의 영웅들로 분장시켜서 막대기 위에 고정시킨 수레를 끌고 행진한다. 빵축제 기간에는 섬에서 육식을 금기시하기 때문에 맥도널드에서도 베지버거를 판매하는 것이 관행이다.

● **날짜** 보통 5월이나 매년 다르기 때문에 홍콩관광청 홈페이지 안내 등을 참조할 것
● **장소** 청차우 섬, 센트럴에서 배로 30분 정도 거리에 위치

석가탄신일 [Birthday of Buddha, 佛誕]

란타우 섬의 포린사에서는 5월 석가탄신일 전후에 소림사 무술 시연과 서커스 등 다양한 축하 행사가 열린다. 대웅전으로 올라가는 계단에는 작은 부처상이 여러 개 놓여 있고 신자들이 나무바가지로 물을 부어 부처님을 목욕시키면서 마음을 정갈하게 하는 의식을 한다.

● **날짜** 음력 4월 8일
● **장소** 홍콩 내의 모든 불교 사찰에서 다양한 기념 행사가 있지만, 관광객들이 방문하기 가장 좋은 곳은 란타우 섬 포린사

스탠리에서 열리는 용선제 행사

단오절과 용선제

[Dragon Boat Festival. 端午節]

6 MONTH

이름은 같지만 한국과 중국의 단오는 전혀 다른 명절이다. 중국의 단오절은 춘추전국시대 초나라의 정치가 굴원(屈原)의 억울한 죽음을 기리기 위한 날이다. 사람들은 바다에 뛰어든 그의 시체를 수습하기 위해 배를 띄우고 사방팔방으로 찾았으나 찾지 못했고, 시간이 길어지자 물고기들이 그 시신을 먹을까 걱정하여 북소리를 울리고 다니며 대나무 잎으로 싼 찹쌀주먹밥인 쫑즈(粽子)를 물고기 밥으로 던져 주던 것에서 기원해 쫑즈를 만들어 먹고, 용선을 띄우는 행사를 이어 오고 있다.

- 날짜 음력 5월 5일
- 장소 스탠리 해변 등

홍콩 드래곤보트 카니발

[Hong Kong Dragon Boat Carnival. 香港龍舟嘉年華]

단오절 기간은 아니지만 6월~7월에는 빅토리아 하버에서 국제용선경기인 드래곤보트 카니발이 열려 관광객들에게 흥미로운 볼거리를 제공한다. 드래곤보트 카니발 기간에는 침사추이 이스트에서 비어페스트(Beer Fest)가 열려 시원한 맥주와 함께 먹거리를 즐기며 축제의 분위기를 고조시킨다.

- 날짜 6월~7월 정도, 매년 날짜가 달라지므로 확인 필요
- 장소 빅토리아 하버

중추절 & 등불 축제 [Mid-Autumn Festival, 中秋節 & Lantern Displays · Carnivals, 綵燈會]

9 MONTH

한국의 추석과 마찬가지로 한 해의 수확을 즐기며 가족끼리 모여서 화목한 시간을 보내는 중국의 전통 명절이다. 좀 색다른 것은 추석 당일은 휴일이 아니고, 추석 다음날 하루만 휴일이다. 휴가를 내는 사람들도 있지만 대부분 추석 당일에는 출근하고 퇴근 후에 가족끼리 저녁식사를 하고 공원에서 달을 보고 소원을 빈다. 보름달을 닮은 명절음식인 월병(Mooncake, 月餅)을 나누어 먹고, 등불을 들고 저녁 산책을 나선다. 공원이나 사람이 많이 모이는 장소에는 등불로 만든 다양한 모양의 전시물을 볼 수 있다.

- 날짜 음력 8월 15일(2025년 10월 6일)
- 장소 코즈웨이 베이 빅토리아 파크, 침사추이 시계탑 앞

타이항 파이어 드래곤 댄스
[Tai Hang Fire Dragon Dance, 大坑舞火龍]

타이항 마을 사람들에게 19세기부터 전해오는 전통으로 3000여 명의 마을 주민들이 7만 개가 넘는 향을 꽂은 67m 길이의 용을 함께 들고 골목골목 다니며 춤을 춘다. 100여 년 전 태풍과 질병 등 재앙이 한꺼번에 마을을 덮쳤을 때 꿈에서 조언을 받은 대로 향을 꽂은 용을 들고 3일 밤낮을 춤을 추자 모든 재앙이 다 사라졌다고 한다. 그 뒤 매년 중추절 기간에 이 축제를 이어 오고 있다. 좁은 골목 사이로 매캐한 연기를 내뿜으며 이동하는 긴 용과 사람의 행렬은 흥미진진하고 감동적이다.

- 날짜 중추절 기간 저녁 시간(2025년 10월 5~7일 예정)
- 장소 코즈웨이 베이, 타이항. 가장 보기 좋은 곳은 Wun Sha Street
- 홈페이지 www.taihangfiredragon.hk

국경절 불꽃놀이 [National Day Fireworks Display, 國慶煙花匯演]

1949년 10월 1일 중화인민공화국 설립을 기념하는 날로 저녁 시간이면 빅토리아 하버에서 불꽃놀이를 한다.

- **날짜** 10월 1일 국경절, 매년 시간은 달라질 수 있기 때문에 확인 필요
- **장소** 빅토리아 하버가 보이는 곳이라면 어디든 괜찮지만, 감상할 수 있는 최적의 장소는 침사추이 프롬나드

와인앤다인 페스티벌
[Hong Kong Wine & Dine Festival, 香港美酒佳餚巡禮]

2009년부터 시작된 홍콩의 대표 와인 축제. 2008년 홍콩이 와인 무관세를 선언하며 와인의 아시아 허브를 지향하는 움직임과 함께 시작되었다. 야외에서 진행되는 이 행사에는 전 세계 다양한 지역의 와인과 음식들을 만나볼 수 있다. 와인 애호가라면 꼭 한번 방문해볼 것!

- **날짜** 2025년 10월23~26일
- **장소** 센트럴 하버 프론트(센트럴 스타페리 선착장 앞)

란콰이퐁 핼러윈 거리 축제
[Lan Kwai Fong Halloween Street Party, 蘭桂坊萬聖節街頭派對]

매년 10월 31일 저녁이면 란콰이퐁 거리에는 괴기스러운 귀신부터 귀여운 캐릭터까지 일상에서의 탈출을 꿈꾸는 사람들이 모여든다. 가볍게 맥주를 한잔 하면서 분위기를 즐기는 사람, 사람들의 시선을 즐기는 사람, 사진을 찍는 사람 등 각자의 방식으로 축제를 즐긴다. 이왕이면 분장을 준비해 가서 구경하는 입장이 아닌 함께 참여하는 재미를 만끽하길 바란다.

- **날짜** 매년 10월 31일, 시간은 매년 변동이 있으나 저녁 8시 이후에 가야 더 다양한 분장을 한 참가자들을 만날 수 있다. **장소** 란콰이퐁 메인 스트리트 **홈페이지** www.lankwaifong.com/halloween

평소와는 다른 이색적인 모습으로 분장하면 재미가 두 배!

크리스마스
[Christmas, 聖誕]

홍콩의 야경이 가장 아름다워지는 시기. 셩완과 센트럴, 침사추이 지역의 건물들이 크리스마스와 새해를 축하하는 그림과 메시지로 장식되어 화려해진다. 각 쇼핑몰 안팎은 다양한 크리스마스 장식들로 꾸며 연말연시 분위기를 낸다.

- **날짜** 12월 25일 전후
- **장소** 각종 쇼핑몰 장식들이 화려하고 볼 만하며, 침사추이 이스트 지역의 건물들은 꼬마전구를 이용해 귀여운 그림 야경을 선보인다.

MANUAL 05

트램 & 페리 & 이층 버스

이동하는 것만으로도 여행이 된다!
홍콩에서 가장 홍콩스러운 탈것

그저 일상의 탈것에 몸을 맡기고 목적지 없이 홍콩을 누비는 것,
그것만으로도 여행이 되는 도시 홍콩. 홍콩에서도 가장 홍콩스러운,
웬만한 관광지보다 훨씬 더 매력적인 교통수단으로 홍콩의 곳곳을 누벼 보자!
그 어떤 여행보다 신나는 경험을 하게 될지도 모른다.

둘 중 하나만 골라 타도 좋고, 다 타 보면 더 좋은 홍콩의 탈것!
세 개의 빅 매치! 당신의 선택은?

 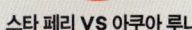 빅버스VS 릭샤버스

3개의 세기를 잇는다! 홍콩의 역사가 된 트램, 그리고 피크 트램!

색깔도 많고 매력도 다양한 도시 홍콩. 홍콩을 대표할 이미지는 수도 없이 많지만, 복잡한 도심 속을 누비는 형형색색의 트램과, 빅토리아 피크를 오르내리는 피크 트램의 이미지 또한 둘째 가라면 서러울 홍콩의 대표 이미지일 터. 딤섬도 먹고 야경도 봤지만 트램을 타지 않고서는 진짜 홍콩을 마주했다 말하지 말라! 어제의 홍콩도, 오늘의 홍콩도, 트램 없이는 단팥 없는 붕어빵 신세일 테니까.

그들에겐 일상, 여행자에게는 특별한 경험
홍콩 트램 [Hong Kong Tramways 香港電車] 헝껑딘체

도심 속 복잡한 거리를 누비는 노면 전차. 홍콩 트램은 지금으로부터 120년 전인 1904년 첫 운행을 시작하였다. 우리에게는 훨씬 익숙한 버스보다도 먼저 등장한 트램의 첫 운행은 서쪽의 케네디 타운(Kennedy Town)부터 동쪽의 코즈웨이 베이(Causeway Bay)까지. 지금은 복선화 되었지만 당시에는 단선의 철로가 홍콩 도심에 깔렸고, 영국으로부터 들여온 26대의 트램이 도심 속 철로 위를 달리기 시작했다. 초창기 트램은 2층(더블 데커, Double Decker)이 아닌 단층이었는데, 점점 이용객이 늘어 1912년 첫 2층 트램이 운행 되었단다. 당시 트램의 2층은 지금과 같이 고정된 지붕 없는 오픈카 스타일. '당연하게도' 비가 오는 날에는 인기가 없었다고.

홍콩인들의 발인 트램이 여행자에게까지 사랑 받는 이유는 뭘까? 단 하나도 같은 것을 찾아보기 힘든, 그래서 홍콩의 거리를 더욱 생기 넘치게 하는 형형색색의 전면 광고 때문이 아닐까. 광고의 옷을 입은 트램은 1961년 처음으로 대중에게 선을 보였다. 당시에는 전면 광고가 아니라 부분별로 각기 다른 광고주에게 판매하는 방식이었고, 지금과 같은 전면 도색 광고는 1990년에야 등장했다고. 단 하나도 같은 것을 찾아보기 힘든, 형형색색의 트램들은 그때부터 홍콩의 거리를 달리기 시작했던 것.

역사가 오래된 만큼 트램 차량들도 여러 세대를 거치며 달라졌다. 편리함을 위해 의자의 재료를 바꾸고, 동력 장치도 신형으로 바뀌었지만, 그 외형만큼은 옛 모습을 최대한 유지해 왔다. 오늘도 여전히 홍콩을 달리는 트램을 보며 옛 홍콩의 모습을 상상할 수 있는 것은, 그러한 작은 노력이 있었기 때문이리라. 지금 이 순간에도 163대의 트램이 거리를 누비며, 매일 23만 명의 시민과 여행자를 실어 나르고 있다. 163대 중에는 70살이 넘은 '할아버지' 트램도 있는데, 혹 여행 중 'No. 120'이라는 푯말을 붙인 120호 트램을 만나게 된다면 정중하고 반갑게 인사를 건네자. 1950년대에 생산되어 칠순이 넘은 노장 트램이니까.

홍콩의 120호 '할아버지' 트램!

찾아가기 트램은 Des Voeux Rd Central, Queensway, Hennessy Rd 등을 따라 달린다. MTR 성완 역과 센트럴 역의 B번, 애드미럴티 역의 C번과 완차이 역의 A3번, 코즈웨이 베이 역의 B번 출구로 나오면 가까운 트램 정류장을 바로 찾을 수 있다. **시간** 매일 05:00~24:00 (노선, 요일별로 다름) **가격** 전 구간 성인 HK$3.3, 어린이(3~12세) HK$1.6 **홈페이지** www.hktramways.com/en

트램 이용하는 법

❶ 가까운 트램 정류장으로 간다. 정확한 노선을 모른다면 정류장 지붕에 쓰인 동쪽 방면(Eastbound)과 서쪽 방면(Westbound) 표시를 확인할 것.

❷ 트램이 멈추어 서면 뒷문으로 탑승한다. 지하철 개찰구와 닮은 회전형 문을 밀고 들어간다.

❸ 원하는 자리를 찾아 앉는다. 홍콩의 거리를 구경하기에는 2층의 맨 앞과 맨 뒤의 좌석이 좋지만, 그만큼 경쟁도 치열하다!

❹ 안내 방송, 하차 벨 따위는 없다. 주변의 랜드마크나 MTR 표시를 보고 미리 내릴 준비를 하는 수밖에. 미리 앞문에서 대기하다가 요금을 내고 내린다. 옥토퍼스 카드를 이용하면 편리하다.

Let's Experience! 추천 트램 코스

해피밸리행 트램의 Wong Nai Chung Road 구간. 복잡한 도심을 빠져 나와 좁은 도로가 이어지는데, 차량 통행량도 적고 직선 구간이라 꽤 빠른 속도로 달리는 트램의 스릴을 경험할 수 있는 몇 안 되는 곳이기도 하다. 해피밸리 경마장이 불을 밝힌 밤시간이라면 훨씬 좋다.

TIP

❶ 올라갈 때에는 진행 방향의 오른쪽, 내려올 때에는 진행 방향의 왼쪽 뷰가 조금 더 좋다는 것을 기억하자! 물론 정상에 마주하는 파노라믹한 풍경이 훨씬 더 멋지니, 이 자리를 놓쳤다고 상심하지는 말 것.

❷ 2022년 3월, 약 3년 여의 리노베이션 기간 끝에 6세대 피크 트램이 대중에 공개되었다. 더 커진 전망창과 대폭 줄어든 진동 소음, 무엇보다 기존의 120명에서 210명으로 대폭 늘어난 수용량 덕분에 길고 길었던 피크 트램 탑승 대기 시간이 현저히 줄어들게 되었다!

빅토리아 피크에 오르는 가장 매력적인 방법

피크 트램 [The Peak Tram 山頂纜車] 🔊 산땡람체

홍콩 트램이 도심 속 평지를 달리는 교통수단이었다면, 피크 트램은 빅토리아 피크의 급경사를 오르내리는 케이블카이다. 그 역사는 자그마치 130년! 19세기 후반 이미 과포화 상태였던 홍콩, 사람들의 생활 영역은 산으로까지 점점 확대되었고, 1873년에는 피크 호텔까지 문을 열게 되었다. 하지만 교통수단이라고는 가마(Sedan chair)가 전부였으니, 아시아 최초의 케이블카인 피크 트램의 개통이 얼마나 많은 편리함을 주었을지는 상상 그 이상이었으리라. 당시 트램은 지금과는 달리 1, 2, 3등석으로 나뉘어져 있었고 석탄 연료를 사용했단다. 1908년과 1949년 사이에는 재미있는 전통이 있었는데, 트램의 맨 앞 두 자리를 항상 총독의 자리로 비워두었던 것. 언제 올지도 모르는 총독을 오매불망 기다리며, 매번 트램 출발 2분 전까지는 그 자리를 비워 두었다고. 1989년부터 운행해 온 5세대 차량은 2019년 운행을 멈추었고, 현재는 2022년 새로 도입된 210인승 6세대 차량이 피크를 찾아온 여행자들을 기다린다. 안전을 위해 구동 방식은 최신 기술로 바뀌었지만, 나무 의자와 앤틱한 외형은 그대로 남아 옛 향수를 불러일으키고 있다. 피크 트램의 경사는 약 27도나 되고, 아래쪽 터미널에서 정상 터미널까지의 높이 차 또한 396미터에 이른다. 경사가 너무 가파르기 때문에 주변의 아파트들이 기울어져 보이는 착시 현상까지 일어난다고 한다. 무언가 줄을 서서 기다릴 필요가 별로 없어 더없이 좋은 홍콩 여행. 그러나 피크 트램만큼은 예외이니, 올라가는 트램도, 내려오는 트램도, 오래도록 줄을 서서 기다린 이에게만 탑승을 허락한단다. 여행자에겐 달갑지 않은 소식이지만, 그럼에도 불구하고 피크 트램은 홍콩 여행의 필수 코스이니, 마음에 여유를 가지고 피크 트램을 기다려 보자!

📍 **MAP** p.200B ⓖ **찾아가기** MTR 센트럴 역 K번 출구로 나와 HSBC빌딩을 정면에 두고 왼쪽으로 Des Voeux Central을 따라 걷다가 Garden Road를 따라 언덕 위쪽으로 세인트존스빌딩까지 도보 이동. 약 9분 소요
📍 **주소** 33 Garden Rd, Central
🕐 **시간** 매일 07:30~23:00
📞 **전화** 2522-0922 💰 **가격** 왕복 성인 HK$108, 어린이(3~11세) HK$54, 편도 성인 HK$76, 어린이(3~11세) HK$38, 스카이 테라스 4280이나 마담투소 홍콩과의 패키지 티켓을 구입하면 할인된 요금으로 피크 트램을 즐길 수 있다. 🌐 **홈페이지** www.thepeak. com.hk/kr

FERRY

빅토리아 하버의 주인공은 바로 나! 스타 페리 vs 아쿠아 루나!

홍콩 섬과 까우룽 반도를 나누고 있는 빅토리아 하버를 빼놓고는 결코 '향기로운(香) 항구(港)' 홍콩에 대해 이야기를 할 수 없을 것이다. 영국인들이 홍콩에 눈독을 들였던 것도 사실 그 천혜의 항구 때문이었으니까. 빅토리아 하버를 마주하고 있으면 유유히 바다 위를 오가는 멋스런 배들을 발견하게 된다. 앤틱한 매력의 스타 페리와 붉은 돛이 인상적인 아쿠아 루나 또한 그들 중 하나다. 홍콩에 멋을 더하는 바다 위 탈것들을 만나러 가 보자.

TIP
침사추이에서 완차이나 센트럴 방향으로 갈 때에는 페리 진행 방향의 오른쪽에 앉자. 센트럴의 마천루들과 홍콩 컨벤션 & 엑시비션 센터의 웅장한 모습을 바로 눈 앞에서 만끽할 수 있다.

Let's Experience
추천 스타 페리 코스!

침사추이-완차이 간 스타 페리 노선은 완차이 여행을 시작하는 여행자들에게 아주 편리한 노선이다. 홍콩 섬을 횡단하는 파란색 Island Line의 MTR 역과는 다소 거리가 있는 골든 바우히니아, 홍콩 컨벤션 & 엑시비션 센터 주변을 여행할 때에는 스타 페리 침사추이 완차이 노선을 이용하자. 침사추이 스타 페리 선착장에서 'WAN CHAI(灣仔)' 표지를 따라갈 것.

◐ TO WAN CHAI, TO CENTRAL 표시를 잘 확인하자!

단돈 2달러로 즐기는 빅토리아 하버 크루즈
스타 페리 [Star Ferry 天星小輪] 🔊 틴쌩시우룬

세계에서 가장 '가성비'가 높은 페리로 유명한 빅토리아 하버의 스타 페리. 1880년, 한 페르시아계 홍콩 인이 '모닝 스타'라는 이름의 개인 증기선으로 까우룽과 홍콩 섬을 오가는 페리 서비스를 제공한 것이 오늘날 스타 페리의 시초로 알려져 있다. 오늘날에는 8대의 페리가 침사추이 ↔ 완차이, 침사추이 ↔ 센트럴 간 두 개의 노선을 운항하며, 한 해에만 2000만 명(코로나 전 기준, 현재는 700만 명)을 실어 나르고 있다. '페리'라는 이름에서 알 수 있듯, 스타 페리는 관광 목적의 크루즈가 아닌 정해진 노선을 왕복하는 대중교통이다. 빅토리아 하버를 지하로 관통하는 터널과 MTR이 생기기 전까지 스타 페리는 수십 년 간 홍콩 인들의 발이었고, 아직까지도 채 HK$7이 넘지 않는 '착한' 요금으로 홍콩의 두 지역을 연결해 주고 있다. 물론 관광객들과 여행자들의 스타 페리 사랑도 대단하다! 이토록 저렴한 요금으로 홍콩 섬과 까우룽 사이를 왕복할 수 있고, 또 빅토리아 하버 양쪽의 매력 넘치는 풍경을 눈 앞에서 마주할 수 있기 때문. '크루즈'가 아닌 '페리'이기에 하버를 건너는 시간은 고작 7~8분. 그럼에도 스타 페리 위에서라면 홍콩 최고의 풍경을 가장 가까이에서 만끽할 수 있으니, 그 누구도 그 시간이 짧다고 불평하지 못할 것 같다. 스타 페리의 매력은 '착한' 요금 말고도 또 있다. 실제로 침사추이의 해변 산책로, 완차이의 홍콩 컨벤션 & 엑시비션 센터 주변을 여행할 때에는 MTR이나 버스보다 훨씬 접근성이 좋다는 것! 골든 바우히니아 광장을 여행하고 바로 침사추이 스타의 거리에서 '심포니 오브 라이트'를 감상하려는 여행자는 다른 교통수단을 이용하는 것보다 스타 페리를 이용하는 것이 훨씬 편리하다. 혹, 홍콩을 여행하는 도중 잠깐 시간이 비거나, 여행에 지쳐 잠시 쉬고 싶은 여행자들도 스타 페리를 잊지 말자! 단돈 몇 백 원이면 빅토리아 하버를 통째로 감상하며 쉴 수 있는, 홍콩에서도 가장 멋진 휴식을 선사해 주는 스타 페리가 늘 곁에 있으니까.

침사추이 스타 페리 선착장 ◐ **MAP** p.144E ◐ **찾아가기** MTR 침사추이 역 L6번 출구에서 Salisbury Rd를 따라 서쪽 끝까지 도보 5분 ◐ **주소** Star Ferry Pier, Salisbury Rd, Tsim Sha Tsui
센트럴 스타 페리 선착장 ◐ **MAP** p.167C ◐ **찾아가기** MTR 센트럴 역 A번 출구로 나와 육교 이용, IFC 몰이나 센트럴 페리 선착장 표지를 따라 도보 9분, 스타 페리는 7번 선착장 ◐ **주소** Central Ferry Pier No. 7, 7 Man Yiu St, Central **완차이 스타 페리 선착장** ◐ **MAP** p.248B ◐ **찾아가기** MTR 완차이 역 A1번 출구로 나와 육교 이용, 센트럴플라자를 거쳐 북쪽으로 도보 약 12분, 거리가 멀고 복잡하지만, 표지판만 잘 따라가면 어렵지 않다 ◐ **주소** Wan Chai Ferry Pier, Convention Av, Wan Chai ◐ **시간** 매일 06:30~23:30 (침사추이 – 센트럴), 평일 07:20~22:50, 토 · 일요일 · 공휴일 07:30~22:50 (침사추이 – 완차이) ◐ **전화** 2367-7065 ◐ **가격** (Upper Deck 기준) 평일 성인 HK$5.0, 토 · 일 · 공휴일 성인 HK$6.5 (옥토퍼스 카드 사용 가능)
◐ **홈페이지** www.starferry.com.hk/en/home

밤의 아쿠아 루나.
밤이 되면 빨간 돛이 더욱 붉게 빛난다.

빨간 돛이 인상적인 달의 여신
아쿠아 루나 [Aqua Luna 張保仔] 쩡뽀우짜이

화려한 빅토리아 하버 위, 화룡점정과도 같은 빨간 돛단배 하나가 유유히 떠간다. 그 이름 아쿠아 루나. 아쿠아 루나는 2006년부터 운항을 시작해 홍콩의 상징이 된 크루즈의 이름. 영어로는 아름다운 이름이지만, 광둥어로는 張保仔, 19세기에 악명을 떨쳤던 중국 해적 떼의 이름을 하고 있다고. 옛 정크(junk)의 모양을 그대로 본떠 만든 아쿠아 루나는 당시 73세였던 전통 선박 건조 기술자의 감독 하에, 옛날 방식 그대로 제작되었다. 옛 홍콩의 모습을 떠올리는 매력을 지닌 아쿠아 루나는 그렇게 탄생했던 것. 빅토리아 하버 또는 홍콩 섬 남부의 스탠리를 중심으로 여러 코스와 컨셉의 크루즈가 운항되고 있는데, 그중 가장 대표적인 노선은 '이브닝 하버 크루즈(Evening Harbour Cruise)' 노선이다. 16시 30분부터 20시 30분까지 침사추이와 센트럴에서 출발해 45분간 빅토리아 하버를 유람한다. '심포니 오브 라이트 크루즈(Symphony of Lights Cruise)'는 아쿠아 루나의 꽃과 같은 노선. 19시 30분에 출발해 항해의 끝을 심포니 오브 라이트와 함께 할 수 있다. 물론 요금은 이브닝 하버 크루즈보다 비싸다고.

대중교통인 스타 페리에 비하면 가격이 매우 비싼 것이 흠이지만, 홍콩에서 가장 멋진 정크 위에서 빅토리아 하버의 밤을 즐기는 것도 멋진 추억이 될 것 같다. 크루즈 승선 요금에는 음료 한 잔 가격이 포함되어 있으며, 선상 클럽 파티 분위기가 연출되기도 하니, 한번쯤 호사를 누려 보기에 좋은 선택이 될 것 같다. 이외에도 딤섬 크루즈, 애프터눈 티 크루즈, 로맨틱 크루즈 등 다양한 노선과 프로그램으로 홍콩의 바다를 사랑하는 여행자들을 끌어모으고 있다.

옛 모습 그대로이기에, 흑백 사진이 더 잘 어울리기도 하는 아쿠아 루나.

◎ **찾아가기** 아쿠아 루나는 침사추이와 센트럴의 페리 선착장에서 탈 수 있다. 침사추이는 1번, 센트럴은 9번 선착장으로 가자 ◎ **시간** 이브닝 하버 크루즈 : 침사추이 – 센트럴 – 침사추이 매일 17:30, 18:30, 20:30, 센트럴 – 침사추이 – 센트럴 매일 16:30, 17:30, 18:30, 20:30 심포니 오브 라이트 크루즈 : 침사추이/센트럴 출발 매일 19:30 ◎ **전화** 2116-8821
◎ **가격** 음료 포함 성인 HK$270, 어린이 HK$170(심포니 오브 라이트 노선은 성인 HK$330, 어린이 HK$230)
◎ **홈페이지** www.aqualuna.com.hk

DOUBLE-DECKER BUS

뻥 뚫린 2층 버스를 타고 더 알차게 홍콩을 즐기자! 빅버스 vs 릭샤버스!

아무리 여행 계획을 알차게 세우고, 요리조리 머리를 굴려 보아도 일정은 짧고, 갈 곳은 많도다! 욕심 많은 알찬 여행을 위한 최고의 선택, hop-on, hop-off 투어 버스(관광지 주변의 지정 정류장에서 무제한으로 타고 내릴 수 있는 관광용 순환 버스)로 홍콩의 필수 여행지들을 돌아보자!

자타공인 투어 버스계의 절대 강자
빅버스 투어 [Big Bus Tours 大巴士] ◀)) 따이빠씨

전 세계적으로 유명한 투어 버스 회사로 1991년 런던에서 시작해, 2008년 홍콩에도 첫발을 내디뎠다. 두바이, 상하이, 뉴욕, 시드니 등 전 세계 수십 곳 이상의 도시에서도 운행하는 말 그대로 '빅' 버스 회사라고. 홍콩에서는 세 개의 주간 노선과 한 개의 야간 노선을 운영하고 있는데, 웬만한 명소들은 다 운행하고 있을 정도로 노선이 방대한 편. 주간 노선은 지역별로 까우롱, 홍콩 섬, 스탠리 투어 등으로 나뉘며, 야간 투어는 침사추이 일대와 몽콕의 야시장들을 순환한다. 빅버스 투어의 또 다른 강점은 이동 자체가 이미 여행이라는 것. 이동 중 차 내에서 한국어를 포함하여 10개의 언어로 번역된 각 명소들에 대한 설명을 실시간으로 들을 수 있다. 각 좌석 앞의 개인 오디오에 무료로 지급되는 이어폰을 연결하면 된다. 티켓 종류에 따라 구성이 상이하긴 하지만, 요금에 피크 트램 스카이 패스 또는 스카이 100 입장권, 스타 페리나 관광용 삼판선 승선권 등이 포함되어 있으니, 조금 비싼 가격도 이쯤 되면 합리적이라 느껴진다.

INFO

빅버스 인포메이션 센터

◎ **찾아가기** Red Route, Green Route는 센트럴 페리 선착장의 7번 선착장 앞에서, Blue Route는 K11 뮤제아 앞에서 출발한다. 물론 출발 정류장이 아닌 아래의 모든 정류장에서 'hop-on, hop-off'가 가능하다. 인포메이션 센터는 침사추이와 센트럴 페리 선착장 내에 위치

◎ **주소** 센트럴 인포메이션 센터 Upper Deck, Central Ferry Pier, Central 침사추이 인포메이션 센터 KP-38, 1/F, Tsim Sha Tsui Ferry Pier, Tsim Sha Tsui

◎ **시간** 매일 Red Route 10:00~17:00 출발(45분 간격), Blue Route 10:00~17:00 출발(1시간 간격), Green Route 10:30~16:30 출발(30분 간격), Night Tour 매일 19:00 출발(1회) ◎ **전화** 센트럴 인포메이션 센터 2167-8995, 침사추이 인포메이션 센터 3102-9021 ◎ **가격** 디스커버 티켓(24시간/1노선) 성인 US$52, 어린이(3~11세) US$45, 에센셜 티켓(24시간/전노선) 성인 US$74, 어린이(3~11세) US$67, 익스플로러 티켓(48시간/전노선) 성인 US$98, 어린이(3~11세) US$91, 나이트 투어 US$42

◎ **홈페이지** www.bigbustours.com/en/hong-kong

Let's Experience! 추천 빅버스 투어 코스

홍콩의 도심과 외곽을 두루 여행할 수 있는 Stanley Tour(Green Route), 홍콩 섬을 크게 한바퀴 도는 노선으로 특히 홍콩의 남쪽 바다 풍경이 장관! 산을 굽이치는 급경사의 도로를 2층 버스 위에서 즐기는 것 또한 놀이 기구 못지 않는 스릴감을 선사한다. 애버딘 터널을 통과해야 했던 과거 노선에 비해 탑승 환경도 훨씬 좋아졌다고.

빅버스 노선
- ● **Hong Kong Island Tour**(Red Route) 센트럴 페리 선착장 → 센트럴 – 미드 레벨 에스컬레이터 → 만모사원 → 타이쿤 → 코즈웨이 베이 소고 백화점 → 파크레인호텔 → 피크 트램 → 센트럴 페리 선착장
- ● **Kowloon Tour**(Blue Route) 침사추이 K11 뮤제아 → 템플스트리트 → 청과물시장 → 랑함플레이스 → M+ 뮤지엄 → 홍콩고궁박물관 → 스카이100 & 엘리먼츠몰 → 침사추이 K11 뮤제아
- ● **Stanley Tour** (Green Route) 센트럴 페리 선착장 → 피크 트램 → 완차이 워터프론트 → 스탠리 → 리펄스 베이 → 오션파크 → 애버딘 → 센트럴 페리 선착장
- ● **Night Tour** K11 뮤제아 출발/도착(중간 탑승/하차 불가)

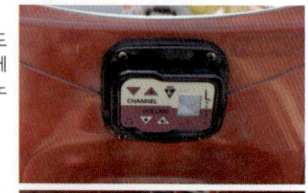

TIP
티켓은 버스에 승차할 때마다 확인하니 절대 잃어버리지 말 것. 항상 탑승하려는 정류장의 버스 시간을 확인하자. 특히 막차 시간이라면 더욱. 뜨거운 태양을 피하기 위한 양산, 선글라스는 필수!

릭샤버스가 새옷을 입었다!
홍콩시티 사이트시잉 버스 [Hong Kong City Sightseeing 觀光城巴] 꼰꽁쌤빠

빅버스와 함께 오랫동안 홍콩 시내를 누비던 릭샤버스의 노후한 차량을 모두 신차로 교체하면서 이름까지 갈아치웠다. 릭샤버스가 운행하던 세 개의 노선은 그대로 유지하면서도, 신차 도입과 함께 편의성은 크게 높였다. 빅버스보다 목적지는 다양하지 않지만, 각각의 노선 모두 빅토리아 하버 양안을 이어주고 있다는 점은 큰 장점이다. 비교적 저렴한 요금은 홍콩시티 사이트시잉 버스의 장점. 티켓은 1일권부터 3일권까지 구입이 가능한데, 기간 내 모든 노선의 버스를 이용할 수 있다.

INFO
애드미럴티 릭샤버스 인포메이션 센터
찾아가기 H1, H2K 노선은 센트럴 페리 선착장에서, H2 노선은 침사추이의 더 페닌슐라 앞에서 출발한다. 릭샤버스 또한 아래의 모든 정류장에서 'hop-on, hop-off'가 가능하다. **주소** Admiralty East Bus Terminus, 95 Queensway, Admiralty **시간** 매일 H1 Heritage Route 11:00~18:00, 30분 간격 운행 H1S HK Art Discovery 11:45~17:45, 30분 간격 운행 H2 Cultural Route 12:30~19:30, 30분 간격 운행 H2K Night Scene Hong Kong 18:30~22:30, 30분 간격 운행 **전화** 2136-8888 **가격** One Day Pass 성인 HK$280, 어린이(4~11세) HK$140, Night Pass 성인 HK$114, 어린이(4~11세) HK$57 **홈페이지** www.hkcitysightseeing.com

Let's Experience! 추천 시티 사이트시잉 투어 코스
최근 노선을 강화하면서 낮밤을 가리지 않고 홍콩의 주요 관광지들을 누비고 있다. 카우룽 반도와 홍콩 섬을 모두 만끽할 수 있는 노선들이 특히 인기라고. 투어 코스 중 가장 추천하는 구간은 센트럴의 중심부인 황후상 광장 주변 구간. 특히 센트럴의 마천루들이 화려한 빛을 발하는 밤 시간이라면 그 매력은 배가 된다고. 뻥 뚫린 2층에 앉아 시원한 밤바람을 맞으며 홍콩 섬의 빌딩 숲 사이를 마음껏 누벼 보자.

시티 사이트시잉 노선
● **H1 Heritage Route**
센트럴 스타 페리 선착장 → 익스체인지 스퀘어 → 웨스턴 마켓 → 헐리우드로드 → 만모사원 → 필스트리트 → 타이퀀 → 젯랜드스트리트 → 황후상 광장 → 애드미럴티 → 아모이스트리트 → 랍탁레인 → 코즈웨이베이 소고백화점 → 완차이 해변산책로 → 크로스하버터널 → 스타의거리 → 이스트 침사추이 역 → 홍콩문화센터 → 침사추이 스타 페리 선착장 → 더 페닌슐라

● **H1S HK Art Discovery**
센트럴 스타 페리 선착장 → 웨스턴 마켓 → 헐리우드로드 → 만모사원 → 필스트리트 → 타이퀀 → 젯랜드스트리트 → 황후상 광장 → 애드미럴티 → 골든 바우히니아 광장 → 완차이 페리 선착장 → 완차이 해변산책로 → 크로스하버터널 → 카우룽파크드라이브 → 서구룡문화지구 → 크로스하버터널 → 엘리자베스하우스 → 홍콩 컨벤션 & 엑시비션 센터 → 센트럴 스타 페리 선착장

● **H2 Cultural Route**
더 페닌슐라 → 파크레인 쇼핑거리 → 카우룽 중앙우체국 → 그랜드 플라자 → ICC → 서구룡문화지구 → 시쿠센터 → 페킹로드 → 이스트 침사추이 역 → 크로스하버터널 → 엘리자베스하우스 → 홍콩 컨벤션 & 엑시비션 센터 → 센트럴 스타 페리 선착장

● **H2K Night Scene Hong Kong**
센트럴 스타 페리 선착장 → 센트럴 해변산책로 → 완차이 페리 선착장 → 완차이 해변산책로 → 크로스하버터널 → 템플스트리트 → ICC → 서구룡문화지구 → 카메론로드 → 침사추이 스타 페리 선착장 → 이스트 침사추이 역 → 이스트 침사추이 → 크로스하버터널 → 엘리자베스하우스 → 성 요한 성당 → 황후상 광장 → 센트럴 스타 페리 선착장

음료수는 식사 후가 아니라 식사와 함께

홍콩의 식당에서는 음료는 식후에 입가심으로 마시는 게 아니라 식사와 함께 먹는 것이 일반적이다. 빵류 외에 면이나 밥 종류도 음료를 시키면 식사와 함께 제공되는 것이 일반적이다. 세트로 포함되어 있거나 식사를 시키면 음료는 할인된 가격에 제공되기도 한다.

레몬티 (HOT or ICE)
티 종류는 뜨거운 것으로 시키면 설탕을 미리 넣지 않아 마시는 사람이 설탕을 직접 넣어 양을 조절한다. 차가운 음료로 시키면 시럽이 미리 들어가 있어서 꽤 달다. 차가운 음료를 원한다면 주문할 때 "시우팀(少甛)"이라고 말하면 시럽 양을 줄일 수 있다. 아이스 레몬티는 빨대와 함께 꽂아 주는 긴 스푼으로 레몬 조각들을 꾹꾹 눌러서 레몬즙이 우러나오게 해야 제대로 맛을 즐길 수 있다.

밀크티 (HOT or ICE)
홍콩의 대표 음료 중 하나로 진하게 우려낸 홍차에 전용 우유나 연유를 넣어 섞어서 만든다.

인양차 (HOT or ICE)
일단 장점이 있는 것들은 다 섞고 보는 '홍콩다운' 음료이다. 밀크티와 커피를 섞어 부드러우면서도 강렬한 맛이 특징이다.

리베나 (HOT or ICE)
영국제 블랙커런트 원액을 이용한 음료로 새콤달콤하다. 얼음과 레몬을 더하면 여름철에 입맛을 돋우는 강추 음료!

Hong Kong Food Tip
맛있는 홍콩 여행을 위해 알아 두면 유용한 정보들

줄을 서서 시간을 낭비하고 싶지 않다면!

인구가 밀집되어 있는 홍콩의 유명 식당과 디저트 가게들 앞에는 한결같이 길게 늘어선 줄을 흔히 볼 수 있다. 황금 같이 소중한 여행 시간을 줄 서는 데 낭비하고 싶지 않다면 점심 식사는 12시 전에, 저녁 식사는 6시 정도로 조금 일찍 도착하도록 한다. 한국보다 1시간 빠른 시차를 생각하면 한국에서 식사하는 시간에 맞춰 식사하는 것이니 규칙적인 생체 리듬을 깨지 않을 수 있어 일석이조! 디저트 가게는 저녁 식사를 마친 손님들이 담소를 나누기 위해 찾는 경우가 많으니 사람이 붐비는 저녁 8시 전이나 늦은 오후 등에 방문하는 것이 좋다.

당황하지 않고, 자연스럽게!
미리 알고 가는 홍콩 식당 상식

A 홍콩의 식당에 들어가서 빈자리가 있다고 해서 마음대로 가서 앉으면 안 된다. 입구에서 종업원과 눈을 마주치고 손가락이나 말로 인원수를 알려준 뒤 안내해 주는 자리에 앉아야 한다.

B 계산서를 테이블에 미리 올려 주는 곳은 한국에서처럼 식사 후에 나가면서 카운터에서 계산을 한다. 그렇지 않은 식당에서는 식사 후에 일어나지 말고 종업원에게 "마이딴(Bill, please)"라고 말해서 계산서를 받는다. 계산서를 가지고 오면 앉아서 계산을 마치고 일어서서 나간다.

C 인기가 있는 식당들은 식사 시간에는 입구에 긴 대기 줄이 생긴다. 식사 시간보다 일찍 도착하거나, 예약을 미리 해 두는 것이 좋다. 예약한 뒤 예약 시간부터 10~15분이 지나면 대기자에게 자리를 제공하기도 하니 예약 시간보다 늦지 않도록 한다. 늦어지거나 갈 수 없는 상황이 되면 전화해서 예약을 변경 혹은 취소해야 한다.

D 팁, 줘야 할까? 중국으로 반환된 후로는 팁 문화가 많이 약해진 편이라서 팁을 꼭 줘야 할 필요는 없다. 저렴한 로컬 식당을 제외하고는 10%의 서비스 요금이 추가로 붙는 곳이 많은데, 그럴 경우에는 따로 팁을 챙겨줄 필요는 없다. 팁을 기대하고 거스름돈을 자잘한 금액으로 주는 경우 인색하지 않게 고마움을 표시하고 싶다면, 거스름돈에서 동전을 몇 개 남겨 주는 것도 좋다.

음식의 천국으로 불리는 홍콩에서는 다양한 음식을 맛보는 즐거움이 있다. **홍콩에서 뭘 먹을까?**

홍콩 여행에서 가장 추천하는 음식 1순위는 딤섬(Dimsum, 點心)
한국의 뷔페나 식당에서 맛본 딤섬 맛은 잊어요. 홍콩에서는 한국에서 맛보지 못한 맛과 질감이 살아있는 딤섬들을 만날 수 있다. 대나무찜통에 오일조일 담긴 딤섬들은 보기에도, 맛도 좋다.
→ 자세한 내용은 p.87 참조

현지인들이 즐겨 찾는 로컬 맛집 체험
현지인들이 즐겨 찾는 식당에서 식사를 하는 것은 여행의 경험을 더욱 풍성하게 해 준다. 홍콩인들의 일상으로 좀 더 깊이 들어가 보고 싶다면 도전해 보자.

중국 각 지역의 다양한 중식을 맛보는 것도 또 다른 즐거움
북경오리, 상해털게, 사천의 매운 요리들까지 두루 섭렵하면서 세계 3대 요리로 꼽히는 중국요리를 다채롭게 경험해보자.
→ 자세한 내용은 MANUAL 06 중식(p.88) 참조

멋스럽고 맛있는 미식의 세계에 빠져 보자
홍콩에는 미슐랭이 인정한 최고의 맛집과 세계적으로 유명한 셰프들이 운영하는 레스토랑이 곳곳에 자리 잡고 있다. 그곳에서 멋과 맛으로 오랫동안 기억에 남을 특별한 식사와 조우하는 행운을 누려 보길!
→ 자세한 내용은 MANUAL 07 미슐랭 레스토랑(p.102) 참조

◎ PLUS INFO 한국에 김치가 있다면, 홍콩에서는 아우초이(油菜)와 오이무침! 홍콩의 서민식당 메뉴들은 열량이 높고 포만감을 주는 탄수화물 위주의 요리들이 많다. 영양적으로 균형을 맞추고, 느끼함을 잡아 주기 위해서는 사이드 채소 요리를 시키는 게 좋다. '아우초이(油菜)'는 채소를 물에 데친 후 굴소스 등을 끼얹어 주는 채소 요리를 총칭하는데, 초이삼, 까이란, 빡초이(배추) 등이 주로 사용된다

주머니가 가벼운 배낭 여행자라면 점심과 저녁 사이,
티타임의 저렴한 세트메뉴 공략!

홍콩 사람들은 먹는 것에 돈을 많이 쓰는 편이지만, 아침과 점심은 가볍게 때우는 정도고, 저녁에 제대로 먹는 편이다. 그런 습관에 맞춰 점심과 저녁 사이 티타임(보통 15:00~17:00)에는 저렴한 세트 음식을 판매한다. 단, 양도 가격과 비례해 적은 편이니 제대로 된 한 끼보다는 간식에 가깝다.

식비는 얼마가 적당할까?
예산 짜기

홍콩에서 일반적인 한 끼 식사 예산은 점심 HK$50~150, 저녁 HK$80~200 정도다. 가장 저렴한 식사는 HK$30~50 정도면 한 끼를 해결할 수 있는 패스트푸드점이나 면이나 덮밥 등의 단품 요리를 파는 현지 음식점. 호텔에 입점해 있는 고급 레스토랑에서 미식을 즐기려면 점심 HK$350~800 정도, 저녁 HK$500~1,500 정도를 예산으로 잡으면 된다.

실전! 딤섬 레스토랑 주문부터 계산까지

1. 레스토랑에 도착
직원의 안내를 받아 테이블에 앉는다. 빈자리가 있다고 아무 테이블에나 앉으면 안 된다. 입구에서 직원에게 인원을 말하면 테이블을 안내해 주거나 대기표를 나눠 준다.

2. 차 주문하기
딤섬은 차와 함께 먹는 음식이기 때문에 원하는 차를 주문한다. 가장 대중적인 차 메뉴는 보이차와 재스민티. 찻주전자가 2개 나오는데, 한쪽에는 차가 들어 있고, 한쪽에는 뜨거운 물이 들어 있어서 차의 농도를 조절하면서 마실 수 있다.

차 종류
보이차 普洱茶, Pu'er 🔊 뿌레이
재스민티 香片, jasmine tea 🔊 형핀
철관음차 鐵觀音, Tieguanyin 🔊 티꾼얌
국화차 菊花茶, Chrysanthemum tea 🔊 꿕퐈차
우롱차 烏龍茶, Oolong tea 🔊 우롱차

3. 딤섬 주문하기
딤섬은 원하는 종류를 주문서에 체크하거나 돌아다니는 카트에서 직접 고르는 방법이 있다. 가게에 따라 방식이 다르니 아래를 참조하자.

A 주문서에 기입해서 주문하기
가장 보편적인 주문 방법으로 테이블 위에 올려져 있는 종이 주문서에 원하는 개수를 적어서 종업원에게 건넨다.

4. 맛있게 먹기
테이블 위에는 테이블 번호가 적힌 두꺼운 종이 카드(주문서)가 하나씩 올려져 있어서 직원들이 테이블에 음식을 가지고 올 때마다 도장을 찍거나 볼펜으로 표시를 한다. 다양한 딤섬을 차와 함께 맛있게 즐기자.

5. 계산하기
카운터에 가서 직접 계산하는 것이 아니라 앉아서 종업원에게 계산서를 달라고 요청할 것. 오른쪽 손가락을 허공에 한 바퀴 돌리거나 사인하는 손짓을 하는 것도 일반적으로 통용되지만 "마이딴(Bill, please!)"이라고 말을 하면 더 확실하다. 나왔던 메뉴 개수 및 금액을 꼼꼼히 확인하고 돈을 지불한다. 계산을 마친 후에 자리에서 일어날 것.

B 돌아다니는 카트에서 직접 골라먹기
전통적인 방식으로 최근에는 카트에 음식을 싣고 다니면서 판매하는 레스토랑은 적은 편이다. 직접 눈으로 보고 고를 수 있어서 편리하다.

딤섬 식사 매너
❶ 젓가락이 두 개일 경우, 하나는 덜어 먹는 젓가락으로 사용한다.
❷ 차를 따라줄 때는 찻잔을 잡지 말고 손가락으로 가볍게 테이블을 두드려 감사의 표시를 한다.
❸ 찻주전자에 물이 떨어지면 뚜껑을 열어 둘 것! 그러면 직원이 와서 알아서 뜨거운 물을 채워 준다.
❹ 한국처럼 반찬을 무료로 주는 개념이 없어서 차값, 테이블 위에 있는 스낵 모두 가격이 청구된다. 실제 판매 금액이라기보다 '자릿세'이기 때문에 필요 없으니 빼달라고 요청할 수는 있지만 강하게 요구하면 식당에 따라서는 마찰이 일어날 수도 있다.

딤섬 주문 도우미 | 손가락으로 가리키는 것만으로 쉽게 주문하기!

딤섬 주문 종이에 직접 표기해도 좋고, 주문이 어려울 경우에는 종업원에게 도움을 요청해 메뉴의 사진을 가리킨 후 손가락으로 숫자를 표시해서 주문할 수도 있다. 주문을 친절하게 도와주었다면 계산할 때 약간의 팁으로 감사의 표시를 하는 것도 잊지 말 것!

01. 하가우
蝦餃 Shrimp dumpling
얇은 피안에 탱글탱글한 식감의 새우가 듬뿍 들어 있는 새우만두. 한국인이 가장 좋아하는 딤섬 메뉴!

02. 슈마이
燒賣 Shumai
돼지고기와 새우를 함께 사용해 풍성한 맛을 즐길 수 있는 딤섬 대표 메뉴!

03. 샤오롱바오
小籠包 Steamed Minced Pork Dumpling
육즙이 넉넉히 들어 있는 고기만두. 따뜻할 때 먹어야 맛있지만, 너무 급하게 먹으면 입천장을 델 수도 있으니 조심할 것!

04. 춘권
春捲 Spring roll
얇은 밀가루 피에 다양한 재료를 넣고 말아 바삭바삭하게 튀겨 낸 것.

05. 차슈바오
叉燒包 BBQ Pork Bun
홍콩식 바비큐소스로 조리한 고기를 넣은 찐빵.

06. 함수이꽥
鹹水角 Deep fried oval-shaped dumpling
겉은 한국의 찹쌀 도넛과 비슷하지만, 짭조름한 양념고기가 들어 있다.

07. 청편
腸粉/ Rice noodle roll
쌀과 전분으로 만든 반죽을 얇게 펴서 피 안에 새우나 소고기 등을 넣은 것.

08. 록빠꼬우
蘿蔔糕 Turnip Cake
무를 갈아서 밀가루를 더한 뒤 XO장 등으로 볶아낸 것으로 부담 없이 먹을 수 있으면서도 든든하다.

09. 우꽥
芋角 Taro Dumpling
토란과 비슷한 뿌리식물인 타로(Taro)를 으깬 것에 돼지고기, 표고버섯, 새우 등을 채워 튀겨내어 고소한 맛이 일품이다.

10. 로마이까이
糯米雞 Steamed sticky rice with chicken in lotus leaf warp
찹쌀과 닭고기, 표고버섯, 중국식 소시지, 새우살 등의 재료를 연잎에 싸서 찐 것. 맛은 물론 영양도 만점!

11. 나이웡바오
奶黃包 Custard Bun
하얀 빵 속에 달콤하고 고소한 노란 커스터드 크림이 들어 있는 디저트 딤섬. 계란 맛을 좋아하는 사람이라면 추천!

12. 망고푸딩
芒果布甸 Mango Pudding
달콤한 과육이 씹히는 촉촉한 망고푸딩. 우유 시럽을 부어 먹으면 더욱 고소하고 부드럽다.

MANUAL 06

중식

Chinese FOOD *in* Hong Kong

작은 홍콩에서 맛보는 광대한 중국의 산해진미

'다리가 4개인 건 의자 빼고 다 먹는다'는 동네가 바로 홍콩을 포함한 중국 광둥 지역이다. 다양한 음식에 대한 호기심과 열린 마음을 가지고 진귀한 식재료와 요리 기술에 기꺼이 대가를 지불하기 때문에 중국에서 내로라하는 요리사들은 홍콩으로 초청되는 경우가 많다. 본토에서 모셔온 요리사들이 풍성하고 안전한 식재료로 만들어 내는 중국요리는 중국 본토에서 먹는 것보다 더 섬세하고 다채롭다. 5성급 호텔 안에 위치한 고급 중식당에서는 화려한 데코레이션으로 눈으로 먼저 먹는 멋진 요리들을 즐길 수 있고, 쇼핑몰과 거리에서는 부담 없는 가격에 서민적인 중국요리들을 다채롭게 즐길 수 있다.

중국 4대 요리의 특징과 대표 메뉴

粤 광둥요리

거슬리는 향신료, 느끼한 중국요리는 잊어라! 광저우, 홍콩 등을 중심으로 하는 중국 남부 지역의 요리. 연중 온화한 날씨로 이모작이 가능해 곡물이 풍부하고, 목축이 발달했으며 바다를 접하고 있어 다양한 해산물 식재료 수급이 가능하고 오래 전부터 외국과의 교역도 발달해 진귀한 식재료와 향신료도 구할 수 있었다. 그래서 광둥요리는 다채로운 식재료 본연의 맛을 충실하게 살리는 데 중점을 두며 새로운 식재료와 기술을 활용하면서 다양한 모습으로 발전하고 있다.

완탕면 & 콘지 / 홍콩식 해산물

딤섬

광둥식 로스트 미트

京 베이징요리

세련되고 화려한 황실의 요리를 만나다! 베이징은 1421년 명나라의 수도가 된 후 현재까지 정치의 중심지로 대형 연회 문화가 발달해 새끼돼지, 오리, 잉어 등을 통째로 요리해서 내는 전형요리(全型料理)가 많다. 지역적으로는 겨울이 길고 추워 음식이 기름지고 짠 편이며 쌀이 귀해 서민들은 밀가루를 이용한 빵이나 만두를 주식으로 삼았다.

베이징덕

湖 상하이요리

한국인이 가장 쉽게 접근할 수 있는 중식! 항구가 발달한 상하이, 당나라의 수도였던 난징, 호수가 많고 운하가 있어 물길이 발달한 양저우, 쑤저우와 항저우 등 물이 풍부하고 교통이 발달한 지역의 요리로 식재료가 다양하고 풍성해 본연의 맛을 살리며 술, 간장, 흑초, 설탕으로 조리해 농후하고 단 맛이 특징이다.

상해털게 / 샤오롱바오 / 탄탄면

川 쓰촨요리

자꾸 다시 찾게 되는 중독성! 한국인들이 매운 것을 즐겨 먹는다고 하지만 쓰촨 사람들 앞에서는 명함도 못 내민다. 고추의 매운맛에 혀를 얼얼하게 마비시키는 중국산초(花椒, 화자오)의 강렬함이 더해져 처음 먹으면 머리가 아프고 욕이 나올 정도다. 하지만 먹고 나서 얼마 지나면 슬그머니 다시 생각나는 최강의 중독성을 자랑한다.

마파두부 / 칠리새우 / 쓰촨훠궈

粵 광둥식 로스트 미트

바삭하게 또 부드럽게, 로스트 미트(Roasted Meat) 한 입 베어 물면 고소한 바삭함이 한 번, 또 한 입 베어 물면 담백한 부드러움이 또 한 번. 결코 포기하고 싶지 않은 두 가지 식감을 동시에 맛볼 수 있는 대표적인 광둥요리 로스트 미트는 홍콩에서 어렵지 않게 만나 볼 수 있는 요리 중 하나이다. 종류에 따라 다르지만, 일반적으로 신선한 돼지고기나 닭고기, 오리고기 등을 끓는 물에 삶고, 또 다시 높은 온도에서 구워 다양한 식감을 표현해 내는데, 다른 재료를 과하게 첨가하거나 소스를 부어 먹는 음식이 아니기 때문에 재료 본연의 맛을 느낄 수 있는 요리라고. 일반적으로 겨자 소스나 레몬 소스 등을 곁들이기도 하지만, 소금만 살짝 찍어 먹는 것도 좋은 방법이다.
고급 레스토랑에서는 돼지고기와 닭고기를 주재료로 하는 로스트 포크(Roasted Pork)와 로스트 치킨(Roasted Chicken) 등의 메뉴를 단품 요리로 내는 경우가 많으며, 현지인들이 주로 이용하는 소박한 로컬 식당에서는 간단한 한 끼 식사가 가능하도록 로스트 미트와 흰쌀밥을 한 접시에 내기도 한다.
튀김 요리 일색인 중국요리 특유의 느끼함에 질린 여행자라면, 이제 광둥 대표 요리 로스트 포크와 로스트 치킨으로 가볍게 홍콩의 맛을 즐겨 보자. 기름은 쏙 빠져 담백하면서도, 겉은 튀긴 듯 바삭함이 살아 있어 당신의 입맛을 온전히 만족시키기에 충분할 것이다.

바삭함과 부드러움을 한입에! 로스트 미트의 매력은 바로 거기에 있다.

푹람문 Fook Lam Moon 福臨門 폭람문

▶ MAP p.248C
▶ INFO p.260

1972년 문을 연 유서 깊은 광둥 레스토랑으로, 홍콩과 마카오 등 네 곳에 레스토랑을 운영하고 있다. 넓은 레스토랑이 식사 시간만 되면 빈 테이블이 없을 만큼 현지인들과 여행자들 모두에게 인기가 많으며, 주성치 등 홍콩 스타들도 이곳을 즐겨 찾는다고. 푹람문에서 가장 유명한 로스트 미트 메뉴는 달콤한 소스와 보들보들한 돼지고기가 일품인 차슈(Char-grilled Pork Char Siu, 蜜汁叉燒), 껍질은 바삭하고 속은 쫀득한 닭고기의 식감이 매력적인 크리스피 치킨(Fook Lam Moon's Famous Crispy Chicken, 當紅炸子雞)이다.

Char-grilled Pork Char Siu
蜜汁叉燒 HK$280+10%

Fook Lam Moon's Famous Crispy Chicken
當紅炸子雞 한마리 HK$800+10%
반마리 HK$400+10%

▌레이가든 Lei Garden 利苑 🔊 레이윈

홍콩 내 열 곳의 레스토랑을 포함해, 베이징, 상하이, 광저우 등 중국 본토와 마카오, 싱가포르까지 진출한 홍콩의 대표적 광둥 레스토랑으로, 여행자들도 많이 찾는 IFC 몰이나 엘리먼츠 등 대형 쇼핑몰에도 입점해 있어 접근성도 높은 곳이다.
레이가든의 시그니처 메뉴인 Crispy Roasted Pork(冰燒三層肉, HK$160+10%)를 잊지 말고 주문해 보자. 가격에 비해 양이 적다는 원성이 자자하긴 하지만, 그 이름에 걸맞는 최고의 바삭함을 경험할 수 있다.

▌타이힝 Tai Hing 太興 🔊 따이힝

홍콩 내에만 수십 곳의 매장을 두고 있어, 여행 중 쉽게 발견할 수 있는 곳. 여행자들보다는 현지인들에게 인기 있는 곳이지만, 매장도 깔끔하고 영어 메뉴도 잘 갖추고 있어 이용하기에 어렵지 않다. 이른 아침부터 밤 늦게까지 문을 열어서 간단한 식사로, 또 푸짐한 요리로도 다양한 로스트 미트를 즐길 수 있다.

> 오후 티타임(14:00~18:00)에 방문하면 저렴한 가격에 식사를 즐길 수 있다.

3가지 로스트 미트 덮밥
叁拼燒味飯
(叉燒/燒肉/切雞)
Triple Choices for Roast Item(BBQ pork/Roast pork/Plain Chicken)
티타임메뉴, 음료 한가지와 3가지 로스트 미트 덮밥 세트 HK$82+10%

Crispy Roasted Pork
冰燒三層肉 HK$160+10%

📍 MAP p.144D ℹ️ INFO p.156

📍 센트럴(IFC 몰) 점 MAP p.166B ℹ️ INFO p.187

▌조이힝 Joy Hing Roasted Meat
再興燒臘飯店 🔊 조이힝

영어 메뉴도 없고 말도 통하지 않는, 여행자라고는 눈 씻고 찾아보기 어려운 로컬 레스토랑. 하지만 특유의 소박한 분위기 속에서 저렴하게 다양한 로스트 미트를 맛볼 수 있는 곳이다. 돼지고기나 오리고기를 주재료로 하는 밥 요리가 이곳의 추천 메뉴. 현지인들과 뒤섞여 든든한 로스트 미트와 밥 한 공기를 즐기며, 가장 홍콩스러운 아침을 맞이해 보자.

> 미쉐린가이드와 백종원이 인정한 광둥식 구이 맛집! 사람이 많은 시간에는 테이크아웃하는 것을 추천!

📍 **MAP** p.248D
🚶 **찾아가기** MTR 완차이 역 A4번 출구로 나와 오른쪽 방향으로 Hennessy Road를 따라 도보 5분. 길 건너편에 위치
🏠 **주소** Block C, G/F, 265-267 Hennessy Rd, Wan Chai 📞 **전화** 2519-6639
🕐 **시간** 월~토요일 10:30~21:00
🚫 **휴무** 일요일, 공휴일 💰 **가격** 예산 HK$50~

粵 홍콩식 해산물

홍콩 사람들은 다양한 종류의 신선한 해산물 요리를 즐긴다. 그래서 전문 식당이 아닌 일반 중식당에서도 종종 수조에 담긴 살아 있는 해물들을 볼 수 있다. 중국 전통 요리에서 해산물들은 생으로 먹는 경우가 거의 없고, 찌고 튀기고 볶아서 다양한 요리를 선보인다. 그 중에서도 홍콩 사람들이 즐겨 먹는 메뉴를 소개한다.

tip. 홍콩에서도 해산물 요리는 비싼 편이다. 시장 골목에서 저렴하게 즐길 경우 1인당 HK$150 이상, 제대로 된 레스토랑에서 식사를 할 경우에는 1인당 HK$300 이상을 예산으로 잡는다. 적은 인원보다는 여러 명이 가서 다양한 요리를 시키는 것이 가격 대비 만족도가 높다.

페이퐁통 매운게볶음 Typhoon Shelter Spicy Crab 避風塘炒蟹

홍콩 곳곳에는 배들이 태풍을 피해 잠시 정박했던 피난처가 있는데, 어부들이 근처에 배를 대고 남는 시간을 이용해 해산물 요리를 만들어 팔면서 홍콩의 명물이 되었다. 지금은 배 위가 아닌 육지 위 레스토랑이 되었지만 여전히 태풍 피난처를 의미하는 '타이푼 셸터 크랩'으로 불리고 있다. 배안의 단촐한 주방 시설을 이용했기 때문에 해산물을 튀기거나 볶은 뒤 튀긴 마늘과 파 등을 넣고 재빨리 다시 볶아 내는 게 전부. 조리는 거들 뿐, 중요한 것은 재료의 신선도! 호주나 베트남에서 수입한 집게발이 커다란 머드크랩의 담백하고 실한 게살에 볶음마늘의 감칠맛이 더해진 별미로 홍콩에서는 꼭 한번 먹어 봐야 할 음식이다. 그냥 먹으면 짜게 느껴질 수도 있는데 그럴 경우에는 아무것도 넣지 않은 죽(白粥, congee, 빡쪽)을 주문해 함께 먹으면 간이 딱 맞는다.

가격 시가. 보통 중간 사이즈 1마리가 HK$500~800 정도

갯가재튀김 Deep fried Mantis Shrimp with Chili, Garlic and Salt 椒鹽瀨尿蝦

갯가재는 수족관에 넣어 두면 물을 찍찍 뱉어 내서 '오줌새우'라는 이름이 붙었다. 한국에서는 작은 갯가재를 국 등에 넣어서 먹는데, 홍콩에서는 마늘 소금과 함께 튀겨 먹는 게 일반적이다. 껍질이 단단해 가위를 이용해 분해해서 먹는데 클수록 고소한 살을 양념과 함께 제대로 즐길 수 있다.

가격 시가. 작은 사이즈와 큰 사이즈의 가격 차이가 많이 난다. 큰 사이즈는 한 마리에 HK$300 정도, 작은 사이즈는 HK$100에 여러 마리를 먹을 수 있다.

가리비찜 Steamed Scallop on Shells with vermicelli and garlic 蒜蓉粉絲蒸扇貝

가느다란 당면과 다진 마늘을 얹어 감칠맛이 매력적인 가리비찜은 누구나 좋아하는 메뉴.

가격 개당 HK$50 정도

양념새우튀김 Deep fried Shrimps with Chili, Garlic and Salt 椒鹽海中蝦

볶은 마늘과 소금으로 풍미를 더한 짭조름한 양념새우튀김은 하나씩 까먹는 재미가 쏠쏠하다.

가격 시가. 한 접시 HK$150 정도

검은콩소스 맛조개볶음 Sauteed Razor Clams with Black Beans 豉椒炒聖子

가격 시가. 한 접시 HK$150 정도

발효된 검은콩을 사용한 검은콩 소스는 해산물의 잡내를 잡아 주고 감칠맛을 더해 준다. 검은콩 소스와 맛조개를 볶아낸 요리로 입맛을 돋우는 밥도둑이다.

▍언더브리지 스파이시크랩

1960년대 코즈웨이 베이 태풍 피난처(避風塘)의 해산물 요리가 유명해지면서 사람들이 몰리기 시작했다. 1980년대 말 위생과 화재 등의 문제로 배 위에서의 조리가 금지되면서 근처 육지에서 해산물 요리를 팔기 시작했는데 언더브리지 스파이시크랩과 희기(Hee Kee Crab General)가 가장 유명하다. 근처에 고가도로가 있어서 '다리 밑에 있는 집'이란 뜻으로 언더브리지로 불렸던 것을 그대로 가게 이름으로 사용했다. 50년 넘도록 영업을 해 온 완차이 터줏대감과도 같은 시푸드 레스토랑으로 많은 이들의 사랑을 받고 있다.

ⓞ MAP p.248D ⓢ INFO p.261

▍희기 Hee Kee Crab General

喜記蟹將軍 🔊 헤이게이하이정관

언더브리지 스파이스크랩과 더불어 완차이에 본점을 두고 성업중인 유서 깊은 해산물 레스토랑으로 관광객들이 많이 몰리는 침사추이 아이스퀘어 쇼핑몰에 분점을 운영하고 있다.
한국인 연예인들도 즐겨 찾는 곳으로 입구에서 방문했던 연예인들의 사진을 구경하는 것도 재미있다. 스파이시크랩 맛의 비결은 매일 베트남에서 공수해오는 신선한 머드크랩과 프리미엄 마늘, 검은콩, 향신료 등 좋은 재료를 사용하기 때문이라고.

ⓞ MAP p.144B ⓢ INFO p.156

▍죽가장 Bamboo Village 竹家莊 🔊 쪽가정

홍콩에서 오래 산 한국인 교민들이 즐겨 찾는 홍콩식 해산물집으로 가격은 다른 로컬 식당보다 조금 더 비싸지만 한국인의 취향에 더 맞는 편. 아주 저렴한 가격에 소주를 곁들일 수 있는 것도 매력적이다. 이곳에서 한국인의 입맛을 사로잡는 대표 메뉴인 매운조개볶음(Fried Clams with Black Bean and Chili 鼓椒炒大蜆 HK$128)은 감칠맛 나는 검은콩을 이용한 장에 고추의 매운맛을 더해 매콤한 맛이 일품이다. 매운 정도를 선택할 수 있는데 중간 매운맛 '쭝라(中辣)'를 선택하는 것이 무난하다. 조개살을 골라 먹고 난 뒤 소스에 밥을 비벼 먹는다.

ⓞ MAP p.144A ⓞ 찾아가기 MTR 조던 역 C2번 출구로 나와 Bowring Street를 따라 직진. 네 번째 골목인 Temple Street와 만나면 왼쪽으로 도보 1분 ⓞ 주소 G/F, 265-267 Jordan Road Temple Street, Jordan ⓞ 전화 2730-5484 ⓞ 시간 매일 18:00~03:30 ⓞ 휴무 부정기적 ⓞ 가격 예산 HK$300~

▍템플스파이스크랩 Temple Spice Crabs

香辣蟹 🔊 헝랏하이

템플스트리트 야시장 구경을 마치고 오는 사람을 구경하면서 가벼운 요리에 맥주 한 잔 하기 좋다. 가격이 특별히 저렴하다거나 별미라기보다는 관광지에서 거리 음식을 먹는 재미가 있는 곳이다. 일반 해산물 식당보다는 가격에 스파이시크랩(Spicy Crabs, 香辣蟹, 시가)과 해산물 요리를 즐길 수 있다. 위생 관리가 아주 훌륭하다고 할 수는 없으니 더운 여름보다는 선선한 가을이나 겨울에 이용하는 것을 추천한다.

ⓞ MAP p.144A ⓞ 찾아가기 MTR 조던 역 A1번 출구로 나와 오른쪽으로 Jordan Road를 따라 세 블록 걷다가 오른쪽 템플스트리트로 들어가 도보 80m 정도 ⓞ 주소 G/F., 210, Temple Street, Jordan ⓞ 시간 매일 17:00~익일 05:00 ⓞ 휴무 부정기적 ⓞ 가격 예산 HK$120~

粵 완탕면 & 콘지 Wonton Noodle & Congee

점심과 저녁은 물론 아침도 집에서 거의 만들어 먹지 않는 홍콩 사람들은 바쁜 아침 간단하게 완탕면과 죽을 즐겨 먹는다. 덕분에 홍콩의 완탕면과 콘지는 맛과 요리 방법이 다양하게 발달했다. 저렴한 가격으로 든든한 하루를 시작하기 위한 한 끼 메뉴에서 홍콩의 특별한 먹거리로 자리 잡은 다양한 종류의 완탕면과 콘지는 이제 홍콩 여행에서 필수로 먹어야 하는 음식이 되었다.

완탕면 Wonton Noodle

쫄깃하고 찰진 면발을 선호하는 우리나라와는 달리 홍콩 사람들은 약간 설익은 듯 툭툭 끊어지는 꼬들꼬들한 면인 에그 누들을 즐겨 먹는다. 처음 먹는 사람들은 덜 익은 것이 아닌가 의아해 하지만 먹다 보면 면들이 서로 붙지 않고 시간이 지나도 불지 않아 마지막 젓가락까지 처음처럼 맛있게 즐길 수 있는 에그누들의 매력에 빠지곤 한다. 기본 면에 탱글탱글한 새우완탕을 넣은 완탕면이 가장 인기! 테이블 위에 있는 다양한 소스를 곁들여 취향대로 즐겨 보자.

▌막스 누들 Mak's Noodle
麥奀雲吞麵世家  막스완탄민싸이까

홍콩 완탕면의 기본을 맛볼 수 있는 곳. 그릇이 다소 작아 보이지만 새우완탕이 넉넉히 들어 있어 꽤 든든하다. 맑게 우려낸 육수에 완탕을 넣고 미리 익힌 면에 넉넉히 부어 주는데 진한 국물 맛이 일품이다. 완탕을 빼고 면(Plain Noodles in Soup, HK$44)만 주문할 수도 있고 면을 빼고 완탕(Shrimp Wonton in Soup, HK$50)만 주문할 수도 있다.

Shrimp Wonton Noodles in Soup 世家雲吞麵 HK$50

◉ MAP p.168D ◉ INFO p.191

▌침차이키 Tsim Chai Kee Noodle
沾仔記 ◉ 침짜이께이

작은 길을 사이에 두고 막스 누들과 마주보고 있는 침차이키 역시 새우완탕이 들어간 완탕면 King Prawn Wonton Noodle(HK$32)으로 유명한 곳이다. 2009년 이후 미쉐린 가이드에 추천식당으로 지속적으로 소개가 되고 있는 오랜 완탕면 맛집으로 완탕과 함께 피시볼 혹은 소고기를 추가해 함께 즐길 수 있는 Two Toppings Noodle(HK$47)도 인기 메뉴.

야채(Vegetable, HK$20)를 함께 주문해서 곁들이면 더 맛있게 즐길 수 있다.

King Prawn Wonton Noodle 招牌雲吞麵 HK$40

Two Toppings Noodle 雙併麵 HK$47

◉ MAP p.168C ◉ INFO p.190

콘지 Congee 粥

우리나라의 죽을 홍콩에서는 콘지라고 부른다. 쌀을 갈아 육수와 함께 끓인 죽에 소고기, 닭고기, 미트볼 등을 넣어 즐기는 콘지는 홍콩 사람들이 가장 즐겨 먹는 아침 메뉴 중 하나. 밀가루를 반죽해 튀긴 홍콩식 도넛인 여우티아오(油條)를 푹 담가 현지인처럼 즐겨 보자.

밀가루를 길게 반죽해 튀긴 중국식 도넛 **여우티아오 油條**

상기 콘지 Sang Kee Congee Shop
生記粥品專家 🔊 쌍께이쭉빤까

이른 아침부터 영업을 시작하기 때문에 아침 식사로 즐기기 좋다. 소고기, 생선, 피시볼, 미트볼, 닭고기 등 다양한 재료가 들어간 죽을 즐길 수 있는데 미니 사이즈부터 디럭스 사이즈까지 각자의 양에 따라 주문할 수 있다. 가장 무난하게 즐길 수 있는 콘지는 소고기가 들어간 Fresh Sliced Beef Congee(HK$40)와 생선이 들어간 Fresh Sliced Fish Congee(HK$40).

간장에 절인 파를 얹어 먹으면 감칠맛이 업

Fresh Sliced Beef Congee mini size
鮮牛肉粥 HK$40

잘게 썬 여우티아오와 함께 즐기면 씹는 맛이 더 좋아진다.

Deep Fried Chinese Fritter HK$12

- 🚇 **찾아가기** MTR 성완 역 A2번 출구로 나와 오른쪽 Hillier St.로 진입 Burd St.에서 왼쪽 방향 📍 **주소** G/F, 7–9 Burd Street, Sheung Wan
- 📞 **전화** 2541-1099
- 🕐 **시간** 매일 06:30~20:30
- 📅 **휴무** 연중무휴
- 💰 **가격** 예산 HK$40~

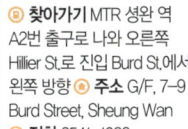

정두 Tasty Congee & Noodle Wantun Shop
正斗 🔊 쨍따우

가벼운 아침 식사를 즐기기 위한 목적보다는 다양한 요리와 함께 콘지를 즐기기 좋은 레스토랑. 고급스러운 인테리어 때문인지, 서민적인 음식인 완탕면과 콘지의 가격이 다소 비싼 편이다. 홍콩 섬과 침사추이, 홍콩국제공항 등에 여러 지점이 있는데 가장 유명한 지점은 센트럴 IFC 몰에 있다.

Congee with 2 Selections
雙併粥 HK$80+10%

10개의 토핑 중에서 2개 선택 가능. 가장 무난한 재료는 소고기(Sliced Beef, 牛肉)와 염장 돼지살코기(Salted Lean Pork, 咸瘦肉).

- 🗺 **MAP** p.166B
- ℹ **INFO** p.188

京 베이징덕 Peking duck 北京填鴨

중국의 대표적인 음식 중 하나인 베이징덕은 오랜 시간 구워 바삭해진 오리의 껍질을 밀전병에 싸서 먹는데, 껍질을 얼마나 바삭하고 고소하게 구웠는지에 따라 그 맛이 결정된다.

원래 북경오리는 중국의 난징(南京, 남경) 지역에서 시작되어 난징 오리라는 이름으로 불렸으나 난징 지방에 있던 명(明)이 베이징(北京, 북경)으로 천도하면서 오리고기도 함께 올라와 이후 북경오리로 불리게 되었다고 한다.

미식가로 유명했던 건륭제가 13일 동안 무려 여덟 번이나 베이징덕을 먹었다고 전해지면서 황제가 즐겨 먹는 궁중 요리로 자리 잡게 되었으며 오늘날 많은 사람들이 즐기는 중국의 대표 음식이 되었다.

홍콩의 거리를 걷다 보면 크고 작은 가게 앞에 갈고리에 걸려 전시된 오리들을 쉽게 볼 수 있는데, 과거 황제들만 먹을 수 있었던 북경오리가 대중화 되면서 이제 홍콩에서도 베이징덕을 어렵지 않게 맛볼 수 있다. 하지만 비교적 고가인 만큼 이왕이면 제대로 된, 맛이 보장된 레스토랑에서 즐기는 것을 추천!

TIP.
북경 오리 전문점에서는 약간의 추가 요금을 내면 껍질과 살을 발라내고 남은 고기와 뼈를 이용해 추가 요리(Second Dish, 二食)를 만들어 준다. 레스토랑마다 조금씩 다르지만 가장 대중적인 추가 요리는 다진 오리고기 볶음과 양상추쌈(Sauteed Minced Duck Meat with Sliced Letters, 炒鴨生菜包)이다.

맛있게 먹는 방법

❶ 직원이 잘 구워진 통오리를 보여준 후 껍질만 먹을 것인지 살과 함께 먹을 것인지 물어 본다.

tip. 베이징덕은 살과 함께 먹는 것보다 껍질과 살을 따로 먹는 것을 추천

❷ 직원이 요청대로 테이블 바로 앞에서 먹기 좋게 손질해 접시에 담아 준다.

❸ 쫄깃한 밀전병 위에 오리를 올리고 오리 특유의 냄새를 없애줄 파 혹은 오이채를 함께 얹어 먹는다.

❹ 달콤 짭조름한 베이징덕의 소스는 다소 느끼할 수 있는 베이징덕의 맛을 업그레이드 시켜 준다!

❺ 밀전병은 추가 주문이 가능하며 껍질만 발라 낸 오리의 살은 다양한 방법(찜, 탕)으로 다시 요리해 즐길 수 있다.

페킹가든 Peking Garden
北京樓 🔊 빼킹라우

2016 홍콩 미슐랭 가이드에서 별을 받을 정도로 그 맛을 인정받은 베이징덕 전문 레스토랑. 홍콩 내 여러 지점이 있지만 미슐랭 가이드에서 별을 받은 곳은 센트럴 지점으로 미리 예약을 하지 않으면 자리가 없을 정도로 인기 있다.

Barbecued Peking Duck
HK$598+10%

📍 MAP p.166F ℹ️ INFO p.190

모트 32 mott 32
卅二公館 🔊 쌈쌈이꿍꾼

입구에 들어서자마자 분위기를 압도하는 우아하고 고풍스러운 인테리어로 센트럴에서 가장 '핫' 한 레스토랑으로 인기몰이 중인 모트 32는 기본적인 딤섬(HK$75~) 요리도 훌륭하지만 커다란 화덕에 매달아 오랜 시간 구워 기름을 쏙 뺀 베이징덕(Apple Wood Roasted 42 Day Peking Duck HK$980+10%)이 최고의 인기 메뉴! 잘 구워 낸 베이징덕을 먹기 좋게 3가지(껍질, 껍질과 살, 살)로 나눠 카빙(Carving) 해 주기 때문에 취향대로 즐기기도 좋다. 베이징덕은 주문 후 나오기까지 1시간이 소요되는데, 24시간 전에 예약해 두면 기다림 없이 먹을 수 있다.

📍 MAP p.166J ℹ️ INFO p.187

Apple Wood Roasted
42 Day Peking Duck
HK$980+10%

湖 상하이요리

엄밀히 말해 광둥 지방에 속하는 홍콩이지만, 그렇다고 이 도시에서도 차고 넘치는 상하이의 맛을 굳이 마다할 이유는 없을 터. 어차피 중국 땅의 일부인 홍콩으로 여행을 온 이상 다양한 중국요리를 맛보는 것도 좋은 경험이 될 테니, 중국 4대 요리 중 크게 한 부분을 차지하고 있는 상하이의 맛을 지금 만나 보자. 하지만 비교적 고가인 만큼 이왕이면 제대로 된, 맛이 보장된 레스토랑에서 즐기는 것을 추천!

샤오롱바오 Xiao Long Bao, 小籠包

상하이 근처 저장 성, 장쑤 성의 대표적 요리로 한자 이름 그대로 작은 대나무 바구니에 담긴 빠오즈(包子)를 말한다. 그 형태 때문에 딤섬의 일종으로 생각하는 이가 많지만, 사실 광둥요리인 딤섬과 상하이요리인 샤오롱바오는 그 족보(?)부터 다르다고.
톡 터지는 육즙이 일품인 샤오롱바오는 딤섬처럼 크게 한 입 베어 물었다간 입 천장이 다 데기 십상. 숟가락 위에 살포시 얹은 샤오롱바오 피를 살짝 찢어 육즙을 먼저 마신 뒤, 생강채와 간장을 곁들여 나머지를 입에 넣는 샤오롱바오 특유의 먹는 방법을 꼭 지키도록 하자.

탄탄면 Tan Tan Noodle, 擔擔麵

홍콩에서 쉽게 접할 수 있는 메뉴. 실제로는 쓰촨 지방에서 유래하여 쓰촨요리로 분류되지만, 국물이 거의 없고 땅콩 가루를 듬뿍 뿌린 쓰촨 스타일보다 얼큰한 국물이 들어 있는 상하이 스타일 탄탄면이 우리나라 여행자들에게 더 익숙하다고. 쓰촨이든 상하이든 탄탄면 특유의 고소함과 매운 맛의 어우러짐은 충분히 만끽할 수 있을 테니, 느끼한 맛에 지쳐 있는 여행자라면 탄탄면의 맛을 찾아가 보자.

상하이털게 Shanghai Hairy Crab, 大閘蟹

우리가 흔히 접하는 바닷게가 아닌 장쑤 성 일대의 호수나 강에서 서식하는 민물 게인데, 다리에 수북이 털이 나 있어서 털게라는 이름이 붙었다. 꽃게에 비해 몸통도 작아 발라 먹을 살이 많지는 않아도, 털게 내장 특유의 진한 감칠맛이 미식가들의 입맛을 사로잡았다. 음력 9월에서 11월에만 먹을 수 있는데, 음력 9월에는 알을 품은 암컷을, 음력 10월에는 살이 통통하게 오른 수컷을 최고로 친다. 털게는 쪄 먹기만 해도 맛이 일품이지만, 시즌이 되면 상하이 레스토랑에서 코스 요리로 다양하게 즐길 수 있는 특별 메뉴를 선보인다. 기회가 된다면 꼭 한번 맛볼 것!

▌파라다이스 다이너스티 Paradise Dynasty
樂天皇朝

싱가포르에 본점을 둔 상하이 레스토랑으로 색색이 다양한 맛을 품은 레인보 샤오롱바오로 유명하다. 오리지널, 치즈, 쓰촨마라, 마늘, 인삼, 게알, 송로버섯, 푸아그라 등 8가지 맛과 색의 시그니처 샤오롱바오(Signature Dynasty 8 flavours, 皇朝小籠包, HK$148+10%)는 머스트 트라이!

Signature Dynasty 8 flavours
皇朝小籠包　HK$148+10%

◉ MAP p.227D　ⓘ INFO p.239

예상하이 Ye Shanghai
夜上海 예썽하이

홍콩과 상하이, 타이베이 등에도 분점을 두고 있는 고급 상하이 레스토랑으로 홍콩에는 침사추이 K11 뮤제아와 센트럴의 퍼시픽플레이스 두 곳에 분점을 운영 중이다. 침사추이점은 2021~2024년 미쉐린가이드 별 하나를 유지하고 있다. 부담 없는 가격의 탄탄면(Dan Dan Noodles in Peanut Sauce, 擔擔麵, HK$78+10%)부터 다양한 방식으로 조리한 털게 요리(HK$184~780+10%)까지, 온갖 종류의 상하이 요리를 맛볼 수 있다.

Baked Stuffed Crab Shell 蟹粉釀蟹蓋
HK$184 + 10%, 2 pcs

침사추이(K11 뮤제아) 점
MAP p.144F INFO p.158

센트럴(퍼시픽플레이스)점
MAP p.167K INFO p.187

모던차이나레스토랑 Modern China Restaurant
金滿庭 깜문텡

상하이요리를 포함해 베이징과 쓰촨요리까지 맛볼 수 있는 '전천후' 레스토랑. 메뉴만도 수십 장이 넘고 가격대도 저렴한 편이지만, 넓고 깨끗한 매장에 맛 또한 보장되어 있어 현지인들과 여행자들 모두에게 사랑을 받는 곳이다. 상하이요리의 대표주자 샤오룽바오(Mouthful Small Steamed Meat Buns, 一口小籠包, HK$96+10%, 8pcs / HK$63+10%, 5pcs)와 탄탄면(Tan Tan Noodle in Spicy Soup, 招牌擔擔麵, HK$63+10%)은 이곳에서도 강력 추천하는 메뉴라고.

Mouthful Small Steamed Meat Buns 一口小籠包
HK$96+10%, 8pcs

Tan Tan Noodle in Spicy Soup 招牌擔擔麵
HK$63+10%

MAP p.248E INFO p.260

딘타이펑 Din Tai Fung
鼎泰豐 뎅타이퐁

육즙이 예술인 돼지고기 만두 샤오룽바오(Special steamed pork dumplings, 小籠包, HK$70+10%개)를 즐길 수 있는 대만계 상하이 레스토랑. 새우 볶음밥 (Fried rice with shrimps, 蝦仁蛋炒飯, HK$96+10%)도 한국인 입맛에 잘 맞는다. 바삭함과 부드러움을 동시에 느낄 수 있는 새우 돼지고기 군만두(蝦肉煎餃, Pan-fried shrimp and pork dumpling, HK$90+10%)도 인기 메뉴! 메뉴에 사진과 한국어까지 기재되어 있어 주문이 편리하다.

MAP p.144C INFO p.156

현지인들에게도 인기 있는 레스토랑으로 식사시간에는 대기줄이 매우 길기 때문에 식사시간을 피해서 조금 일찍 레스토랑에 도착하는 것이 좋다.

川 | 쓰촨요리

중국 윈난(雲南), 쓰촨(四川) 등 서부 내륙지역을 대표하는 요리로 소금절임, 건조 등을 통해서 장기 보존식이 발달했다. 한국사람들이 기름진 중국요리를 먹을 때 즐겨 먹는 채소절임 짜차이(榨菜, 자채)도 쓰촨 지역의 대표요리이다. 여름이 덥고, 겨울이 추운 악천후 지역으로 마늘, 파, 고추 등 향신료를 사용한 매운 요리가 발달했다. 먹을 때는 입안이 얼얼, 혼이 쏙 빠지는 독한 맛이지만 돌아서면 생각나는 자극적인 사천요리의 거부할 수 없는 붉은 매력의 세계로 빠져 보자.

칠리새우 Emperor's choice fiery-hot Prawns stir-fried with Chilli Peppers for Intense Flavor 霸王辣椒蝦

씹는 맛이 좋은 큼직한 새우를 튀겨 매콤하게 볶은 요리로 자꾸만 손이 가는 환상적인 맛!
가격 HK$288~

껍질콩볶음 Sichuan Dry-Fried Green Beans 干煸四季豆

두툼한 껍질콩을 말랑말랑하게 익힌 후 고추, 다진 고기, 마늘 등과 함께 강한 불에 볶은 요리로 식감과 맛 모두 훌륭하다. 한국인들이 무난하게 맛있게 먹을 수 있는 메뉴 중 하나. 가격 HK$80~

라즈지 Chicken with chilies 辣子雞

한국에 양념통닭이 있다면, 쓰촨에는 라즈지가 있다. 닭고기를 고추와 함께 매콤하게 볶아 낸 요리로 맥주 안주로 환상궁합! 가격 HK$150~

쓰촨훠궈 Sichuan Hot Pot 四川火鍋

강렬하고 매콤한 맛에 땀을 뻘뻘 흘리면서도 계속 손이 가는 쓰촨훠궈를 즐겨 보자. 소고기, 돼지고기, 닭고기부터 개구리고기까지, 각종 야채와 버섯, 어묵, 소시지 등 취향에 따라 식재료를 주문해 보글보글 끓는 탕에 익혀 맛있게 즐기자. 칸막이가 있는 냄비를 골라 매콤하고 강렬한 맛과 담백한 맛 두 가지 종류의 탕을 선택하면 취향이 달라도 함께 즐길 수 있어 더 좋다.
가격 HK$250~

충칭마라펀 Chongqing Hot & Sour Potato Noodle 重慶酸辣粉

당면이랑 비슷한 식감의 쫄깃하고 미끈한 감자면과 매콤새콤한 사천식 매운 국물의 만남.
가격 HK$35~

쓰촨탄탄면 Sichuan Dan Dan Noolde with Spicy & Minced Pork 四川擔擔麵

탄탄면의 원조는 쓰촨. 국물 없이 매운 고추기름과 양념한 다진 고기, 잘게 부순 땅콩을 스윽스윽 비벼 먹는 스타일. 가격 HK$46~

매운 고기만두 Chung Du Spicy Pork Dumplings 鍾水餃

속이 넉넉히 들어간 고기만두, 매운 소스를 뿌렸지만 달콤한 맛도 살짝 돌고 면과 함께 먹기 좋은 사이드 메뉴. 가격 HK$50~

▍칠리파가라 Chili Fagara
麻辣燙 🔊 마라통

강렬한 원색의 인테리어와 타오르는 입구의 불꽃 마크만큼이나 강렬하고 인상적인 메뉴들을 즐길 수 있다. 현지인들과 외국인들에게 모두 인기 있는 레스토랑이다.

- ⓞ **MAP** p.168E ⓞ **찾아가기** MTR 센트럴역 C출구 도보 9분
- ⓞ **주소** G/F, 7 Old Bailey Street, Soho, Central
- ⓞ **전화** 2796-6866 ⓞ **시간** 매일 11:30~15:00, 17:00~22:30 ⓞ **가격** 예산 HK$250~

▍위 Yu 渝酸辣粉 🔊 위쉰라펀

혼자 가기에도 부담 없는 사천 식당. 코즈웨이 베이 타임스스퀘어에서 도보로 3분 거리에 위치해 찾기 쉬우니 관광객들도 도전해 볼 만하다. 테이블이 다닥다닥 붙어 있는 작고 캐주얼한 식당으로 식사 시간에는 늘 대기줄이 있을 정도로 인기가 많다.

- ⓞ **MAP** p.226C
- ⓞ **찾아가기** MTR 코즈웨이 베이 역 A번 출구로 나와 타임스스퀘어 광장 뒤쪽 Matheson Street를 따라 걷다가 삼거리에서 오른쪽으로 Yiu Wa Street로 진입. 도보 1분
- ⓞ **주소** 4 Yiu Wa Street, Causeway Bay
- ⓞ **전화** 2838-8198
- ⓞ **시간** 매일 11:30~22:00
- ⓞ **가격** 예산 HK$60~

▍후통 Hutong 胡同 🔊 우통

오리엔탈 분위기의 이국적인 인테리어와 낭만적인 야경이 돋보이는 식당. 일요일 점심시간에는 뷔페 스타일의 펑웨이브런치(丰味)를 운영하는데 빅토리아 하버 전망을 감상할 수 있고, 수타면 만들기와 변검 쇼 등의 볼거리가 있어 외국인 관광객들이 많이 찾는다. 입안을 얼얼하게 만드는 매콤하고 자극적인 사천요리를 다양하게 맛볼 수 있다.

- ⓞ **MAP** p.144F ⓞ **INFO** p.156

펑웨이브런치
Feng Wei Brunch Saturdays & Sunndays 丰味
애피타이저, 딤섬, 메인 요리, 디저트 뷔페 (18종류의 요리)
HK$588+10%((5~12세 어린이는 무료)

MANUAL 07

미슐랭 레스토랑

MICHELIN HONGKONG

미슐랭이 인정한 홍콩 최고의 맛집

우리가 흔히 알고 있는 미슐랭의 시작이 프랑스 타이어 회사인 '미쉐린(Michelin)'이란 사실을 아는 사람은 많지 않다. 미쉐린타이어는 알아도 미쉐린의 프랑스 발음이 '미슐랭'이라는 건 쉽게 연상되지 않으니까. 더욱이 자동차 타이어 회사에서 세계적인 레스토랑 소개 가이드라니! 미슐랭의 탄생 비화와 미슐랭이 인정한 최고의 맛집을 찾아가 보자.

1900년 타이어를 구입하던 고객에게 무료로 나눠주던 자동차 여행 책자로 시작된 미쉐린 가이드는 초기엔 타이어 정보, 주유소 위치 도로 안내 등 자동차 운전자들을 위한 정보가 주된 내용이었고 간단한 식당 몇 곳을 소개하는 것이 전부였다. 그 후 오랜 세월 동안 엄격한 기준으로 꾸준히 매년 레스토랑들을 평가하고 그 내용을 책으로 발간하면서 오늘날에는 세계적으로 가장 권위 있는 레스토랑 가이드가 되었다.

우리가 흔히 '미슐랭 가이드'라고 말하는 건 프랑스어인 미슐랭과 가이드인 영어를 더해 국적불명의 언어로 탄생된 것으로 정확한 명칭은 '미쉐린 가이드' 혹은 프랑스어 발음으로 '기드 미슐랭(Guide Michelin)'이다.

미쉐린 가이드에서 별 세 개를 받은 레스토랑에 방문하기 위해 일부러 해외여행을 떠나기도 하는 사람도 있는데, 이미 홍콩 여행을 결정했다면 한번쯤은 미슐랭이 인정한 세계적인 레스토랑에 방문해 조금은 특별한 식사를 즐겨 보는 건 어떨까?

미쉐린 가이드에 소개되었다고 무조건 비싸다는 편견은 이제 그만! 평일 점심시간을 이용하면 비교적 합리적인 가격으로 세계 최고의 음식을 맛볼 수 있으니 더 이상 망설일 필요는 없다!

TIP 미쉐린 가이드에 소개될 레스토랑을 평가하는 직원들은 평범한 손님으로 위장해 한 식당을 여러 차례 방문, 직접 음식을 맛보고 객관적인 평가를 내린다. 음식의 맛이나 가격, 분위기, 서비스 등을 모두 체크해 각각의 점수를 별의 개수로 나타내 레스토랑의 등급을 매기게 된다.

★★★ 요리를 맛보기 위해 일부러 여행을 떠나도 아깝지 않은 레스토랑
★★ 요리를 맛보기 위해 멀리 찾아갈 만한 레스토랑
★ 요리가 특별히 훌륭한 레스토랑

 미슐랭이 인정한 특별한 레스토랑을 더욱 특별하게 즐기는 방법!

1 예약은 선택이 아닌 필수!
워낙 인기 있는 레스토랑들이라 늦어도 2~3주 전에 미리 예약하는 것이 좋다. 홈페이지에서 바로 예약이 가능한 경우도 있지만 메일로 예약을 해야 할 경우도 있다.

2 저녁보다는 점심을 공략하자!
레스토랑별로 메뉴 구성에 차이는 있겠지만 비슷한 코스라도 저녁 식사 가격은 다소 부담스러운 것이 사실. 점심시간엔 합리적인 가격으로 간단한 코스나 단품 요리 주문이 가능하다.

3 드레스코드는 기본 에티켓!
턱시도에 보타이 같이 전통적인 정장을 차려 입을 필요는 없지만 대부분 레스토랑의 드레스코드는 스마트 캐주얼(Smart Casual)이다. 남성들은 반바지나 민소매 티셔츠, 발가락이 오픈 된 신발은 피하는 것이 좋으며 여성들은 트레이닝 복만 아니라면 OK!

4 방문 전 홈페이지 확인은 필수
서버들이 추천해 주는 레스토랑의 기본 시그니처 메뉴를 즐길 수도 있지만 레스토랑별로 시즌에 따라 새로운 메뉴들을 출시하는 경우도 종종 있다. 미리 홈페이지에서 정보를 얻으면 주문 시 큰 도움이 된다.

★★★
요리를 맛보기 위해 일부러 여행을 떠나도 아깝지 않은 레스토랑

세계적인 셰프 조엘 로브숑이
이끄는 프렌치 레스토랑

라틀리에 드 조엘 로브숑
L Atelier de Joël Robuchon

15세에 호텔 견습요리사로 시작해 18살에 파리 콩코드라파예트 호텔 주방장이 된 조엘 로브숑 Joël Robuchon은 1995년 50살의 나이에 은퇴를 선언한 뒤 세계 각지에 자신의 이름을 내건 레스토랑을 오픈 하기 시작했다. 2006년 홍콩에 문을 연 라틀리에 드 조엘 로브숑은 미쉐린 가이드 홍콩 마카오가 처음 시작된 2009년에 2스타로 이름을 올린 뒤 2012년에 별을 하나 더해 3스타가 되면서 명실공히 홍콩 최고의 프렌치 레스토랑으로 인정받고 있다. 낮은 조도의 조명과 블랙을 베이스로 한 인테리어 덕분에 신선한 식재료가 가득한 키친이 더욱 빛나는 라틀리에 드 조엘 로브숑. 어디 하나 막힌 곳 없이 탁 트인 키친의 모습에서 세계적인 셰프인 조엘 로브숑의 자신감과 철학이 엿보인다. 키친을 둘러싼 바 자리는 담당 서버는 물론 셰프들과 다양한 교감을 하며 식사를 즐길 수 있어 일부러 혼자 방문하는 사람들도 많은 편. 다소 부담스러운 가격의 저녁 메뉴에 비해 합리적인 가격의 코스별로 주문 가능한 점심이 인기 있다. 각 코스의 구성은 시즌에 따라 조금씩 바뀌는데 미리 홈페이지에서 확인 가능하다.

애피타이저와 수프, 메인 메뉴 그리고 디저트와
커피가 제공되는 **4코스 런치** HK$880+10%

❶ 푸짐하게 제공되는 따뜻한
브레드바스켓 Bread basket
❷ 코스 요리가 시작되기 전 입맛을
돋워주는 아뮤즈부슈 Amuse bouche
❸ 바삭하게 구워진 쌀 전병 위에 부드럽게
익혀진 달걀이 올라간 Crispy pearl rice
with pan-fried egg and girolle mushrooms
❹ 부드럽고 쫄깃한 돼지고기 요리
Caramelized Iberico pork "pluma" with
eggplant caviar and arlequins condiments
❺ 라틀리에 드 조엘 로브숑의 시그니처
메뉴인 매시트포테이토 Mashed potato
❻ 부드러운 우유거품이 올라간 카페라테
Caffe Latte
❼ 코스의 마지막을 장식하는 프티푸르 Petit
Four

 MAP p.168F INFO p.190

와인셀러는 기본, 치즈셀러까지
갖춘 프렌치 레스토랑

카프리스
Caprice

◉ MAP p.168B ◉ INFO p.188

홍콩의 럭셔리 호텔 중 한 곳인 포시즌스호텔(Four Seasons Hotel)에 자리 잡고 있는 프렌치 레스토랑이다. 홍콩에 미쉐린 가이드가 처음 공개되었던 2009년에 2스타로 이름을 올린 후 그다음 해 3스타로 올라섰다. 2014년에 다시 2스타로 내려왔으나 2019년 별을 하나 더 얻으면서 3스타로 자리를 굳혔다. 레스토랑 안으로 들어서면 화려한 샹들리에와 중국식 문양이 조화롭게 어우러져 우아한 분위기를 풍기며, 오픈 키친을 통해 카프리스를 이끄는 25명의 셰프 군단의 조리 모습을 한눈에 볼 수 있다. 매일 프랑스에서 공수해 온 재료들로 다채로운 컨셉의 프렌치 요리를 선보이는데 특히 프랑스 보르도(Bordeaux) 지역의 우수한 품질의 와인들을 다양하게 보유하고 있어 와인 애호가들에게 전폭적인 지지를 받고 있다. 치즈 장인이 만든 최고급 치즈가 가득한 치즈셀러를 갖추고 있어 취향에 따라 다양한 치즈를 맛볼 수 있는 것도 카프리스의 큰 장점! 평일 점심 코스는 요리의 개수에 따라 가격이 달라지며 애피타이저, 수프, 메인 요리와 디저트로 구성된 4코스(HK$1,288+10%)가 가장 무난하다. 주말 점심엔 같은 코스라도 가격이 조금 더 비싸므로 가능하다면 평일 점심을 공략하는 걸 추천한다. 더욱이 저녁 식사 전후에, 가벼운 식사 혹은 칵테일을 즐길 수 있는 라운지 공간을 따로 운영하고 있다. 빅토리아 하버(Victoria Harbour)의 경치를 한눈에 담을 수 있는 창가 테이블을 원한다면 서둘러 예약하는 것이 좋다.

눈으로 먼저 즐기는 화려한 디저트 →

★★ 요리를 맛보기 위해 멀리 찾아갈 만한 레스토랑

가장 홍콩스러우면서도 혁신적인 요리를 선보이는

보이노베이션
Bo Innovation

↑ 보이노베이션의 정갈한 테이블 세팅

자, 기대하시라. 여기 가장 홍콩스러우면서도 가장 세계적인, 또 기본에 온전히 충실하면서도 혁신적인 레스토랑이 있으니, 그 이름마저 혁신을 내세운 보이노베이션이 바로 그 곳이다. 미쉐린 가이드 2 스타 레스토랑, 홍콩 10대 레스토랑, 아시아 20대 레스토랑, 〈차이나 모닝 포스트〉 선정 세계 100대 레스토랑, 2015년 Taste of Hong Kong Awards까지. 이쯤 되면, 보이노베이션에게 미식 대상을 받느냐 못 받느냐 하는 것은 그다지 큰 의미가 없을 것도 같다. 전 세계에서 찾아온 미식가들에게는 '주마 레스토랑'이라는 애칭으로 더 유명한 곳. 이는 바로 '주마(廚魔 : 주방의 악마) 셰프'라는 애칭으로 불리는 보이노베이션의 수장 앨빈 륭 Alvin Leung 때문이라고. 온갖 문신을 몸에 두르고, 각양각색의 머리 색과 이채로운 헤어스타일을 뽐내는 이곳 셰프들의 모습을 보면 '주마 레스토랑'이라는 애칭이 틀리지 않음을 느끼게 된다. 세계적으로 한동안 센세이션을 일으켰던 분자요리(음식을 분자 단위까지 파헤치고 분석해, 차원이 다른 형태로 재해석하는 요리) 기법으로 차려지는 음식들 또한 하나하나가 모두 혁신적이다. 고운 거품 형태로 재해석된 애피타이저, 중국 전통술인 '마오타이'를 베이스로 한 식간주, 만두피에서 툭 터져 나오는 육즙이 완전히 새로운 모습으로 탈바꿈된 샤오롱바오 등 맛도 물론, 즐기는 재미가 있는 보이노베이션만의 시그니처 요리들은 그 어느 하나 평범한 것이 없다. 메뉴가 제공될 때마다 테이블 담당 서버가 식재료와 먹는 방법 등을 친절히 설명해 주는데, 이를 통해 이곳의 음식을 더 깊이 알아가며 즐기게 된다고.

⊙ MAP p.168D ⊙ INFO p.189

(Check) 보이노베이션에서는 런치와 디너 모두 코스만 가능하다

시즌마다 메뉴 구성이 조금씩 달라진다. 방문 전 홈페이지에서 미리 확인 가능하다. 런치 코스 HK$700+10%, 디너 코스 HK$1,280~1,680+10%

← 악동들이 가득 모여 있는 것 같은 활기 넘치는 주방

세계 최초로 미쉐린 가이드에서
별 세 개를 받은 중식당

룽킹힌
Lung King Heen
[龍景軒] 룽겡힌

2009년 중식당으로는 세계 최초 미쉐린 가이드에서 별 세 개를 받은 이후 그 명성을 오랜시간 유지하다가 아쉽게도 2024년엔 별 두개를 받았다. 그럼에도 불구하고 룽킹힌은 여전히 홍콩 최고의 광둥 레스토랑이라는 타이틀을 가지고 있다. 원하는 시간에 식사를 하려면 최소 3개월 전에는 예약을 해야 할 정도, 단기간에 룽킹힌을 홍콩에서 가장 유명한 중식당으로 만든 전설의 셰프 챈얀탁 Chan Yan Tak은 어린 시절 요리계에 입문해 폭람문과 리젠트호텔 등 유명 중식당을 거쳐 은퇴했으나 포시즌스호텔의 러브콜을 받고 다시 돌아와 수석 셰프로 룽킹힌을 이끌고 있다. 빅토리아 하버를 바라보는 멋진 전망과 친절한 서비스, 신선한 음식 재료와 섬세한 기술로 만들어 내는 요리들이 모두 조화를 이루어 최고급 중국요리를 경험할 수 있다. 잘게 썬 닭고기와 전복 하나를 통째로 얹은 전복타르트 Baked Whole Abalone Puff with Diced Chicken(1개 HK$99+10%~)는 룽킹힌의 대표 메뉴. 강한 불에 빠르게 익혀 스모키한 향을 품고 있는 해산물볶음밥 Lung King Heen Fried Rice with Assorted Seafood(HK$480+10%)도 강추! 랍스터 살과 조개관자에 새우 한 마리를 통째로 얹어 마무리한 랍스터슈마이 Steamed Lobster and Scallop Dumpling(HK$95+10%~)는 극강 비주얼을 자랑하고, 달콤한 홍콩식 바비큐소스로 양념한 돼지고기와 잣을 넣은 바비큐포크번 Baked Barbecued Pork Buns with Pine Nuts(HK$88+10%) 역시 빼놓으면 아쉬운 메뉴이다.

> Check 룽킹힌의 딤섬은 점심에만 맛볼 수 있으며 평일보다는 주말에 가격이 조금 더 비싸진다.

❶ 잘게 썬 닭고기와 전복 하나를 통째로 얹은 전복타르트 Baked Whole Abalone Puff with Diced Chicken 1개 HK$99+10%~

❷ 랍스터 살과 조개관자에 새우 한 마리를 통째로 얹어 마무리한 랍스터슈마이 Steamed Lobster and Scallop Dumpling HK$95+10%~

❸ 달콤한 홍콩식 바비큐소스로 양념한 돼지고기와 잣을 넣은 바비큐포크번 Baked Barbecued Pork Buns with Pine Nuts HK$88+10%~

❹ 게 딱지 위에 게살과 양파를 채워 넣어 튀긴 Deep-Fried Crab Shell Stuffed with Onion and Fresh Crab Meat HK$360+10%

❺ 바삭하게 구운 돼지고기 껍질이 일품인 Barbecued Suckling Pig HK$560+10%

❻ 꿀을 넣어 달콤하게 구운 차슈 Barbecued Pork with Honey HK$540+10%

❼ 껍질은 바삭하고 속살은 부드럽게 구워내 육즙이 가득한 Lung King Heen Roast Chicken 한 마리 HK$920+10%, 반 마리 HK$500+10%

◉ MAP p.166B ◉ INFO p.189

틴룽힌
Tin Lung Heen
[天龍軒] 틴렁힌

↑ 틴룽힌을 이끄는 셰프 폴 라우 Paul Lau

세계에서 가장 높은 곳에 위치한 광동 레스토랑

홍콩에서 가장 높은 빌딩인 ICC 102층에 위치해 홍콩 최고의 전망을 바라보며 식사를 즐길 수 있다. 14살 때부터 광동요리를 배우기 시작했다는 틴룽힌의 폴 라우 Paul Lau 셰프는 한때 홍콩에서 5개의 핫풋(중국식 샤부샤부) 전문점을 운영할 정도로 성공한 사업가였으나 이윤을 남겨야 하는 사업보다는 좋은 식재료를 아낌없이 사용해 재료 본연의 맛을 그대로 살린 음식을 만들고자 틴룽힌을 선택했다. 덕분에 틴룽힌은 매일 전 세계에서 가장 좋은 식재료를 공수해 요리하는 레스토랑이 되었다. 금빛으로 반짝거리는 길을 지나 만나게 되는 높은 천장과 넉넉한 사이즈의 테이블은 화려하게 장식된 벽면과 조화를 이루며 특별한 분위기를 자아낸다. 다양한 코스 요리도 훌륭하지만 점심 시간에만 맛볼 수 있는 틴룽힌의 딤섬은 가격 대비 최고의 맛을 선사한다. 금가루가 올라간 속이 꽉 찬 새우딤섬 Steamed shrimp dumpling with bamboo shoot(HK$128+10%~)과 바삭한 페이스트리 위에 전복이 통으로 올라간 Baked Middle East Yoshihama abalone puff(HK$168+10%~)는 틴룽힌에서 꼭 먹어 봐야 하는 필수 메뉴!

Check 틴룽힌의 딤섬은 점심에만 맛볼 수 있다.

TIP
종류가 너무 많아 뭘 먹어야 할지 고민된다면 이름 앞에 S(Signature)가 붙은 메뉴 위주로 주문해 보자.

❶ 백차, 녹차, 우롱차 등 취향대로 주문할 수 있다. HK$100+10%~
❷ 금가루가 올라간 속이 꽉 찬 새우딤섬 Steamed shrimp dumpling with bamboo shoot HK$128+10%~
❸ 바삭한 페이스트리 위에 전복이 통으로 올라간 Baked Middle East Yoshihama abalone puff HK$168+10%~
❹ 식빵에 새우를 얹어 튀긴 중국식 새우토스트 Deep-fried shrimp toast HK$248+10%
❺ 스페인 이베리아 반도(Ibérico)의 흑돼지를 사용해 풍미가 뛰어난 Barbecued Iberian pork with honey HK$448+10%
❻ 코코넛 속에 치킨수프를 넣어 담백하게 즐길 수 있는 Double-boiled chicken soup with fish maw in baby coconut HK$512+10%

MAP p.144A INFO p.158

★ 요리가 특별히 훌륭한 레스토랑 타이틀

란콰이퐁에 위치한 감각적이고
젊은 느낌의 광둥 레스토랑

더들스
Duddell's

↑ 더들스를 책임지고 있는 셰프 Siu Hin Chi

❶ 주말에만 운영되는 브런치 딤섬 뷔페
HK$638+10%(주류 무제한 추가 시
HK$998+10%~)

❷ 새우와 게살을 한꺼번에 즐길 수 있는
Braised King Prawn with Crab Coral

❸ 전복 고유의 맛을 그대로 느낄 수 있는
Braised 5-head Abalone Baby Tianjin Cabbage

⊙ MAP p.168F ⓘ INFO p.190

벽에 걸린 다양한 예술 작품은 물론이고 소품 하나하나까지 레스토랑이 아니라 갤러리에 온 듯한 착각을 느끼게 해 주는 광둥 레스토랑. 홍콩에서 유명세를 떨치고 있는 대부분의 광둥 레스토랑들과 전혀 다른 분위기의 젊고 감각적인 인테리어 덕분에 프렌치 혹은 이탈리안 레스토랑에 온 것 같은 착각이 들기도 한다. 덕분에 란콰이퐁을 찾는 홍콩 젊은이들 사이에서 인기를 끌기 시작해 2014년 홍콩 미슐랭에 원스타로 이름을 올렸다. 프라이빗 룸은 물론이고 넉넉한 테이블 덕분에 평일 점심과 저녁 시간엔 비즈니스와 사교 모임 장소로도 애용되고 있다. 특히 주말 점심에만 운영되는 브런치는 다채로운 딤섬과 더들스만의 특별한 요리를 원하는 대로 주문할 수 있어 더욱 인기. 칵테일을 함께 추가해 주말의 여유로움을 만끽할 수도 있다.

MANUAL 08

길거리 간식

걸으면서 즐기는 주전부리의 즐거움

슬쩍 보기만 해도 쉽게 도전하기 힘든 메뉴들이 널려 있는 좌판이 살짝 걱정되기도 하지만 이 순간만큼은 여행자가 아닌 홍콩 현지인이 된 기분으로 다양한 먹거리를 즐겨 보는 건 어떨까?

direction
●●●
도전을 두려워하지 않는 당신
난이도 [상]

새로운 맛을 느끼고 싶은 당신
난이도 [중]

●
익숙한 맛을 즐기고 싶은 당신
난이도 [하]

난이도 [하]
●

→ 카레어묵
write 咖哩魚蛋
speak 까레이유단
price HK$10
카레 향이 듬뿍 밴 커다랗고 동그란 어묵은 홍콩의 길거리 꼬치에 처음 도전해 보는 사람에게도 무난한 맛을 선사한다. 우리나라 어묵보다 더 탱탱한 식감을 자랑한다.

복작거리는 골목, 사람들 사이를 헤집고 돌아다니다 보면 어김없이 특유의 향을 풍기며 등장하는 꼬치 가게들. 별로 맛있어 보이지도 않을 뿐더러 강한 향 때문에 가까이 들여다보는 것조차 힘겹지만, 주문을 위해 길게 늘어선 줄을 보면 유명한 맛집임이 분명해 보인다. 스쳐 가는 여행자들의 눈엔 그저 홍콩을 기억하기 위한 기념 촬영 장소에 지나지 않지만, 홍콩 사람들에겐 버라이어티 한 맛의 즐거움이 있는 곳. 알 수 없는 한자들로 가득한 메뉴판을 보며 무얼 주문해야 할지 고민된다면? 비기너부터 마니아까지 난이도 별로 준비한 홍콩 길거리 간식. 한 단계 한 단계 업그레이드 하며 도전하다 보면 어느새 당신도 꼬치 마니아가 되어 있을지도 모를 일이다.

난이도 [하]
●

→ 새우딤섬
write 燒賣
speak 씨우마이
price HK$10
씨우마이라는 이름은 원래 새우가 들어간 딤섬을 말하지만 길거리에서 파는 씨우마이에는 새우 맛이 날 뿐 새우는 없다는 사실!

난이도 [상]
●●●

→ 칠면조콩팥
write 火雞腎
speak 포까이싼
price HK$10
닭도 아닌 칠면조 모래집이 인기 메뉴라니 다소 의아하지만, 이유가 궁금한 여행자라면 꼭 한번 도전해 보시길!

→ 곱창
write 細生腸
speak 싸이쌍청
price HK$10
다소 익숙하지 않은 모습의 빨간색 곱창은 씹으면 씹을수록 고소한 맛이 나기도 하지만 워낙 질기니 조심!

난이도 [상]
●●●

→ **문어다리**
write 大墨魚
speak 다이막유
price HK$15

쫄깃함으로 무장한 문어다리는 씹는 재미가 있다. 매콤한 소스와 함께 즐기면 느끼함은 제로! 시원한 맥주와 함께 즐겨 보자.

난이도 [중] ●●

↓ **채소전**
write 煎釀三寶
speak 진영쌈보우
price HK$15

우리나라의 채소전과 비슷하다. 피망 혹은 고추, 가지에 두부와 어묵을 갈아 만든 소를 넣어 튀긴 것. 원하는 종류의 채소를 골라 주문할 수 있다.

↓ **대창튀김**
write 脆皮炸大腸
speak 처이페이짜따이청
price HK$15

곱이 가득 차 있는 대창을 바삭하게 튀긴 꼬치로 평소 대창을 즐겨 먹는 여행자라면 한번쯤 도전해 봐도 좋을 듯하다.

난이도 [상] ●●●

MANUAL 08 | 길거리 간식

111

→ **취두부**
write 臭豆腐
speak 차우다우푸
price HK$15

가장 난이도 높은 길거리 음식 중 하나. 삭힌 두부의 냄새만으로도 오감을 깨워 주는 아주 특별한 맛의 꼬치.

난이도 [중] ●●

난이도 [상] ●●●

→ **에그와플**
write 蛋仔
speak 까이단자이
price HK$28

도깨비 방망이 같은 모습으로 동그랗게 말려 있는 에그와플은 와플과 비슷한 맛으로 관광객들과 현지인들의 사랑을 동시에 받는 길거리 음식의 최강자. 동그란 모양을 하나씩 떼어 먹으면 바삭하게 부서지는 재미도 있다. 붕어빵에 붕어가 들어 있지 않듯 계란이 통째로 들어가 있는 건 아니다.

난이도 [하] ●

홍콩 제일의 꼬치 맛집은?

Fei Jie 페이 제

[肥姐小食店] ▶ 페이쩨씨우씩띰

레이디스마켓과 운동화 거리 사이, 리얼한 홍콩 사람들의 삶이 있는 이곳에, 홍콩에서 가장 맛있는 꼬치를 맛볼 수 있는 곳이 있다. 늘 길게 늘어선 줄 덕분에 꽤 오랜 시간 줄을 서야 할지도 모르지만 기다리는 동안 다른 사람들은 어떤 꼬치를 손에 쥐는지 구경하는 재미도 쏠쏠하다. 가장 인기 있는 메뉴는 문어다리(墨魚)와 곱창(細生腸), 칠면조콩팥(火雞腎) 꼬치를 한꺼번에 즐길 수 있는 세트메뉴 HK$40.

◉ MAP p.212F ◉ INFO p.223

→ **중국식 소시지**
write 紅腸
speak 홍청
price HK$10

우리나라 소시지랑은 다르게 껍질 부분이 빨간색이다. 추억의 도시락 하면 떠오르는 분홍 소시지 맛이 난다.

난이도 [중] ●●

Hong Kong Shopping Tip

홍콩 쇼핑 여행을 위해
알아 두면 유용한 정보들

한국에서는 좀처럼 찾아보기 힘들었던 세계적인 브랜드들을 가장 빠르게, 게다가 더욱 저렴한 가격에 구입할 수 있었던 예전만큼 요즘 홍콩에서의 쇼핑이 그다지 매력적인 것은 아니지만 여전히 '홍콩'하면 빼놓을 수 없는 중요한 키워드 중 하나는 '쇼핑'이라는 것에 반문하는 사람은 아마 없을 것이다. 가격적인 부분은 차치하고서라도 세계 각국에서 하루가 멀다 하고 쏟아져 나오는 '신상'들을 가장 먼저 만나볼 수 있다는 것만으로도 '패션 피플'들에겐 충분히 매력적이니 말이다.

1년에 두 번, 당신이 놓치면 안 되는 그날!

한여름의 홍콩여행은 뜨거운 여름과 정면으로 맞설 엄청난(?) 각오를 해야 하지만, 이런 더위를 말끔하게 씻어줄 시원하다 못해 서늘한, 'SALE'이라는 단어를 가장 많이 마주할 수 있는 시기이기도 한다. 6월 말에서 8월 그리고 새해가 시작되는 12월 말에서 2월까지, 홍콩은 쇼핑을 위한 도시로 탈바꿈한다. 각 매장별로 세일 기간과 폭은 조금씩 다르지만 세일 초반 20%로 시작하던 할인율이 세일 막바지엔 70%, 80%까지 내려가는 걸 목격할 수 있다. 하지만 홍콩에서 쇼핑하기 가장 좋은 시기는 세일 막바지가 아니라 한창 세일이 진행되는 중간 무렵이다. 무작정 가격이 내려가기 기다리다가는 원하는 물건이 '솔드 아웃'(매진) 되었다는 소식만 듣게 될지 모른다.

➔ 생소한 한자 절 折?
홍콩의 쇼핑몰에서는 %로 할인율을 알려주기도 하지만 '折'이라는 한자로 할인율을 적어두는 곳도 많다. %와 折은 반대의 개념이라고 생각하면 되는데, 3折일 경우 70% 할인, 4折일 경우 60% 할인이라는 뜻!

여성의류

한국 사이즈	유럽	영국	미국
85 (XS)	32	4	2
90 (S)	34	6	4
	36	8	6
95 (M)	38	10	8
	40	12	10
100 (L)	42	14	12
105 (XL)	44	16	14

남성의류 (정장기준)

한국 사이즈	유럽	영국	미국
95	44	34	34
	46	36	36
100	48	38	38
	50	40	40
105	52	42	42
110	54	44	44

홍콩에서 명품 쇼핑하기?!

샤넬, 루이비통, 에르메스, 프라다, 디올…. 침사추이 캔톤로드를 따라 늘어선 화려하게 빛나는 명품 숍. 주말 평일 것 없이 매장 앞에 길게 늘어선 관광객들의 행렬은 아직도 홍콩을 명품 쇼핑의 중심이라 칭하는 사람들의 생각을 더욱 확고하게 만들고 있긴 하지만 예전만큼 홍콩에서의 명품 쇼핑이 크게 매력적이지 않은 것은 부정할 수 없는 사실이다. 오히려 우리나라에 입국하며 내야 하는 관세를 생각하면 홍콩에서의 명품 구입이 더 비싼 경우도 있고, 중국의 큰손(?)들에 밀려 원하는 물건을 제대로 구경하지도 못하고 나와야 하는 경우도 허다하다. 한국에서 미리 원하는 모델의 가격을 검색해 보고 관세도 체크해 꼼꼼하게 비교하며 구입하는 것이 포인트. 꾸준히 인기 있는 아이템을 공략하기보다는 우리나라에서는 쉽게 구할 수 없는 한정판 제품을 위주로 공략하는 것이 좋다.

원화 결제? 노노노~

신용카드를 이용해 물건을 구입할 경우, 영수증에 최종 사인을 하기 전 반드시 확인해야 하는 자국 통화 결제 서비스인 DCC! DCC는 Dynamic Currency Conversion의 약자로 해외에서 신용카드 사용 시 현지 통화 대신 원화(KRW)로 결제하는 방식을 말한다. 원화로 결제된 영수증을 보면 별도의 환전 수수료가 발생하지 않는 것처럼 보여 더 유리할 거라 생각할 수도 있지만 실제로는 홍콩달러에서 원화로 환전되는 과정이 추가되면서 수수료(3~8%)가 발생하므로 큰 금액을 결제할수록 꽤 많은 금액을 수수료로 지불해야 하니 주의해야 한다. 신용카드로 결제 시 영수증을 꼼꼼하게 확인하고 원화 결제로 체크 되어 있다면 취소 후 홍콩달러 결제로 요청하는 것이 현명하다. 해외 가맹점에서도 수수료가 없는 트래블 로그 카드나 트래블 월렛 카드를 사용하는 것도 좋다.

✔ **홍콩달러(HKD) 결제 시**
홍콩달러(HKD) 비자, 마스터 등 브랜드 수수료 (1~1.4%) ➊ 미국달러(USD) 국내 카드사 해외 이용 수수료 (0.18~0.35%) ➊ 원화(KRW)

✔ **자국 통화 결제 서비스(DCC) 결제 시**
홍콩달러(HKD) 원화 결제 수수료 (3~8%) ➊ 원화(KRW) 비자, 마스터 등 브랜드 수수료 (1~1.4%) ➊ 미국달러(USD) 국내 카드사 해외 이용 수수료 (0.18~0.35%) ➊ 원화(KRW)

↓ 홍콩 쇼핑에서 꼭 필요한 이 것!
85, 90, 95로 익숙한 한국 사람들에겐 도통 사이즈를 알 수 없는 숫자들이 적힌 태그를 보면 난감할 수밖에 없다. 세계 각국의 다양한 브랜드가 공존하는 홍콩에서 제대로 된 쇼핑을 즐기기 위해선 나라별 사이즈 표를 미리 알아 가는 센스는 기본!

✔ **여성신발**

한국 사이즈	유럽	영국	미국
225	35	2.5	5
230	36	3	5.5
235	37	3.5	6
240	37.5	4	6.5
245	38	4.5	7
250	39~39.5	5~5.5	7.5~8
255	40	6.5	8.5
260	40.5	7	9

✔ **남성신발**

한국 사이즈	유럽	영국	미국
250	39	6.5	6.5
255	40	7	7.5
260	40.5	7.25	8
265	41	7.75	8.5
270	42	8	9
275	43	8.5	9.5
280	43.5	9	10
285	44	9.5	11
290	45	10.5	11.5

MANUAL 09

―

드러그 스토어

선물과 소소한 쇼핑은 여기가 최고!
드러그스토어와 화장품 전문 매장

쇼핑의 천국이란 명성에 걸맞게 시내 곳곳에 자리 잡고 있는 드러그스토어와 화장품 전문 매장에서는 전 세계에서 수입된 다양한 화장품과 먹거리, 약들을 손쉽게 구입할 수 있다. 엄마에게 부탁 받은 호랑이연고나 친구들과 동료들에게 나눠 줄 유용하고 부담 없는 기념품을 찾고 있다면 지금 바로 드러그스토어로 향하자.

매닝스 Mannings

홍콩에 약 300여 개의 체인을 가지고 있는 대형 드러그스토어로 웰컴슈퍼마켓과 같은 그룹에 속해 있다. 약, 화장품, 일상용품과 과자까지 다양한 품목을 취급하며 시내뿐만 아니라 홍콩 곳곳에 매장이 있어 현지인들도 많이 이용하는 곳이다.

[추천 매장]
센트럴 ⊙ MAP p.168D

샤샤 Sa Sa

여성들을 위한 화장품과 보디용품을 전문으로 판매하는 체인점으로, 핑크색 간판부터 화사한 분위기를 전달한다. 민감한 기초용품보다는 향수나 마스크, 보디용품 등을 구입하기에 좋다. 그냥 사기에 부담스러운 가격대의 브랜드 제품의 샘플과 미니어처 향수 등을 판매하고 있어 큰 용량의 정품을 사기 전에 테스트용 제품을 구입하기에도 편리하다.

[추천 매장]
센트럴 ⊙ MAP p.168D

블리스텍스 립 메덱스

Blistex Lip Medex
건조한 입술에 효과만점으로 많은 사랑을 받고 있는 제품. 저렴한 가격에 무게도 가벼워 대량으로 구매해 선물하기 좋은 아이템
» HK$12.5

달리 치약

Darlie Fluoride Toothpaste
홍콩에서 가장 인기 있는 미백 치약. 풍성한 양과 저렴한 가격의 실속 아이템
(3개들이 세트) » HK$40

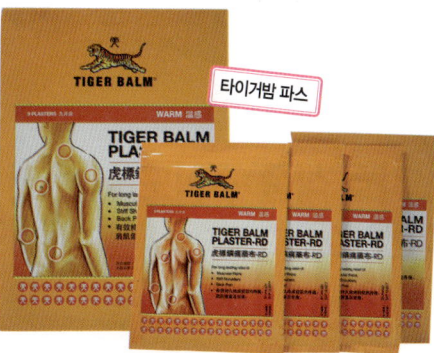

Tiger Balm Plaster-RD
후끈후끈 근육통 완화에 효과 좋은 파스 (9매 세트) » HK$65.9

타이거밤 넥&숄더

Tiger Balm Neck & Shoulder Rub
씻어 내지 않아도 되는 타이거밤 로션. 바르는 것만으로 어깨와 목의 피로를 풀어 주는 직장인의 좋은 친구
» HK$39.9

타이거밤 연고

Tiger Balm Soft
벌레 물린 데, 가려움, 두통, 멀미, 코가 막혔을 때 등 소소한 일상 질병을 완화시키는 만병통치약
» HK$32

화흥백화유

和興白花油 🔊 우행빡와아유
복고풍 무늬가 매력 포인트. 타이거밤 연고와 같은 효과를 가지고 있어 홍콩 가정에는 하나씩 있는 상비약. 박하향이 나는 상쾌한 액체 타입
» HK$28

피셔맨스프렌드 민트캔디

Nin Jiom Herbal Candy
목을 많이 쓰는 사람에게 강추! 개별 포장으로 휴대성이 좋은 한방 목캔디. 목을 촉촉하게 보호해 준다. » HK$7.5

Fisherman's Friend Sugar Free Mint Lozenges
영국 로프트하우스 사의 무설탕 민트캔디. 강한 민트 향이 텁텁한 입안을 상쾌하게 하고 감기, 독감, 알레르기 증상을 완화시킨다. » HK$9.9

닌지옴 허벌캔디

스트랩실 목 보호 캔디

Strepsils
목 감기 기운이 있거나 피곤할 때 휴대하고 다니면서 한 알씩 먹으면 도움이 된다.
무난한 레몬맛 » HK$36
어린이용 무설탕 딸기맛 » HK$45

MANUAL 10

―

슈퍼마켓

부담 없는 기념품도, 좋아하는 기호 식품 구입도 한번에! 신나는 슈퍼마켓 쇼핑

슈퍼마켓 입구에 들어서서 수북하게 쌓여 있는 뾰족뾰족 두리안을 보면 여기가 홍콩이구나 싶다. "홍콩 사람들은 뭐 먹고 사나?" 카트를 끌고 슈퍼마켓을 누비다 보면 현지인들의 생활이 보인다. 무관세 자유무역항답게 전 세계에서 들여온 다양한 상품들이 유혹하는 홍콩의 슈퍼마켓에서 가족과 친구들에게 의기양양하게 선물할 만한 실용적이고 매력적인 아이템을 '보물찾기' 하듯 탐색해 보자!

01. 웰컴슈퍼스토어
[Wellcome / 惠康超級市場]

TIP
파크숍(Park'n Shop)과 함께 홍콩에서 가장 대중적인 슈퍼마켓으로 가격대가 저렴한 편이다. 같은 제품이라도 시티슈퍼나 그레이트, 스리식스티(Three Sixty) 같은 고급 슈퍼마켓과는 가격 차이가 상당히 나는 편이니 실속 있는 쇼핑을 원한다면 고급 슈퍼마켓보다는 웰컴을 공략하는 것이 좋다.

[추천 매장]
코즈웨이 베이
◉ MAP p.227B ⓢ INFO p.243
※ 홍콩 전역에 지점이 있다. 빨간색 배경에 Wellcome이라는 간판이 쉽게 눈에 띈다.

1945년부터 영업을 시작해 현재 직원이 8,000여 명, 점포는 280개가 넘는 홍콩 최대의 슈퍼마켓 체인이다. 현지인들이 일상에서 장을 보는 대중적인 슈퍼마켓 체인으로 가격이 저렴한 편이다. 현지에서 소비할 수 있는 열대 과일, 맥주는 물론 선물로 챙겨 갈 차와 커피, 과자 등 소소한 쇼핑의 재미가 있다. 코즈웨이 베이점은 규모가 큰 편으로 빵, 드러그스토어에서 판매하는 제품들도 잘 갖춰져 있고 24시간 영업을 해서 편리하다.

Point 1. 과일과 주스
현지 음식이 잘 맞지 않을 경우 에너지를 채워 주는 과일을 많이 먹도록 하자.

◀ **키위망고주스 & 망고포멜로주스**
갈증과 피로를 이기게 해 줄 상큼한 생과일주스
Fresh Fruit Juice 1병당 HK$30

◀ **포멜로** 알알이 톡톡 터지는 달콤상큼한 열대과일 포멜로. 껍질을 벗겨 놓은 것은 편리하지만 맛은 직접 까먹는 편이 더 좋다.
Pomelo HK$46.9

◀ **모둠과일**
망고, 키위, 딸기, 멜론 등 다양한 과일을 모둠으로 묶어 판매한다.
Fruit Platter HK$50

Point 2. 맥주와 함께 먹기 좋은 간식들
홍콩은 30도 이하의 술에는 관세가 붙지 않아서 맥주가 매우 저렴한 편이다. 슈퍼마켓이나 편의점에서 맥주를 사서 먹을 때 함께 먹기 좋은 과자도 사두면 좋다.

◀ **칼비 쟈가비 과자**
일본 브랜드 칼비는 홍콩에도 공장을 가지고 있어서 홍콩에서 판매하는 쟈가비는 메이드인홍콩 제품이다.
Jagabee HK$10.2

◀ **칼비 야채맛 스틱 과자**
부담 없고 깔끔한 맛에 자꾸만 손이 가는 채소스낵. 감자, 당근, 호박 등 다양한 채소맛이 난다.
Calbee Vegetable Fries HK$5.4

Point 3. 골라 먹는 재미가 있는 민트캔디

슈퍼마켓과 편의점, 드러그스토어까지, 유럽에서 수입한 다양한 민트캔디를 판매하고 있다. 산뜻한 민트향부터 새콤달콤한 과일향, 톡톡 튀는 콜라맛까지 선택의 폭이 매우 넓다. 패키지도 예뻐서 선물용으로 추천!

HK$9.5~

Point 4. 선물하기 좋은 차 제품들

여행의 즐거움, 나누면 배가 된다. 나른한 오후에 직장 동료들에게 나눠줄 센스 있는 선물!

▶ **록유티** 우롱차, 재스민차, 철관음, 보이차 등 다양한 중국차. 가격은 저렴하지만, 맛은 꽤 괜찮은 중국차로 선물하기에도 좋은 아이템이다.
Luk Yu Chinese tea 각 HK$13 (25개 티백)

▶ **원두커피** 라바짜, 일리 등 이탈리아산 커피들이 대중화되어 있어 슈퍼에서 비교적 저렴한 가격에 구입 가능하다.
Lavazza Coffee HK$115 (250g)

▶ **밀크티** 슈퍼마켓에서 홍콩식, 대만식, 말레이시아식 다양한 종류의 밀크티 제품들을 구입할 수 있다. 영국이나 일본의 밀크티와 비교하면 동남아시아의 밀크티가 좀 더 진하고 쌉싸래한 맛이 강하다. 립톤에서 나오는 밀크티의 종류가 가장 다양한데, 립톤 홍콩 골드가 가장 인기가 있다.

립톤 밀크티 골드
Lipton Gold Milk Tea HK$46

립톤 홍콩 스타일 인양 밀크티 (커피+밀크티 믹스)
Lipton Hong Kong Style Yuanyang Milk Tea HK$36

미스터브라운 밀크티
Mr. Brown Milk Tea HK$21

립톤 홍콩 스타일 밀크티
Lipton Hong Kong Style Cafe Milk Tea HK$36

Point 5. 홍콩의 맛을 집으로 가져가기

홍콩에서의 즐거운 추억 만들기의 연장선으로 홍콩 느낌 나는 식재료를 조금 구입해 가는 것은 어떨까?

▶ **컵라면** 슈퍼마켓과 편의점에서 판매하는 일본 닛신 브랜드의 컵라면은 일본인 관광객들도 기념품으로 구입하는 홍콩 한정판이다. 홍콩 브랜드인 공자이(Doll) 딤섬면은 일반 컵라면의 절반 정도 용량의 미니 사이즈라 부담 없이 즐길 수 있다. 귀여운 키티 모양의 건더기 스프는 보는 즐거움도 함께 선사한다.

▶ **라면** 오랜 전통을 지닌 홍콩의 유명한 면 제조 회사인 사우타오(Sau Tao) 사의 제품들은 간단히 만들어 먹을 수 있으면서도 한국에서 먹는 인스턴트 라면과는 또 다른 맛이라서 한번 도전해 볼 것을 권한다.

닛신 컵라면 (시푸드맛)
Seafood Flavour HK$9.5

닛신 컵라면 (매운 시푸드맛)
Red Hot Seafood Flavour HK$9.5

사우타오 라면 (전복과 치킨스프맛)
Abalone & Chicken Soup Flavoured HK$6.2

사우타오 라면 (랍스터스프맛)
Lobster Soup Flavoured HK$6.2

공자이 딤섬면 키티 컵라면 (간장맛)
Dim Sum Noodle Japanese Soy Sauce Flavour HK$5

공자이 딤섬면 키티 컵라면 (일본카레맛)
Dim Sum Noodle Japanese Curry Flavour HK$5

▶ **이금기소스** 굴소스로 유명한 홍콩 브랜드. 집에서도 간단히 중화풍 요리를 만들 수 있게 해 주는 다양한 소스들을 판매한다. 여러 개를 묶어서 사면 더 저렴하게 구입할 수 있다.
Lee Kum Kee Sauce 각 HK$8

▶ **이금기 XO장** XO장은 홍콩의 대표 소스로 말린 관자, 말린 새우 등 건해산물과 매운 고추 기름이 들어간 소스로 볶음요리 할 때 첨가하면 맛을 한층 업그레이드 시키는 매직 소스다.
Lee Kum Kee XO Sauce HK$51.9 (80g)

02. 그레이트푸드홀
[Great Food hall]

[추천 매장]
센트럴
◎ MAP p.167K

TIP 한쪽 벽면 가득 전 세계에서 수입된 홍차와 녹차들, 다른 쪽 선반에는 독일, 벨기에, 영국, 프랑스, 미국, 일본에서 수입한 수백여 종의 맥주들, 다른 쪽으로 가면 수십여 종의 후추와 소금, 사프란과 각종 허브 등 진귀한 조미료들이 구비되어 있다. 선택의 폭이 너무 넓어 즐거운 비명을 지르게 되는 홍콩에서 가장 럭셔리한 슈퍼마켓.

퍼시픽플레이스 지하에 위치한 고급 슈퍼마켓. 차와 커피, 진귀한 조미료 등을 좋아하는 사람이라면 방문해 보자. 크지는 않지만, 실속 있는 푸드코트는 평일 점심이면 근처에서 일하는 멋쟁이 샐러리맨들의 점심식사 장소로도 애용되는 곳이라서 일반 슈퍼마켓과는 분위기가 사뭇 다르다. 가격은 비싼 편이지만, 깔끔하고 고급스럽게 제공되는 음식으로 가볍게 한 끼 식사를 하기에도 좋은 장소이다.

Point 1. 러시아에서 시작되었으나 지금은 프랑스의 차가 된 쿠스미티!

40년이 넘는 전통을 자랑하는 웰빙차 브랜드. 러시아에서 패밀리 비즈니스로 시작했던 작은 티 하우스는 1917년에 파리로 넘어와 더욱 번창하게 되었고 지금은 가장 핫한 티 브랜드로 각광받고 있다.

▶ **미니티 선물 세트**
25g 미니틴 5개들이 선물 세트, 잎차로 된 제품으로 사용하기 편리한 인퓨저(차거름망)이 포함되어 있다.
Kusmi Tea Afternoon Teas
HK$331

▶ **디톡스티**
쿠스미티의 가장 대표적인 블렌딩으로 피부를 맑게 하고, 다이어트에 효과가 있어 프랑스 모델들이 즐겨 마신다고 한다. 마테, 녹차, 레몬그라스가 들어 있어 향긋하고 깔끔하다.
Kusmi Tea BB Detox
HK$205 (125g)

▶ **웰빙 티백 선물 세트**
디톡스티를 포함해 여섯 종류의 엄선된 웰빙티를 간편하게 즐길 수 있게 티백 포장되어 있다.
Kusmi Tea Wellness teas HK$331

Point 2. 홍차 마니아라면 꼭 들리기

다양한 차를 한 곳에서 구매할 수 있어 편리하다. 중국차도 잘 갖추고 있지만, 유럽에서 가공한 홍차 제품들을 특히 다양하게 구비하고 있다.

▶ 지아나 파이니스트 퀄리티 티
Gianna Finest Quality Tea
재스민티, 보이차, 우롱차
HK$76.5 (각 20g)

▶ 영국제 웨이트 로즈 잉글리시 브렉퍼스트 잎차
Waitrose Reviving English Breakfast loose leaf tea
HK$32.9 (125g)

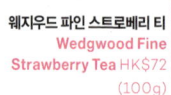

▶ 웨지우드 파인 스트로베리 티
Wedgwood Fine Strawberry Tea HK$72 (100g)

▶ 딜마 로즈 프렌치 바닐라 티
Dilmah Rose with French Vanilla HK$40 (40g)

Point 3. 다양한 샌드위치

평일 점심시간이면 훈남 외국인 직장인들이 간단히 점심을 때우러 와 물(?)이 좋기로 소문난 그레이트푸드홀에서는 먹음직스러운 샌드위치와 샐러드를 판매하고 있다.

▶ **칠면조햄**
바게트샌드위치
담백한 맛의 칠면조햄과 진한 크랜베리소스가 잘 어울린다.
Roast Turkey with Cranberry Sauce Sandwiches
HK$29 (Half)

▶ **바게트샌드위치**
감칠맛 나는 소고기에 구운 양파와 치즈의 풍미가 더해져 입을 즐겁게 한다.
Roast Beef and Brie Cheese Sandwiches
HK$36 (Half)

▶ 트리플-오 머시룸버거세트
100% 순수 소고기 패티에 버섯과 트리플오 특제 소스를 넣은 머시룸버거. 진하고 달콤한 밀크셰이크로 업그레이드 하면 에너지 충전 완료!
Mushroom Burger Combo
HK$108 (머시룸버거세트 HK$89+밀크셰이크 업그레이드 HK$19 추가)

03. 시티슈퍼
[City'super]

TIP
희귀 아이템 위주로 쇼핑할 것! 웰컴 등 로컬슈퍼마켓에 비해 전체적으로 가격이 비싼 편이기 때문에 일반적으로 판매하는 제품보다는 많이 수입되지 않는 특이한 제품들 위주로 쇼핑하는 것이 좋다.

[추천 매장]
침사추이
◎ MAP p.144C
코즈웨이 베이
◎ MAP p.227E

전 세계에서 수입한 다양한 제품들을 구경하는 재미가 있는 고급 슈퍼마켓. 차와 커피, 과자, 맥주, 와인 등 기호 식품을 쇼핑하기에 최적의 장소. 햄과 치즈를 원하는 크기만큼 잘라서 팔기 때문에 다양하게 맛볼 수 있는 것이 장점이다. 햄, 치즈, 과일, 와인 등을 한자리에서 구입해서 저녁에 호텔에서 파티하기에 편리하다. 디자이너 생활소품과 문구류를 판매하는 로그온(LOG-ON)도 함께 운영한다.

Point 1. 세계의 식재료를 구경하는 재미
시선을 사로잡는 다양한 식재료를 구경하는 재미가 쏠쏠하다. 한국에서 쉽게 구할 수 없는 제품을 '득템'하면 기쁨 두배!

◀ **시티슈퍼 액상 치킨스톡**
뜨거운 물 한 컵에 부어 주기만 하면 바로 담백한 맛의 닭육수가 완성된다.
Citysuper Broth
HK$33

◀ **엘리 에세 블랙트러플 올리브오일**
올리브오일에 흑송로버섯이 첨가되어 맛과 향이 진하며, 소량으로도 특유의 풍미를 낼 수 있다.
Elle Esse Italian Truffles HK$75 (100ml)

◀ **칼로 유기농 치킨스톡**
큐브 형태로 개별 포장되어 있어 사용하기 쉬운 고체형 닭육수
Kallo Organic Chicken Stock
HK$33

Point 3. Hot! 타바스코 스페셜 아이템
중독성 강한 핫소스 타바스코는 마니아층이 형성되어 있는데, 타바스코가 들어간 초콜릿과 올리브절임도 판매하고 있다.

◀ **타바스코가 들어간 올리브절임**
Serpis Tabasco Grn HK$36

◀ **타바스코 스파이시 다크초콜릿**
Tabasco Spicy Dark Chocolate
HK$65

Point 2. 기호 식품을 골라 담는 재미
현지에 가지 않으면 살 수 없는 독특한 제품들을 다양하게 갖추고 있다. 고급스러운 제품이 많아 아름다운 패키지 디자인들을 구경하는 재미도 있다.

◀ **추아오 벌집 초콜릿**
초콜릿 러버들의 로망인 베네수엘라 추아오 농장에서 재배한 코코아를 원료로 한 다크초콜릿. 바삭하게 씹히는 벌집 캐러멜과의 조화가 훌륭하다.
Chuao Honeycomb HK$64 (80g)

◀ **콩트와 뒤 카카오 아티잔 초콜릿**
세계 최대 초콜릿 박람회인 '파리 살롱 뒤 쇼콜라'에서 1등 수상 기록이 있는 프랑스 장인 초콜릿 브랜드. 피칸이 듬뿍 들어가 씹는 맛이 좋은 다크초콜릿
Comptoir du Cacao Paris
HK$65 (80g)

◀ **마이티메이플 피넛버터**
달콤한 메이플 향이 가미된 피넛버터는 중독성이 있어 자꾸 손이 간다.
HK$55

◀ **파볼스 무화과잼**
프랑스제 무설탕 잼으로 많이 달지 않아 먹기 좋다.
Favols Figue Violette HK$49

◀ **초모카치노**
미국 샌프란시스코에 공장이 있는 유기농 초콜릿 브랜드. 진하고 부드러운 커피맛 초콜릿으로 속지까지 디자인이 예뻐서 포장을 뜯는 과정도 즐겁다.
Tcho Mokaccino HK$58 (58g)

빠알간 택시와 느릿느릿 달리는 색색의 트램,
거리에서 마주하는 모든 순간이 화보가 되는 곳.

당신의 홍콩을 지금 마주해 보자.

TRAVEL
무작정
따라하기

홍콩

침사추이 | 센트럴 | 빅토리아 피크 | 몽콕

VOL 2

| 가이드북 |

꼭 가야할 지역별
대표 명소 완벽 가이드

김승남·원정아·김수정 지음

길벗

HONG KONG

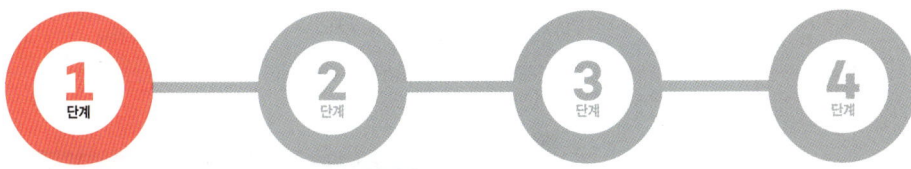

무작정 따라하기 1단계 홍콩 이렇게 간다

> 홍콩 국제 공항 입국 순서

0 홍콩 입국 신고서 폐지
별도의 입국 신고서 작성 없이 여권만 있으면 편하게 입국이 가능해졌다.

1 홍콩 도착
비행기가 완전히 멈추면 개인 소지품을 챙겨서 이동하자.

2 표지판을 따라 이동
입국심사(Immigration) 표지판을 따라 이동한다.

3 트레인 탑승
홍콩 공항의 상황에 따라 일부 항공사의 경우 트레인 혹은 버스를 탑승하고 이동해야 하는 경우도 있다.

⊕ PLUS TIP

마카오 이동
홍콩공항에서 마카오로 바로 이동할 경우엔 Mainland / Macao 방향으로 이동하자.

4 홍콩 입국 심사
Visitor 라고 적힌 곳으로 이동해 입국 신고서와 여권을 제출한다.

⊕ PLUS TIP
만 17세 이상의 경우 공항에서 e-Channel 서비스를 등록하면 여권과 지문 스캔만으로 빠르게 입국 수속이 가능하다.

6 수하물 벨트 번호 확인
전광판에 쓰여진 비행기의 편명을 찾아 해당하는 수하물 벨트 번호를 확인해 이동한다.

7 위탁 수하물 찾기
비슷한 모양의 가방이 많으니 가방에 붙은 수하물표를 꼼꼼하게 확인하자.

> ● **PLUS TIP**
> 만약 본인의 짐이 나오지 않았다면 'Baggage Enquiry Desk'로 찾아가 문의하도록 하자.

> ● **PLUS TIP**
> 홍콩은 반입물품에 따른 세금이 따로 없지만 주류와 담배에 관해서는 관세를 부과한다. 30도 이상의 주류 1리터 이내, 담배 19개비까지 반입 가능하다.

8 세관 통과
초록색의 'Nothing to declare' 방향으로 입국 게이트를 통과한다.

9 관광 안내소
입국 게이트를 나서면 바로 보이는 관광 안내소에서는 홍콩 지도 및 각종 여행 정보를 확인할 수 있다.

> 홍콩 국제공항 한눈에 보기

홍콩국제공항은 제 1 터미널과 마카오나 중국대륙으로 이동이 가능한 스카이피어로 나뉘어져 있다.

> ● **PLUS TIP**
>
> 홍콩국제공항에는 크리스탈제이드, 정두, 버거킹, 블루보틀 카페이 등의 레스토랑과 카페들이 모여 있어 허기진 배를 든든하게 채울 수 있다.

홍콩공항 짐 보관 서비스

짧은 시간 홍콩을 경유하거나 홍콩공항과 가까운 란타우 섬 근처를 여행하고 시내로 이동하고자 하는 여행객들은 홍콩국제공항 제 1터미널 5층에 있는 수하물 보관소(Baggage Storage and Delivery)를 이용하자.

ⓢ **시간** 05:30~01:30
ⓢ **위치** 제 1터미널 5층
ⓢ **비용** 1시간 HK$14, 1일 HK$165

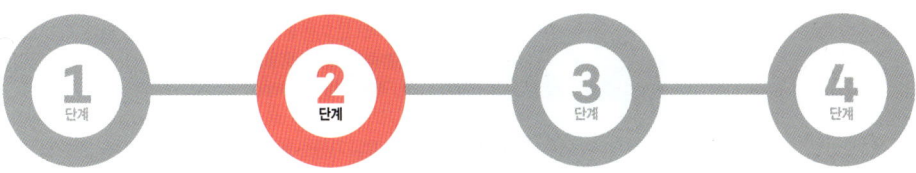

무작정 따라하기 2단계 홍콩국제공항에서 시내로 가기

홍콩국제공항에서 시내로 가려면 AEL, 버스, MTR, 택시 등을 이용한다. 가장 빠른 방법은 공항 고속철도인 AEL. 버스는 24시간 이용할 수 있다는 것이 장점이고, MTR을 이용하면 시간은 오래 걸리고 번거롭긴 하지만 가장 저렴하게 시내로 이동이 가능하다. 각자의 여행 스타일과 예산에 따라 선택하자.

> 공항 고속철도 AEL

1 빠르고 편한 공항고속철도 AEL (Airport Express Line)

홍콩국제공항을 출발해 칭이 역과 까우롱 역을 거쳐 홍콩 역까지 운행한다. 홍콩 역까지 소요 시간은 24분으로 홍콩국제공항에서 시내로 가는 가장 빠른 방법이다. AEL을 이용할 경우 까우롱 역과 홍콩 역에서는 주요 호텔까지 운행하는 무료 셔틀버스를 이용할 수 있어 홍콩 시내로의 이동이 편리하다. 버스나 MTR에 비해 비싼 요금이 가장 큰 단점이지만, 일행이 많을 경우 티켓을 한꺼번에 구입하면 조금 더 저렴하게 이용할 수 있다.

운행시간 05:54~00:48(공항 출발 기준) / **운행간격** 10~12분

티켓 구입부터 환승까지 홍콩 공항고속철도 AEL 무작정 따라하기!

① 티켓 구입

홍콩공항 입국장에 들어서면 가장 먼저 보이는 'Train Tickets'라고 쓰여진 매표소에서 구입한다. 목적지를 말하면 구입을 원하는 티켓의 개수를 물어 보는데 그룹티켓으로 여러 장을 한꺼번에 사면 할인이 되기 때문. 현금이나 카드 모두 사용 가능하며 티켓 자판기에서는 그룹티켓 구입이 불가능하다.

PLUS TIP
옥토퍼스카드도 이곳에서 한꺼번에 구입하면 좋다.

PLUS TIP
만 3세부터 11세의 어린이는 어른 요금의 반값!

AEL 소요시간 및 요금(3~11세 어린이는 성인 요금의 절반)

목적지		칭이 Tsing Yi 青衣	까우롱 Kowloon 九龍	홍콩 Hong Kong 香港
소요시간		14분	22분	24분
편도 또는 당일 왕복 요금 (옥토퍼스카드 사용 요금)		HK$80(HK$73)	HK$115(HK$105)	HK$130(HK$120)
왕복 요금		HK$130	HK$195	HK$215
그룹 티켓 요금	2명	HK$100	HK$150	HK$170
	3명	HK$140	HK$210	HK$230
	4명	HK$170	HK$250	HK$280

PLUS TIP
홍콩 AEL은 탑승 시 따로 티켓을 확인하는 절차가 없고 목적지에 도착해 티켓을 태그 한다.

② AEL 탑승하기

티켓 매표소 뒤쪽을 보면 'The fastest link to the city' 표지판이 있는데 그 표지판을 따라 이동해 열차에 탑승하면 된다. 비어 있는 좌석에 앉으면 되고 문 쪽에 캐리어를 보관하는 공간이 따로 있다. 열차가 이동하는 거리에 맞춰 목적지에 불이 들어오고 안내방송이 나오니 원하는 목적지에서 하차하면 된다.

③ 무료 셔틀버스 혹은 MTR 환승하기

홍콩 AEL은 이용 승객들을 대상으로 까우롱 역과 홍콩 역에서 홍콩의 주요 호텔들로 이동하는 셔틀버스를 무료로 제공한다. 역에서 하차해 'Airport Express Shuttle Bus' 표지판을 따라 가자. 꼭 호텔을 예약하지 않았더라도 이용 가능하니 목적지와 제일 가까운 호텔의 위치를 체크해 해당 노선을 탑승하면 된다. 팬데믹 이후 무료 셔틀버스 노선이 축소되면서 AEL을 이용하는 승객들은 무료로 MTR 환승이 가능하다. 단 옥토퍼스 카드를 이용해 탑승한 경우만 인정되며 1시간 이내만 적용된다.

AEL 무료 셔틀버스 노선

까우롱 Kowloon 九龍 역 출발

목적지	탑승번호	출발 시간
ALVA HOTEL BY ROYAL	1	10:40, 15:00, 16:10, 16:40
InterContinental Grand Stanford Hong Kong	3	09:20, 10:50, 12:20, 14:50, 16:20, 17:50, 19:20
Crowne Plaza Hong Kong Kowloon East	1	10:00, 12:00, 14:45, 16:15, 18:00, 20:00
Dorsett Mongkok, Hong Kong	2	10:33부터 18:33까지 1시간 간격 운행
Kerry Hotel Hong Kong	1	10:35, 11:50, 13:05, 15:05, 16:20, 17:35, 19:05, 20:35

홍콩 Hong Kong 香港 역 출발

목적지	탑승번호	출발 시간
Bishop Lei International House	1	08:10, 08:55, 09:55, 11:10, 12:10, 13:55, 14:40, 15:25, 16:25, 17:25, 18:25, 19:25
Courtyard by Marriott Hong Kong	2	월~금요일 17:30, 18:30, 19:30 토, 일, 공휴일 09:30, 10:30, 11:30, 15:30, 16:30, 17:30
Cosmo Hotel	1	07:40, 08:25, 09:10, 10:05, 11:05, 12:50, 13:50, 15:05, 16:15, 18:15
Dorsett Wanchai	1	
Four Seasons Hotel Hong Kong	1	컨시어지에 사전 요청 필수
Le Meridien Hong Kong, Cyberport	1	07:30부터 22:30까지 1시간 간격 운행

> **PLUS TIP**
> 버스 운행 시간과 노선은 변동될 가능성이 있다. 공식 홈페이지를 통해 확인하는 것을 추천한다.
> www.mtr.com.hk/en/customer/services/hotel-shuttle-service.html

> **공항버스**

2. 24시간 이용 가능한 공항 버스

홍콩 섬은 물론이고 까우롱 반도 구석구석을 운행하는 공항 버스는 저렴한 가격과 함께 홍콩공항에서 시내로 향하는 멋진 풍광을 2층 버스에서 바라볼 수 있어 더욱 매력적인 교통수단. 하지만 교통체증이 시작되면 생각보다 많은 시간을 버스에서 보내야 할 수도 있으니 유의하자. 이른 새벽의 한 시간 정도를 제외하고는 거의 24시간 운행하기 때문에 밤 늦은 시간 홍콩국제공항에 도착한 여행객들은 버스를 이용하면 막힘도 없고 저렴한 가격으로 시내 이동이 가능하다.

공항 버스 탑승 무작정 따라하기!

1. 현금으로 요금을 지불할 경우 따로 거스름돈을 주지 않으니 옥토퍼스 카드 구입 혹은 컨택리스 신용카드를 준비하자.

2. 'To City' 글씨를 따라 가다가 'Bus' 표지판을 찾자. 표지판을 따라 내리막길을 내려가 공항 밖으로 나서면 버스 노선이 표시된 안내판을 확인할 수 있는데 노선 앞에 붙은 A는 공항 버스, NA는 새벽에 운행하는 심야 버스를 의미한다.

3. 앞문으로 탑승하면서 단말기에 옥토퍼스 카드를 태그 하면 요금 지불이 완료된다. 캐리어는 1층 보관 공간에 넣어 두고 2층으로 올라가 멋진 풍경을 감상하며 목적지로 향하자.

4. 버스 앞쪽 전광판에 다음 정류장이 영어와 한자로 표시된다. 미리 벨을 누르고 캐리어를 챙겨 뒷문으로 하차하면 된다.

요금 노선에 따라 요금이 조금씩 다르긴 하지만 홍콩공항에서 시내까지의 요금은 HK$33~60

공항 버스 주요 노선

번호	운행시간	요금	경유지
A10	06:50~00:20	HK$49.7	까우롱 역 Kowloon Station – 애버딘 Aberdeen – 압레이차우 Ap Lei Chau Estate – 사우스 호라이즌 South Horizons
A11	05:35~00:30	HK$41.9	까우롱 역 Kowloon Station – 성완 Sheung Wan – 센트럴 Central – 애드미럴티 Admiralty – 완차이 Wan Chai – 코즈웨이 베이 Causeway Bay – 포트리스힐 Fortress Hill – 노스포인트 North Point
A12	06:00~00:10	HK$47.1	까우롱 역 Kowloon Station – 노스포인트 North Point – 쿼리 베이 Quarry Bay – 시우사이완 Siu Sai Wan
A21	05:30~24:00	HK$34.6	프린스에드워드 Prince Edward – 몽콕 Mong Kok – 야우마테이 Yau Ma Tei – 조던 Jordan – 침사추이 Tsim Sha Tsui – 홍함 역 Hung Hom Station
NA11	00:50, 01:10	HK$54.4	까우롱 역 Kowloon Station – 성완 Sheung Wan – 센트럴 Central – 애드미럴티 Admiralty – 완차이 Wan Chai – 코즈웨이 베이 Causeway Bay – 포트리스 힐 Fortress Hill – 노스포인트 North Point
NA21	00:50, 01:25	HK$39.3	란타우 링크 톨 플라자 Lantau Link Toll Plaza – 몽콕 Mong Kok

자세한 노선은 홈페이지 참고 : www.citybus.com.hk

> MTR

3. 가장 저렴하게 이동 가능한 MTR

홍콩 공항에서 시내로 가는 가장 저렴한 방법이지만, 공항에서 가장 가까운 MTR 역으로 이동하기 위해선 버스를 한번 탑승해야 하기 때문에 추천할 만한 수단은 아니다. 하지만 대부분의 숙소가 MTR 역을 중심으로 이동하기 편하니 목적지를 찾기는 조금 더 수월할 수도 있겠다.

공항에서 MTR 탑승 무작정 따라하기!

1 공항에서 옥토퍼스카드 구입 혹은 컨택리스 신용카드를 준비하자.

2 'To City' 글씨를 따라 가다가 'Bus' 표지판을 찾아 S1 버스 정류장으로 향한다.

3 앞문으로 탑승하면서 단말기에 옥토퍼스카드를 태그 하고 종점에서 뒷문으로 하차한다.
*S1버스 요금 : HK$3.7, 소요시간 15분

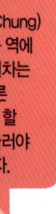

● **PLUS TIP**
*MTR 통총(Tung Chung) 역에서 출발해 홍콩 역에 도착하는 마지막 열차는 00:43분이지만 다른 노선으로 환승해야 할 경우엔 이보다 서둘러야 하는 것을 잊지 말자.

4 버스 하차 후 바로 앞에 있는 MTR 통총 (Tung Chung) 역으로 이동해 탑승한다. 승하차 방법이나 환승 방법은 우리나라 지하철과 비슷하다.

> 택시

4. 목적지까지 편안하게 택시

목적지까지 가장 쉽고 정확하게 도착할 수 있지만 비용이 비싼 것이 가장 큰 단점. 하지만 일행이 4명일 경우엔 AEL 요금과 별 차이가 나지 않으므로 택시 이용도 고려해 볼 것.
홍콩 택시는 운행 지역에 따라 총 3가지 색상으로 분류되는데, 공항에서 시내로 이동할 경우 빨간색 택시를 타면 된다.
트렁크에 짐을 실을 경우 1개당 HK$6가 추가된다.

공항에서 택시 탑승 무작정 따라하기!

1 'To City' 글씨를 따라 가다가 'Taxi' 표지판을 찾아 공항 밖으로 나간다.

2 승강장에서 순서에 따라 탑승하고 영어가 가능한 직원이 상주하고 있어 중국어를 하지 못해도 택시기사에게 목적지 전달이 가능하다.

> **PLUS TIP**
> 디즈니랜드가 있는 란타우섬이 목적지라면 빨간색 택시가 아닌 하늘색 택시(Lantau Taxi)를 탑승해야 한다.

목적지별 예상 택시 요금
침사추이 HK$285~, 몽콕 HK$260~, 코즈웨이 베이 HK$340~, 센트럴 HK$335~, 리펄스 베이 HK$385~

MTR, 버스, 트램, 페리, 이거 하나면 돼! 다재다능 옥토퍼스카드(Octopus Card, 八達通, 밧닷텅)!

우리나라의 티-머니(T-Money)와 유사한 홍콩 여행의 필수품 옥토퍼스카드는 1997년에 도입된 다기능 스마트카드다. 홍콩 내 대부분 대중교통 수단과 레스토랑, 패스트푸드점과 편의점 등에서 모두 이용할 수 있으니, 두둑하게 충전된 옥토퍼스카드 하나만으로 홍콩에서의 여행이 가능할 정도라고. 특히 대중교통을 이용할 때마다 잔돈을 준비하거나 요금을 확인할 필요가 없고 계산할 때마다 주머니를 불룩하게 채우는 동전들과 씨름할 필요도 없으니, 그 편리함은 말로 다 할 수 없으리라.

홍콩에서 꼭 필요한 다재다능 옥토퍼스카드 구입과 환불은 모두 공항에서 하는 것이 편리하다.

① 옥토퍼스카드 구입
홍콩에 입국하자 마자 보이는 AEL 매표소와 모든 MTR 역에서 구입 가능하며 잔액이 -(마이너스)가 되지 않도록 원하는 만큼 충전해 사용하면 된다.
가격 성인 HK$200(보증금 HK$50 포함), 어린이(만 3~11세) HK$100(보증금 HK$50 포함)
여행자용 옥토퍼스 카드 HK$39(보증금 없음)

② 옥토퍼스카드 환불
홍콩공항 출국 시 구입했던 AEL 매표소나 모든 MTR 역에서 환불 가능하다. 이때 카드의 잔액과 보증금을 모두 돌려 받을 수 있지만 옥토퍼스 카드 구입 후 3개월이 지나지 않았다면, HK$11의 수수료를 지불해야 한다.

③ 옥토퍼스카드 사용처
① **대중교통 :** MTR, 버스, 미니버스, 트램, 피크 트램, 페리, 택시 등
② **레스토랑 & 카페 :** 카페코랄, 카페하비투, 맥도널드, KFC(마카오 포함), 취와레스토랑, 스타벅스, 기화병가, 타이청베이커리 등
③ **쇼핑 & 편의점 :** 시티슈퍼, 웰컴, 세븐일레븐, 서클K, 사사, 매닝스, 왓슨즈 등
④ **홈페이지** www.octopus.com.hk/en

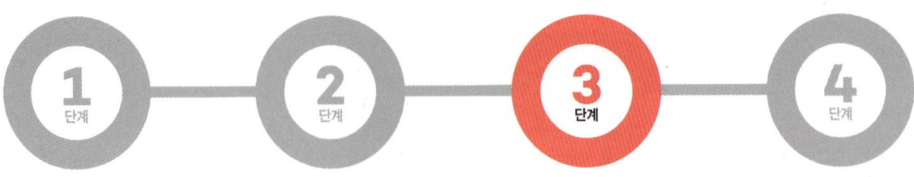

무작정 따라하기 3단계 홍콩 시내 교통 한눈에 보기

수백만명의 사람들과 여행자들이 함께 살아가는 메트로폴리스 홍콩. 그런 만큼 다양한 교통수단들이 홍콩의 곳곳을 거미줄처럼 연결하고 있다고. 제아무리 멋진 여행지와 맛집들을 알고 있어도 그곳까지 가는 방법을 모른다면 모든 것이 무의미할 터! 잘 알고만 있다면 더욱 편리한 여행을 보장해 주는 홍콩의 교통수단들을 완전 정복해 보자. 더 빠르고 스마트한 여행은 당신의 몫이다.

> BUS 버스

요금 및 운행 시간

● **PLUS TIP**
홍콩에는 여러 개의 버스 회사가 있는데, 여행자들이 주로 이용하는 것으로는 금색이나 빨간색의 카우룽 모터 버스(Kowloon Motor Bus, KMB), 노랑, 빨강, 파랑 3색의 시티 버스(Citybus) 등이 있다. 카우룽 모터 버스는 주로 카우룽 반도 지역을, 시티 버스는 홍콩 섬 지역을 커버한다. 같은 번호여도 회사에 따라 노선이 아예 다르므로 주의할 것.

버스(Bus, 巴士, 빠씨) 700개 이상의 방대한 노선으로 홍콩 전역을 방방곡곡 누비는, 시민들과 여행자들의 또 다른 발. MTR만큼 빠르고 편리하지는 않지만, 빅토리아 피크나 사이쿵, 리펄스 베이와 스탠리 등 MTR이 닿지 않는 지역으로 여행할 때 특히 유용하다.

▶홍콩을 상징하는 이층 버스. 운영 회사에 따라 다른 색으로 도색 되어 있다.

노선과 탑승 구간에 따라 달라지는데 시내 구간의 경우 HK$3.1부터. 옥토퍼스카드와 현금을 모두 사용할 수는 있지만, 거스름돈을 주지 않으니 잔돈을 미리 챙기는 것을 잊지 말자. 버스는 앞문으로 타고 뒷문으로 내리며, 탑승 시 기사 옆에 있는 요금 함에 표시된 요금만큼 현금을 넣거나 옥토퍼스카드를 태그 하면 된다. 내릴 때는 하차 벨을 누르자. 안내 방송은 거의 알아듣기가 힘들지만, 버스 대부분에 다음 정류장을 안내하는 LED 안내판이 있으니 이를 주시하자. 대부분의 정류장 이름은 도로나 랜드마크, MTR 역 등으로 되어 있다.

정류장을 이용할 때는 정확한 위치에서 버스를 기다리는 것이 중요하다. 버스정류장마다 노선 번호가 적혀 있는 표지판이 연달아 서 있는데, 정확한 위치에서만 버스가 정차하기 때문이다. 같은 정류장이어도, 다른 노선 번호의 표지판 앞에서는 문을 열어 주거나 정차하지 않는다는 점을 유의하자.

▲시각표와 노선도, 요금까지 체계적으로 정리되어 있다.

TIP
홍콩을 달리는 대부분의 버스는 이층 버스(Double Decker)로 운행되고 있다. 이층 버스의 맨 앞자리에 앉아서 복잡한 홍콩의 거리를 누비는 것은 홍콩 버스 여행만의 매력이다. 다만 2층의 맨 앞자리는 여행자들 사이에서 경쟁이 치열한 곳이니, 눈치작전은 필수!

주요 노선

주요 노선

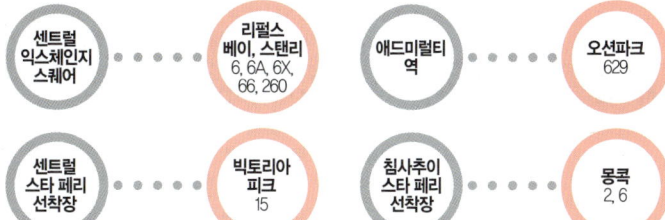

| 센트럴 익스체인지 스퀘어 | ···· | 리펄스 베이, 스탠리 6, 6A, 6X, 66, 260 | 애드미럴티 역 | ···· | 오션파크 629 |
| 센트럴 스타 페리 선착장 | ···· | 빅토리아 피크 15 | 침사추이 스타 페리 선착장 | ···· | 몽콕 2, 6 |

요금 성인 HK$3.1~
운행 시간 06:00~24:00(노선에 따라 다름)

> MINI BUS 미니버스

요금 및 운행 시간

미니버스(Minibus, 小巴, 씨우빠) 봉고차보다는 조금 큰 16인승 버스로, 우리나라의 마을버스와 유사하다. 일정 노선을 따라 달리는 녹색 버스와 때에 따라 기사의 재량(?)으로 노선이 바뀌기도 하는 빨간색 버스가 운행되고 있다. 빨간색 버스를 탑승하는 것은 홍콩 여행이 처음인 여행자들에게는 결코 쉽지 않은 '미션'이라고. 빅토리아 피크나 사이쿵을 오가는 버스는 녹색 버스이니 걱정하지 말자. 일반 버스와는 다르게 미니버스는 입석이 금지되어 있다. 16명의 좌석이 다 찼을 때는 손님을 더 태우지 않으니, 다음 버스를 기다려야 한다. 요금은 탑승할 때 현금으로 내거나, 옥토퍼스카드를 태그하면 된다.

요금 성인 HK$3.2~
운행시간 06:00~24:00(노선에 따라 다름)

주요 노선

| IFC 시티홀 | ···· | 빅토리아 피크 1 | MTR 쭁콴오 역 | ···· | 사이쿵 792M |

> MTR 지하철

MTR(Mass Transit Railway, 港鐵, 꽁팃) 1979년 첫 운행을 시작한 도시 철도. 우리나라의 지하철, 전철과 비슷하게 구간 대부분은 지하를 달리며 교외로 나가면 일부 구간은 지상으로도 운행한다. 승차권을 산 후, 회전형 개찰구를 통과한 뒤 플랫폼으로 내려가야 하는 것도 우리나라와 같다. 공항 고속철도 AEL 등을 포함하여, 11개의 노선이 홍콩 섬과 까우롱 반도 일대에서 운행하며, 대부분의 여행지를 연결하고 있어 현지인들뿐만 아니라 여행자들의 발 노릇까지 톡톡히 해준다. 도심의 모든 역에는 스크린도어가 설치되어 있어 안전하고, 차내 음식물 섭취를 엄격하게 제한할 만큼 위생적으로 관리하는 것으로 유명하다. 특히 홍콩의 MTR은 편리한 환승 시스템으로도 유명한데, 대부분의 역에서 계단이나 에스컬레이터 이용 없이 다른 노선으로 환승이 가능하다. 기본요금은 옥토퍼스카드 기준 HK$4.8부터다. 거리에 비례해 요금이 올라간다.

요금 및 운행 시간

요금 성인 HK$4.9~, 어린이 HK$3.2~, Tourist Day Pass 성인 HK$75, 어린이 HK$35
운행시간 MTR 주요 역 기준 06:00~01:00
홈페이지 www.mtr.com.hk
MTR 티켓 구매 방법 역마다 갖춰진 Single Journey Ticket Issuing Machine에서 일회용 승차권을 살 수 있다. 순서는 아래와 같다.
① 티켓 발매기 아래 지도에서 목적지 역 버튼을 누른다.
② 성인/우대/어린이 등 원하는 티켓을 선택한다.
③ 원하는 목적지와 티켓, 그에 따른 요금을 확인한다.
④ 지폐나 동전을 투입한다.
⑤ 아래에서 발매된 티켓과 함께 거스름돈을 받는다.

주요 노선

주요 노선
— Island Line : 홍콩 섬 북부를 동서로 횡단하는 노선. 트램과 거의 비슷한 경로로 운행하며, 성완, 센트럴, 코즈웨이 베이 등 홍콩 섬의 주요 여행지들을 경유한다.
— Tsuen Wan Line : 홍콩 섬과 까우롱 반도를 연결하는 노선. 센트럴을 시작으로, 침사추이, 몽콕 등 까우롱 반도의 주요 여행지들을 경유한다.
— Tung Chung Line : AEL과 거의 비슷한 경로로 홍콩 섬, 까우롱 반도, 란타우 섬을 차례로 연결하는 노선. 디즈니랜드 홍콩에 가려면 이 노선을 이용한 뒤, Disneyland Resort Line으로 환승해야 한다.
— Airport Express(AEL) : 홍콩국제공항과 시내를 연결하는 공항 철도 노선. 일반 MTR과는 다른 노선과 요금 체계를 갖추고 있다.

TIP MTR 환승, 참 쉽죠!

홍콩의 MTR은 세계에서 가장 명쾌하고 편리한 환승 시스템으로 유명하다. 부지런한 여행으로 하루 내내 다리가 아플 당신을 위해 준비한 홍콩 MTR 환승 팁을 알아보자.

편리하고 빠르게 환승을 하고자 한다면 MTR 노선도의 환승역 표시를 눈여겨보자. 홍콩의 MTR은 두 개의 노선이 만날 때 우리나라처럼 '十'자로 교차하는 대신 두 개 이상의 역에서 환승이 가능하게 되어 있다. 초록색의 Kwun Tong Line에서 붉은색의 Tsuen Wan Line으로 환승할 때, 삼수이포 역 방향 열차를 탈 때는 프린스에드워드 역, 또 조던 역 방향 열차를 탈 때는 몽콕 역에서 환승하면 계단을 오르내리지 않고 맞은편 승강장에서 바로 환승할 수 있다. 환승역 표시 안의 '⌒'와 '/'의 모양을 보면 이해하기가 쉽다. 다만, 최근 지어진 환승역은 그렇지 않을 수 있으니 주의!

> # TRAM
> 트램

트램(Hong Kong Tramways, 香港電車, 헝꽁딘체)
1904년 운행을 시작한 노면 전차. 클래식한 분위기의 이층 트램 약 160여 대가 홍콩 섬을 동서로 관통하며 달리고 있다. MTR이나 버스보다 현저히 느린 이동 속도 때문에 교통수단으로서의 매력은 크다고 할 수 없지만, 단돈 HK$3로 시원한 바람을 맞으며 홍콩 유람을 할 수 있다는 점은 홍콩 트램만의 독보적인 매력이다.

트램은 홍콩 섬을 동서로 횡단하기 때문에 정류장에 있는 '西行站, Westbound Stop', '東行站, Eastbound Stop' 사인을 잘 확인해야 한다. 방향을 잡기 어려울 때는 셩완 – 센트럴 – 애드미럴티 – 완차이 – 코즈웨이 베이가 서쪽에서 동쪽으로 늘어서 있다는 점을 머릿속에 기억하자. 코즈웨이 베이에서 셩완으로 가려면 'Westbound Stop'이라고 표시된 정류장에서 트램을 타면 된다. 단 해피밸리행 트램은 노선과 목적지가 다르니 주의할 것.

트램은 버스와 달리 뒷문으로 탑승하여 앞문으로 내린다. 내릴 때 기관사 옆에 있는 요금 함에 현금을 넣거나 옥토퍼스카드를 태그하면 된다. 역시 거스름돈은 주지 않는다. 또한, 하차 벨도 없기 때문에 내릴 정류장이 다가오면 앞문 근처에서 대기하도록 하자. 안내 방송도, 표시도 없어 정확한 정류장을 찾아 내리는 게 쉽지는 않지만, 정류장 사이의 거리가 멀지 않으니 주변 랜드마크들을 확인하며 내리면 된다.

요금 및 운행 시간

요금 성인 HK$3.3, 어린이(3~12세) HK$1.6
운행 시간 매일 05:00~24:00(노선, 요일별로 다름)
홈페이지 www.hktramways.com/en

> STAR FERRY
스타 페리

스타 페리(Star Ferry, 天星小輪, 틴싱시우런) 100년이 넘도록 빅토리아 하버를 왕복하며 홍콩 섬과 까우롱 반도를 연결해 온 페리. 지금은 침사추이 - 센트럴, 침사추이 - 완차이 간 두 개의 노선이 운영되고 있다. 수십 년이 넘도록 스타 페리는 홍콩 섬을 내륙과 연결해 주는 유일한 대중교통 수단이었다. 세 개의 하버터널과 함께 MTR까지 연결되어 있는 오늘날에도 스타 페리는 여전히 홍콩 섬과 까우롱 반도를 연결하는 중요한 다리 역할을 담당한다. 빅토리아 하버를 건너는 데 걸리는 시간은 고작 7, 8분. 유유히 빅토리아 하버를 종단하는 동안 눈앞으로 펼쳐지는 홍콩의 파노라믹한 풍경은 물론 공짜! 속도가 빠르지는 않지만, 침사추이 해변 산책로(침사추이), IFC(센트럴), 홍콩 컨벤션 & 엑시비션 센터(완차이) 등의 여행지와 가까운 곳에 선착장이 있어, 그 주변을 여행할 계획이라면 다른 교통수단을 이용하는 것보다 편리할 수 있다.

요금 및 운행 시간

요금 (Upper Deck 기준) : 평일 성인 HK$5.0, 토·일요일, 공휴일 성인 HK$6.5
운행 시간 매일 06:30~23:30 (침사추이 - 센트럴), 평일 07:20~22:50, 토·일요일·공휴일 07:30~22:50 (침사추이 - 완차이)
홈페이지 www.starferry.com.hk/en/home
스타 페리 티켓 구매 방법 옥토퍼스카드로도 스타 페리를 이용할 수 있지만, 토큰을 사보는 것도 좋다. 이용 방법은 아래와 같다.
① 발매기 상단 중앙에서 성인, 어린이 등 원하는 티켓 종류를 선택한다.
② 표시된 금액을 투입한다.
③ 아래에서 토큰과 거스름돈을 받는다.
④ 개찰구에 토큰을 넣고, 안쪽 대합실로 이동한다.

> SUN FERRY 선페리

선페리(Sun Ferry, 舊 뉴월드 퍼스트 페리, 新渡輪, 싼또우런) 센트럴 페리 선착장을 기점으로 하여 청차우 섬과 란타우 섬의 무이워를 연결하는 또 하나의 페리. 청차우 섬 방면은 센트럴의 5번 선착장, 란타우 섬 방면은 6번 선착장에서 출발하는데, 일반 페리와 조금 더 빠른 쾌속 페리가 있으니 참고하자.

요금 및 운행 시간

요금 (어린이, 노인, 장애인 등은 성인 요금의 절반 가량)
① **센트럴 – 청차우 :** 일반 페리(60분 소요) 월~토요일 일반 HK$14.8, 디럭스 HK$23.2, 일요일 · 공휴일 일반 HK$22.0, 디럭스 HK$33.8, 쾌속 페리(40분 소요) 월~토요일 HK$29.2, 일요일 · 공휴일 HK$42.3
② **센트럴 – 란타우 :** 일반 페리(55분 소요) 월~토요일 일반 HK$17.2, 디럭스 HK$28.6, 일 · 공휴일 일반 HK$25.6, 디럭스 HK$41.9, 쾌속 페리(40분 소요) 월~토요일 HK$34.1, 일요일 · 공휴일 HK$HK$48.9

운행 시간
① **센트럴 – 청차우 :** 일반, 쾌속 포함 약 30분 간격 운행, 심야 시간 쾌속선에 한해 약 3시간 간격 운행
② **센트럴 – 란타우 :** 일반, 쾌속 포함 약 40~50분 간격 운행, 심야 시간 쾌속선에 한해 약 3시간 간격 운행

홈페이지 www.sunferry.com.hk

> TAXI 택시

택시(Taxi, 的士, 띡씨) 홍콩의 거리를 새빨갛게 수놓는 홍콩의 또 하나의 상징 택시. 홍콩의 택시는 세 종류로 나뉘는데, 도심에서 흔히 볼 수 있는 빨간색의 Urban Taxi, 신계(New Territories) 지역에서 운행하는 녹색의 New Territories Taxi, 란타우 섬의 일부 지역을 담당하는 하늘색의 Lantau Taxi가 있다. 또한, 종류별로 이용할 수 있는 구간과 요금이 다르니 주의하자. 기본요금은 HK$29로 우리나라와 비슷한 수준이지만, 추가 요금이 있다는 점을 미리 알아 두자.

택시는 손을 들어 탑승 의사를 표하거나 택시 전용 정류장 등에서 탑승할 수 있다. 호텔에서 호출하는 방법도 있지만, 추가 요금(HK$5.0)이 붙는다. 또한, 우리나라와 같이 시간 요금제도 있으니, 극심한 러시아워 때는 택시 이용을 자제하는 것이 좋다.

요금 및 운행 시간

요금 (Urban Taxi 기준) : 기본요금(~2km) HK$29, 이후 거리 200m마다 또는 대기 시간 1분마다 HK$2.1, 요금이 HK$102.5가 넘으면 HK$1.4, 트렁크 개당 HK$6.0, 크로스 하버터널 통과 시 지불 통행료 + HK$25.0

TIP 택시 기사님과 의사소통하기

광둥 출신 택시 기사들이 많아 영어로는 소통하기가 쉽지 않다는 슬픈 현실! 하지만 당신이 광둥어를 능통하게 구사하지 못한다고 택시 타는 일을 포기하지는 말자. 정확한 의사소통을 하기 위해서는 다음 팁을 이용하는 것이 좋다. 조금의 보디랭귀지와 미소는 덤!

① 호텔 프런트데스크에 비치된 명함을 챙겨, 호텔로 돌아갈 때 보여 주기!
② 가이드 북에 쓰인 한자를 짚어 보여 주기!
③ 목적지를 구글맵으로 검색 후 한자주소 보여 주기!

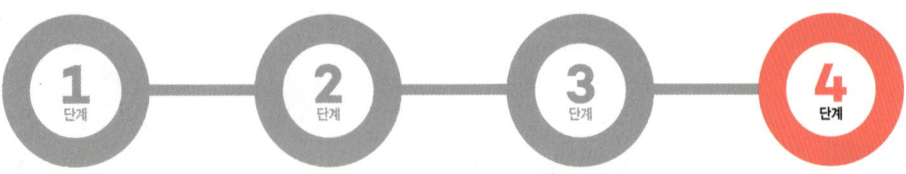

무작정 따라하기 4단계 시내에서 홍콩국제공항으로 가기

홍콩 여행을 마치고 공항으로 이동할 때는 비행기 출발 시각에서 2~3시간 정도 여유를 두고 공항에 도착하는 것이 좋다. 홍콩 국제 공항에서 시내로 이동할 때와 마찬가지 방법으로 AEL, 버스, MTR, 택시를 이용해 돌아갈 수 있다.

> **인타운 체크인**

홍콩여행자라면 꼭 알아야 할 도심 공항 터미널 이용 방법!

AEL을 이용해 홍콩국제공항으로 돌아가는 관광객들이 이용할 수 있는 인타운 체크인(In-Town Check-In) 서비스는 AEL이 정차하는 홍콩 역과 까우롱 역에서 무료로 이용 가능하다. 오후 늦은 비행기라도 당일 체크인이 가능하기 때문에 미리 위탁 수하물을 보낼 수 있으며 추후에 무거운 캐리어 없이 공항으로 바로 이동할 수 있어 편리하다.

인타운 체크인 가능 항공사 캐세이 퍼시픽 항공, 홍콩 항공, 콴타스 항공, 싱가포르 항공(홍콩 역만 가능) *항공사 별로 서비스 시간 상이

● **PLUS TIP**
팬데믹 이후, 캐세이 퍼시픽 항공과 홍콩 항공만 인타운 체크인이 가능하다.

● **PLUS TIP**
이곳에서 위탁 수하물을 보낸 이후엔 100mℓ가 넘는 액체류는 구입하지 않도록 주의하자. 100mℓ 이상의 액체류는 기내로 가지고 들어갈 수 없다. (100mℓ 이하의 액체류는 지퍼팩에 넣으면 가능)

인타운 체크인 무작정 따라하기!

1 AEL 역 이동 AEL 무료 셔틀버스 혹은 MTR를 이용해 홍콩 역 혹은 까우롱 역으로 이동하자. 무료 셔틀버스 노선 정보는 P.124 참고

2 AEL 티켓 구입 홍콩 역이나 까우롱 역 티켓 판매소에서 구입 가능하다. 편도 티켓은 AEL 티켓 없이 옥토퍼스카드를 이용해 같은 금액으로 이용 가능하지만 그룹티켓의 경우엔 유인 매표소에서 구입해야 할인이 가능하다.

3 탑승 수속 개찰구에 구입한 티켓이나 옥토퍼스카드를 태그 하고 통과해 항공사 카운터로 이동하자. 여권과 이티켓을 제시하면 좌석 지정과 함께 위탁 수하물을 미리 보낼 수 있다.

4 공항 이동 비행기 탑승 시간 2시간 전에는 역으로 돌아와 구입했던 티켓 혹은 옥토퍼스카드를 이용해 AEL을 탑승하면 된다. 이미 탑승 수속을 완료했기 때문에 제 1 터미널로 하차해 출국장으로 들어가면 된다.

> 공항 고속철도 AEL

1. 빠르고 편한 공항고속철도 AEL (Airport Express Line)

시내 곳곳으로 운행되는 AEL 무료 셔틀버스를 이용해 홍콩 역이나 까우롱 역으로 이동해 타면 된다. 캐세이퍼시픽 항공을 이용해서 출국한다면 역에서 미리 체크인이 가능하다. 위탁 수하물을 공항으로 보낼 수도 있고 공항에 도착해 별도의 체크인 없이 탑승이 가능하다.

운행시간 홍콩 역 출발 기준 05:50~00:48, 까우롱 역 출발 기준 05:53~00:52

> 공항버스

2. 시간 여유가 된다면 공항 버스

시간이 조금 오래 걸려도 상관이 없는 입국 시와는 다르게, 출국 시 공항 버스를 이용하는 건 조금 위험한 일이다. 교통 체증이 심할 경우 공항 도착 시간을 가늠할 수 없기 때문이다. 시간 여유를 넉넉히 두고 이용하거나 차가 막히지 않는 이른 오전이나 야간에 이용하는 것이 좋다.
*자세한 노선은 홈페이지 참고
www.citybus.com.hk

> MTR

3. 교통 체증 걱정 없는 MTR

시내 MTR 역에서 통총(Tung Chung) 역까지 이동해 S1 버스로 갈아타 공항으로 이동하면 된다. 교통 체증 없이 비교적 정확한 시간에 도착할 수 있는 것이 장점.
* S1 버스의 막차는 24:00 이니 주의하자.

> 택시

4. 공항까지 편안하게 택시

시내에서 가장 편안하게 공항으로 이동하는 방법. 비용이 만만치 않으니 3~4명의 일행과 함께 이동할 때 이용하면 좋다. 호텔 데스크에 요청해 탑승하거나 택시 전용 승강장에서 탑승 가능하며 교통 체증이 심한 시간엔 이용하지 않는 것이 좋다.

Cource 1 연차 없이 떠나는 1박 3/4일 가성비 코스

체력 좋고 가성비가 중요한 20대
잦은 여행으로 연차가 남아나지 않는 여행중독자

#가성비 #잠은비행기에서잔다 #핵심만콕콕 #홍콩섬하루 #구룡반도하루

1일차

새벽
ICN → HKG 퇴근 후 밤 비행기로 출국!

오전~오후
센트럴 Central

센트럴 랜드마크 코스(P.172)
주요스폿
IFC, 팀호완, 퍼시픽플레이스

저녁
빅토리아 피크 Victoria Peak

빅토리아 피크 정석 즐기기 코스(P.202)
주요스폿
피크 타워, 라이언스 파빌리언

2일차

오전~오후
침사추이 Tsim Sha Tsui

침사추이 완전 정복 코스(P.146)
주요스폿
스타의 거리, 하버시티, 네이선로드

저녁
몽콕 Mong Kok

몽콕 핵심 코스(P.218)
주요스폿
딤딤섬, 레이디스마켓

3일차

새벽
HKG → ICN 새벽 비행기로 귀국!

Cource 2 알짜배기만 쏙쏙! 2박 3/4일 핵심공략 코스

알찬 코스로 효율성을 최고로 치는 '극한의 효율충'
여행 기간보다 깊이를 중요시하는 여행자

#홍콩핵심공략 #홍콩섬완전정복 #뒷골목맛집탐방 #효율충

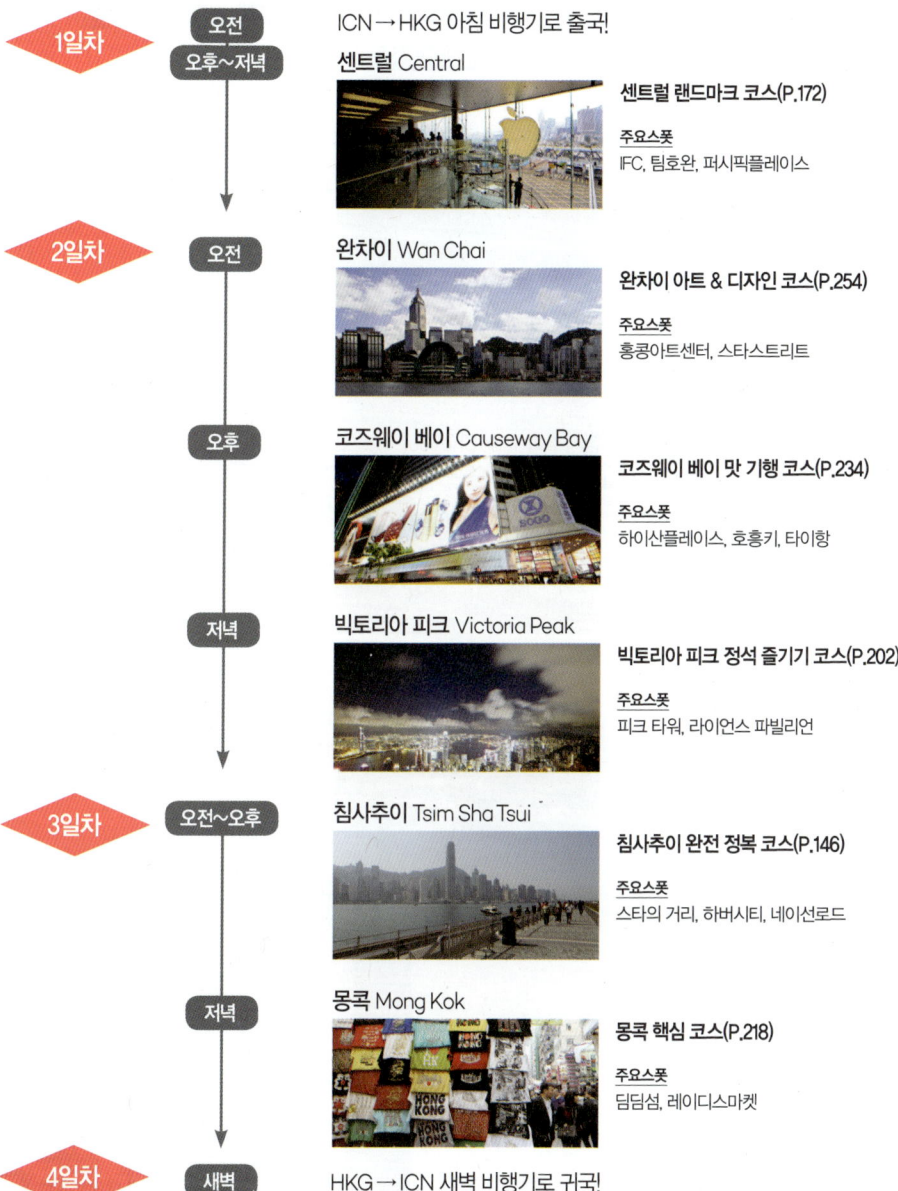

1일차
- 오전: ICN → HKG 아침 비행기로 출국!
- 오후~저녁: 센트럴 Central
  - 센트럴 랜드마크 코스(P.172)
  - 주요스폿: IFC, 팀호완, 퍼시픽플레이스

2일차
- 오전: 완차이 Wan Chai
  - 완차이 아트 & 디자인 코스(P.254)
  - 주요스폿: 홍콩아트센터, 스타스트리트
- 오후: 코즈웨이 베이 Causeway Bay
  - 코즈웨이 베이 맛 기행 코스(P.234)
  - 주요스폿: 하이산플레이스, 호흥키, 타이항
- 저녁: 빅토리아 피크 Victoria Peak
  - 빅토리아 피크 정석 즐기기 코스(P.202)
  - 주요스폿: 피크 타워, 라이언스 파빌리언

3일차
- 오전~오후: 침사추이 Tsim Sha Tsui
  - 침사추이 완전 정복 코스(P.146)
  - 주요스폿: 스타의 거리, 하버시티, 네이선로드
- 저녁: 몽콕 Mong Kok
  - 몽콕 핵심 코스(P.218)
  - 주요스폿: 딤딤섬, 레이디스마켓

4일차
- 새벽: HKG → ICN 새벽 비행기로 귀국!

Cource 3 홍콩은 기본, 마카오까지! 3박 4일 정석대로 코스

홍콩은 처음, 홍콩의 중요한 부분을 한 번에 경험하고 싶은 여행자
조금은 여유있게 홍콩을 즐기고 싶은 커플여행자
이왕이면 많이, 홍콩과 마카오 두 도시를 모두 경험하고 싶은 여행자

#홍콩에왔으면 #마카오도봐야 #정석 #3박은해야여행 #핵심은물론
#꼭꼭숨은여행지까지

1일차

오전 — ICN → HKG 아침 비행기로 출국!

오후~저녁 — 센트럴 Central

센트럴 알짜배기 코스(P.170)
주요스폿
IFC, 소호, 란콰이퐁

2일차

오전~오후 — 침사추이 Tsim Sha Tsui

침사추이 완전 정복 코스(P.146)
주요스폿
스타의 거리, 하버시티, 네이선로드

저녁 — 몽콕 Mong Kok

몽콕 핵심 코스(P.218)
주요스폿
딤딤섬, 레이디스마켓

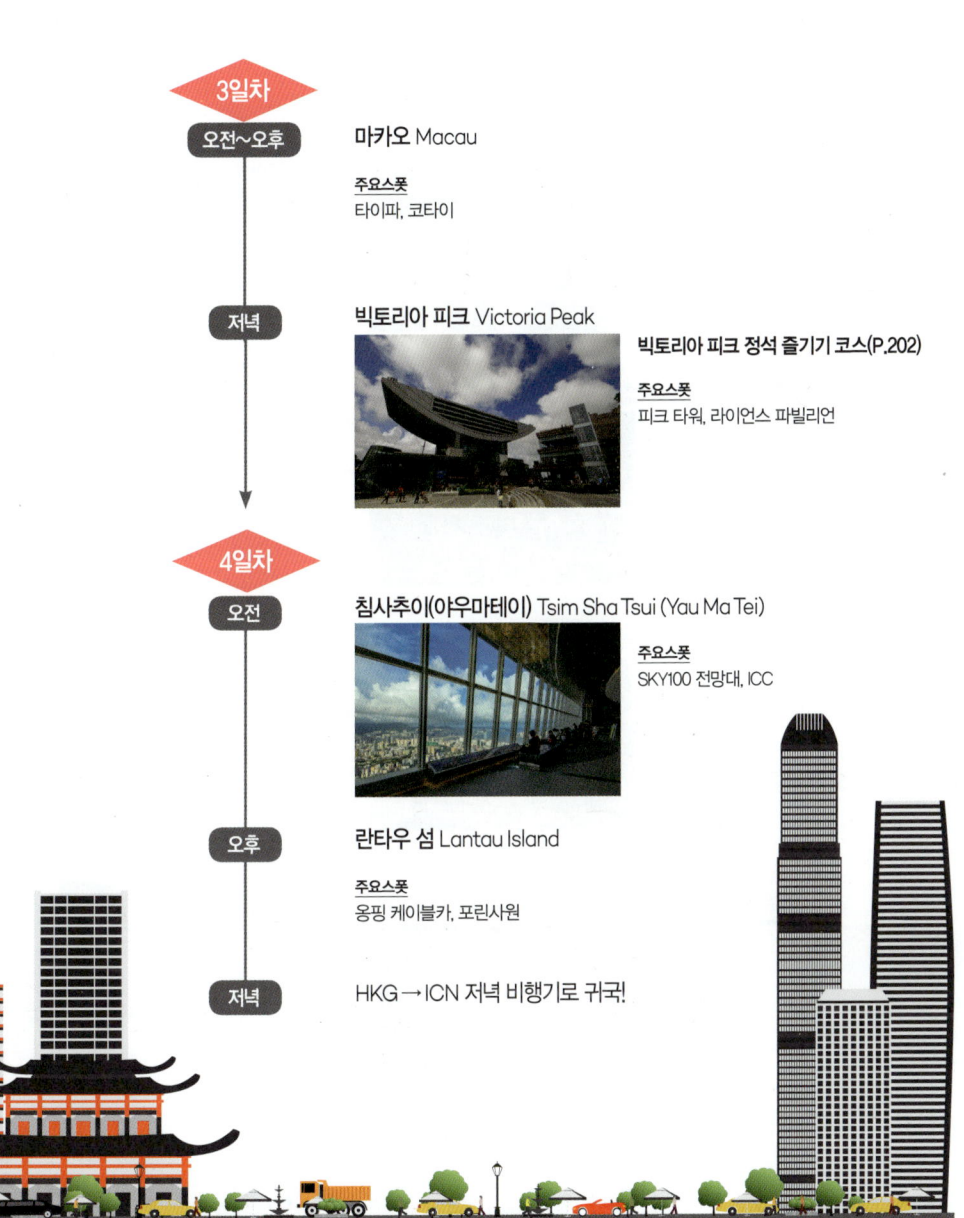

3일차

오전~오후

마카오 Macau

주요스폿
타이파, 코타이

저녁

빅토리아 피크 Victoria Peak

빅토리아 피크 정석 즐기기 코스(P.202)

주요스폿
피크 타워, 라이언스 파빌리언

4일차

오전

침사추이(야우마테이) Tsim Sha Tsui (Yau Ma Tei)

주요스폿
SKY100 전망대, ICC

오후

란타우 섬 Lantau Island

주요스폿
옹핑 케이블카, 포린사원

저녁

HKG → ICN 저녁 비행기로 귀국!

Cource 4 더할 나위 없었다! 4박 5일 완전정복 코스

모두 다 함께, 큰맘 먹고 떠나는 가족여행자
남는 건 시간 뿐, 여유로운 일정이 가장 중요한 한량 여행자

#홍콩마카오 #디즈니랜드 #도심과자연 #홍콩의모든것 #다이루었다

1일차

오전
ICN → HKG 아침 비행기로 출국!

오후~저녁
센트럴 Central

센트럴 랜드마크 코스(P.172)
주요스폿
IFC, 팀호완, 퍼시픽플레이스

2일차

오전~오후
침사추이 Tsim Sha Tsui

침사추이 완전 정복 코스(P.146)
주요스폿
스타의 거리, 하버시티, 네이선로드

저녁
몽콕 Mong Kok

몽콕 핵심 코스(P.218)
주요스폿
딤딤섬, 레이디스마켓

3일차

오전~저녁
디즈니랜드 홍콩 Disneyland Hong Kong

주요스폿
토이스토리랜드, 어드벤처랜드

140

4일차

오전~오후

마카오 Macau

주요스폿
타이파, 코타이

저녁

빅토리아 피크 Victoria Peak

빅토리아 피크 정석 즐기기 코스(P.202)

주요스폿
피크 타워, 라이언스 파빌리언

5일차

오전~오후

스탠리 Stanley

스탠리 완전 정복 코스(P.270)

주요스폿
스탠리 메인 비치, 스탠리플라자

저녁

란타우 섬 Lantau Island

주요스폿
옹핑 케이블카, 포린사원

저녁

HKG → ICN 저녁 비행기로 귀국!

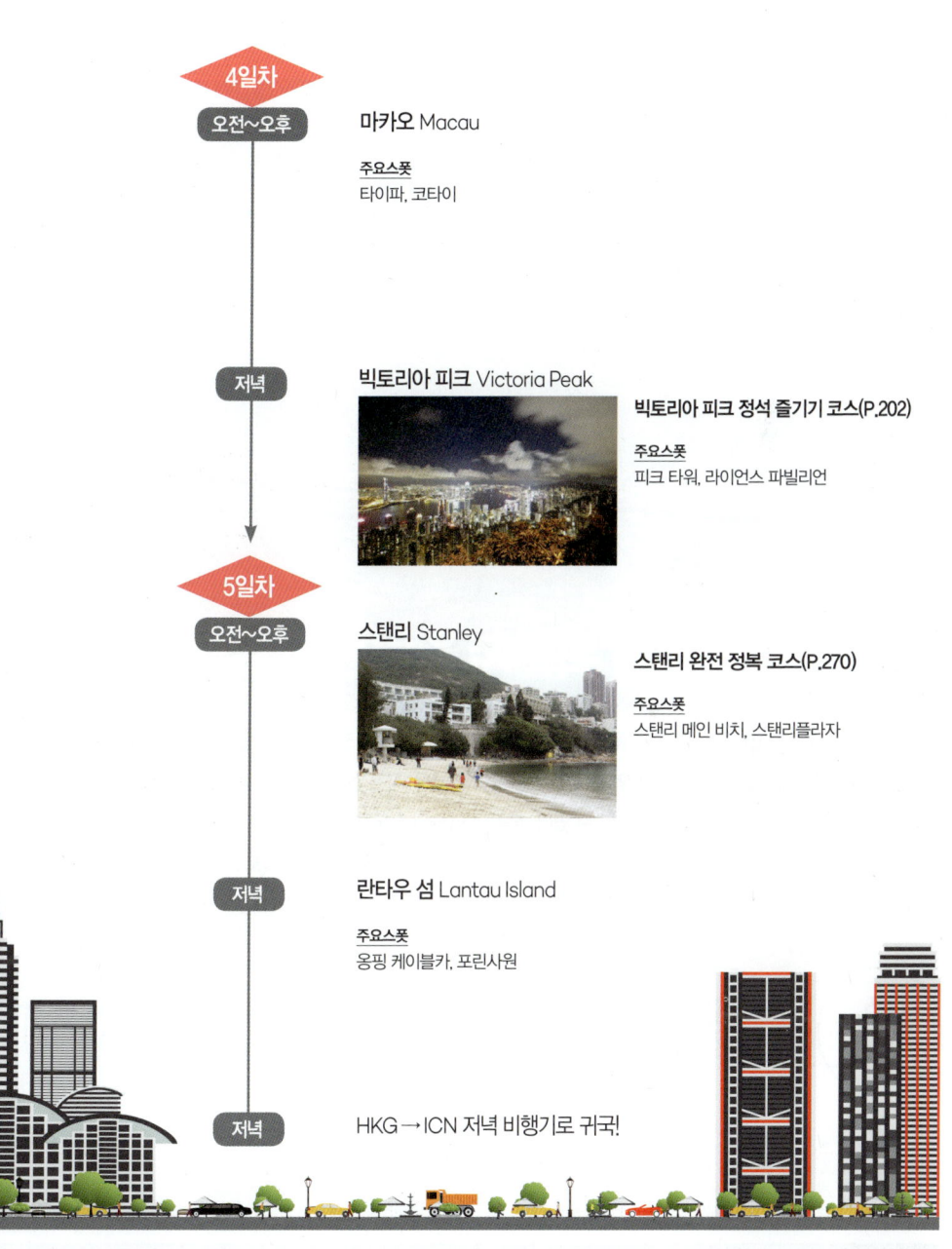

1 TSIM SHA
침사추이 [尖沙咀/찜사쪼이]

관광, 쇼핑, 미식 뭐든지 원하는 대로!

까우롱 반도 최대의 번화가로 홍콩 최대 규모의 쇼핑몰 '하버시티'를 비롯해 크고 작은 쇼핑몰들이 자리 잡고 있어 늘 인파로 북적거린다. 화려한 쇼핑몰, 오래된 낡은 건물들과 뒷골목, 작은 상점과 식당들이 뒤섞여 활기가 넘치며 홍콩 섬의 멋진 스카이라인을 제대로 감상할 수 있다. 홍콩 스타들의 손도장이 있는 스타의 거리와 시계탑, 식민지 양식의 해경 건물을 화려하게 개조해서 만든 1881 헤리티지 등 사진 찍기 좋은 관광지들도 모여 있어 홍콩 여행에서 빠질 수 없는 곳이다.

인기
★★★★★

관광지
★★★★★

쇼핑
★★★★★

식도락
★★★★★

나이트라이프
★★★★★

혼잡도
★★★★★

관광, 쇼핑, 미식 등 원하는 모든 것들이 밀집된 홍콩 여행의 필수 코스!

동서양의 문화가 잘 융합된 홍콩 역사의 흔적들을 발견하는 재미가 있다.

드러그스토어와 화장품 전문점, 명품 아웃렛까지 쇼핑의 모든 것을 편리하게 즐겨 보자.

고급 호텔 레스토랑부터 뒷골목 로컬 맛집까지 미식 천국 홍콩을 제대로 탐험할 수 있다.

홍콩섬의 야경과 함께 칵테일 한 잔 하기 좋은 최적의 장소!

정신 차리지 않으면 인파에 쓸려 흘러가버린다.

TSUI 143

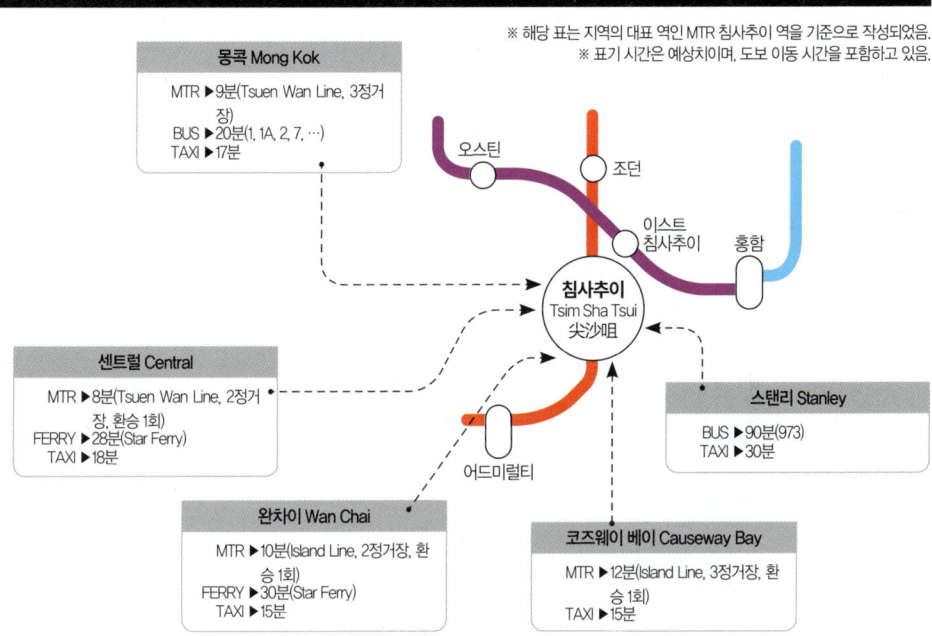

※ 해당 표는 지역의 대표 역인 MTR 침사추이 역을 기준으로 작성되었음.
※ 표기 시간은 예상치이며, 도보 이동 시간을 포함하고 있음.

몽콕 Mong Kok
MTR ▶ 9분(Tsuen Wan Line, 3정거장)
BUS ▶ 20분(1, 1A, 2, 7, ···)
TAXI ▶ 17분

센트럴 Central
MTR ▶ 8분(Tsuen Wan Line, 2정거장, 환승 1회)
FERRY ▶ 28분(Star Ferry)
TAXI ▶ 18분

완차이 Wan Chai
MTR ▶ 10분(Island Line, 2정거장, 환승 1회)
FERRY ▶ 30분(Star Ferry)
TAXI ▶ 15분

스탠리 Stanley
BUS ▶ 90분(973)
TAXI ▶ 30분

코즈웨이 베이 Causeway Bay
MTR ▶ 12분(Island Line, 3정거장, 환승 1회)
TAXI ▶ 15분

침사추이 이렇게 여행하자

침사추이는 까우롱 반도의 중심지이자 홍콩 섬으로 이동이 편리하고 럭셔리 호텔부터 중저가 호텔, 게스트하우스, 한인 민박까지 숙소가 밀집되어 있어 많은 여행자들의 여행 거점이 된다. 호텔을 어디에 잡을까 고민이 된다면 침사추이 지역에 잡는 것이 무난하다. 여행자들의 왕래가 많다 보니 크고 작은 쇼핑몰들과 레스토랑, 박물관, 마사지 숍까지 모여 있어 하루 종일 도보로 침사추이 지역만 돌아다니며 관광과 쇼핑을 즐기는 것도 가능하기 때문이다.

홍콩 섬을 메인으로 여행하고 침사추이에 잠깐 들러 짧은 시간에 효율적으로 둘러보려면 센트럴이나 완차이에서 스타 페리를 이용해 침사추이 시계탑, 침사추이 프롬나드, 1881 헤리티지, 하버시티 등 페리 선착장 근처에 모여 있는 관광지를 집중해서 공략하자. 침사추이 선착장 앞에 있는 버스 종점에서 버스를 타면 야우마테이 템플스트리트 야시장이나 몽콕 레이디스마켓까지 편리하게 이동할 수 있다.

관광 안내소
침사추이 스타 페리 선착장에 위치. 지나가면서 지도도 챙기고 최근 이벤트 등을 확인하도록 하자.

침사추이 출구별 핵심 볼거리

MTR 침사추이 역 & MTR 이스트 침사추이 역	
A1번 출구	까우롱 공원, 실버코드, 캔톤로드
B2번 출구	더원, 미라쇼핑몰, 너츠포드테라스, 홍콩역사박물관
H번 출구	아이스퀘어
L5번 출구	하버시티
L6번 출구	1881 헤리티지, 시계탑, 스타 페리 터미널
J번 출구	스타의 거리, K11 뮤제아, 홍콩우주박물관

침사추이 쇼핑 TIP

쇼핑의 천국, 침사추이에서 쇼핑 루트를 정하는 요령!

① 요즘 핫한 쇼핑몰 방문을 원한다면? – 빅토리아만의 멋진 전경을 배경으로 한 예술 컨셉의 쇼핑몰 K11 뮤제아에서 감각이 즐거운 쇼핑을 경험하자.

② 시간이 한정되어 있고, 효율적으로 돌아보려면? – 하버시티. 쇼핑몰 자체의 규모는 거대하지만 거의 모든 브랜드가 총망라되어 있어 명품부터 슈퍼마켓까지 원스톱 쇼핑이 가능하고 레스토랑과 카페까지 실내에서 해결할 수 있다.

③ 명품보다는 실속 가격대의 패션 제품들을 사려면? – 더원, 미라몰, 아이스퀘어, 실버코드 등 중간 규모의 쇼핑몰을 방문하자.

1 TSIM SHA TSUI 침사추이 [尖沙咀/찜사쪼이]

TRAVEL MEMO
침사추이 여행 한눈에 보기

MUST SEE
침사추이에서
이것만은 꼭 보자!

No. 1
매일 저녁 8시, 밤이면 밤마다 즐기는 레이저 쇼 심포니 오브 라이트와 야경

No. 2
홍콩을 더욱 깊이 이해하게 해 줄 홍콩역사박물관

No. 3
홍콩 스타들의 손도장이 찍혀 있는 스타의 거리

MUST EAT
침사추이에서
이것만은 꼭 먹자!

No. 1
홍콩에서 빼놓을 수 없는 딤섬 즐기기

No. 2
우리 입맛에도 잘 맞는 중식 즐기기

No. 3
새콤달콤, 보기 좋고 맛도 좋은 홍콩식 디저트

MUST BUY
침사추이에서
이것만은 꼭 사자!

No. 1
명품 플래그십 스토어에서 우아하게 쇼핑 즐기기!

No. 2
드러그스토어에서 화장품과 간식을 저렴한 가격에 득템!

No. 3
슈퍼마켓에서 차와 부담 없는 선물들 구입하기

MUST EXPERIENCE
침사추이에서
이것만은 꼭 경험하자!

No. 1
야경과 함께 낭만 즐기기, 아름다운 홍콩 섬의 야경 감상하며 칵테일 한잔!

No. 2
단돈 500원의 행복, 스타페리를 타고 빅토리아 하버 건너기

No. 3
고풍스러운 1881헤리티지에서 인증샷 남기기

1. TSIM SHA TSUI 침사추이

1 TSIM SHA TSUI 침사추이 [尖沙咀/찜사쪼이]

코스 무작정 따라하기
침사추이 완전 정복 코스

관광과 쇼핑, 두 마리 토끼를 동시에! 홍콩의 역사와 문화를 이해하고, 홍콩의 음식을 먹어 보고, 나와 사랑하는 사람들을 위한 선물도 사고 싶다면 침사추이를 구석구석 돌아다니면서 관광과 쇼핑을 모두 즐겨 보자. 거기에 미식이 더해지면 금상첨화!

S — Start
MTR 침사추이 역 B2번 출구
MTR Tsim Sha Tsui Station
尖沙咀站 찜사쪼이짬

Cameron Road를 따라 걷다가 South Chatham Road를 따라 걷는다. → 홍콩역사박물관

● **PLUS TIP**
홍콩박물관 안에는 복고풍 느낌의 찬탕이 있어 딤섬과 홍콩식 빵에 밀크티나 레몬티를 곁들여 식사가 가능하다.

1 — 1h
홍콩역사박물관
Hong Kong Museum of History 香港歷史博物館
헝꽁렉씨빡맛꾼

박물관은 딱딱한 설명 대신 축제 전통을 전시 모형으로 만들어 놓아서 홍콩 분위기가 나는 기념사진을 찍기 좋다.
⏰ 월·수~금요일 10:00~18:00, 토~일요일·공휴일 10:00~19:00 (화요일 휴무) ◎ 상설관 입장 무료

Mody Road를 따라 MTR 이스트 침사추이 역쪽으로 걸어가다 버스터미널을 지나 지하터널을 건너면 K11 뮤제아가 나온다 / 버스 이용시 Hong Kong Science Museum정거장에서 탑승해서 2정거장 후에 East Tsim Sha Tsui Railway Station정거장에서 하차 (13X, 35A, 35X, 87D, 98D) → K11 뮤제아

2 — 1h
K11 뮤제아
K11 Musea

쇼핑몰 곳곳에 위치한 예술가들의 작품들을 찾아보는 재미가 있는 쇼핑몰로 음식점과 카페도 다양해서 시간을 보내며 휴식을 취하기 좋다.
⏰ 매일 10:00~22:00

Victoria Dockside쪽 출구로 나오면 바로 → 스타의 거리

3 — 30min
스타의 거리
Avenue of Stars 星光大道 쌩꽹따이또우

홍콩의 영화사를 빛낸 배우와 감독들의 핸드프린트를 마주할 수 있는 약 400m의 해변 산책로. 성룡, 유덕화, 여명, 장만옥 등 홍콩 배우들의 손도장을 찾는 재미가 쏠쏠하다.

스타의 거리를 따라 침사추이 시계탑 옆 홍콩문화센터까지 걷는다 → 세레나데

5 — 15min
캔톤로드
Canton Road 廣東道
꿩뚱도우

캔톤로드의 남단은 아시아에서 가장 큰 규모의 루이비통 플래그십 스토어를 비롯해 전 세계 명품 플래그십 스토어가 즐비하다. 크고 작은 쇼핑몰이 모여 있는 쇼핑 일번가. 캔톤로드를 따라 하버시티, 실버코드, DFS 갤러리아 등 쇼핑몰이 자리 잡고 있다. 원하는 대로 다니면서 쇼핑을 즐기면 된다 → 하버시티

4 — 1h
세레나데
Serenade 映月樓

접근성이 좋은 위치에 자리 잡고 있는 뷰맛집 중식 레스토랑.
⏰ 월~금요일 11:00~15:00, 17:30~23:00 주말·공휴일 10:00~15:00, 17:30~23:00

Salisbury Road를 건너면 바로 캔톤로드가 시작된다 → 캔톤로드

● **PLUS INFO**
추천메뉴 누구나 무난하게 즐길 수 있는 딤섬류 HK$49~

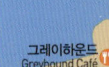

1 TSIM SHA TSUI 침사추이 [尖沙咀/찜사쪼이]

코스 무작정 따라하기
침사추이 완전 정복 코스

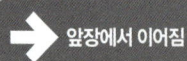 앞장에서 이어짐

1h30min

6 하버시티
Harbour City 海港城
하이껑쌩

홍콩 쇼핑과 다이닝의 최고봉! 홍콩에서 가장 큰 규모의 쇼핑몰로 450여 개의 매장, 50여 개의 식당, 호텔 3곳이 입점해 있어 하루 종일 시간을 보낼 수도 있다.
🕐 매일 10:00~22:00 (상점에 따라 다름)
스타 페리 선착장 옆, 캔톤로드와 Salisbury Road가 만나는 곳에 위치. 시계탑이 높아서 멀리서도 쉽게 눈에 띈다.
→ 침사추이 시계탑

5min

7 침사추이 시계탑
Tsim Sha Tsui Clock Tower 尖沙咀鐘樓
찜사쪼이쫑라우

중국 대륙을 횡단하던 철도의 출발점이였던 예전 까우롱 역사의 일부로, 재개발로 역은 사라졌지만 시계탑만 홀로 남아 침사추이의 대표 랜드마크가 되었다.

솔즈베리 로드(Salisbury Road) 횡단보도를 건너면 오른쪽에 위치 → 1881 헤리티지

10min

8 1881 헤리티지
1881 Heritage

1996년까지 해양경찰본부로 사용되던 곳으로 리노베이션을 통해 화려한 빅토리아풍 외관의 고급 쇼핑몰과 부티크 호텔로 변신했다. 화려하면서도 아기자기한 건물이 예뻐서 언제나 사진 찍는 사람들로 북적거린다.
🕐 월~일요일 10:00~22:00 (상점에 따라 다름)
상하이탕 앞에 있는 지하도로 들어가 L3번 출구로 나오면 바로 앞 → 네이선로드

PLUS TIP
광장 앞에 위치한 붉은 벽돌 건물은 소방서로 이용되던 곳으로, 건물 뒤편에 과거에 사용하던 소방차 모델이 전시되어 있다.

15min

9 네이선로드
Nathan Road 彌敦道
네이떤따우

침사추이에서 삼수이포까지 연결하는 까우룽 반도의 메인도로로 고층건물과 네온사인이 화려한 홍콩 밤거리 대표주자. 관광객을 대상으로 하는 드러그스토어, 금은방, 화장품 전문점들이 많아 실용적인 기념품 쇼핑에 편리하다.

네이선로드를 따라 걷다가 킴벌리로드(Kimberly Road)로 꺾어 들어가 미라플레이스 옆 계단을 올라간다. → 노츠포드테라스

1h

10 너츠포드테라스
Knutsford Terrace
諾士佛台 럭씨팟터이

레스토랑, 바, 펍이 밀집해 있는 약 150m의 골목으로 북적거리는 노천 테이블에 앉아서 가볍게 맥주 한잔 하면서 하루를 마감하기 좋은 곳이다. 캠벌리로드를 걷다가 네이선로드에 닿으면 왼쪽으로 걷는다. (맞은편에 이슬람모스크가 보인다) → MTR 침사추이 역 B1번 출구

Finish

F MTR 침사추이 역 B1번 출구
MTR Tsim Sha Tsui Station
尖沙咀站 찜사쪼이짬

148-149

↓ start

앞장에서 이어짐

6. 하버시티

▼ 270m, 도보 3분 ▼

7. 침사추이 시계탑

▼ 250m, 도보 4분 ▼

8. 1881 헤리티지

▼ 500m, 도보 7분 ▼

9. 네이션로드

▼ 1km, 도보 13분 ▼

10. 너츠포드테라스

▼ 400m, 도보 5분 ▼

F. MTR 침사추이 역 B1번 출구

1. TSIM SHA TSUI 침사추이

1 TSIM SHA TSUI 침사추이 [尖沙咀/찜사쪼이]

코스 무작정 따라하기
침사추이 알짜배기 코스

최소한의 일정으로 콕콕! 일정상 침사추이에서 보낼 수 있는 시간이 반나절 정도 된다면 꼭 가야할 곳만 짚어서 빠르게 움직이자.

S MTR 이스트 침사추이 역 J2출구
MTR East Tsim Sha Tsui Station Exit J2
K11 뮤제아와 지하통로로 연결되어 있다. → K11 뮤제아

1h

1 K11 뮤제아
K11 Musea
쇼핑몰 곳곳에 위치한 예술가들의 작품들을 찾아보는 재미가 있는 쇼핑몰로 음식점과 카페도 다양해서 시간을 보내며 휴식을 취하기 좋다.
⏰ 매일 10:00~22:00
하버시티 내 프린스호텔 쪽 출구로 나와 횡단보도를 건너면 바로 왼편에 위치 → 스타의 거리

30min

2 스타의 거리
Avenue of Stars 星光大道 쌩꽝따이또우
홍콩의 영화사를 빛낸 배우와 감독들의 핸드프린트를 마주할 수 있는 약 400m의 해변 산책로, 성룡, 유덕화, 여명, 장만옥 등 홍콩 배우들의 손도장을 찾는 재미가 쏠쏠하다.
스타의 거리를 따라 걷다보면 자연스럽게 시계탑에 도착하게 된다. → 침사추이 시계탑

5min

3 침사추이 시계탑
Tsim Sha Tsui Clock Tower 尖沙咀鐘樓 찜사쪼이쭝라우
침사추이 프롬나드를 걷다보면 가장 눈에 띄는 랜드마크. 특별히 구경할 것은 없지만 좋은 길목에 있어 오가면서 자연스럽게 한번쯤 보게 된다.
도로를 하나 건너면 된다. → 1881 헤리티지

10min

4 1881 헤리티지
1881 Heritage
경찰서 건물의 변신은 무죄? 평범했던 경찰서 건물을 화려하게 리노베이션한 부티크 호텔과 럭셔리 쇼핑몰, 사람들로 언제나 붐비는 기념사진 촬영 명소!
⏰ 매일 10:00~22:00 (상점별로 다름)
도로를 하나 건너면 된다. → 침사추이 스타페리 버스 터미널

Finish

F 침사추이 스타 페리 버스 터미널
Star Ferry Pier Bus Terminus
天星碼頭巴士站 틴씽마터우빠씨잠

+ PLUS TIP
스타페리를 이용해 센트럴이나 완차이로 이동 혹은 버스를 이용해 몽콕 야시장으로 이동하기 편리하다.

150-151

↓ start

S.	MTR 이스트 침사추이역 J2
	지하통로로 바로 연결되어 있다
1.	K11 뮤제아
	30m, 도보 1분
2.	스타의 거리
	120m, 도보 2분
3.	침사추이 시계탑
	100m, 도보 2분
4.	1881 헤리티지
	100m, 도보 2분
F.	침사추이 스타 페리 버스 터미널

1. TSIM SHA TSUI 침사추이

1 TSIM SHA TSUI 침사추이 [尖沙咀/찜사쪼이]

⊕ TRAVEL INFO
침사추이 핵심 여행 정보

№ 1 스타의 거리
★★★★★ Avenue of Stars
[星光大道 쌩꽝따이따우]

홍콩의 영화사를 빛낸 배우와 감독들의 핸드프린트를 만날 수 있는 해변 산책로, 빅토리아 하버의 아름다운 야경을 즐길 수 있는 최적의 장소이다. 배우 성룡의 손도장을 찾아서 적혀 있는 한글을 찾는 소소한 재미도 즐겨보자. 침사추이에 왔다면 꼭 거쳐야 할 명소.

- ⓘ **INFO** P.58 ⓜ **MAP** P.144F
- 🚇 **찾아가기** MTR 침사추이역 J출구로 나와 Salisbury Road로 도보 3분 📍 **주소** Avenue of Stars, Tsim Sha Tsui 🌐 **홈페이지** www.avenueofstars.com.hk

№ 2 심포니 오브 라이트
★★★★★ A Symphony of Lights
[幻彩詠香江 완차이웽헝껑]

매일 저녁 8시부터 약 10여분 간 빅토리아 하버 근처의 약 40여 개의 건물이 참여하는 레이저쇼. 2004년 1월 17일부터 시작해 세계 최장 하버쇼로 기네스북에 등재되어 있다. 레이저 쇼와 함께 홍콩의 야경을 관람할 최적의 장소는 침사추이 시계탑 앞에 마련된 2층 전망대 위. 바다 위를 화려하게 물들이는 조명들과 함께 홍콩 야경의 낭만에 빠져보자.

- ⓘ **INFO** P.55 🕐 **시간** 매일 20:00~20:10
- ⓧ **휴무** 연중무휴
- 🌐 **홈페이지** www.tourism.gov.hk/symphony

№ 3 서구룡문화지구 아트파크
★★★★★ West Kowloon Cultural District – Art Park
[西九文化區 藝術公園 싸이까우먼화케이 까이섯공원]

서구룡 문화지구에 위치한 아트파크는 홍콩섬을 향해 탁 트인 전망을 즐길 수 있는 멋진 해안 산책로를 제공한다. 잘 가꿔진 잔디밭에서 홍콩 시민들은 피크닉을 즐기고, 반려동물과 산책을 하거나 조깅을 하며 다양한 모습으로 각자 그 공간을 즐긴다. 때때로 야외공연이나 행사들이 열리며 다양한 식당과 카페, 푸드트럭 등이 있어 식사를 하거나 맥주 한 잔을 즐기기도 좋다. 낮에는 근처 고궁박물관이나 M+미술관을 방문한 뒤 석양과 야경을 즐기며 식사를 하거나 대화를 나누며 낭만적인 추억을 만들어보자.

- ⓘ **INFO** P.36 ⓜ **MAP** P.144A 🚇 **찾아가기** MTR 까우롱(Kowloon)역 C1번 혹은 D1번 출구에서 에스컬레이터를 타고 1층으로 올라가 엘레먼츠(Elements) 쇼핑몰로 들어간다. 쇼핑몰 내 메탈존(Metal Zone)을 지나서 서구룡문화지구로 연결되는 다리를 건넌다. 도보 약 15분 소요 📍 **주소** West Kowloon Cultural District, Kowloon 🕐 **시간** 매일 06:00~23:00 ⓧ **휴무** 연중무휴 🌐 **홈페이지** www.westkowloon.hk

№ 4 홍콩 고궁박물관
★★★★ Hong Kong Palace Museum
[香港故宮文化博物館 헝겅꾸겅먼화보먼꾼]

서구룡 문화지구와 북경 고궁박물관이 공동 기획한 곳으로 1~7관까지의 상설 전시실에서 명, 청 시대의 화려하고 아름다운 공예품을 전시하고 있다.

- ⓜ **MAP** 지도 범위 외(P.144A 방향)
- 🚇 **찾아가기** 서구룡 문화지구 내 📍 **주소** West Kowloon Cultural District, 8 Museum Drive, Kowloon 📞 **전화** 2200-0217 🕐 **시간** 일,월,수,목요일 10:00~18:00, 금,토일, 공휴일 10:00~20:00 ⓧ **휴무** 화요일(공휴일 제외)
- 💲 **가격** 일반전(1~7관) 성인 HK$70~90, 특별관(8, 9관) 전시에 따라 가격 변동
- 🌐 **홈페이지** www.hkpm.org.hk

No.5 SKY100 전망대
★★★★★ SKY100 [天際100 틴자이앗빠]

파리의 에펠탑, 뉴욕의 엠파이어스테이트 빌딩, 도쿄의 스카이트리 등 전 세계 대도시에는 도시 전체를 조망할 수 있는 상징적인 전망대가 있듯이 홍콩에는 SKY100 전망대가 있다. 홍콩에서 가장 높은 빌딩인 ICC의 100층에 있는 이 전망대는 실내 전체를 개방해 360도 모든 각도에서 홍콩을 내려다볼 수 있다. 낮에는 고층건물이 빽빽한 도심과 크고 작은 배들이 분주하게 움직이는 빅토리아 하버의 생동적인 모습을, 밤에는 화려하고 아름다운 야경을 감상할 수 있다. 입장권이 꽤 비싸지만 날씨가 화창하다면 충분히 가치가 있다. 티켓을 구입해 2층에서 엘리베이터를 타고 단 60초만에 100층에 도착한다. 홍콩을 제대로 보고 싶다면 꼭 한번 올라가 보자. 늦은 오후에 올라가 낭만적인 일몰 전망과 화려한 야경을 즐기는 것이 정석!

방향) ⓒ 찾아가기 MTR 까우롱(Kowloon) 역과 연결되어 있음(전망대로 가는 엘리베이터 입구는 엘리먼츠 쇼핑몰 2층 메탈존(Metal Zone)에 위치) ⓒ 주소 International Commerce Centre (ICC), Elements, 1 Austin Road W, West Kowloon ⓒ 전화 2613-3888
ⓒ 시간 매일 10:00~20:30 (마지막 입장시간 20:00) ⓒ 휴무 행사가 있을 경우 전망대 일부 구간은 입장이 통제된다. 방문 전 홈페이지에서 미리 확인 필요 ⓢ 가격 입장료 일반 HK$198, 할인(만3~11세 어린이, 만65세 이상 시니어) HK$138, 온라인에서 사전구매시 10% 할인 ⓒ 홈페이지 sky100.com.hk

ⓒ MAP 지도 범위 외(P.144A)

No.6 침사추이 시계탑
★★★★ Tsim Sha Tsui Clock Tower [尖沙咀鐘樓 찜사쪼이쫑라우]

1915년에 건설된 44m높이의 시계탑은 과거 홍콩과 중국 대륙을 연결하던 철도의 종착역이었던 까우롱 역의 일부로 1970년 종착역을 홍홈으로 옮기면서 기차역은 사라졌지만 시계탑은 남아 백 년 이상 그 자리를 지키고 있는 침사추의 대표 랜드마크이다.

ⓒ INFO P.48 ⓒ MAP P.144E ⓒ 찾아가기 MTR 침사추이 역 L6번 출구 도보 3분. 스타페리 선착장 바로 옆 ⓒ 주소 Star Ferry pier, Kowloon Point, Tsim Sha Tsui, Kowloon

No.7 홍콩역사박물관
★★★★ Hong Kong Museum of History [香港歷史博物館 향꽁렉씨빡갓꾼]

중국 근현대사에 관심이 있는 사람이라면 아편전쟁부터 1997년 중국에 반환된 후까지 홍콩과 중국 역사에 대해 좀 더 자세히 이해할 수 있는 기회가 될 것이다. 한 낮의 더위를 피하고, 특색 있는 사진을 찍을 수 있는 곳!

ⓒ MAP P.144B ⓒ 찾아가기 MTR MTR 침사추이역 B2출구 도보 10분
ⓒ 주소 100 Chatham Road South, Tsim Sha Tsui, Kowloon, Hong Kong ⓒ 전화 2724-9042 ⓒ 시간 월·수~금요일 10:00~18:00, 토·일요일·공휴일 10:00~19:00 ⓒ 휴무 화요일, 구정 연휴 2일 ⓢ 가격 무료 관람
ⓒ 홈페이지 hk.history.museum

No.8 홍콩과학관
★★★★ Hong Kong Science Mueum [香港科學館 향꽁퍼학꾼]

빛, 소리, 동작, 전기, 자기, 수학, 생물, 교통, 통신, 식품과학, 에너지, 직업안전과 건강 등 과학과 기술의 각 분야를 다루는 500여 점의 상설 전시물을 만날 수 있다.

ⓒ MAP P.144D ⓒ 찾아가기 홍콩역사박물관 맞은편에 위치 ⓒ 주소 2 Science Museum Road, Tsim Sha Tsui, Kowloon, Hong Kong ⓒ 전화 2732-3232 ⓒ 시간 월~수·금요일 10:00~19:00, 토·일요일·공휴일 10:00~21:00
ⓒ 휴무 목요일, 구정 연휴 2일 ⓢ 가격 성인 HK$20, 학생·장애인·60세 이상 HK$10, 학생, 수요일 무료 관람 ⓒ 홈페이지 hk.science.museum

No.9 1881 헤리티지
★★★★ 1881 Heritage

화려한 빅토리아풍 외관을 한 고급 쇼핑몰과 부티크 호텔. 현재 호텔로 사용되고 있는 3층 건물은 1884년 완공된 후부터 1996년까지 해양경찰본부로 사용되었다. 화려하면서도 고풍스러운 분위기로 사진을 찍는 관광객들의 발길이 끊이지 않는 곳.

ⓒ INFO P.49 ⓒ MAP P.144E ⓒ 찾아가기 MTR 침사추이 역, 이스트 침사추이 역과 연결된 L6번 출구 쪽으로 나와 지하도를 통해 길을 건너면 바로 ⓒ 주소 2A Canton Road, Tsim Sha Tsui, Kowloon ⓒ 전화 2926-8000
ⓒ 시간 매일 10:00~22:00 (상점에 따라 다름)
ⓒ 휴무 연중무휴
ⓒ 홈페이지 www.1881heritage.com

1 TSIM SHA TSUI 침사추이 [尖沙咀/찜사쪼이]

No.10 너츠포드테라스
★★★★ Knutsford Terrace
[諾士佛台 럭씨팟테이]

미라몰 옆 언덕 위에 있는 작은 골목으로 밤이면 노천 테이블에서 맥주와 저녁을 즐기는 사람들로 북적거린다. 30여 개의 이국적인 레스토랑과 바가 성업 중이다. 현지인과 관광객들이 많이 오는 곳으로 가게 앞으로 내놓은 노천테이블 자리가 특히 인기가 많다. 가볍게 맥주 한잔 하며 오가는 사람들을 구경하는 재미가 쏠쏠하다.

ⓜ MAP P.144D ⓕ 찾아가기 MTR 침사추이역 B1번 출구로 나와 네이선로드를 따라 오른쪽으로 4분 정도 걷다가 오른쪽 Kimberly Road로 진입, 미라몰 오른쪽 끝 계단을 올라가면 오른쪽에 위치
ⓐ 주소 Knutsford Terrace, Tsim Sha Tsui

No.11 엠플러스
★★★★ M+

아시아 최초의 근현대시각문화박물관인 엠플러스는 현대 비주얼 아트, 디자인, 건축 등 홍콩 시각문화를 모으고, 전시하는 공간이다. 런던 테이트 모던 미술관을 설계한 유명한 건축 듀오 헤르조그 앤 드뫼롱이 설계한 미술관은 그 자체로 감상할 만한 예술적인 공간으로 전시관, 3개의 영화관, 강의실, 미디어 자료관과 카페 등을 갖추고 있다. 무료로 개방되어 있는 루프탑 테라스에 올라가면 좀 더 한적하게 아름다운 홍콩섬과 하버 전망을 즐길 수 있다. 주의사항은 큰 가방을 가지고 전시관에 입장할 수 없다는 것. 30cm x 42cm x 10cm보다 큰 가방은 락커에 맡기고 입장해야 한다.

ⓘ INFO P.36

ⓜ MAP 지도 범위 외(P.144A 방향) ⓕ 찾아가기 서구룡문화지구 내 ⓐ 주소 M+, West Kowloon Cultural District, 38 Museum Drive, Kowloon ⓣ 전화 2200-0217 ⓢ 시간 화~일요일 10:00~18:00, 금요일은 22:00까지 연장 ⓗ 휴무 월요일 ⓟ 가격 일반전시 입장료 성인 HK$190, 할인 HK$100 (7~11세 어린이, 전업학생, 60세 이상 노인등). 특별전시 별도(전시에 따라 가격이 다름)
ⓦ 홈페이지 www.mplus.org.hk

No.12 까우롱 공원
★★★ Kowloon Park
[九龍公園 까우롱꽁윤]

빼곡한 건물들과 거리를 메운 인파로 언제나 포화 상태인 침사추이에서 여유롭게 산책을 하면서 숨을 돌릴 수 있는 곳이다. 울창한 나무들이 띠는 초록색이 눈을 편안하게 해 주고, 꽃과 새 등 소소하게 구경할 것들이 있다. 더운 날에는 야외 공공 수영장에서 현지인들과 수영을 즐기는 것도 색다른 경험이 될 것이다.

ⓜ MAP P.144C ⓕ 찾아가기 MTR 침사추이 역 A1번 출구 왼쪽 바로 옆 ⓐ 주소 Tsim Sha Tsui, Kowloon ⓢ 시간 매일 05:00~00:00, 공원 내 공공수영장 매일 06:30~12:00, 13:00~17:00, 18:00~22:00 ⓗ 휴무 부정기적

No.13 캔톤로드
★★★ Canton Road
[廣東道 꽝동도우]

홍콩 최대의 쇼핑몰 하버시티를 따라 쭉 늘어선 대형 명품 매장이 즐비한 화려한 거리. 영화 <첨밀밀>에서 여명과 장만옥이 낡은 배달 자전거를 타고 달리던 그 거리에 지금은 럭셔리 제품의 플래그십 스토어들이 늘어서 있어 격세지감을 느끼게 한다.

ⓜ MAP P.144C&E
ⓕ 찾아가기 MTR 이스트 침사추이 역 L6번 출구에서 헤리티지 1881을 끼고 하버시티 방향으로, 또는 침사추이 스타 페리 선착장을 나와 스타하우스와 헤리티지 1881 사이로 도보 2분

No.14 청킹맨션
★★★ Chungking Mansion
[重慶大廈 총행다이하]

영화 <중경삼림>의 모티브가 된 건물로 1961년 완공 당시에는 최고급 럭셔리 주상복합 맨션이었지만 시간이 흐르면서 슬럼화되어 한 때는 불법 이민자와 범법자들이 판치는 무법천지가 되기도 했다. 현재는 저렴한 게스트하우스와 환전소 등이 영업 중이다.

ⓜ MAP P.144E
ⓕ 찾아가기 MTR 침사추이 역 E번 출구로 나와 Nathan Road 건너편에 위치 ⓐ 주소 36-44 Nathan Road, Tsim Sha Tsui, Hong Kong
ⓦ 홈페이지 www.chungkingmansions.com.hk

EATING

№.15 홍콩우주박물관
★★★ Hong Kong Space Museum
[香港太空館 헝꽁타이홍꾼]

천체와 로켓 등 우주와 관련된 다양한 체험이 가능한 상설 전시관과 거대한 돔 형태의 옴니맥스 영화관이 있다.

- MAP P.144E
- 찾아가기 MTR 침사추이 역 E1번 출구로 나와서 Nathan Road를 따라서 60m 정도 직진한 뒤 페닌슐라호텔 앞에서 횡단보도를 건너면 정면에 위치
- 주소 10, Salisbury Road, Tsim Sha Tsui, Kowloon
- 전화 2721-0226
- 시간 월·수~금요일 13:00~21:00, 토·일요일·공휴일 10:00~21:00(수요일 무료)
- 휴무 화요일, 구정 연휴 2일
- 가격 입장료 HK$10, 옴니맥스쇼 성인 HK$30~40, 학생·장애인·60세 이상 HK$15~20
- 홈페이지 hk.space.museum

№.16 성 앤드루 교회
★★ St Andrew's Church
[聖安德烈堂 쌩온딱릿텅]

1906년에 완공된 까오룽 반도에서 가장 오래된 영국 성공회 교회. 붉은 벽돌을 이용해 빅토리안 고딕양식으로 지어진 소박하고 경건한 외관이 특징으로, 예배 시간 외에는 대중에게 공개하고 있다. 1945년 초 일본군 점령 시절에는 신사로 사용된 슬픈 역사도 가지고 있다.

- INFO P.51
- MAP P.144A
- 찾아가기 MTR 조던 역 D번 출구에서 왼쪽으로 도보 3분
- 주소 138 Nathan Road, Tsim Sha Tsui
- 전화 2175-3100
- 시간 매일 07:30~22:30
- 휴무 연중무휴

№.1 세레나데
★★★★★ Serenade [映月樓]

통유리 밖으로 펼쳐지는 홍콩 섬 전경을 감상하며 딤섬을 즐길 수 있는 레스토랑으로 외국인 관광객들이 즐겨 찾아 메뉴에 사진과 영어 설명이 충실히 되어 있어 주문하기 편리하다.

- MAP P.144E
- 찾아가기 MTR 침사추이 역 J번 출구 도보 5분. 침사추이 선착장 도보 3분
- 주소 2/F, Hong Kong Cultural Centre, Tsim Sha Tsui
- 전화 2722-0932
- 시간 월~금요일 11:00~15:00, 17:30~23:00 주말·공휴일 10:00~15:00, 17:30~23:00
- 휴무 연중무휴
- 가격 예산 점심 HK$250~, 저녁 HK$400~

№.2 탕코트
★★★★ T'ang Court
[唐閣 텅껙]

Stir-fried fresh lobster with spring onions, red onions and shallots, 三蔥爆龍蝦 HK$950+10%

Baked stuffed crab shell with crab meat, onion and cream sauce, 釀焗鮮蟹蓋 HK$360+10%

2016년부터 미쉐린 가이드 인정 최고의 레스토랑인 별 3개를 유지하고 있는 홍콩 최고의 광둥요리 식당 중 하나이다. 재료 본연의 맛을 살리는 담백한 요리가 일품인 광둥요리의 기름지고 향신료 맛이 강하다는 중국요리의 선입견을 버리게 해준다. 시그니처 요리는 파, 양파, 샬롯과 함께 볶아낸 랍스터(三蔥爆龍蝦 Stir-fried fresh lobster with spring onions, red onions and shallots, HK$1,360+10%)와 양파, 크림소스와 함께 넣고 구워낸 고소한 게살 요리(釀焗鮮蟹蓋, Baked stuffed crab shell with crab meat, onion and cream sauce, HK$360+10%)

- MAP P.144E
- 찾아가기 MTR 침사추이 역 L5출구 도보 2분
- 주소 1/F & 2/F, 8 Peking Rd, Tsim Sha Tsui, Kowloon
- 전화 2132-7898
- 시간 월~금요일 12:00~15:00, 18:00~23:00, 토·일요일·공휴일 11:00~15:00, 18:00~23:00
- 휴무 연중무휴
- 가격 예산 HK$700~
- 홈페이지 www.langhamhotels.com/en/the-langham/hong-kong

№.3 천외천
★★★★ Above & Beyond
[天外天 틴어이틴]

빅토리아 하버 뷰를 감상할 수 있는 아이콘 호텔 28층에 위치한 중식당으로 모던하고 스타일리시한 인테리어와 그에 걸맞은 현대적인 감각의 중식을 맛볼 수 있다.

- MAP P.144B
- 찾아가기 MTR 침사추이 역 P2번 출구 도보 8분
- 주소 28/F, Hotel ICON, 17 Science Museum Road, Tsim Sha Tsui
- 전화 3400-1318
- 시간 매일 11:30~15:00, 18:00~23:00, 주말과 공휴일 점심은 1부(11:30~13:00)와 2부(13:30~15:00)
- 휴무 연중무휴
- 가격 런치세트 1인당 HK$428+10%, 베이징덕 저녁세트 1인당 HK$828+10%(2인 이상 주문 가능)
- 홈페이지 www.hotel-icon.com

1 TSIM SHA TSUI 침사추이 [尖沙咀/찜사쪼이]

No.4 후통
★★★★ Hutong
[胡同 우통]

오리엔탈 분위기의 이국적인 인테리어와 낭만적인 야경이 돋보이는 식당. 일요일 점심 시간에는 뷔페 스타일의 펑웨이 브런치를 운영하는데 빅토리아 하버뷰는 물론 수타면을 만들거나 변검쇼와 같은 볼거리가 있어 외국인 관광객들이 많이 찾는다.

펑웨이브런치
애피타이저, 딤섬, 메인 요리, 디저트 뷔페 (18 종류의 요리) HK$588+10% (5~12세 어린이는 무료), 무알코올 음료와 주스 무제한 선택 시 HK$200+10%

샴페인 무제한 선택시 종류에 따라서 HK$200~ +10%

ⓘ INFO P.101 ⓜ MAP P.144F 🚇 찾아가기 MTR 침사추이역 L1 출구 맞은 편 🏠 주소 18/F, H Zentre, 15 Middle Rd., Tsim Sha Tsui ☎ 전화 3428-8342 🕐 시간 월~금요일 12:00~15:00, 17:30~00:00, 토·일요일·공휴일 11:30~15:30 (펑웨이 브런치), 17:30~00:00 ⓧ 휴무 연중무휴 💲 가격 예산 점심 HK$500~, 저녁 HK$800~ 🌐 홈페이지 www.hutong.com.hk

No.5 희기
★★★★ Hee Kee Crab General
[喜記蟹將軍 헤이케이하이정판]

Authentic fried hot crab of Hee Kee, 小 HK$788+10% 中 HK$988+10%

어부들이 배에서 해산물을 직접 요리해서 팔면서 시작된 홍콩식 해산물 요리를 맛볼 수 있다. 집게발에 살이 통통한 머드크랩의 도톰한 살과 볶음마늘의 감칠맛이 더해져 자꾸만 손이 가는 매운 게 요리 (Authentic fried hot crab of Hee Kee, 시가)는 맥주 안주로 최고!

ⓘ INFO P.93 ⓜ MAP P.144B 🚇 찾아가기 MTR 침사추이 역 B1출구 도보 2분 🏠 주소 Shop 268-270, 2/F, Mira Place 2, 118-130 Nathan Rd., Tsim Sha Tsui ☎ 전화 2366-7565 🕐 시간 매일 12:00~23:00 ⓧ 휴무 음력 1월1일 💲 가격 예산 인당 HK$500~

No.6 치케이
★★★★ Chee Kei
[池記 치께이]

건강하면서도 맛있는 인기 로컬 식당. 게가 들어간 죽 (Signature Crab Congee, 金衣蟹皇粥, HK$110)은 미쉐린 가이드에 소개될 정도로 유명하다. 완탕면도 인기 메뉴.

Signature Crab Congee, 金衣蟹皇粥 HK$110
Wanton Noodles, 雲呑竹昇麵 HK$57

ⓜ MAP P.144B 🚇 찾아가기 MTR 침사추이 역 A1번 출구 도보 1분 🏠 주소 G/F, 52 Lock Rd., Tsim Sha Tsui ☎ 전화 2368-2528 🕐 시간 일~목요일 07:30~22:00, 금·토요일 07:30~23:00 ⓧ 휴무 연중무휴 💲 가격 예산 HK$50~

No.7 딘타이펑
★★★★ Din Tai Fung
[鼎泰豐 뎅타이펑]

육즙이 예술인 돼지고기 만두 샤오롱빠오 (Special steamed pork dumplings, 小籠包, HK$70+10%/6개)를 즐길 수 있는 대만계 레스토랑. 새우볶음밥(Fried rice with shrimps, 蝦仁蛋炒飯, HK$96+10%)도 한국인 입맛에 잘 맞는다.

ⓜ MAP P.144C 🚇 찾아가기 MTR 침사추이 역 A1번 출구에서 오른쪽 뒤로 돌아 Haiphong Road를 따라 도보 5분, 실버코드 3층 🏠 주소 Shop 306, 3/F, Silvercord, 30 Canton Road ☎ 전화 2730-6928 🕐 시간 매일 11:30~22:00 ⓧ 휴무 연중무휴 💲 가격 예산 HK$120+10%~ 🌐 홈페이지 www.dintaifung.com.hk

No.8 타이힝
★★★★ Tai Hing
[太興 따이힝]

3가지 로스트 미트 덮밥 叁拼燒味飯(叉燒/燒肉/切雞) Triple Choices for Roast item(BBQ pork/Roast pork/Plain Chicken) HK$79+10%

현지인들이 대중적으로 이용하는 곳으로 매장도 깔끔하고 영어 메뉴도 잘 갖추고 있다. 혼밥을 하기에도 편리하고, 홍콩식 로스트 미트를 간편하게 즐길 수 있다.

ⓘ INFO P.91 ⓜ MAP P.144D 🚇 찾아가기 MTR 홍함 역 하차 후 고속도로 건너편 호텔 아이콘 뒤쪽 Science Museum Road에 위치 🏠 주소 Shop 75, G/F, New Mandarin Plaza, 14 Science Museum Rd, Tsim Sha Tsui ☎ 전화 2722-0701 🕐 시간 매일 07:00~21:30 ⓧ 휴무 부정기적 💲 가격 예산 HK$100~ 🌐 홈페이지 www.taihingroast.com

No. 9 울루물루프라임
★★★★ Wooloomooloo Prime

빅토리아 하버를 생생하게 내려다 볼 수 있는 멋진 전망으로 유명한 레스토랑 겸 바. 낮시간에는 여유롭게 시티 뷰와 함께 즐기는 3코스 런치 세트 메뉴를 HK$ 200~300정도의 가격으로 실속 있게 즐길 수 있다. 저녁시간에는 감탄이 절로 나오는 멋진 야경과 함께 스테이크를 본격적으로 즐기기 좋다. 추천메뉴는 4인이 함께 나눠먹으면 좋을 커다란 사이즈의 립아이(Short Bone-In Rib Eye around 1Kg, HK$1,528+10%). 100일간 곡물을 먹여 키운 후 2~3주간 습식숙성을 시켜 풍미가 좋고 부드러운 육질을 즐길 수 있다. 식사를 하지 않더라도 테라스 바에서 칵테일과 음료를 주문하는 것도 가능하니 다른 곳에서 식사를 마치고 와서 야경을 즐기는 것도 좋다. 시그너처 칵테일은 블랙커런트 보드카를 베이스로 라즈베리와 블랙베리 리큐어, 샴페인을 더한 뒤 각종 베리와 시

트러스 과일을 올린 프라임 스프링 펀치(Prime Spring Punch, HK$ 178).

◎ MAP P.144C ◎ 찾아가기 침사추이 더원쇼핑몰 1층 ◎ 주소 21/F, The ONE, 100 Nathan Road, Tsim Sha Tsui ◎ 전화 2870-0087 ◎ 시간 일~수요일 11:45~22:00, 목~토요일 11:45~00:00 ◎ 휴무 연중무휴 ◎ 가격 예산 점심 HK$ 200~, 저녁 HK$ 700~ ◎ 홈페이지 woo-prime.com

Prime Spring Punch, HK$ 178
Australian Bone-In Rib Eye, HK$ 1,100

No. 10 할란스
★★★★ Harlan's

탁 트인 테라스에서 멋진 야경을 즐길 수 있어 인기가 많다. 마티니 종류가 특히 다양하다. 테라스 바는 예약을 따로 받지 않고 피자나 간단한 스낵 주문도 가능하므로 붐비지 않는 이른 저녁 도착해 석양과 함께 저녁 식사를 하고 야경까지 감상하는 것도 좋다.

◎ MAP P.144C ◎ 찾아가기 MTR 침사추이 역 B1번 출구 도보 2분 ◎ 주소 19/F, The ONE, 100 Nathan Road, Tsim Sha Tsui ◎ 전화 2972-2222 ◎ 시간 매일 점심 12:00~15:30, 해피아워 16:00~20:00, 저녁 18:00~23:00 ◎ 가격 예산 1인당 HK$ 300~ ◎ 홈페이지 www.jcgroup.hk/restaurants/harlans

No. 11 오이스터 & 와인바
★★★★ Oyster & Wine Bar
[蠔酒吧 호우짜우빠]

Oyster & Wine Bar Seafood Sampler

빅토리아 하버를 내려다 보는 멋진 전망을 자랑한다. 대표 요리는 굴, 조개관자, 랍스터, 홍합 등을 맛볼 수 있는 해산물 플래터(Oyster & Wine Bar Seafood Sampler, 1~2인용 Queen Size HK$1,150+10%).

◎ MAP P.144F ◎ 찾아가기 MTR 이스트 침사추이 역 L1번 출구에서 도보 1분 ◎ 주소 18/F, Sheraton Hong Kong Hotel & Towers, 20 Nathan Road, Tsim Sha Tsui ◎ 전화 2369-1111 (ext 3145) ◎ 시간 화~토요일 18:30~23:00, 일요일 12:00~15:00, 18:30~23:00, 일요일 12:00~15:00, 18:30~23:00 ◎ 휴무 월요일 ◎ 가격 예산 1인당 HK$700~ ◎ 홈페이지 www.oysterandwinebar.hk

No. 12 네드 켈리스 라스트스탠드
★★★★ Ned Kelly's Last Stand

홍콩판 부에나 비스타 소셜 클럽. 50년이 넘게 같은 자리를 지키고 있는 재즈라이브 카페로 매일 밤 9시 30분부터 노장밴드의 유쾌한 공연을 즐길 수 있다. 상호 네드 켈리는 호주의 홍길동이라 할 수 있는 의적의 이름에서 따왔다고.

◎ MAP P.144E ◎ 찾아가기 MTR 이스트 침사추이 역 L5번 출구로 나와 진행 방향으로 Ashley Road를 따라 도보 1분 ◎ 주소 11A Ashley Road, Tsim Sha Tsui ◎ 전화 2376-0562 ◎ 시간 매일 11:30~02:00 (해피아워 11:30~21:00), 공연 21:30~ ◎ 휴무 연중무휴 ◎ 가격 맥주 HK$73~(해피아워 HK$51~), 칵테일 HK$85~(해피아워 HK$59~)

No. 13 호이틴통
★★★★ Hoi Tin Tong
[海天堂大家姐監製 호이틴통]

거북의 등껍질 등을 다른 한약재들과 함께 푹 고아 젤리 형태로 굳혀 낸 거북 젤리(Herbal Turtle Jelly, 鮮製龜苓膏, HK$ 55)는 소염과 자양강장 작용은 물론 변비에도 효과가 있다고 한다. 한약처럼 쓴 맛이 나기 때문에 달콤한 시럽을 뿌려 먹는다.

◎ MAP P.144D ◎ 찾아가기 MTR 침사추이 역 A2번 출구 도보 1분 ◎ 주소 Shop L, G/F, 8 Humphreys Avenue, Tsim Sha Tsui ◎ 전화 2311-5788 ◎ 시간 매일 11:00~21:00 ◎ 휴무 부정기적 ◎ 가격 예산 HK$25~

Herbal Turtle Jelly
鮮製龜苓膏 HK$ 60

1 TSIM SHA TSUI 침사추이 [尖沙咀/찜사쪼이]

Nº.14 예상하이
★★★★ Ye Shanghai [夜上海 예상하이]

외국인들에게도 사랑받는 무난한 중식, 상하이요리를 캐주얼하면서도 세련된 분위기에서 즐길 수 있는 곳. 반건조시킨 전복을 다시 물에 불려 요리해 쫄깃한 맛을 극대화시키고 굴소스로 조리한 중국식 전복요리(Braised whole abalone in oyster sauce, 蠔皇原集鮑魚, HK$390+10%)가 유명하다. 늦가을부터 겨울까지만 맛볼 수 있는 계절 요리인 상해 게요리(Shanghai Hairy Crab, 大閘蟹, HK$400~), 매우면서도 고소한 입체적인 맛의 탄탄면(Dan dan Noodle in Peanut sauce, 擔擔麵, HK$78) 등을 추천! 레스토랑 입구에서 판매하는 재스민티, 철관음을 비롯해 얼그레이 등 홍차 향을 더한 초콜릿이 등 홍차 향을 더한 초콜릿을 전시, 판매하고 있다. 브랜드 이름인 '차컬리'는 중국어로 '차'와 '초콜릿'의 발음을 합해 만든 센스 있는 이름이다.

출구 도보 2분, K11 Musea 쇼핑몰 7층 ⓐ 주소 702, Level 7, K11 MUSEA, 18 Salisbury Road, Tsim Sha Tsui, Hong Kong ⓑ 전화 2376-3322 ⓒ 시간 6층 매일 11:30~15:00 18:00~23:00, 7층 매일 11:30~00:00 ⓓ 휴무 연중무휴 ⓔ 가격 점심 1인당 HK$300~ , 저녁 HK$ 400~ ⓕ 홈페이지 www.elite-concepts.com

Braised whole abalone in oyster sauce, 蠔皇原集鮑魚 HK$390+10%

ⓐ INFO P.99 ⓑ MAP P.144F
ⓒ 찾아가기 MTR 침사추이역 J

Nº.15 카페 보헴
★★★★ Café Boheme

눈앞에 180도로 하버 전망이 멋지게 펼쳐지는 인기 많은 이탈리아 식당이다. 낮이면 노천 테이블에는 유모차를 끌고 나온 가족단위의 손님들이 많고, 저녁이면 야경과 함께 칵테일을 즐기려는 커플과 퇴근한 직장인 손님들이 많다. 얇은 도우의 바삭한 피자는 부담 없이 맥주에 곁들이기 좋은 안주가 된다.

ⓐ MAP 지도 범위 외(P.144A 방향) ⓑ 찾아가기 서구룡 문화지구 내 ⓒ 주소 Unit 06, G/F, 22 Museum Drive, West Kowloon ⓓ 전화 6089-7522 ⓔ 시간 매일 11:00~22:00 ⓕ 휴무 연중무휴 ⓖ 가격 예산 1인당 HK$150~, 마르게리타 피자 HK$158+10% ⓗ 홈페이지 www.cafebohemehk.com

Nº.16 오존
★★★★ Ozone

무려 118층! 세계에서 가장 높은 바에서 멋진 전망과 함께 즐기는 칵테일은 홍콩여행을 더욱 황홀하게 해준다. 주말에는 브런치와 애프터눈티도 즐길 수 있다.

ⓐ INFO P.44 ⓑ MAP 지도 범위 외(P.144A 방향)
ⓒ 찾아가기 AEL과 MTR 까우룽 역과 연결된 ICC빌딩의 118층, 리츠칼튼 홍콩 내에 위치 ⓓ 주소 118/F, The Ritz-Carlton Hong Kong, 1 Austin Road West, West Kowloon ⓔ 전화 2263-2270 ⓕ 시간 월~금요일 16:00~01:00, 토요일 14:00~01:00, 일요일 14:00~00:00 ⓖ 휴무 연중무휴
ⓗ 홈페이지 www.ozonebarhongkong.com

Nº.17 틴룽힌
★★★★ Tin Lung Heen [天龍軒 틴룽힌]

홍콩에서 가장 높은 건물인 ICC 102층에 위치해 최고의 전망과 함께 훌륭한 광둥 요리를 즐길 수 있다. 수석 셰프 폴 라우씨는 좋은 소재가 좋은 요리를 만든다는 신념으로 요리에 임했고, 광둥 요리의 대표 메뉴인 차슈에 처음으로 스페인 이베리아 반도에서 방목한 이베리코(Iberico) 흑돼지를 사용한 것으로 알려져 있다. 입 안에서 사르르 녹는 부드러움을 선사하는 차슈(Barbecued Iberian pork with honey, HK$448+10%)는 최소 24시간 전에 예약을 해야만 맛볼 수 있다. 새우와 죽순의 재료 본연의 담백한 맛을 살린 새우 딤섬(Steamed shrimp dumpling with bamboo shoot, 주중 HK$128+10%, 주말 HK$136+10%)은 호불호 없이 누구에게나 무난하게 맛있는 추천 메뉴이다. 고급 중식 식재료인 생선 부레가 들어간 코코넛 치킨 스프(Double-boiled chicken soup with fish maw in baby coconut, HK$512+10%)는 보양식으로 인기가 있다.

ⓐ INFO P.108 ⓑ MAP 지도 범위 외(P.144A 방향) ⓒ 찾아가기 MTR 까우룽 역과 연결되어 있는 리츠칼튼 홍콩 호텔 103층으로 이동해 에스컬레이터로 한층 내려간다 ⓓ 주소 102/F, The Ritz-Carlton Hong Kong, International Commerce Centre, 1 Austin Road West, Tsim Sha Tsui ⓔ 전화 2263-2270 ⓕ 시간 월~금요일 12:00~14:30, 16:00~22:00 토 · 일요일 11:30~13:00, 13:30~15:00, 18:00~22: ⓖ 휴무 연중무휴 ⓗ 홈페이지 www.tinlungheen.com

№.18 몬키카페
★★★★ Mon Kee Café [旺記冰室]

중식과 서양식이 잘 혼합된 음식 스타일과 차와 커피 등의 음료를 같이 곁들이는 홍콩식 카페를 현대적으로 운영하고 있다. 설탕과 소금 등 양념을 줄이고 좋은 재료를 사용하는 콘셉트로 점심시간이면 근처에서 몰려든 직장인들이 줄을 서서 기다리고 있는 걸 볼 수 있다. 차슈와 새우, 계란을 얹은 밥에 특제 간장소스를 얹은 덮밥과 차 세트(BBQ pork and shrimp eggs on rice with homemade soy sauce, 蝦仁叉燒雙併日本滑蛋飯 HK$64)가 대표 메뉴. 런천미트와 마카로니가 들어있는 걸쭉한 토마토 스프 세트(Thick Tomato Soup with macaroni and diced luncheon meat, 特濃番茄湯餐肉粒通粉, HK$55)는 바삭하게 구워서 연유를 뿌려주는 빵이 함께 나온다. 세트는 모두 차를 포함한 세트 가격이므로 레몬티나 밀크티 혹은 커피 등 취향에 따라 음료를 함께 주문하면 된다.

ⓞ MAP P.144B
ⓞ 찾아가기 MTR 침사추이 역 L5번 출구 도보 2분 ⓞ 주소 G/F, Kowloon Centre, 29-39 Ashley Rd., Tsim Sha Tsui ⓞ 전화 2617-2616 ⓞ 시간 매일 07:30~22:00 ⓞ 휴무 연중무휴 ⓞ 가격 예산 1인당 HK$ 70~

BBQ pork and shrimp eggs on rice with homemade soy sauce, 蝦仁叉燒雙併日本滑蛋飯 HK$64.

Thick Tomato Soup with macaroni and diced luncheon meat, 特濃番茄湯餐肉粒通粉, HK$55.

№.19 쿡트델리
★★★★ Cooked Deli

일본계 고급 슈퍼마켓, 시티슈퍼(City Super)가 운영하는 푸드코트로 홍콩 현지식은 물론 일식, 한식, 태국음식 등 취향에 따라 원하는 대로 간편하게 즐길 수 있다. 빅토리아 하버가 살짝 보이는 창가가 명당이다.

ⓞ MAP P.144C ⓞ 찾아가기 하버시티 게이트웨이 아케이드 3층, 시티슈퍼 맞은 편에 위치 ⓞ 주소 Shop 3001, Level 3, Gateway Arcade, Harbour City, Tsim Sha Tsui ⓞ 전화 2375-8222 ⓞ 시간 일~목요일·공휴일 10:00~22:00, 금~토요일 10:30~22:30 ⓞ 휴무 연중무휴 ⓞ 가격 예산 1인당 HK$ 70~

№.20 그레이하운드
★★★★ Greyhound Café

Light Tom Yum Soup HK$118+10%

모던한 태국 퓨전 레스토랑 카페. 추천 메뉴는 매콤새콤하면서도 시원한 국물에 새우가 들어간 전통적인 맛의 똠얌꿍(King Prawn Tom Yum Soup, HK$138+10%)과 그레이 하운드 스타일 아이스티(Greyhound style Iced Lemon Tea, HK$42+10%).

ⓞ MAP P.144E ⓞ 찾아가기 하버시티 오션터미널 G층 ⓞ 주소 Shop OTG01, Ground Floor, Ocean Terminal, Harbour City, 17 Canton Road, Tsim Sha Tsui ⓞ 전화 2383-6600 ⓞ 시간 매일 11:30~23:00 ⓞ 휴무 연중무휴 ⓞ 가격 예산 HK$150~ ⓞ 홈페이지 gaiagroup.com.hk/restaurant/greyhoundcafe

№.21 부처스트럭
★★★ The Butchers Truck [堡爵仕美食車]

부처스클럽에서 운영하는 푸드트럭으로 풍미와 질감을 향상시키기 위해 2주 이상 건식 숙성시켜 육즙이 풍부한 클래식 버거(The Classic, HK$120)가 인기 메뉴로 여유로운 낮 시간을 즐기기 최고의 장소다. 대체육을 사용한 채식 버거(Impossible, HK$$120)와 홍콩 수제 맥주(HK$50)도 즐길 수 있다.

ⓞ MAP 지도 범위 외(P.144A 방향)
ⓞ 찾아가기 서구룡 문화지구 내 ⓞ 주소 West Kowloon Cultural District ⓞ 전화 9088-7935 ⓞ 시간 매일 12:00~20:30 ⓞ 휴무 연중무휴 ⓞ 가격 예산 1인당 HK$100~ ⓞ 홈페이지 thebutchers.club/food-truck

№.22 록예딤섬
★★★ Log Ye Dim Sum [樂意點心]

가성비 좋은 음식점으로 추천 메뉴는 마늘이 들어가서 감칠맛이 더해진 마늘소스 새우 찜밥(Steam Rice with Shrimp in Garlic Sauce, HK$60). 여섯 종류의 딤섬을 맛볼 수 있는 딤섬 콤보(Dim Sum Combo, HK$48)와 과일을 넣은 우롱차(Signature Fruits in Chilled Oolong Tea, HK$23)도 인기 메뉴다.

ⓞ MAP P.144B ⓞ 찾아가기 MTR 침사추이 역 L5번 출구 도보 2분 ⓞ 주소 Shop C, G/F, Hanyee Building, 19-21 Hankow Rd., Tsim Sha Tsui ⓞ 전화 2336-8939 ⓞ 시간 8:15~23:45 ⓞ 휴무 연중무휴 ⓞ 가격 예산 1인당 HK$50~

1 TSIM SHA TSUI 침사추이 [尖沙咀/찜사쪼이]

🛍️ **SHOPPING**

Nº. 23 스파이스
★★★ Spice Restaurant & Bar

태국, 말레이시아, 인도요리 등 향신료를 다양하게 사용하는 요리들을 제공하는 곳. 애피타이저로는 꼬들꼬들 씹히는 식감이 좋은 새우에 고추와 마늘, 라임소스를 얹어 먹는 슈림프 사시미(Shrimp Sashimi with Lime Sauce, HK$82+10%)는 머스트 트라이. 수준급 솜씨로 만든 칵테일도 다양해 기분과 분위기도 업!

- 📍 MAP P.144D
- 📍 주소 2/F, 1 Knutsford Terrace, Tsim Sha Tsui
- ☎ 전화 2191-9880
- 🕐 시간 11:00~22:45
- ⊖ 휴무 연중무휴
- 🌐 홈페이지 www.spice-restaurant.hk

Nº. 1 제니베이커리
★★★★ jenny Bakery
[珍妮曲奇 짠네이콕케이]

입안에서 사르르 녹는 식감과 풍부한 버터 향으로 홍콩을 대표하는 제니쿠키. 베스트셀러는 네 종류가 섞여 있는 4 Mix, 小 HK$ 80, 大 HK$ 150. 정식매장은 침사추이와 성완 두 곳 뿐이며, 길거리에서 판매하는 제품들은 가짜이므로 주의. 현금 결제만 가능.

- 📍 MAP P.144F
- 📍 찾아가기 MTR 침사추이 역 N5번 출구 도보 1분
- 📍 주소 Shop 42, 1/F, Mirador Mansion, 62 Nathan Rd., Tsim Sha Tsui
- ☎ 전화 2311-8070
- 🕐 시간 매일 10:00~19:00(재고가 떨어지면 일찍 문을 닫기도 함)
- ⊖ 휴무 부정기적
- 🌐 홈페이지 www.jennybakery.com

Nº. 2 글로리 베이커리
★★★★ Glory Bakery

고급스러운 패키지와 맛으로 현지인들의 사랑을 받고 있는 쿠키점. 부드러운 쿠키와 각종 견과류와 말린 과일의 씹히는 맛이 좋다. 가장 인기가 많은 5 셀리브레이션 세트는 커피 아몬드, 아몬드, 초콜릿칩 등 6가지 맛을 즐길 수 있다. (HK$148).

- 📍 MAP P.144D
- 📍 찾아가기 MTR 침사추이 역 A2번 출구 도보 3분
- 📍 주소 10 Carnarvon Road, Tsim Sha Tsui
- ☎ 전화 2811-8482
- 🕐 시간 매일 10:30~20:30
- ⊖ 휴무 연중무휴

Nº. 3 K11 뮤제아
★★★★★ K11 Musea

홍콩의 대표적인 관광지인 스타의 거리의 끝자락에 자리잡고 있어 홍콩섬의 전망을 즐기기에 최적의 조건이다. 문화와 예술을 사랑하는 창립자의 비전에 따라 건물의 외관과 인테리어, 곳곳에 전시되어 있는 작품들까지 눈이 호강하는 장소다. 디자인을 중시하는 브랜드들과 편집샵이 입점해 있어 자신의 취향을 찾아 쇼핑을 즐겨보자. 홍차와 쿠키, 찻잔 등 선물하기 좋은 상품들을 구매할 수 있는 영국의 대표 홍차 브랜드인 포트넘 앤 메이슨(Fortnum & Mason) (상점 번호: 022 & 122, G/F)에서는 애프터눈 티와 식사도 즐길 수 있고, 만화에 나올 것 같은 클래식한 미국 스타일의 녹진한 버터 크림 케이크 팝업 스토어인 버터 케이크 숍(Kiosk LA106, 1/F)이나 브런치를 즐기기 좋은 인기 로컬 카페인 엘리펀트 그라운드(705, 7F) 등 식당과 카페가 다양하게 입점해 있다.

- 📍 MAP P.144F
- 📍 찾아가기 MTR 침사추이 역 E번 출구, MTR 이스트 침사추이 역 J1번, J2번 출구
- 📍 주소 18 Salisbury Rd., Tsim Sha Tsui
- ☎ 전화 3892-3890
- 🕐 시간 매일 10:00~22:00
- ⊖ 휴무 연중무휴
- 🌐 홈페이지 www.k11musea.com

Nº. 4 콩테 드 쿠키
★★★★ Conte de Cookie [曲奇童話 콕케이통화]

만다린 오리엔탈, 샹그릴라, 쉐라톤 유명 호텔 출신의 페이스트리 셰프 출신 3인이 운영하는 고급 수제 쿠키 전문점. 프랑스 최고급 소금 플뢰르 드 셀 드 게랑드를 사용한 쿠키 외 5가지 맛을 예쁜 틴에 넣은 심포니 오브 블리스(Symphony of bliss, HK$208)가 베스트셀러.

- 📍 MAP P.144D
- 📍 찾아가기 MTR 침사추이 역 M2번 출구 도보 1분
- 📍 주소 Shop H, Carnarvon Mansion, 8-12 Carnarvon Rd., Tsim Sha Tsui
- ☎ 전화 2889-2799
- 🕐 시간 매일 11:00~21:00
- ⊖ 휴무 연중무휴
- 💲 가격 예산 HK$88~
- 🌐 홈페이지 www.contedecookie.com

No. 5 하버시티
★★★★★ Harbour City (海港城 하이깡쌩)

홍콩에서 가장 유명한 쇼핑몰인 하버시티는 450여개의 매장, 60여 개의 식당, 호텔 3곳이 입점해 있는 대규모 쇼핑몰이다. 관광객들과 고객들을 위해 빅토리아만과 홍콩섬을 조망할 수 있는 전망대 오션 터미널 데크(Ocean Terminal Deck, 개방 시간 07:00~24:00)를 무료로 개방하고 있는 관광명소이기도 하다. 쇼핑몰 규모가 크다 보니 길을 잃기 십상이니 인포메이션 센터에 들러 지도를 받고 돌아보는 게 좋다. 전 세계에서 조달되는 다양한 음식 재료와 기호 식품들을 구경하고 싶다면 시티슈퍼(city'super, 매장 번호 : 게이트웨이 아케이드 3001)를, 기분 좋은 선물을 찾고 있다면 향긋한 목욕용품 사봉(SABON, 매장번호 OT309B)을, 일본을 비롯해 다양한 곳에서 수입한 기발하고 귀여운 문구와 생활용품을 구경하고 싶다면 로그온(LOG-ON, 매장번호: 게이트웨이 L3)을 방문해 볼 것. 고급 편집숍 레인 크로퍼드(Lane Crawford는 패션, 화장품, 생활용품, 보석 등 800여 종의 디자이너 제품을 판매하고 있다.

📍 **INFO** P.29 🗺 **MAP** P.144C 🚇 **찾아가기** MTR 이스트 침사추이 역과 MTR 침사추이 역 L5번 출구로 나와 마주하게 되는 Peking Road를 따라 왼쪽으로, 길이 끝나는 지점의 Canton Road 건너편에 위치. 도보 3분. 또는 침사추이 페리 선착장을 나와 왼쪽으로 이어진 길을 따라 도보 2분 📍 **주소** 3-27 Canton Road, Tsim Sha Tsui, Kowloon, Hong Kong ☎ **전화** 2118-8666 🕐 **시간** 매일 10:00~22:00 (상점별로 다름) 🚫 **휴무** 연중무휴 🌐 **홈페이지** www.harbourcity.com.hk

No. 6 슈가피나
★★★★ Sugarfina

어른들을 위한 럭셔리 디저트 슈가피나의 아시아 첫 매장. 추천 메뉴는 돔 페리뇽 샴페인이 첨가된 샴페인 베어즈(Champagne Bears)와 향긋한 복숭아의 향이 사랑스러운 피치 벨리니(Peach Bellini). 가격대는 작은 박스 개당 HK$ 78~88.

🗺 **MAP** P.144C 🚇 **찾아가기** MTR 침사추이 역 A1번 출구 도보 7분. 하버시티 오션터미널에 위치 📍 **주소** Shop OTG31, G/F, Ocean Terminal, Harbour City, 3-27, Canton Rd., Tsim Sha Tsui ☎ **전화** 2116-4688 🕐 **시간** 월~목요일 11:30~20:30, 금요일 11:30~21:00, 토요일과 공휴일 11:00~21:00, 일요일 11:00~20:30 🚫 **휴무** 연중무휴

No. 7 봉주르
★★★★ Bonjour

홍콩 곳곳에서 미용, 건강 보조 제품, 식품을 저렴하게 판매하는 드러그스토어 체인으로 미니 향수, 립밤, 팩 등 소소한 선물을 사기 좋다.

🗺 **MAP** P.144E 🚇 **찾아가기** MTR 침사추이 역 A1번 출구 도보 10분 📍 **주소** Chungking Mansion, 36-44, Nathan Rd., Tsim Sha Tsui ☎ **전화** 2368-3382 🕐 **시간** 매일 10:30~20:30 🚫 **휴무** 연중무휴

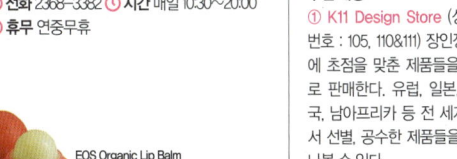

EOS Organic Lip Balm
시어버터와 조조바(jojoba) 오일이 들어 있는 이오스 유기농 립밤 달달한 여름 과일향 HK$35

No. 8 K11아트몰
★★★★★ K11 Art Mall

2008년에 설립된 K11아트몰은 예술 몰이라는 컨셉으로 예술과 상업성의 조화를 추구하는 특별한 쇼핑몰이다. 아드리안 청(Adrian Cheng) 회장은 예술, 사람 그리고 자연에 가치를 두고 중국현대미술과 홍콩예술문화에 기여하려고 노력하고 있다. 아주 큰 규모는 아니지만 침사추이 지하철역과 지하통로로 직접 연결되어 있어 편리하고, 독특한 디자이너들의 제품도 판매하며, 쇼핑몰 곳곳에서 독특한 전시물을 볼 수 있어 물건을 사는 것 이상의 재미를 느낄 수 있는 쇼핑몰이다. 컨셉가가 있는 쇼핑을 즐기고 싶다면 방문해 보자.

추천 매장

① K11 Design Store (상점번호 : 105, 110&111) 장인정신에 초점을 맞춘 제품들을 주로 판매한다. 유럽, 일본, 미국, 남아프리카 등 전 세계에서 선별, 공수한 제품들을 만나볼 수 있다.

② K11 Natural (상점번호 : Unit 1~9, 2/F) 환경 친화 컨셉의 상점이 모여 있는 곳으로 건강한 간식들과 아기자기한 소품들을 구경하는 재미가 있다.

③ 마켓플레이스 (Market Place, 상점번호 B111~B121) 일본식 도시락과 스시, 베이커리, 디저트 전문점 등이 입점해 있고 과일과 야채부터 과자, 주류까지 다양한 제품을 구비하고 있어 구경하는 재미가 있다.

🗺 **MAP** P.144D 🚇 **찾아가기** MTR 침사추이 역과 지하통로로 연결되어 있음 📍 **주소** 18 Hanoi Road, Tsim Sha Tsui, Kowloon ☎ **전화** 3118-8070 🕐 **시간** 매일 10:00~22:00 (상점별로 다름) 🚫 **휴무** 연중무휴 🌐 **홈페이지** hk.k11.com

1. TSIM SHA TSUI 침사추이

1 TSIM SHA TSUI 침사추이 [尖沙咀/찜사쪼이]

№.9 아이스퀘어
★★★★ isquare [國際廣場 꿕짜이궝청]

침사추이의 중심부 네이선로드에 위치한 쇼핑몰로 아이포디엄과 아이타워로 구성되어 있다. 아이타워는 빅토리아 하버를 향하고 있어 유명하고 전망 좋은 음식점이 많이 입점해있다. LB층에 위치한 스타벅스(상점번호:LB02)에서 커피 한잔과 함께 휴식을 취하면서 상부가 높이 뚫려 있는 유리 통창 너머로 차와 사람들로 분주한 네이선로드를 내려다보면 기억에 남는 시간이 될 것이다. 지상층에는 초콜릿, 사탕, 차 등 예쁘게 포장된 소형 제품을 선물로 사기 좋은 영국 슈퍼마켓 막스앤스펜서(Marks & Spencer)(상점번호 : G3 & UG3)가 있고, 1층에는 화사하고 깔끔한 인테리어 용품을 판매하는 프랑프랑(Francfranc)(상점번호 : 101)이 있다.

◎ MAP P.144E ◎ 찾아가기 MTR 침사추이 역 H번, R번 출구와 직접 연결 ◎ 주소 63 Nathan Road, Tsim Sha Tsui, Kowloon ◎ 전화 3665-3333 ◎ 시간 08:00~익일 01:00(상점별로 다름) ◎ 휴무 연중무휴 ◎ 홈페이지 www.isquare.hk

№.10 실버코드
★★★ Silvercord [新港中心 싼껑쫑씸]

하버시티와 직접 연결되어 있고, 홍콩의 젊은 층이 좋아하는 패션 아울렛이 모여 있다. 육즙이 가득한 샤오롱빠오를 먹을 수 있는 딘타이펑과 독특한 디자인의 딤섬을 맛볼 수 있는 소셜플레이스 등 다양한 맛집들과 부담없는 푸드코드도 자리 잡고 있어 식사를 하기 위해 들러도 좋은 곳이다.

◎ MAP P.144C ◎ 찾아가기 MTR 침사추이 역 A1번 출구에서 오른쪽 뒤로 돌아 하이퐁로드를 따라 도보 5분 ◎ 주소 30 Canton Road, Tsim Sha Tsui ◎ 전화 2735-9208 ◎ 시간 매일 10:00~22:00(상점별로 다름) ◎ 휴무 연중무휴 ◎ 홈페이지 www.silvercord.hk

№.11 미라플레이스
★★★★ Miraplace [美麗華商場 메이라이와청]

130여 개의 상점과 30여 개의 레스토랑, 오피스 빌딩과 미라호텔이 입점한 종합 공간으로 실속 있는 쇼핑을 즐길 수 있다.

추천 매장
① 6IXTY 8IGHT (상점번호 : 110~113) (월~일요일 11:00~23:00)
(홈페이지 : www.6ixty8ight.com) 실내가 온통 사랑스러운 핑크빛으로 귀엽고 앙증맞은 디자인의 속옷과 홈웨어를 판매한다. 세일을 자주 하고 있어 저렴한 가격에 직접 입어보고 구입할 수 있다.

◎ MAP P.144C ◎ 찾아가기 MTR 침사추이 역 B1번 출구 도보 7분 ◎ 주소 118 Nathan Road, Tsim Sha Tsui ◎ 전화 2315-5868 ◎ 시간 매일 11:00~23:00(상점별로 다름) ◎ 휴무 연중무휴 ◎ 홈페이지 www.miraplace.com.hk

№.12 샹히
★★★★ Shanghee

2010년에 마카오에서 창업한 샹히는 에그롤, 아몬드쿠키 등 중국풍이 가미된 쿠키를 만드는 베이커리. 매운 양념의 어포를 얇게 갈아 올린 에그롤(Egg Rolls with Spicy Fish Floss, HK$98)은 은은한 단맛과 부드러운 식감의 에그롤, 짭조름한 맛을 지닌 어포의 조화가 좋아 단 쿠키를 좋아하지 않는 사람들에게도 환영받을만한 간식이다.

◎ MAP P.144D ◎ 찾아가기 MTR 침사추이 역 D3번 출구 ◎ 주소 Kiosk No.44, Basement Two, K11 Art Mall, Tsim Sha Tsui ◎ 시간 매일 11:00~21:30 ◎ 홈페이지 www.shanghee.com.hk

№.13 T갤러리아
★★★ T Galleria

홍콩은 도수 30도 이상의 술이나 담배 등 극소수의 아이템을 제외하고는 면세이기 때문에 면세점이 특별히 가격 이점은 없지만 관광객들이 선호하는 브랜드를 충실히 갖추고 있기 때문에 화장품이나 향수, 액세서리와 기념품 등 짧은 시간에 구매하기 편리하고 영어가 잘 통하는 편이다.

◎ MAP P.144C ◎ 찾아가기 MTR 이스트 침사추이 역 L6번 출구에서 The Sun Arcade 출구 쪽으로 나와서 밖으로 나오면 왼편이 갤러리아 입구 ◎ 주소 Lippo Sun Plaza, 28 Canton Road, Tsim Sha Tsui, Kowloon ◎ 전화 2302-6888 ◎ 시간 매일 10:00~22:00 ◎ 휴무 연중무휴 ◎ 홈페이지 www.tgalleria.com

№ 14 파크레인 쇼핑 거리
★★★ Park lane Shopper's Boulevard
[栢麗購物大道 빡라이카우맛따이또우]

네이선로드 옆 까우롱 공원과 맞닿은 300여 m 정도의 쇼핑아케이드에는 라코스테, 스케처스, 허쉬퍼피 등 구두와 운동화, 주얼리 제품을 판매하는 50여 개의 상점들이 늘어서 있다. 일부러 찾아갈 정도는 아니고 이동하다 보면 지나가는 길에 들러 가게 되는 경우가 많다.

- MAP P.144C
- 찾아가기 MTR 침사추이 역 A1번 출구에서 네이선로드를 따라 왼쪽으로 도보 1분
- 주소 111-181 Nathan Road
- 시간 매일 10:30~23:00 (상점마다 다름)
- 휴무 연중무휴

№ 15 더원
★★★★ The One

청년층이 주 고객으로 23층 건물에 일본에서 수입된 제품들과 캐주얼 패션 브랜드가 다수 입점해 있고 캐릭터를 이용한 디스플레이를 많이 해서 사진 찍기 좋다. 17층부터 21층에 위치한 전망이 멋진 레스토랑과 바는 저녁 시간에 특히 인기가 있다.

- MAP P.144C
- 찾아가기 MTR 침사추이 역 B1번 출구에서 네이선로드를 따라 오른쪽으로 도보 2분
- 주소 100 Nathan road, Tsim Sha Tsui, Kowloon
- 시간 매일 10:00~23:00 (상점별로 다름)
- 휴무 연중무휴
- 홈페이지 www.the-one.hk

№ 16 트위스트
★★★ TWIST

침사추이, 코즈웨이베이 등 8곳에 매장을 가지고 있는 명품 편집 숍. 유럽, 미국, 일본, 한국 등에서 1000여 개 이상의 브랜드 제품을 수입해서 판매한다. 가방과 지갑 등 패션 소품의 판매가 많고, 럭셔리 명품 라인 외에도 독특한 콘셉트를 가진 디자인 의류를 판매해 마니아층을 확보하고 있다.

- MAP P.144B
- 찾아가기 MTR 침사추이역 H번, R번 출구와 직접 연결된 아이스퀘어 내
- 주소 Shop UG05, UG/F, I Square, 63 Nathan Road
- 전화 2377-2880
- 시간 일~목요일 12:00~21:00, 금·토요일·공휴일 12:00~22:00
- 휴무 연중무휴
- 홈페이지 www.twist.hk

😊 EXPERIENCE

№ 17 이사
★★★ ISA

홍콩과 마카오에 12개 매장을 운영하고 있다. 버버리, 디오르, 프라다, 구찌, 휴고 보스 등 각종 럭셔리 제품들을 판매한다. 30년 이상의 오랜 경험과 단체손님도 수용 가능한 넓은 실내 공간, 브랜드별로 기능적으로 정리가 잘 되어있는 것이 장점이다.

- MAP P.144E
- 찾아가기 MTR 침사추이 역 A1번 출구 도보 5분
- 주소 1/F, Imperial Building, Tsim Sha Tsui
- 전화 2366-5880
- 시간 매일 10:30~20:30
- 휴무 연중무휴
- 홈페이지 www.isaboutique.com

№ 1 페닌슐라 스파
★★★ The Peninsula Spa

홍콩에서 가장 멋진 전망의 빅토리아 하버뷰와 함께 즐기는 최고급 스파. 90분 마사지와 로비에서의 애프터눈 티세트로 여유를 만끽할 수 있는 Peninsula Afternoon Tea & Spa(월~목요일 HK2,580+10%, 금~일요일, 공휴일 HK$2,680+10%)가 가장 실속 있는 코스. 예약은 필수이고, 예약시간보다 최소 1시간 전에 도착해서 사우나 등 부대시설을 알차게 즐기자.

- MAP P.144E
- 찾아가기 MTR 침사추이역 E출구로 나와서 100m 정도 직진
- 주소 7/F The Peninsula Hotel
- 전화 2696-6682
- 시간 월~목요일 10:00~22:00, 금~일요일·공휴일 09:00~22:00
- 휴무 연중무휴
- 홈페이지 www.peninsula.com

№ 2 마야 바디 헬스센터
★★★ Maya Body Health Center
[美雅身體養生館]

숨어 있는 로컬맛집골목인 애쉴리로드(Ashley Road)에 위치한 마사지숍. 침사추이역에서 가깝고 실내가 쾌적해서 잠시 들러 중식 안마나 발마사지를 받기 좋다. 제일 인기가 많은 건 발마사지 45분과 목&어깨 마사지 15분 세트 (HK$300).

- MAP P.144B
- 찾아가기 MTR 침사추이역 A1번 출구 도보 4분
- 주소 1/F, Astoria Building, 34 Ashley Rd., Tsim Sha Tsui
- 전화 5271-8777
- 시간 매일 11:00~익일 01:00
- 휴무 연중무휴
- 가격 중식마사지 HK$260(45분), 발마사지 HK$180 (45분)
- 홈페이지 www.mayabodyhealthcenter.com

2 CENTRAL
센트럴 [中環/쫑완]

이른 아침부터 깊은 밤까지
언제나 역동하는 홍콩 여행의 일번지

새하얀 와이셔츠 부대의 한바탕 출근 전쟁, 설렘을 안고 뒷골목을 누비는 여행자들의 기웃거림, 찬란한 밤을 즐기려는 청춘들의 흥청거림까지. 줄지어 달리는 빨간 택시와 트램 사이로, 그들 모두를 만나 볼 수 있는 홍콩 여행의 일번지. 홍콩 섬의 내로라하는 고층 빌딩들과 백 년을 하루 같이 이 도시와 함께 나이 든 고풍스러운 건축물들이 어깨를 맞댄 곳. 또 그 화려함 뒤 소소한 골목들이 '소호'라는 이름으로 이어져, 감각적인 맛과 멋으로 여행자들에게 손짓하는 곳. 바로 우리가 홍콩에 발을 딛자마자, 센트럴로 가야만 하는 이유다.

인기 ★★★★★
자타공인 홍콩 섬 여행의 일번지! 누구나 즐길 수 있는 여행지가 넘쳐난다.

관광지 ★★★★★
마천루 위 전망대, 길거리 공원, 100여 년 역사의 건축물까지 모두 마주할 수 있는 곳.

쇼핑 ★★★★★
IFC몰과 같은 초호화, 초대형 쇼핑몰부터 소호의 독특한 디자인 숍까지 모두 만나보자.

식도락 ★★★★★
소호의 레스토랑과 쇼핑몰, MTR 역 지하상가 식당들도 맛집으로 인정받는 식도락의 천국!

나이트라이프 ★★★★★
홍콩 최대의 나이트 스폿 란콰이퐁. 매일 밤 거리 자체가 클럽으로 변신한다고.

혼잡도 ★★★★★
건물 사이를 잇는 육교와 공중기도의 편리함을 알고 나면 여행이 더욱 빠르고 쉬워진다.

165

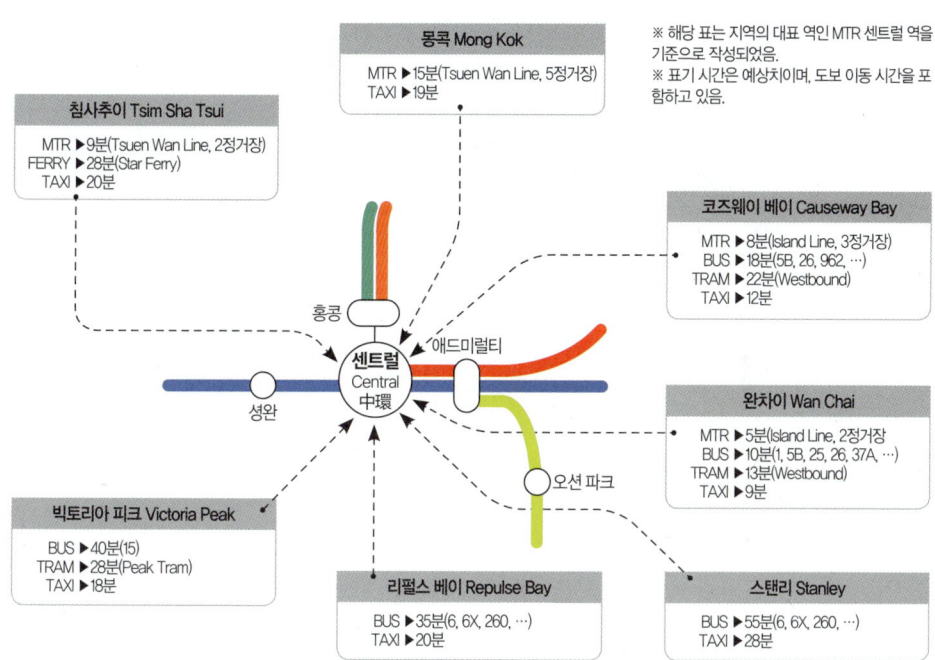

※ 해당 표는 지역의 대표 역인 MTR 센트럴 역을 기준으로 작성되었음.
※ 표기 시간은 예상치이며, 도보 이동 시간을 포함하고 있음.

침사추이 Tsim Sha Tsui
- MTR ▶ 9분(Tsuen Wan Line, 2정거장)
- FERRY ▶ 28분(Star Ferry)
- TAXI ▶ 20분

몽콕 Mong Kok
- MTR ▶ 15분(Tsuen Wan Line, 5정거장)
- TAXI ▶ 19분

코즈웨이 베이 Causeway Bay
- MTR ▶ 8분(Island Line, 3정거장)
- BUS ▶ 18분(5B, 26, 962, …)
- TRAM ▶ 22분(Westbound)
- TAXI ▶ 12분

완차이 Wan Chai
- MTR ▶ 5분(Island Line, 2정거장)
- BUS ▶ 10분(1, 5B, 25, 26, 37A, …)
- TRAM ▶ 13분(Westbound)
- TAXI ▶ 9분

빅토리아 피크 Victoria Peak
- BUS ▶ 40분(15)
- TRAM ▶ 28분(Peak Tram)
- TAXI ▶ 18분

리펄스 베이 Repulse Bay
- BUS ▶ 35분(6, 6X, 260, …)
- TAXI ▶ 20분

스탠리 Stanley
- BUS ▶ 55분(6, 6X, 260, …)
- TAXI ▶ 28분

센트럴 이렇게 여행하자

센트럴은 홍콩 섬 여행의 하이라이트이자, 볼거리가 가장 많기로 유명한 곳. 때문에 모든 것을 다 돌아보려 욕심을 내다가는 자칫 수박 겉핥기 식 여행이 되기 십상! 여행의 목적과 자신의 관심사에 따라 선택적으로 여행하는 것이 좋다.

홍콩이 처음이고 여행 기간이 짧은 여행자라면 **센트럴 알짜배기 코스**를 선택해 보자. 낮에는 소호와 IFC 몰에서, 밤에는 란콰이퐁과 프린지클럽에서 센트럴의 진면목을 경험할 수 있을 것이다.

센트럴 랜드마크 코스는 홍콩 최고의 마천루 밀집 지역인 센트럴의 진가를 확인할 수 있는 코스로, 2 IFC와 중국은행타워 등 매력 만점 고층 빌딩과 그 안의 전망대들을 두루 둘러볼 수 있다.

홍콩의 역사에 관심이 있다면 **센트럴 역사 &**
문화유산 코스를 선택하자. 센트럴 곳곳에 자리 잡은 콜로니얼풍의 고풍스런 건축물들과 함께 그 안에 담긴 소소한 이야기들까지 귀 기울여 보는 것도 좋다.

센트럴 트렌디 코스는 PMQ와 홍콩 옵저베이션 휠 등 홍콩에 등장한 지 불과 몇 개월 되지 않은 '신상'만을 엄선한 코스로, 가장 트렌디하고 스타일리시 한 센트럴의 오늘을 마주하고자 한다면 이 코스를 놓치지 말 것

센트럴 출구별 핵심 볼거리

MTR 센트럴 역

A번 출구	IFC 몰, 센트럴 스타 페리 선착장, 홍콩 옵저베이션 휠
C번 출구	센트럴 – 미드레벨 에스컬레이터, 소호, PMQ
D번 출구	란콰이퐁, 프린지클럽
K번 출구	황후상 광장, HSBC빌딩

MTR 애드미럴티 역

A번 출구	센트럴 정부청사, 타마파크
C1번, F번 출구	퍼시픽플레이스, 홍콩공원

MTR 성완 역

A2번 출구	소셜플레이스, 제니베이커리
B번 출구	웨스턴마켓

센트럴 페리 선착장
IFC 몰, 홍콩 옵저베이션 휠, 홍콩해양박물관

관광 안내소
센트럴에는 관광 안내소가 없기 때문에, 공항이나 침사추이 페리 선착장 등에 있는 관광 안내소를 미리 이용하자.

2 CENTRAL 센트럴 [中環/쭝완]

TRAVEL MEMO
센트럴 여행 한눈에 보기

2 CENTRAL 센트럴 [中環/쫑완]

TRAVEL MEMO
센트럴 여행 한눈에 보기

MUST SEE
센트럴에서 이것만은 꼭 보자!

No. 1
역사의 현장 황후상 광장에서, 마천루에 둘러싸인 풍경 감상하기!

No. 2
빅토리아 하버와 센트럴 야경 감상하기!

No. 3
센트럴 - 미드레벨 에스컬레이터를 타고 홍콩의 어제와 오늘을 경험해 보기!

MUST EAT
센트럴에서 이것만은 꼭 먹자!

No. 1
직접 고른 소호 맛집에서 다양한 전 세계의 요리 맛보기!

No. 2
현지인들도 즐겨 찾는 소박한 딤섬 맛집에서 홍콩의 맛 경험하기! (팀호완, 딩딤 1968)

No. 3
홍콩 최고의 중식당에서 최고급 중식 정찬 맛보기! (Mott32, 더들스, 룽킹힌)

MUST BUY
센트럴에서 이것만은 꼭 사자!

No. 1
PMQ에서 멋스러운 디자인 소품 사오기!

No. 2
퍼시픽플레이스 레인 크로포드에서 나만의 감각적인 아이템 골라보기!

No. 3
홍콩 여행 최고의 기념품 제니베이커리의 버터쿠키 양 손 가득 가져오기!

MUST EXPERIENCE
센트럴에서 이것만은 꼭 경험하자!

No. 1
트램을 타고 마천루 사이를 마음껏 누비기!

No. 2
홍콩 최대의 나이트 스폿 란콰이퐁에서 오늘 밤의 주인공 되기!

No. 3
란콰이퐁 프린지클럽에서 캐주얼한 재즈 콘서트 감상하기!

2 CENTRAL 센트럴 [中環/쫑완]

코스 무작정 따라하기
센트럴 알짜배기 코스

센트럴 여행이 처음인 여행자들을 위해 인기가 많은 필수 여행지들만을 한데 모은 코스. 센트럴 최고의 랜드마크인 IFC에서 여행을 시작해 소호와 란콰이퐁의 분위기를 두루 만끽할 수 있다. 점심은 소박한 딤섬 레스토랑에서 가볍게 해결한 뒤, 소호를 거닐면서 내 마음에 드는 맛집을 직접 골라 저녁 만찬을 즐겨 보자. 늦은 밤에는 홍콩 최대의 나이트 스폿 란콰이퐁에서 홍콩의 열기를 만끽해 보자.

S 센트럴 페리 선착장 7번 부두
Central Ferry Pier
中環渡輪碼頭
쫑완또우룬마터우

센트럴 페리 선착장을 나와 바로 왼쪽 8번 부두까지 도보 1분 → 홍콩해양박물관

1 홍콩해양박물관
Hong Kong Maritime Museum 香港海事博物館
헝컹허이시벗맛꾼

'향기로운 항구' 홍콩의 해양 역사를 총망라한 박물관. 빅토리아 하버의 변천사, 온갖 항해 장치들을 직접 체험할 수 있다. ⓘ
월~금요일 09:30~17:30,
토~일요일·공휴일 10:00~19:00
ⓘ 입장료 HK$30

센트럴 페리 선착장에서 바로 연결되는 육교를 따라 도보 7분. 첫 번째 교차지점에서 우측 방향으로 진입 → IFC

➕ PLUS TIP
전시물들 사이 전망창을 통해 보이는 빅토리아 하버의 생생한 모습도 놓치지 말자.

2 IFC
International Finance Centre 國際金融中心
꾹짜이깜용쭝쌈

홍콩 최고(最高)의 높이를 자랑하는 2 IFC 타워, 포시즌스 호텔, 복합 쇼핑몰인 IFC 몰 등이 함께 자리 잡은 복합 공간. AEL 종착역 홍콩 역도 함께 있다.
ⓘ 매일 10:00~22:00 (매장에 따라 다름)

IFC 몰(1 IFC 방향) L1에서 이어지는 육교를 따라 도보 4분 → 센트럴 - 미드레벨 에스컬레이터

➕ PLUS TIP
추천 매장 IFC 몰 내의 레인 크로퍼드(L3층), 애플 스토어(L1~L2층) 매장과 정두(L3층), 레이가든(L3층) 등의 레스토랑도 기억해 두자.

3 센트럴 - 미드레벨 에스컬레이터
Central - Mid Level Escalator 行人電動樓梯
항얀띤똥라우타이

센트럴과 미드레벨 지역을 연결하는 800m 길이의 에스컬레이터. 영화 <중경삼림>에 등장한 뒤 여행의 명소가 되었다. 에스컬레이터를 타고 소호로 향하자.
ⓘ 매일 06:00~10:00 하행, 10:20~24:00 상행 운행

에스컬레이터를 타고 올라가다가, Staunton Street와의 교차점에서 하차 → 소호

➕ PLUS TIP
당일 MTR을 이용하는 여행자라면 Hollywood Road와의 교차점상에 위치한 MTR Fare Saver에 옥토퍼스 카드를 태그하자. HK$2의 할인 혜택을 받을 수 있다.

170 -171

start ↓

S.	센트럴 페리 선착장 7번 부두
	110m, 도보 1분
1.	홍콩해양박물관
	500m, 도보 7분
2.	IFC
	240m, 도보 4분
3.	센트럴 - 미드레벨 에스컬레이터
	0m, 도보 0분
4.	소호
	290m, 도보 4분
5.	딩딤 1968
	190m, 도보 4분
6.	란콰이퐁
	80m, 도보 1분
7.	프린지클럽
	300m, 도보 4분
F.	MTR 센트럴 역 D1번 출구

2. CENTRAL 센트럴

F MTR 센트럴 역 D1번 출구
MTR Central Station
中環站 쭝완짬

MTR 센트럴 역에서는 Island Line, Tsuen Wan Line을 이용하여 환승 없이 성완, 완차이, 코즈웨이 베이, 침사추이 등 대부분의 다른 지역으로 이동할 수 있다.

7 프린지클럽
Fringe Club
藝穗會 아이써이위

오랫동안 냉장 창고로 사용된 건물을 리노베이션 하여 탄생시킨 복합 예술 공간. 밤이면 찾아오는 다양한 재즈 공연은 분위기도 편안하고 티켓 가격도 저렴해 부담 없이 즐기기에 좋다.
ⓘ 공연 및 전시에 따라 다름

Wyndham Street를 따라 언덕 아래로 내려가자 →
MTR 센트럴 역 D1번 출구

PLUS TIP
추천 메뉴 ① 주방장 추천 딤섬을 한꺼번에 맛보는 딤섬 세트(HK$ 85), ② 진한 육즙이 한가득 샤오롱바오(Xiao Long Bao with Pork & Crab Roe HK$ 88)

4 소호
Soho 蘇豪 쏘우호우

홍콩에서 가장 핫하고 트렌디 한. 아기자기한 골목이 이어지는 곳. 세계의 맛을 경험할 수 있는 온갖 종류의 맛집이 즐비하다.
ⓘ 각 레스토랑, 숍별로 다름

소호에서 Staunton Street를 따라 동쪽으로, Old Bailey Street를 따라 북쪽으로, Hollywood Road와 Wyndham Street를 따라 동쪽의 란콰이퐁 방향으로 도보 총 4분
→ 딩딤 1968

5 딩딤 1968
Ding Dim 1968
鼎點1968 땡딤

소호의 아기자기하고 소담한 가정식 딤섬 레스토랑. 소박한 분위기도, 깔끔한 딤섬의 맛도 모두 만족스러운 곳.
ⓘ 일~목요일 11:00~21:15, 금~토요일 11:00~22:15

딩딤 1968에서 나와 Wyndham Street를 따라 왼쪽으로, LKF Tower의 계단을 이용해 아래쪽 D'Aguilar Street로진입 → 란콰이퐁

6 란콰이퐁
Lan Kwai Fong
蘭桂坊 란콰이퐁

매일 밤 왁자지껄한 흥분으로 뒤덮이는 홍콩 최고, 최대의 유흥가. 개성 넘치는 클럽과 펍, 바와 카페 등이 즐비해 각자의 취향에 따라 나이트라이프를 즐길 수 있다.
ⓘ 각 클럽, 펍별로 다름

란콰이퐁의 D'Aguilar Street에서 경사 위쪽 방향으로 도보 1분
→ 프린지클럽

2 CENTRAL 센트럴 [中環/쫑완]

코스 무작정 따라하기
센트럴 랜드마크 코스

수백 미터 높이 경쟁을 벌이며 오늘날 홍콩 섬의 표정을 만들어 내고 있는 마천루들을 하나씩 만나러 떠나 보자. '공짜'로 경험할 수 있는 전망대들은 덤이다! 다양한 추천 식당이 있는 IFC 몰에서 마음에 드는 식당을 골라 홍콩의 맛을 만끽하고, 전망 좋은 호텔의 라운지에서는 우아하게 애프터눈티를 즐기자. 마천루마다 경쟁하듯 내뿜는 화려한 야경 또한 놓치지 말자.

1 IFC
International Finance Centre 國際金融中心
꾁꾹이감융쭝씀
1h

아르헨티나 출신 건축가 시저 펠리(Cesar Pelli)에 의해 디자인 된 복합 건축물. 광화문의 교보문고 또한 그의 작품. '바리캉' 모양의 두 IFC 타워와 쇼핑몰 내부의 공간을 여유롭게 즐겨 보자.

⏰ 매일 10:00~22:00 (매장에 따라 다름)

팀호완은 L1층, 정두, 레이가든은 L3층에 위치 → 팀호완, 정두, 레이가든

S MTR 센트럴 역 A번 출구
MTR Central Station
中環站쫑완짬
Start

MTR 센트럴 역 A번 출구로 나와 바로 앞 육교로 올라간 뒤, Exchange Square, IFC 방향을 따라 도보 3분 → IFC

● **PLUS TIP**
IFC 몰에 연결된 옥상 정원(L4층)에는 빅토리아 하버의 탁 트인 전경을 마주할 수 있다. 이곳의 Pleka 레스토랑은 홍콩의 '뷰 맛집'으로 정평이 나 있다.

● **PLUS TIP**
팀호완에서 대기와 합석은 필수! 차례에 따라 대기 줄에 선 뒤, 나누어 주는 주문표에 체크를 해 점원에게 건네자.
추천 메뉴 ① 딤섬의 대표 주자 Steamed Pork Dumpling with Shrimp(Shao Mai, 鮮蝦燒賣皇, HK$42) ② 맑고 투명한 피가 일품인! Steamed Fresh Shrimp Dumplings(Ha Jiao, 晶瑩鮮蝦餃, HK$42)

● **PLUS TIP**
추천 메뉴 다양한 토핑을 선택할 수 있는 Congee with 2 Selections(雙拼粥, HK$80+10%), Congee with 3 Selections(三拼粥, HK$100+10%)

● **PLUS TIP**
추천 메뉴 바삭함이 입 안으로 쏙! Crispy Roasted Pork(冰燒三層肉, HK$160+10%)

2-1 팀호완
Tim Ho Wan
添好運 팀호우완
1h

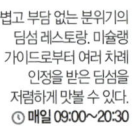

가볍고 부담 없는 분위기의 딤섬 레스토랑. 미슐랭 가이드로부터 여러 차례 인정을 받은 딤섬을 저렴하게 맛볼 수 있다.
⏰ 매일 09:00~20:30
IFC 몰 내 L3층에 위치 → 퓨얼에스프레소

OR

2-2 정두
Tasty Congee & Noodle Wantun Shop
正斗 쩽따우
1h

담백한 죽과 진한 국물이 일품인 완탕 전문점. 부담 없고 깔끔한 한 끼 식사를 하려는 사람들로 오픈 전부터 대기 줄이 늘어서기도 하는 곳.
⏰ 매일 11:00~22:00
IFC 몰 내 L3층에 위치 → 퓨얼에스프레소

OR

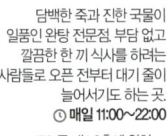

2-3 레이가든
Lei Garden
利苑 레이윤
1h

깔끔한 요리들로 유명한 광동 레스토랑. IFC 몰을 비롯, 홍콩의 여러 곳에 지점을 두고 있다. 식사 시간에 가려면 예약은 필수!
⏰ 매일 11:30~15:00, 18:00~22:00
IFC 몰 내 L3층에 위치 → 퓨얼에스프레소

172-173

start

S. MTR 센트럴 역 A번 출구

↓ 280m, 도보 3분

1. IFC

↓ 건물 내 이동, 3분

2. (선택) 팀호완/정두/레이가든

↓ 건물 내 이동, 도보 4분

3. 퓨얼에스프레소

↓ 건물 내 이동, 도보 1분

4. 홍콩 금융관리국 인포메이션 센터

↓ 600m, 도보 7분

5. 홍콩 옵저베이션 휠

↓ 450m, 도보 5분

뒷장으로 이어짐

2. CENTRAL 센트럴

✚ PLUS TIP
추천 메뉴 깊은 향의 에스프레소를 차갑게! Iced Espresso Doppio(HK$45)

✚ PLUS TIP
입장을 위해 여권은 필수! 로비에서 여권을 보여준 뒤 출입증을 패용하자.

3 퓨얼에스프레소
Fuel Espresso

뉴질랜드에서 시작된 커피 브랜드. 이름 그대로, 진한 에스프레소를 즐길 수 있다.
⏰ 월~금요일 07:30~19:30, 토~일요일·공휴일 10:00~19:00

2 IFC 로비 오른쪽의 에스컬레이터를 타고 아래층으로 내려가면 홍콩 금융관리국 전용 로비가 나온다 → 홍콩 금융관리국 인포메이션 센터

4 홍콩 금융관리국 인포메이션 센터
HKMA Information Centre
金管局資訊中心
깜꾼꼭찌선쯩쌈

홍콩 화폐의 발행 과정이나 위조 지폐 방지 기술 등을 볼 수 있는 금융관리국의 자료관으로 55층 높이의 전망을 함께 감상할 수 있다.
⏰ 월~금요일 10:00~18:00, 토요일 10:00~13:00 (일요일 휴관)

IFC 몰 L1층에서 연결되는 육교를 이용해 센트럴 페리 선착장 방향으로 도보 5분. 'To Star Ferry' 표지를 따라가자 → 홍콩 옵저베이션 휠

5 홍콩 옵저베이션 휠
Hong Kong Observation Wheel

빅토리아 하버를 마주한 센트럴 & 웨스턴 디스트릭트 프롬나드에 등장한 관람차. 360도로 펼쳐진 홍콩의 멋진 풍경을 감상하자.
⏰ 매일 11:00~23:00
💰 입장료 HK$20

홍콩 옵저베이션 휠 앞에서 센트럴 페리 선착장 반대 방향으로 도보 5분 → 센트럴 & 웨스턴 디스트릭트 프롬나드

뒷장으로 이어짐 ➡

2 CENTRAL 센트럴 [中環/쫑완]

코스 무작정 따라하기
센트럴 랜드마크 코스

➡ 앞장에서 이어짐

● **PLUS TIP**
최고급 부티크 호텔의 바인 만큼 화장실 또한 호화스럽다. 홍콩 최고 전망의 화장실도 놓치지 말고 들러보자! 추천 메뉴 애프터눈티 세트(1인 HK$380+10%, 2인 HK$680+10%)

12 HSBC빌딩
HSBC Building 滙豐總銀大廈 우이퐁쫑안따이하

황후상 광장을 마주하고 있는 HSBC. 홍콩상하이은행의 홍콩 본사. 영국 건축가 노먼 포스터경(Sir Norman Foster)에 의해 디자인된 독특한 건축물을 놓쳐 보자. 야경 또한 화려하다.

황후상 광장 앞 프린스즈 빌딩 1층에서 세바 전용 엘리베이터 이용 → 세바

11 중국은행타워
Bank of China Tower 中銀大廈 쫑안따이하

홍콩 야경 사진에 어김없이 등장하는 대표 랜드마크. X와 ◇ 형태가 반복되는 형태로 유명하다. 무료 전망대는 현재 폐쇄되어, 내부 관람은 어려워졌다.

중국은행타워를 나와 왼쪽으로 Des Voeux Road Central을 따라 도보 5분 → HSBC빌딩

10 리포센터
Lippo Centre 力寶中心 렉뽀우쫑쌈

센트럴에서 가장 독특하게 생긴 빌딩 중 하나. 유칼립투스 나무에 매달린 코알라를 닮은 듯 들쭉날쭉한 외관이 재미있다.

퍼시픽플레이스에서 리포센터로의 진행 방향 그대로 도보 2분 → 중국은행타워

9 살리스테라
Salisterra

퍼시픽플레이스에 위치한 부티크 호텔 디어퍼하우스의 바. 49층에 위치하고 있어 멋진 전망을 자랑한다. 애드미럴티만의 멋진 풍경을 내려다보자!

바 매일 06:30~익일 01:00, 애프터눈티 매일 15:00~17:00

퍼시픽플레이스 전면의 Queensway로 나와 왼쪽 방향으로 도보 2분 → 리포센터

● **PLUS TIP**
홍콩의 멋쟁이들이 모여드는 곳! 스마트 캐주얼의 드레스코드를 기억하자. 추천 메뉴 달콤 쌉싸름한 Lychee Mojito(HK$185+10%)

13 세바
SEVVA

프린스즈 빌딩(Prince's Building) 25층에 위치한 루프톱 바. 화려하고 탁 트인 센트럴의 야경을 감상할 수 있는 곳으로 강력 추천한다.

⏰ 브랜드 변경을 위해 휴업

프린스즈 빌딩 바로 앞 황후상 광장으로 이동 →
MTR 센트럴 역 K번 출구

F MTR 센트럴 역 K번 출구
MTR Central Station 中環站 쫑완짬

174-175 start

앞장에서 이어짐

6. 센트럴 & 웨스턴 디스트릭트 프롬나드

90m, 도보 1분

7. 타마파크

400m, 도보 7분

8. 퍼시픽플레이스

건물 내 이동, 도보 3분

9. 살리스테라

210m, 도보 3분

10. 리포센터

390m, 도보 4분

11. 중국은행타워

260m, 도보 5분

12. HSBC빌딩

70m, 도보 1분

13. 세바

10m, 도보 1분

F. MTR 센트럴 역 K번 출구

2. CENTRAL 센트럴

8 퍼시픽플레이스
Pacific Place 太古廣場
타이꾸펑청

세 곳의 특급 호텔, 최고급 부티크 호텔과 함께 호화로운 쇼핑몰이 자리 잡은 복합 공간. 널찍한 공간에서 여유롭게 쇼핑을 즐길 수 있다.

⏰ 매일 10:00~22:00
(매장에 따라 다름)

퍼시픽플레이스 몰에서 표지를 따라 JW메리어트호텔 홍콩 로비로 올라온 뒤, 바깥으로 나와 왼편으로 이어진 길을 따라 디어퍼하우스 전용 로비로 이동 → 살리스테라

➕ **PLUS TIP**
추천 매장 화려한 인테리어 디자인 소품들을 둘러볼 수 있는 Lane Crawford Kenzo Home(L1층)을 놓치지 말고 들러 보자.

7 타마파크
Tamar Park
添馬公園 팀마꽁윤

빅토리아 하버와 센트럴 정부 청사 사이에 위치한 공원으로 2011년에 개장하였다. 빅토리아 하버의 풍경을 감상할 수 있는 데크가 마련되어 있다.

빅토리아 하버를 등지고 정부 청사 쪽으로 이어지는 육교를 따라 애드미럴티 센터, 퀸즈웨이플라자 등을 지나 도보 7분 → 퍼시픽플레이스

6 센트럴 & 웨스턴 디스트릭트 프롬나드
Central & Western District Promenade 中西區海濱長廊 쭝싸이커이허이빤청렁

센트럴 페리 선착장부터 애드미럴티 타마파크까지 이어지는 해변 산책로. 빅토리아 하버와 센트럴의 야경을 감상할 수 있다.

해변 산책로를 따라 도보 1분 → 타마파크

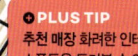

2 CENTRAL 센트럴 [中環/쫑완]

코스 무작정 따라하기
센트럴 역사 & 문화유산 코스

수백 년 세월 동안 한결같이 자리를 지켜온 문화유산들과, 그 안에 숨은 옛 이야기에 귀 기울여 보자. 역사의 현장이자 영화의 배경이었던 곳들은 당신에게도 멋진 '역사'로 기억될지도 모른다. 마지막으로 퍼시픽플레이스의 다양한 맛집들 중 마음에 드는 곳을 골라 멋진 식사 시간을 갖는 것으로 여행을 마무리하자.

3 쑨얏센기념관
Dr. Sun Yat-sen Museum 孫中山紀念館
쑨쭝싼께이님꾼

중국의 혁명 지도자 쑨얏센(쑨원)의 생애와 업적을 기념하기 위해 설립된 곳. 역사나 건축에 관심이 있다면 꼭 들러 보자. 전시 내용도, 고풍스런 건축물도 볼거리로 충분하다.
⏱ 현재 임시휴업(25년 하반기 리오픈 예정)
💰 입장료 무료

기념관을 나와 진행 방향 그대로 Caine Road를 따라 걷다가 좌회전하여 Old Bailey Street 진입 → 타이쿤

176 -177

	start
	MTR 센트럴 역 C번 출구
	300m, 도보 4분
1.	센트럴 - 미드레벨 에스컬레이터
	260m, 도보 3분
2.	PMQ
	350m, 도보 5분
3.	쑨얏센기념관
	450m, 도보 7분
4.	타이쿤
	290m, 도보 4분
5.	프린지클럽
	210m, 도보 5분
6.	더들스트리트
	350m, 도보 5분
	뒷장으로 이어짐

2. CENTRAL 센트럴

2 PMQ
Police Married Quarters
元創方 윤청펑

소호의 핫플레이스로 떠오르고 있는 문화 예술 공간. 홍콩 경찰의 기숙사로 쓰이던 옛 건물이 리노베이션 되어 새로운 예술 공간으로 변모했다. 옛 건축물 속에 자리 잡은 홍콩의 오늘을 발견하는 재미가 쏠쏠하다.

⏰ 매일 11:00~23:00 (매장에 따라 다름)

PMQ를 나와 언덕 위쪽으로 이동 후, 삼거리에서 Caine Road를 따라 왼편으로 다시 언덕 위쪽 방향의 Castle Road를 따라 도보 방향의 이동 → 쑨얏센기념관

➕ **PLUS TIP**
군데군데 남아 있는 PMQ의 옛 흔적을 찾아보자. 홍콩의 옛 모습이 떠오를지도 모른다.

1 센트럴 - 미드레벨 에스컬레이터
Central - Mid Level
Escalator 行人電動樓梯
항얀띤똥라우타이

교통난 해소와 주민 편의를 위해 1994년 개통된 에스컬레이터. 교통난 해소에는 실패했지만, 홍콩의 또 하나의 명물인 에스컬레이터를 만나보자.

⏰ 매일 06:00~10:00 하행, 10:20~24:00 상행 운행

에스컬레이터를 타고 올라와 오른쪽으로 꺾어지는 지점에서 막스 & 스펜서 옆 계단으로 내려와 위쪽 방향의 Hollywood Road를 따라 왼쪽 방향으로 도보 3분. Aberdeen Street와의 교차점에 위치 → PMQ

S MTR 센트럴 역 C번 출구
MTR Central Station
中環站 쭝완짬

MTR 센트럴 역 C번 출구로 나와서 걷다 보면 Des Voeux Road Central을 마주하게 된다. 왼쪽의 센트럴 - 미드레벨 에스컬레이터 방향으로 여행을 시작하자.

MTR 센트럴역 C번 출구에서 왼쪽으로 걷다가 육교가 지나가는 건물 계단으로 올라가자. 건물 내부를 통해 에스컬레이터의 시작점과 연결된다. 도보 4분 → 센트럴 - 미드레벨 에스컬레이터

4 타이쿤
Tai Kwun
大館 따이꾼

옛 경찰서와 감옥, 병영이 있던 곳이 홍콩을 대표하는 예술문화 공간으로 변모했다. 홍콩의 문화를 선도하는 타이쿤 센터로 가자.

⏰ 매일 08:00~23:00 (시설에 따라 다름)

Arbuthnot Road를 따라 경사 아래 방향으로, Hollywood Road를 따라 오른쪽 방향으로 도보 이동 → 프린지클럽

5 프린지클럽
Fringe Club
藝穗會 아이써이위

1892년 냉장 창고를 시작으로 유제품 상점, 육류 훈제 공장 등 파란만장한 삶을 살아오다 이제는 홍콩의 대표적 예술 공간으로 변신한 곳. 'Arts + People = fringe club' 문구 앞에서, 130살 건축물과의 인증 샷을 남겨 보자.

⏰ 공연 및 전시에 따라 다름

프린지클럽의 'Arts + People = fringe club' 문구를 정면으로 볼 때 오른쪽으로 이어지는 Lower Albert Road, Ice House Street를 따라 도보 2분 → 더들스트리트

6 더들스트리트
Duddell Street
都爹利街 또우떼레이까이

영화 《금지옥엽》에 등장한 짧은 거리로 19세기 말에 만들어진 석조 계단과 동아시아 최초의 가스등이 남아 있다. 영화의 한 장면 같은 포토제닉한 사진도 남겨 보자.

MTR 센트럴 역 K번 출구, 더들 스트리트에서는 가스등 계단 반대편으로 나와 오른쪽의 Queen's Road Central, Ice House Street를 따라 도보 5분 → 황후상 광장

뒷장으로 이어짐 ➡

2 CENTRAL 센트럴 [中環/쫑완]

코스 무작정 따라하기
센트럴 역사 & 문화유산 코스

➡ 앞장에서 이어짐

30min

10 홍콩공원
Hong Kong Park
香港公園 헝꽁꽁윤

인공 연못, 폭포, 조류관과 온실 등이 어우러져 있는 공원. 잠시 쉬어 가거나 주변 마천루들의 야경 사진을 찍기에 좋다.
⏰ 매일 06:00~19:00,
조류관과 온실 09:00~16:30

공원 내 플래그스태프 하우스 다기박물관으로 이동 →
플래그스태프 하우스 다기박물관

30min

11 플래그스태프 하우스 다기박물관
Flagstaff House Museum of Tea Ware
茶具文物館 차꼬이만맛꾼

홍콩의 차 문화를 엿볼 수 있는 자그마한 박물관. 특히 화려하고 아기자기한 찻주전자와 찻잔 세트를 많이 소장하고 있다.
⏰ 월요일 · 수~일요일 10:00~18:00
(화요일, 음력 1월 1~2일 휴무)

홍콩공원에서 퍼시픽플레이스 쪽으로 이어지는 출구로 나온 뒤 길 건너에 위치한 에스컬레이터를 타고 퍼시픽플레이스로 들어가자 →
예싱하이(L3층), 타이바짤(LG1층)

20min

9 성 요한 성당
St. John's Cathedral
聖約翰座堂 쎙엿헌쩌텅

1849년 완공되어 동아시아에서 가장 오래된 서양식 교회로 알려진 영국 성공회의 주교좌 성당.

성 요한 성당에서 나와 바로 앞의 도로를 건넌 뒤, 정면의 피크 트램 터미널 옆길을 따라 도보 2분 →
홍콩공원

10min

8 구 대법원, 입법부 빌딩
Former Supreme Court, Legislative Council Building
立法會大樓 랍팟위따이라우

1912년 완공되어 대법원과 홍콩 입법부 빌딩으로 사용되어 온 고전주의 양식의 석조 건축물. 현재는 아쉽게도 내부 공사 중이다.

황후상 광장에서 HSBC 빌딩을 정면에 두고 왼쪽으로 Des Voeux Road Central을 따라 걷다가 청쿵센터와 중국은행타워 사이로 이어지는 Garden Road를 따라 언덕 위쪽으로 도보 5분 →
성 요한 성당

20min

7 황후상 광장
Statue Square 皇后像廣場 웡하우쩡꿩

센트럴 중심부에 위치한 작은 광장. 현재는 빅토리아 파크로 옮겨간 빅토리아 여왕의 동상이 처음 자리 잡은 곳. 그 때문에 아직까지도 황후상 광장이라 부른다.

황후상 광장 바로 앞 →
구 대법원, 입법부 빌딩

178-179

start ↓

앞장에서 이어짐

7.	황후상 광장
	↓ 70m, 도보 1분
8.	구 대법원, 입법부 빌딩
	↓ 300m, 도보 5분
9.	성 요한 성당
	↓ 140m, 도보 2분
10.	홍콩공원
	↓ 10m, 도보 1분
11.	플래그스태프 하우스 다기박물관
	↓ 290m, 도보 4분
12.	예상하이/타이바질
	↓ 250m, 지하로 도보 4분
F.	MTR 애드미럴티 역 F번 출구

2. CENTRAL 센트럴

+ **PLUS TIP**
추천 메뉴 ❶ 부드러운 고기 소를 바삭한 쌀과자로 감싼 Crispy Rice Cones Filled with Diced Beef(牛柳粒鍋巴卷, HK$110+10%, 2PCS), ❷ 살며시 녹아드는 부드러운 삼겹살 찜 Steamed Pork Belly Wrapped with Fragrant Leaves(稻草扎肉, HK$90+10%, 2PCS)

+ **PLUS TIP**
추천 메뉴 ❶ 깊은 허브향의 타이커리 HK$148+10%~, ❷ 바삭하게 튀김을 라이스페이퍼로 감싼 Crispy Soft Shell Crab Rice Paper Rolls(HK$138+10%, 6PCS)

12-1 예상하이
Ye Shanghai
夜上海 예성하이

홍콩을 비롯해 상하이와 타이페이 등 해외에도 분점을 두고 있는 고급 상하이 요리 레스토랑. 소량으로도 주문이 가능해 저렴하게 다양한 요리를 맛볼 수 있다.

⏰ 매일 11:30~15:00, 18:00~23:00

LG1층에서 MTR 애드미럴티 역으로 연결된다 → MTR 애드미럴티 역 F번 출구

OR

12-2 타이바질
THAI BASIL

큼지막한 해산물을 곁들인 개성 강하고 향이 짙은 타이 음식을 맛볼 수 있는 곳. 커리와 롤 등이 주 메뉴다.

⏰ 매일 11:30~22:00

LG1층에서 MTR 애드미럴티 역으로 연결된다 → MTR 애드미럴티 역 F번 출구

F Finish
金鐘 **Admiralty**
MTR 애드미럴티 역 F번 출구
MTR Admiralty Station
金鐘站 깜쭝짬

2 CENTRAL 센트럴 [中環/쩡완]

코스 무작정 따라하기
센트럴 트렌디 코스

새롭게 탄생한 지 1년이 채 되지 않은 매력적인 스폿을 포함해, 센트럴에서 가장 '핫' 하고 트렌디 한 장소들을 엄선했다. 이제껏 마주한 적 없는 새롭고 유니크 한 홍콩을 바로 여기에서 마주해 보자. 홍콩만의 독특한 디자인을 만나 볼 수 있는 PMQ부터 SNS 속 돌풍을 일으키고 있는 핫 한 카페까지. 가장 새롭고 가장 스타일리시 한 홍콩이 당신을 기다린다.

S MTR 센트럴 역 C번 출구
MTR Central Station
中環站 쭝완짬

MTR 센트럴 역 C번 출구로 나와 왼쪽 방향으로, 트램을 따라 걷는 것으로 센트럴 트렌디 코스 여행을 시작하자.

MTR 센트럴 역 C번 출구에서 왼쪽으로 걷다가 육교가 지나가는 건물 계단으로 올라가자, 건물 내부를 통해 에스컬레이터의 시작점과 연결된다. 도보 4분 → 센트럴 - 미드레벨 에스컬레이터

1 센트럴 - 미드레벨 에스컬레이터
Central - Mid Level Escalator
行人電動樓梯 항인띤똥라우타이

시작 지점부터 끝 지점까지 이동하는 데에만 장장 20분이 걸리는 에스컬레이터. 발 아래로 내려다보이는 노호(North of Hollywood Road)와 소호의 아기자기한 골목 풍경을 눈에 담으며 언덕 위로 향하자.
⏰ 매일 06:00~10:00 하행, 10:20~24:00 상행 운행

센트럴 - 미드레벨 에스컬레이터를 타고 올라가다가 왼편으로 영국 지하철 로고가 보이면 아래쪽 Staunton Street로 내려오자. 레스토랑과 숍들은 주로 Hollywood Road, Staunton Street, Elgin Street, Peel Street 주변에 위치 → 소호

2 소호
Soho 蘇豪 쏘우호우

식도락의 도시 홍콩을 대표하는 맛집 골목들이 모여 있는 곳. 추천 레스토랑을 찾아가 보는 것도 좋지만, 숨겨져 있는 자신만의 맛집을 찾아보는 재미도 쏠쏠하다!
⏰ 각 레스토랑, 숍별로 다름

소호에서는 Staunton Street와 Hollywood Road를 따라서 PMQ로 이동하자. 센트럴 - 미드레벨 에스컬레이터 상행 방향을 기준으로 오른쪽 방향으로 도보 3분 → PMQ

3 PMQ
Police Married Quarters
元創方 윤청팡

홍콩 경찰의 기숙사로 쓰이던 옛 건물을 리노베이션 하여 마련한 새 공간에 패션, 건축 등 여러 분야의 디자인 갤러리와 공방 등이 자리잡고 있다.
⏰ 매일 11:00~23:00 (매장에 따라 다름)

PMQ에서 나와 경사 아래쪽 방향으로, 이후 왼쪽의 Gough Street 진입 → 리틀바오, 까우께이

180-181

↓ **start**

s. MTR 센트럴 역 C번 출구
↓ 300m, 도보 4분
1. 센트럴 - 미드레벨 에스컬레이터
↓ 10m, 도보 1분
2. 소호
↓ 230m, 도보 3분
3. PMQ
↓ 180m, 도보 3분
4. 리틀바오/까우께이
↓ 700m, 도보 10분
5. %아라비카
↓ 550m, 도보 7분
6. 홍콩 옵저베이션 휠
↓ 210m, 도보 2분
F. 센트럴 페리 선착장 7번 부두

2. CENTRAL 센트럴

F 센트럴 페리 선착장 7번 부두
Central Ferry Pier 中環渡輪碼頭 쭝완또우룬마타우

침사추이로 돌아가려면 스타 페리를 이용하는 것이 가장 편리하다. MTR를 이용하려는 여행자들도 밤의 스타 페리는 꼭 경험해 보자.

6 홍콩 옵저베이션 휠
Hong Kong Observation Wheel

밤이면 더욱이 좋은 홍콩의 관람차 페리스휠. 세 바퀴를 회전하는 20분 동안 360도로 펼쳐지는 빅토리아 하버의 야경을 마음껏 누려 보자.

① 월~목요일 12:00~22:00, 금~일요일·공휴일 11:00~23:00 ⑧ 입장료 HK$20

빅토리아 하버를 바라보고 왼쪽 방향, 도보 2분 → 센트럴 페리 선착장 7번 부두

⊕ PLUS TIP
추천 메뉴 1 걸쭉한 커리의 풍미가 가득한 도가니양지카레국수 (咖喱筋腩粗麵) HK$65
추천 메뉴 2 이보다 더 부드러울 수 없는 고기 토핑이 한가득! 양지머리 올린 쌀국수(上湯牛腩河粉) HK$65

⊕ PLUS TIP
추천 메뉴 동파육 패티와 바오번의 조화로움이 일품! Pork Belly Bao HK$98+10%

⊕ PLUS TIP
추천 메뉴 %아라비카 커피에서 가장 인기가 높은 Caffe Latte(HK$45~50)

4-1 리틀바오
Little Bao

중국식 빵, 바오로 만든 퓨전 버거를 맛 보자세 홍콩에서 가장 혁신적인 햄버거를 리틀바오에서 만나볼 수 있다.
① 매일 화~일요일 12:00~16:00, 18:00~22:00(금~토요일 ~23:00)

센트럴 - 미드레벨 에스컬레이터 하행 방향으로 IFC 몰 진입 → %아라비카

4-2 까우께이
Kau Kee Restaurant
九記牛腩 까우께이아울람

양지와도 사랑한 까우께이만의 양지머리국수를 경험해 보자. 묻지도 따지지도 말고 줄부터 설 것!
① 월~토요일 12:30~22:30

센트럴 - 미드레벨 에스컬레이터 하행 방향으로 IFC 몰 진입 → %아라비카

5 %아라비카
% Arabica

IFC 몰 내의 감각적인 카페, 라떼 맛이 '깡패'라는 '응 커피'의 산미를 느껴보자!
① 매일 08:00~20:00

IFC 몰에서 나와 Star Ferry 방향 육교를 이용해 도보 이동 → 홍콩 옵저베이션 휠

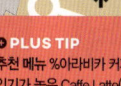

2 CENTRAL 센트럴 [中環/쫑완]

TRAVEL INFO
센트럴 핵심 여행 정보

🎥 **SIGHTSEEING**

№.1 IFC
★★★★★ International Finance Centre [國際金融中心 꿕짜이깜용쭝쌈]

홍콩 섬에서 가장 높은 412m의 2 IFC 타워, 포시즌스호텔, 초대형 쇼핑몰인 IFC 몰 등이 하나로 이루어진 전체 면적 40만㎡에 달하는 복합 건축물. 감각적인 디스플레이의 다양한 브랜드를 만날 수 있는 레인 크로퍼드(L3층)와 고급스러운 슈퍼마켓 city'super(L1층), 홍콩에서 가장 규모가 큰 애플스토어(L1~2층) 등의 매장이 입점한 IFC 몰은 가장 큰 볼거리다. 식당가에는 추천 레스토랑인 정두(L3층), 레이가든(L3층) 이외에도 다양한 맛집들이 입점해 있고, 아래층에는 AEL의 종착역인 홍콩 역이 있어, 홍콩 여행자라면 한번쯤은 꼭 들르게 되는 곳이다. 몰이 'ㅁ'자로 구성되어 있어 자칫 길을 잃기 쉬우니 주의하자.

📍 **MAP** P.166B 🚇 **찾아가기** MTR 센트럴 역, AEL 홍콩 역에서 바로 연결. 센트럴 페리 선착장에서 육교를 따라 도보 6분 📍 **주소** 8 Finance St, Central ☎ **전화** 2295-3308 🕐 **시간** 매일 10:00~22:00 (매장에 따라 다름) **휴무** 연중무휴(매장에 따라 다름) 🌐 **홈페이지** www.ifc.com.hk

№.2 소호
★★★★★ Soho [蘇豪 쏘우호우]

'South of Hollywood Road'라는 이름의 유래처럼 Hollywood Road의 남쪽 지역을 의미한다. 서민적인 찬탱과 딤섬 레스토랑부터, 멕시칸과 스패니시까지, 수백 가지의 맛과 향이 온종일 골목을 채운다. 로컬 디자인 숍과 갤러리들도 곳곳에 숨겨져 있다. 소호의 추천 레스토랑, 숍 정보는 ZOOM IN 참고.

📍 **MAP** P.168C 🚇 **찾아가기** MTR 센트럴 역 C번 출구에서 왼쪽으로 도보 5분. 센트럴-미드레벨 에스컬레이터를 이용해 Staunton Street까지 올라간다. 🕐 **시간** 각 레스토랑, 숍별로 다름

№.3 피엠큐 PMQ
★★★★★ Police Married Quarters [元創方 윤청펑]

홍콩 경찰의 기혼자 숙소로 쓰이던 곳을 대대적인 리노베이션을 통해 디자인 숍과 공방들의 예술 집합소로 변신시켰다. 건축, 패션, 가구 등 온갖 분야의 디자인을 만나볼 수 있고, 팝업 스토어도 자주 열린다.

ℹ️ **INFO** P.50 📍 **MAP** P.168C 🚇 **찾아가기** MTR 센트럴 역 C번 출구에서 왼쪽으로 도보 5분. 센트럴-미드레벨 에스컬레이터를 이용해 Staunton Street까지 올라가 오른쪽으로 도보 3분 📍 **주소** 35 Aberdeen St, Central ☎ **전화** 2870-2335 🕐 **시간** 매일 09:00~23:00 (매장에 따라 다름) **휴무** 연중무휴(매장에 따라 다름) 🌐 **홈페이지** www.pmq.org.hk

№.4 타이쿤
★★★★ Tai Kwun [大館 따이꾼]

과거 센트럴 경찰서와 그 내부의 병영, 감옥 등이 수년 간의 리노베이션을 거쳐 홍콩을 대표하는 예술 문화 공간으로 탈바꿈했다. 20~21세기의 100년을 아우르는 다양한 건축물과 유물들, 스타일리시한 숍과 다이닝 스폿도 찾아볼 수 있다.

📍 **MAP** P.168E 🚇 **찾아가기** MTR 센트럴 역 C번 출구에서 왼쪽으로 도보 5분. 센트럴 – 미드레벨 에스컬레이터에서 바로 연결 📍 **주소** 10 Hollywood Road, Central ☎ **전화** 3559-2600 🕐 **시간** 매일 08:00~23:00(시설에 따라 다름) **휴무** 연중무휴(시설에 따라 다름) 💲 **가격** 입장료 무료(일부 프로그램 유료) 🌐 **홈페이지** www.taikwun.hk/en

№. 5 센트럴 - 미드레벨 에스컬레이터
★★★ Central - Mid Level Escalator
[行人電動樓梯 항얀띤똥라우타이]

이름 그대로 센트럴과 미드레벨 지역을 연결하기 위해 1994년 완공된 장장 800m의 에스컬레이터. 한 방향으로 끝까지 이동하는 데에만 20분이 걸린다고 한다. 출근 때는 하행으로, 그 이후에는 상행으로 운행하는데, 늘 바쁜 걸음을 옮기는 현지인들과 함께 알록달록 아웃도어 복장의 패키지 관광객들을 마주할 수 있다. 에스컬레이터에서 내려다보이는 골목 풍경을 놓치지 말자.

◉ MAP P.168C ◉ 찾아가기 MTR 센트럴 역 C번 출구에서 왼쪽으로 도보 5분. 육교에서 연결 ◉ 시간 매일 06:00~10:00 하행, 10:30~24:00 상행 운행

№. 6 란콰이퐁
★★★ Lan Kwai Fong
[蘭桂坊 란콰이펑]

매일 밤, 거리 전체가 거대한 클럽으로 변신하는 홍콩 최고, 최대의 유흥가. 현지 젊은이들과 청춘 여행자들이 흥겨운 밤을 위해 매일 이곳으로 모여든다. 란콰이퐁이 가장 '핫' 해지는 주말 밤! 이 시간에는 어깨를 맞댄 펍과 클럽들의 경계가 무너지며 거리 자체가 커다란 스테이지로 변신한다.

◉ MAP P.168F ◉ 찾아가기 MTR 센트럴 역 D1번 출구로 나와 오른쪽으로, 다시 Queen's Road Central을 따라 오른쪽으로 걷다가 왼편의 D'Aguilar Street를 따라 이동. 5분 소요 ◉ 주소 Lan Kwai Fong, Centra ◉ 시간 각 클럽, 펍별로 다름 ◉ 홈페이지 www.lankwaifong.com

№. 7 홍콩금융관리국 인포메이션 센터
★★★ HKMA Information Centre
[金管局資訊中心 깜꾼록찌선쯩쌈]

2 IFC 55층에 있는 홍콩금융관리국 자료관. 화폐 발행 과정, 위폐 감별, 환율 흐름 등에 대한 내용을 전시하고 있다. 55층 높이에서 바라보는 홍콩 섬 일대의 풍경 또한 장관이다. 폐기된 지폐 조각을 모아 만든 독특한 기념품도 판매하고 있다. 출입증을 받기 위해 여권을 꼭 챙기자.

◉ INFO P.45 ◉ MAP P.166B ◉ 찾아가기 2 IFC 로비 오른쪽의 에스컬레이터를 타고 아래층 전용 로비로 내려가자 ◉ 주소 G/F, 8 Finance St, Central ◉ 전화 2878-8196 ◉ 시간 월~금요일 10:00~18:00, 토요일 10:00~1300 ◉ 휴무 일요일 ◉ 가격 무료

№. 8 센트럴 & 웨스턴 디스트릭트 프롬나드
★★★ Central & Western District Promenade
[中西區海濱長廊 쫑싸이커이하이뻰청랑]

센트럴 페리 선착장 동쪽으로 애드미럴티의 타마파크까지 이어지는 해변 산책로로 빅토리아 하버와 센트럴의 야경을 함께 즐길 수 있는 또 하나의 명소다. 침사추이의 해변 산책로에서 좀 더 파노라믹한 홍콩 섬의 야경을 볼 수 있다면, 이곳에서는 더 가까이에서 쏟아질 듯 반짝거리는 야경을 만끽할 수 있다. 연인과의 여행이라면 이곳에서 조금 더 조용한 밤의 매력 속으로 빠져 보자.

◉ MAP P.167G ◉ 찾아가기 MTR 애드미럴티 역 A번 출구로 나와 육교를 따라 도보 7분. ◉ 주소 Central & Western District Promenade, Harcourt Road, Central

№. 9 타마파크
★★★ Tamar Park
[添馬公園 팀마꽁윤]

2011년 개장한 홍콩의 '막내' 공원. 남쪽으로는 정부청사와 면하고 있고, 북쪽으로는 빅토리아 하버의 바로 앞까지 이어져 있어, 파노라믹한 바다 풍경을 보기에 더없이 좋다. 푸른 잔디가 양탄자처럼 깔린 그린 카펫은 빽빽한 센트럴에서 신록의 색을 마주할 수 있는 몇 안되는 곳이기도 하며, 여유롭게 야경을 즐기기에도 제격이다.

◉ MAP P.167G ◉ 찾아가기 MTR 애드미럴티 역 A번 출구로 나와 육교를 따라 도보 3분 ◉ 주소 Tamar Park, Harcourt Road, Central ◉ 전화 2520-2321 ◉ 홈페이지 www.lcsd.gov.hk/en/parks/tp

№. 10 홍콩 옵저베이션 휠 / AIA 바이탈리티 파크
★★★ Hong Kong Observation Wheel / AIA Vitality Park

빅토리아 하버를 조망할 수 있는 최고 높이 약 60m의 관람차. 주변의 마천루들과 비교하면 높다고 할 수는 없지만 360도로 탁 트인 전망을 감상할 수 있다. 관람차 옆으로 이어지는 공원에서는 캐로셀(회전목마)를 비롯한 간단한 놀이기구들을 즐길 수 있다.

◉ INFO P.59 ◉ MAP P.167C ◉ 찾아가기 MTR 센트럴 역 A번 출구로 나와 Star Ferry 방향으로 육교를 따라 도보 12분 ◉ 주소 33 Man Kwong St, Central ◉ 전화 2339-0777 ◉ 시간 매일 11:00~23:00 ◉ 휴무 3급 이상 태풍 발령 시 ◉ 가격 관람차 성인 HK$20, 어린이(3~11세) 및 노인(65세~) HK$10, 회전목마 HK$30, 콤보 HK$30~40 ◉ 홈페이지 www.hkow.hk

2 CENTRAL 센트럴 [中環/쫑완]

№. 11 황후상 광장
★★★ Statue Square
[皇后像廣場 웡하우쩡쩽청]

19세기 후반 간척 사업을 통해 조성된 광장으로 센트럴 여행의 기점이 되는 곳. 북쪽 광장에는 평화 기념비가, 남쪽 광장에는 과거 HSBC의 은행장이었던 토마스 잭슨 경의 동상이 있다. 과거 빅토리아 여왕과 그 아들 알버트 공의 동상이 함께 있었지만, 여왕의 상은 빅토리아 파크로 옮겨지고, 황태자의 상은 전쟁 중 수탈되었고, 매주 일요일 광장을 가득 채우는 필리핀 출신 가정부들의 모습이 이채롭지만, 쉴 곳도 없이 거리로 내몰린 그들의 현실이 조금 서글프기도 하다.

◎ MAP P.166F
◎ 찾아가기 MTR 센트럴 역 K번 출구 바로 앞

№. 12 HSBC빌딩
★★★ HSBC Building
[滙豐總銀大廈 우이퐁쫑안따이하]

중국은행과 함께 홍콩의 대표적 은행인 홍콩상하이은행의 홍콩 본사로 황후상 광장과 마주하고 있다. 건축 디자인은 영국의 대표 건축가로 기사 작위까지 수여한 노먼 포스터 경(Sir Norman Foster)이 맡았는데, 건축물의 구조체, 기계 배관, 조명 설비 등을 그대로 외부로 노출해 디자인 요소로 차용하는 하이테크 양식의 대표적 작품이다. 건축물이 하나의 기계처럼 보이는 것도 바로 그 때문. 일요일이면 필리핀 가정부들의 메카가 되는 1층의 열린 공간도 하이테크로 해결한 구조 덕분이라고. 입구에는 일제 강점기 군수 물자 수탈로 황후상과 함께 일본 출장(?)까지 다녀왔던 두 마리의 청동 사자상이 있다. 옛 은행장의 이름을 따 스티븐과 스티트라는 이름까지 갖게 된 두 사자상은 HSBC에서 발행하는 홍콩 지폐에도 등장하는 몸값 비싼(?) 녀석들이니 함께 인증 샷은 필수!

◎ INFO P.57 ◎ MAP P.166J
◎ 찾아가기 MTR 센트럴 역 K번 출구 정면에 위치 ◎ 주소 1 Queen's Rd Central, Central
◎ 시간 월~목요일 09:00~16:30, 금요일 09:00~17:00, 토요일 09:00~13:00 ◎ 휴무 일요일·공휴일

№. 13 만모사원
★★★★ Manmo Temple
[文武廟 만모우미우]

학문의 신 문창제(文昌帝)와 전쟁의 신 관우를 모시는 사원이다. 1847년, 중국 상인들의 후원으로 만들어진 이 사원은 중국인들끼리 분쟁이 있을 때 영국 법원으로 가지 않고 자체적으로 재판하는 사법 기능을 담당했다. 연기와 향냄새가 인상적.

◎ MAP P.166E ◎ 찾아가기 MTR 센트럴 역 C번 출구에서 왼쪽으로 도보 5분. 센트럴 - 미드 레벨 에스컬레이터를 이용해 Hollywood Road까지 올라가 성완 방향으로 도보 6분 ◎ 주소 126 Hollywood Rd, Sheung Wan ◎ 전화 2540-0350 ◎ 시간 매일 08:00~18:00 ◎ 휴무 연중무휴 ◎ 홈페이지 www.man-mo-temple.hk

№. 14 웨스턴마켓
★★★ Western market
[西港城 싸이겅쎙]

성완을 대표하는 랜드마크. 붉은 벽돌을 주재료로 사용하고 창가와 테두리 부분을 하얀색으로 마무리하는 것이 특징인 영국식 건축물로 건축 당시에는 시장으로 사용했던 곳이나 현재는 원단과 기념품을 판매하는 상점과 레스토랑이 입점해있다. 트램 정류장이 바로 앞에 있어서, 홍콩스러운 여행 사진을 담아내기에 더없이 좋다.

◎ INFO P.48 ◎ MAP P.166A ◎ 찾아가기 MTR 성완 역 B번 출구에서 Des Voeux Road Central을 따라 두 블록 도보 이동 ◎ 주소 323 Des Voeux Rd Central, Central, Hong Kong ◎ 전화 6029-2675 ◎ 시간 매일 10:00~24:00(상점에 따라 다름) ◎ 홈페이지 westernmarket.com.hk

№. 15 중국은행타워
★★★ Bank of China Tower
[中銀大廈 쫑안따이하]

센트럴에서도 가장 눈에 띄는 마천루 중 하나인 이 타워는 중국은행의 홍콩 지사로 쓰이기 위해 1990년에 준공되었다. 중국은행타워의 독특한 형태는 구조 공학에서 기인한 것. X와 ◇ 형태가 반복되는 구조는 일반적인 ㅁ자 구조보다 훨씬 안정적이기 때문. 43층 전망대는 현재까지 폐쇄된 상태다.

◎ INFO P.57 ◎ MAP P.167K ◎ 찾아가기 MTR 센트럴 역 K번 출구로 나와 Des Voeux Road Central을 건너 왼쪽 방향으로 도보 4분 ◎ 주소 1 Garden Rd, Central ◎ 홈페이지 www.bochk.com/en/aboutus/corpprofile/boctower.html

№.16 홍콩공원
★★★ Hong Kong Park
[香港公園 헝꽁꽁윤]

인공 연못과 폭포, 조류관과 온실, 카페테리아 등이 모여 있는 방대한 공원으로 빡빡한 센트럴 도심에서 허파 역할을 톡톡히 하고 있다. 열대 우림을 본떠 조성한 조류관에서는 80종 이상의 크고 작은 새들을 만날 수 있다. 볼거리가 다양해 센트럴 여행 중 한 번쯤 방문해 봐도 좋다.

🅜 MAP P.167K 🅕 찾아가기 MTR 애드미럴티 역 F번 출구를 통해 퍼시픽플레이스로, 로비 우측의 'Hong Kong Park' 표지를 따라 바깥쪽으로 도보 이동 🅐 주소 19 Cotton Tree Dr, Central 🅣 전화 2521-5041 🅞 시간 매일 06:00~23:00, 조류관과 온실 09:00~17:00 🅒 휴무 부정기적 🅗 홈페이지 www.lcsd.gov.hk/en/parks/hkp/index.html

№.17 리포센터
★★ Lippo Centre
[力寶中心 렉뽀우쫑쌈]

독특한 생김새로 센트럴의 랜드마크 역할을 톡톡히 하는 업무용 빌딩. 쌍둥이처럼 보이는 두 타워이지만 동쪽 타워는 186m, 서쪽 타워는 172m로 그 높이가 조금 다르다. 호주 출신 건축가 폴 루돌프(Paul Rudolph)가 디자인한 외관은 흡사 유칼립투스 나무에 매달린 코알라를 형상화한 것처럼 보이지만, 그것을 염두에 둔 디자인은 아니라고. 홍콩공원에서 보는 야경이 특히 매력적이다.

🅜 MAP P.167K 🅕 찾아가기 MTR 애드미럴티 역 B번 출구 바로 앞 🅐 주소 89 Queensway, Admiralty, Central 🅗 홈페이지 www.lippocentre.com.hk

№.18 더들스트리트
★★ Duddell Street
[都爹利街 또우떼레이까이]

Queen's Road Central과 Ice House Street를 잇는 짧은 골목. 이 골목이 유명해진 것은 영화 〈금지옥엽〉에 등장한 석조 계단과 고풍스런 가스등 때문. 화강석으로 된 계단은 19세기 말에 지어져 100살이 넘은 홍콩의 노장이란다. 가스등은 1922년에 제작된 것이라고. 이 가스등 덕분에 홍콩은 동아시아에서 가장 먼저 가로등이 불을 밝힌 도시가 되었다.

🅜 MAP P.168F 🅕 찾아가기 MTR 센트럴 역 G번 출구에서 왼쪽으로, 삼거리에서 Queen's Road Central을 따라 왼쪽 방향으로 걷다가 오른쪽 Duddell Street로 진입 🅐 주소 Duddell St, Central

№.19 쑨얏센기념관
★★ Dr. Sun Yat-sen Museum
[孫中山紀念館 쑨쫑싼께이님꾼]

중국의 혁명가 쑨원을 기념하기 위한 곳. 부패한 청 왕조를 무너뜨리고 새 나라를 만들기 위해 일생을 바쳐 '국부'의 칭호를 얻은 그의 삶과 업적을 전시하고 있다. 1914년 완공된 에드워드풍 건축물도 멋스럽다.

🅘 INFO P.51 🅜 MAP P.166E 🅕 찾아가기 센트럴-미드레벨 에스컬레이터를 이용해 Caine Road까지 올라가 오른쪽으로 도보 4분 🅐 주소 7 Castle Rd, Central 🅣 전화 2367-6373 🅞 시간 월~수요일·금요일 10:00~18:00, 주말·공휴일 10:00~19:00, 성탄절 전일·신정 전일 10:00~17:00 🅒 휴무 현재 임시휴업(25년 하반기 리오픈 예정) 🅢 가격 입장료 무료 🅗 홈페이지 www.hk.drsunyatsen.museum

№.20 플래그스태프 하우스 다기박물관
★★ Flagstaff House Museum of Tea Ware
[茶具文物館 차꼬이만맛꾼]

지금은 홍콩공원이 된 옛 영국군 병영터에 남아 있던 지휘관 관사를 리노베이션 하여 설립한 차(茶) 박물관. 특유의 화려한 장식이 인상적인 중국풍의 찻주전자와 찻잔 세트들을 둘러보는 재미가 쏠쏠하다. 'Tea for All'이라는 차 문화 강좌도 열리니 관심 있다면 참가해 볼 것. 광둥어 및 영어 진행.

🅘 INFO P.50 🅜 MAP P.167K 🅕 찾아가기 홍콩공원 내 🅐 주소 10 Cotton Tree Dr, Central 🅣 전화 2869-0690 🅞 시간 월요일·수~일요일 10:00~18:00, 성탄절 전일·신정 전일 10:00~17:00 🅒 휴무 화요일(공휴일 제외), 음력 1월 1~2일 🅢 가격 무료 🅗 홈페이지 https://hk.art.museum/en/web/ma/tea-ware.html

№.21 홍콩해양박물관
★★ Hong Kong Maritime Museum
[香港海事博物館 헝깡허이씨빡맛꾼]

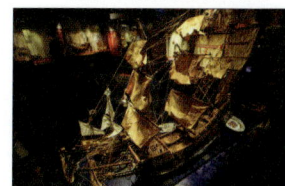

3천 년이 넘는 해양 역사를 총망라해 '향기로운 항구' 홍콩을 잘 보여주는 곳. C 데크에서는 빅토리아 항의 초기 역사를, B 데크에서는 해양 안전과 빅토리아 하버의 변천사를 전시하며, A 데크에서는 항해 장치들을 직접 만져 보며 체험할 수 있다.

🅜 MAP P.167C 🅕 찾아가기 MTR 센트럴 역 A번 출구로 나와 Star Ferry 방향으로 육교를 따라 도보 8분 🅐 주소 Central Ferry Pier No. 8, Man Kwang St, Central 🅣 전화 3713-2500 🅞 시간 월~금요일 09:30~17:30, 토~일요일·공휴일 10:00~19:00 🅒 휴무 음력 1월 1~2일 🅢 가격 입장료 성인 HK$30, 18세 이하 HK$15 🅗 홈페이지 www.hkmaritimemuseum.org

2 CENTRAL 센트럴 [中環/쫑완]

No.22 구 대법원, 입법부 빌딩
★★ Former Supreme Court, Legislative Council Building [立法會大樓 랍팟위따이라우]

황후상 광장을 마주보고 있는 신 고전주의 양식의 석조 건축물로 1912년 간척지 위에 지어져, 대법원과 홍콩 입법부 빌딩으로 사용되어 왔다. 2011년 새로운 청사로 입법부가 이전한 후, 지금은 종심 법원과 전시관으로 활용되고 있다. 초현대식의 HSBC빌딩 함께 사진을 남겨 보자. 과거와 현재가 공존하는 홍콩의 모습이 그대로 담길 테니까.

ⓘ INFO P.49 ⓜ MAP P.166F ⓕ 찾아가기 MTR 센트럴 역 K번 출구, 황후상 광장 맞은편에 위치 ⓐ 주소 8 Jackson Rd, Central

No.23 성 요한 성당
★★ St. John's Cathedral [聖約翰座堂 쌩엿헌쩌텅]

1849년 완공된 영국성공회의 홍콩 주교좌 성당으로, 동아시아에서 가장 오래된 서양식 교회로 알려져 있다. 영국 고딕 양식의 뾰족한 첨탑이 있는 외부와 달리, 목조로 된 내부는 남국의 향취가 물씬 배어난다. 일본 점령기 동안에는 일본군의 유흥을 위해 클럽이 되었던 슬픈 역사 또한 지니고 있는 곳이다.

ⓘ INFO P.49 ⓜ MAP P.166J ⓕ 찾아가기 MTR 센트럴 역 K번 출구로 나와 중국은행타워 옆 Garden Road를 따라 언덕 위까지 도보 5분. ⓐ 주소 4-8 garden Rd, Central ⓣ 전화 2523-4157 ⓗ 홈페이지 www.stjohnscathedral.org.hk

No.24 구 센트럴 경찰서
★ Former Central Police Station Compound [中區警署 쫑케이겡취]

과거 센트럴 경찰서로 쓰였던 콜로니얼 양식의 석조 건축물. 본청은 1919년에 건축되었다. 현재 경찰서의 기능은 모두 다른 곳으로 옮겨갔으며, 홍콩 자키(경마)클럽이 주도하는 문화 정책의 일환으로 Tai Kwun Centre로 변신, 재개관했다. 런던 테이트 모던으로 스타덤에 오른 스위스 출신 건축가 헤르초크 & 드 뫼롱이 리노베이션을 담당했다.

ⓘ INFO P.50 ⓜ MAP P.168E ⓕ 찾아가기 MTR 센트럴 역 C번 출구에서 왼쪽으로 도보 5분. 센트럴 - 미드레벨 에스컬레이터를 이용해 Hollywood Road까지 올라간다 ⓐ 주소 10 Hollywood Rd, Central ⓣ 전화 3559-2600

No.25 자미야모스크
★ Jamia Mosque [清真寺 챙짠찌]

1890 설립된 홍콩에서 가장 오래된 이슬람 사원. 당시 영국 정부로부터 임차한 땅에 사원을 건축하였다. 지금 볼 수 있는 에메랄드빛 장식의 종탑이 아름다운 건축물은 1915년에 증축된 것. 이슬람 기도 시간에 간다면 회당 밖으로 흘러나오는 기도소리를 들을 수 있다.

ⓘ INFO P.51 ⓜ MAP P.168E ⓕ 찾아가기 MTR 센트럴 역 C번 출구에서 왼쪽으로 도보 5분. 센트럴 - 미드레벨 에스컬레이터를 이용해 Mosque Street까지 올라간다 ⓐ 주소 30 Shelley St, Central ⓣ 전화 3713-2500 ⓢ 시간 24시 개방(예배가 없을 때만)

No.26 구 홍콩총독부
★ Government House [香港總督府 헝겅총또뿌]

1855년 콜로니얼 르네상스 양식으로 지어진 홍콩 총독의 관저. 1997년 홍콩이 중국에 반환될 때까지 25명의 총독이 이곳에서 생활했다. 1944년 일제에 의해 지붕 디자인이 변경되는 일이 있었는데, 그 덕분(?)에 우스꽝스러운 '하이브리드 양식' 건축물이 되었다고. 반환 이후로는 정부 공식 행사의 만찬장으로 사용되고 있다.

ⓘ INFO P.50 ⓜ MAP P.166J ⓕ 찾아가기 MTR 센트럴 역 K번 출구로 나와 중국은행타워 옆 Garden Road를 따라 언덕 위까지 도보 13분. ⓐ 주소 Upper Albert Rd, Central ⓢ 시간 1년에 단 하루 오픈하우스 때만 일반에 개방

No.27 홍콩동식물공원
★ Hong Kong Zoological and Botanical Gardens [香港動植物公園 헝겅동쨕맛공윤]

1871년 설립된 세계에서 가장 오래된 동물원. 오래전에는 병두화원(兵頭花園/빙따우파윤)이라 불렸는데, 이곳이 시민들에게 개방된 공원이 아니라 군 통수권자인 총독의 개인 정원이었기 때문이라고. 울창한 열대 우림 같은 공원에는 600여 마리의 조류를 포함하여 다양한 동물들이 살고 있다.

ⓜ MAP P.166J ⓕ 찾아가기 구 홍콩총독부 맞은편에 위치 ⓐ 주소 Hong Kong Zoological And Botanical Gardens, Albany Rd, Central ⓣ 전화 2530-0154 ⓢ 시간 매일 06:00~19:00(온실 09:00~16:30) ⓧ 휴무 부정기적 ⓗ 홈페이지 www.hkzbg.gov.hk

🍴 EATING

№ 1 모트 32
★★★★ Mott 32
[卅二公館1968 쌈쌉이꿍꽌]

고풍스럽고 웅장한 외관의 스탠다드차타드 은행 빌딩에 자리잡은 딤섬, 베이징 덕 전문 레스토랑. 벽을 타고 흐르는 물줄기와 함께 에스컬레이터를 타고 지하로 내려가면 전혀 새로운 분위기의 공간을 마주하게 되는데, 고풍스러우면서도 감각적인 인테리어가 먼저 눈길을 사로잡는다. 이곳의 최고 인기 메뉴는 베이징 덕과 딤섬 메뉴들. 딤섬(HK$75~+10%)은 여타 딤섬 레스토랑에 비하면 가격대가 있는 편이지만, 기본에 충실하면서도 각자 개성이 있어 가볍게 입맛을 돋우기 좋다. 저녁에 이곳을 방문했다면 베이징 덕을 주문해보자. 조리 시간이 길고 수량도 한정되어 있어 24시간 이전에 예약을 해야 기다리지 않고 먹을 수 있는데, 바삭하고도 부드러운 베이징 덕을 한 입 베어 물고 나면 예약하는 그 '수고'쯤은 이미 기억나지 않을지도 모른다.

건너편 스탠다드차타드 은행 빌딩 지하층에 위치 🅐 주소 B/F, Standard Chartered Bank Building, 4-4A Des Voeux Rd Central, Central ☎ 전화 2885-8688 ⓢ 시간 매일 점심 11:30~14:30, 저녁 17:30~23:00 🚫 휴무 연중무휴 💲 가격 예산 점심 HK$300~, 저녁 HK$500~ 🌐 홈페이지 www.mott32.com

Apple Wood Roasted 42 Days Peking Duck(42天飼養北京片皮鴨, HK$980+10%)

Signature Crispy Sugar Coated BBQ Iberico Pork Bun (脆皮西班牙黑毛豬叉燒包, HK$85+10%)

ⓘ INFO P.97 🗺 MAP P.166J 🧭 찾아가기 MTR 센트럴 역 K번 출구 바로 앞. 길

№ 2 레이가든
★★★★ Lei Garden
[利苑酒家 레이윈짜우까]

Crispy Roasted Pork (冰燒三層肉, HK$160+10%)

1973년 처음 문을 연 광둥 레스토랑으로 현재는 마카오와 중국 본토, 싱가포르에까지 24개의 분점을 두고 있다. 가볍게 맛볼 수 있는 점심의 딤섬(HK$39~52+10%)부터 고급스러운 샥스핀 요리까지 다양한 광둥 요리를 맛보자. 바삭한 껍질과 부드러운 속살이 조화로운 Crispy Roasted Pork는 레이가든의 강력 추천 메뉴!

ⓘ INFO P.91 🗺 MAP P.166B 🧭 찾아가기 IFC 몰 내 L3층에 위치 🅐 주소 Shop 3008-3011, L3, 8 Finance St, Central ☎ 전화 2295-0238 ⓢ 시간 매일 11:30~15:00, 18:00~22:00 🚫 휴무 연중무휴 💲 가격 예산 HK$200~ 🌐 홈페이지 www.leigarden.hk

№ 3 예상하이
★★★★ Ye Shanghai[夜上海 예썅하이]

고급스러운 상하이요리 레스토랑으로, 홍콩뿐 아니라 상하이와 타이베이 등지에도 분점을 두고 있다. 식사 시간이면 홀을 가득 메운 가족 단위의 손님들로 늘 활기가 넘친다. 시그니처 메뉴를 소량으로도 내놓고 있어, 홀로 여행자들도 부담 없이 다양한 맛을 즐길 수 있다. 쌀밥의 바삭함과 부드러운 소고기가 조화를 이룬 Crispy Rice Cones Filled with Diced Beef(牛柳粒鍋巴卷, HK$110+10%, 2PCS), 부드러운 삼겹살찜 요리인 Steamed Pork Belly Wrapped with Fragrant Leaves(稻草扎肉, HK$90+10%, 2PCS) 등을 추천.

18:00~23:00 🚫 휴무 연중무휴 💲 가격 예산 HK$180~ 🌐 홈페이지 www.elite-concepts.com

Steamed Pork Belly Wrapped with Fragrant Leaves (稻草扎肉, HK$90+10%, 2PCS)

Crispy Rice Cones Filled with Diced Beef (牛柳粒鍋巴卷, HK$110+10%, 2PCS)

ⓘ INFO P.99 🗺 MAP P.167K 🧭 찾아가기 퍼시픽플레이스 L3층에 위치 🅐 주소 Shop 332, L3, Pacific Place, 88 Queensway, Admiralty ☎ 전화 2918-9833 ⓢ 시간 매일 11:30~15:00,

№ 4 세바
★★★★ SEVVA

황후상 광장을 마주하고 있는 25층 높이의 루프톱 바. 마천루 숲 속 센트럴의 탁 트인 전망을 만끽할 수 있다. 파노라마처럼 펼쳐진 HSBC빌딩과 중국은행타워가 내뿜는 화려한 야경을 한눈에 담아보자. 현지인들도 이곳에 올 땐 제법 드레스업을 하는 편이니 복장에도 신경 쓰자.

🗺 MAP P.166F 🧭 찾아가기 MTR 센트럴 역 K번 출구 오른쪽 프린즈 빌딩 25층에 위치 🅐 주소 25/F, Prince's Building, 10 Charter Rd, Central ☎ 전화 2537-1388 ⓢ 시간 브랜드 변경을 위해 휴업 💲 가격 맥주 또는 칵테일 HK$150~200 🌐 홈페이지 www.sevva.hk

2 CENTRAL 센트럴 [中環/쭝완]

No. 5 딤섬 라이브러리
★★★★ Dim Sum Library

맛과 멋을 모두 만족시키는 도전적인 메뉴들을 선보이고 있는 혁신적인 딤섬 레스토랑으로 퍼시픽플레이스 내에 위치해 있다. 블랙 트러플을 가미한 하가우, 비스킷처럼 바삭한 딤섬 등 여행자들의 입맛을 사로잡을 메뉴가 가득하다. 타의 추종을 불허하는 독특한 플레이팅을 보는 즐거움도 놓쳐서는 안된다. Birdcage Bar에서 직접 내는 칵테일 메뉴들도 수준급이라고.

ⓢ 가격 딤섬 HK$68~92+10% ⓗ 홈페이지 www.dimsumlibrary.com.hk

Black Truffle Har Gau – Shrimp Dumplings (HK$78+10%)

Wagyu beef puff with black pepper (HK$96+10%)

ⓜ MAP P.167K
ⓖ 찾아가기 퍼시픽플레이스 L1층에 위치 ⓐ 주소 Shop 124, L1, Pacific Place, 88 Queensway, Admiralty ⓣ 전화 3643-0088 ⓗ 시간 월~금요일 11:30~22:00, 토~일요일·공휴일 10:30~22:00 휴무 연중무휴

No. 6 카프리스
★★★ Caprice

IFC 몰과 이웃하고 있는 포시즌스호텔 홍콩의 프렌치 레스토랑으로 격조 높은 프렌치 정식을 맛볼 수 있는 곳이다. 2009년부터 줄곧 미쉐린 가이드의 별점을 받아 왔다. Weekday Set Lunch (HK$1088~1198+10%)를 주문하면 비교적 합리적인 가격으로 이곳의 최고급 프랑스 요리를 맛볼 수 있다.

ⓘ INFO P.105 ⓜ MAP P.168B ⓖ 찾아가기 IFC와 연결된 포시즌스호텔 홍콩 6층 ⓐ 주소 6F, Four Seasons Hotel Hong Kong, 8 Finance St, Central ⓣ 전화 3196-8882 ⓗ 시간 화~일요일 12:00~14:00, 18:30~20:30 휴무 월요일 ⓢ 가격 예산 HK$600~ ⓗ 홈페이지 www.fourseasons.com/hongkong/dining/restaurants/caprice

No. 7 정두
★★★ Tasty Congee & Noodle Wantun Shop [正斗 쨍따우]

IFC 몰 내의 죽과 완탕 전문점. 부드럽고 깔끔한 죽 메뉴는 가벼운 아침 식사나 이른 점심으로 좋다. 기본 죽에 쇠고기 완자나 피시볼 등 두세 가지의 토핑을 추가할 수 있는 정두의 대표 메뉴 Congee with 2 Selections (雙拼粥, HK$80+10%)나 3 Selections (三拼粥, HK$100+10%)를 주문해 보자.

ⓘ INFO P.95 ⓜ MAP P.166B ⓖ 찾아가기 IFC 몰 내 3층에 위치 ⓐ 주소 Shop 3016-3018, L3, 8 Finance St, Central ⓣ 전화 2295-0101 ⓗ 시간 매일 11:00~22:00 휴무 연중무휴 ⓢ 가격 예산 HK$100~ ⓗ 홈페이지 www.tasty.com.hk

Congee with 3 Selections (三拼粥, HK$100+10%)

No. 8 팀호완
★★★ Tim Ho Wan [添好運 팀호우완]

IFC 몰 지하, AEL 홍콩 역 상점가에 있는 가벼운 분위기의 딤섬 레스토랑. 미쉐린도 인정한 맛에 가격도 저렴해 늘 손님으로 북적거린다. 대기와 합석은 필수! 테이블 위에 있는 주문서에 체크하는 방식으로 주문한다.

Steamed Fresh Shrimp Dumplings (Ha Jiao, 晶瑩鮮蝦餃, HK$42)

ⓜ MAP P.166B ⓖ 찾아가기 IFC 몰 지하, AEL 홍콩 역 상점가에 위치 ⓐ 주소 Shop 12A, Hong Kong Station, Central ⓣ 전화 2332-3078 ⓗ 시간 매일 09:00~20:30 휴무 연중무휴 ⓢ 가격 예산 HK$100~150 ⓗ 홈페이지 www.timhowan.com

No. 9 마담 푸 그랑 카페 시누와
★★★ Madame Fu-Grand Café Chinois

타이쿤 센터 배럭 빌딩에 자리잡은 바&카페. 상하이 출신으로 파리에서 청년기를 보낸 푸 여사의 동서양을 넘나드는 영감을 바탕으로 한 감각적인 곳이다. 6가지 다른 콘셉이 반영된 매력적인 공간을 느껴보자. 테라스석에서 타이쿤 센터의 풍경을 즐겨 보자.

ⓜ MAP P.168E ⓖ 찾아가기 타이쿤 헤리티지 & 아트 센터 내에 위치 ⓐ 주소 3/F, Barrack Block, Tai Kwun, 10 Hollywood Rd, Central ⓣ 전화 2114-2118 ⓗ 시간 매일 11:00~23:00 휴무 연중무휴 ⓢ 가격 딤섬 HK$68+10%~, 시그니처 HK$198+10%~ ⓗ 홈페이지 www.madamefu.com.hk

№.10 까우께이
★★★★★ Kau Kee Restaurant
[九記牛腩 까우께이아울람]

한국에서는 양조위의 단골집으로 유명해진 곳. 현지인과 관광객들로 언제나 긴 대기 줄이 있지만, 회전율이 빠른 편이라서 20~30분 정도면 차례가 돌아온다. 오래 기다리고 싶지 않다면 식사시간을 피해서 방문할 것. 홍콩의 다른 식당들보다 메뉴가 적은 편으로 국물과 면의 종류를 선택해서 주문하면 된다. 맑게 우려낸 육수에는 양지머리와 쌀국수의 조합(上湯牛腩河粉)을, 걸쭉하고 강한 카레 국물에는 도가니와 꼬들꼬들한 간수면(咖喱筋腩粗麵)의 조합을 추천!

◎ MAP P.168C
◎ 찾아가기 센트럴 - 미드레벨 에스컬레이터를 타고 Wellington Street에서 성완 방향으로 170m 이동, Aberdeen Street를 따라 왼쪽 방향으로, 우측 두번째 Gough Street로 진입, 도보 총 4분 ◎ 주소 G/F, 21 Gough St, Central ◎ 전화 2850-5967 ◎ 시간 월~토요일 12:30~22:30 ◎ 휴무 일요일, 공휴일 ⓢ 가격 예산 HK$65

도가니양지카레국수 (咖喱筋腩粗麵) HK$65

양지머리 올린 쌀국수 (上湯牛腩河粉) HK$65

№.11 룽킹힌
★★★ Lung King Heen
[龍景軒 룽겡힌]

Steamed Lobster and Scallop Dumpling(龍太子蒸餃) HK$94+10%

중식당 최초로 미슐랭 별 세 개를 받은 자타공인 최고의 광둥 레스토랑. 뛰어난 맛은 기본, 멋진 전망과 세심한 서비스까지 홍콩 최고를 경험할 수 있다고. 최고의 재료가 최고의 손맛을 만나 최고가 된 룽킹힌의 딤섬을 한 번 쯤 꼭 경험해 보자.

◎ INFO P.107 ◎ MAP P.166B ◎ 찾아가기 IFC와 연결된 포시즌스호텔 P4층 ◎ 주소 P4, Four Seasons Hotel Hong Kong, 8 Finance St, Central ◎ 전화 3196-8882 ◎ 시간 월~금요일 점심 12:00~14:30, 저녁 18:00~21:00, 토~일요일·공휴일 점심 11:30~15:00, 저녁 18:00~21:00 ◎ 휴무 연중무휴 ⓢ 가격 예산 HK$500~ ◎ 홈페이지 www.fourseasons.com/hongkong/dining/restaurants/lung_king_heen

№.12 타이바질
★★★ THAI BASIL

퍼시픽플레이스 내에 있는 타이 레스토랑으로, 쇼핑몰과 연결된 오픈형으로 되어 있어 공간감이 좋다. 알싸한 향신료 냄새가 기분 좋게 코 끝을 자극한다. 큼지막한 해산물과 향이 짙은 타이 허브를 곁들인 다양한 타이커리(HK$148+10%~)가 대표 메뉴. 양고기, 치킨, 소고기, 해산물 등을 주재료로 하는 다양한 타이커리의 매력 속으로 빠져들어 보자.

◎ MAP P.167K ◎ 찾아가기 퍼시픽플레이스 L1층에 위치 ◎ 주소 Shop L1 112, Pacific Place, 88 Queensway, Admiralty ◎ 전화 2537-4682 ◎ 시간 매일 11:30~22:00 ◎ 휴무 연중무휴 ⓢ 가격 예산 HK$160~

№.13 보이노베이션
★★★★ Bo Innovation

5년 연속 미슐랭 3 스타 레스토랑, 홍콩 10대 레스토랑, 아시아 20대 레스토랑, 차이나 모닝 포스트 선정 세계 100대 레스토랑까지. 가히 홍콩에서 가장 핫 하다고 할 만한 곳. 주마(廚魔 : 주방의 악마) 쉐프라는 별칭으로 유명한 앨빈 룡(Alvin Leung)이 이곳의 주방을 지휘하고 있다. 중국 전통 음식과 최고급 재료를 기반으로 하고 있지만, 자신만의 분자요리 기법으로 이를 재해석한 혁신적인 요리들이 홍콩 최고의 맛을 찾아 온 미식가들을 기다리고 있다. 런치와 디너 모두 코스로만 주문 가능하며, 예약은 필수이다.

◎ INFO P.106 ◎ MAP P.168D ◎ 찾아가기 센트럴 - 미드레벨 에스컬레이터에서 Hollywood Road로 내려와 Lyndhurst Terrace 방향으로 도보 1분 후 오거리에서 계단 위쪽 Pottinger Street로 진입 ◎ 주소 1/F, H Code, 45 Pottinger St ◎ 전화 2850-8371 ◎ 시간 월~화요일 18:00~24:00, 수~토요일 12:00~15:00, 18:00~24:00 ◎ 휴무 일요일, 구정 연휴 ⓢ 가격 런치 코스 HK$700+10%, 디너 코스 HK$1,280~1,680+10% ◎ 홈페이지 www.boinnovation.com

코스 메뉴로 제공되는 보이노베이션의 혁신적인 요리들

2 CENTRAL 센트럴 [中環/쫑완]

№.14 라틀리에 드 조엘 로브숑
★★★ L'Atelier de Joël Robuchon

2006년 문을 연 자타공인 홍콩 최고의 프렌치 레스토랑. 2012년 이래로 지금까지 미슐랭 3스타의 명성을 이어가고 있다. 18살에 파리 콩코드라파예트 호텔 주방장이 되어 수십 년간 자신만의 길을 걸어온 '주방의 명장' 조엘 로브숑(Joël Robuchon)의 요리를 만나보자.

ⓘ **INFO** P.104 ⓜ **MAP** P.168F ⓖ **찾아가기** MTR 센트럴역 G번 출구, 랜드마크아트리움 4층 ⓗ **주소** Shop 401, 4/F, The Landmark, 15 Queen's Rd Central, Central ⓣ **전화** 2166-9000 ⓒ **시간** 매일 점심 12:00~14:30, 저녁 18:30~22:00 ⓧ **휴무** 현재 휴업 중 ⓟ **가격** 런치 코스 HK$880~1,280+10%, 시그니처 메뉴 HK$2,480~2,980+10% ⓦ **홈페이지** www.robuchon.hk

№.15 페킹가든
★★★ Peking Garden [北京樓 빼깅라우]

베이징 덕
Barbecued Peking duck
HK$598+10%

1978년에 처음 문을 연 베이징 덕 전문 레스토랑. 홍콩 내 6개의 매장이 영업 중에 있다. 2016년 미슐랭 가이드를 통해 다시 한 번 전통의 맛과 서비스를 인정 받은 바 있다. 베이징 덕이 단연 이곳 최고의 메뉴이지만, 그 외에도 다양한 베이징과 쓰촨, 광동 요리도 맛볼 수 있다.

ⓘ **INFO** P.97 ⓜ **MAP** P.166F ⓖ **찾아가기** MTR 센트럴역 H번 출구에서 연결된 알렉산드라 하우스 B1층에 위치 ⓗ **주소** Shop B1, B1F, Alexandra House, 7-15 Des Voeux Rd Central, Central ⓣ **전화** 2526-6456 ⓒ **시간** 매일 점심 11:30~15:00, 저녁 17:30~22:30 ⓧ **휴무** 연중무휴 ⓟ **가격** 예산 HK$300~ ⓦ **홈페이지** pekinggarden.com.hk

№.16 침차이키
★★★ Tsim Chai Kee Noodle [沾仔記 침짜이께이]

60년 전통의 완탕면 전문점. 홍콩에서는 흔하디흔한 메뉴이지만, 깊고 담백한 국물의 맛은 타의 추종을 불허한다고. 기본 메뉴는 톡톡 터지는 새우살이 매력적인 완탕면 King Prawn Wonton Noodle(HK$39), 조금 더 든든한 한끼 식사를 원한다면 다른 토핑을 함께 고를 수 있는 Two Toppings Noodle(HK$47)을 주문해보자.

ⓘ **INFO** P.94 ⓜ **MAP** P.168C ⓖ **찾아가기** 센트럴 미드레벨 에스컬레이터와 Wellington Street가 만나는 지점에 위치 ⓗ **주소** G/F, Jade Centre, 98 Wellington St, Central ⓣ **전화** 2850-6471 ⓒ **시간** 매일 11:00~22:00 ⓧ **휴무** 연중무휴 ⓟ **가격** 예산 HK$39~

№.17 더들스
★★★ Dudells

브런치 딤섬 뷔페(HK$638+10%)

미슐랭 2스타(2024년 현재 1스타)를 받아 명실공히 홍콩을 대표하는 광동 레스토랑의 반열에 오른 곳. 주말에만 가능한 브런치 딤섬 뷔페(HK$998~2,488+10%)를 통해 무제한으로 제공되는 미슐랭의 맛을 경험할 수 있다.

ⓘ **INFO** P.109 ⓜ **MAP** P.168F ⓖ **찾아가기** MTR 센트럴역 G번 출구에서 왼쪽으로, 삼거리에서 Queen's Road Central을 따라 왼쪽 방향으로 걷다가 오른쪽 Duddell Street로 진입 ⓗ **주소** L3, Shanghai Tang Mansion, 1 Duddell St, Central ⓣ **전화** 2525-9191 ⓒ **시간** 매일 점심 12:00~15:00, 저녁 18:00~23:00(일요일~22:00) ⓧ **휴무** 연중무휴 ⓟ **가격** 딤섬 HK$68+10%~, 코스 HK$468+10%~ ⓦ **홈페이지** www.duddells.co

№.18 퓨얼에스프레소
★★★ Fuel Espresso

빡빡한 여행, 진한 에스프레소가 그리웠다면 여기를 주목하자! 뉴질랜드의 커피 브랜드로 홍콩과 상하이 등지에 매장을 둔 퓨얼에스프레소의 진한 커피를 IFC 몰에서 만날 수 있다. 추천 커피는 Iced Espresso Doppio(HK$45), 향이 진하고 묵직한 에스프레소를 시원하게 즐길 수 있다.

ⓜ **MAP** P.166B ⓖ **찾아가기** IFC 몰 내 L3층에 위치 ⓗ **주소** Shop 3023, L3, 8 Finance St, Central ⓣ **전화** 2295-3815 ⓒ **시간** 월~금요일 07:30~19:30, 토~일요일·공휴일 10:00~19:00 ⓧ **휴무** 연중무휴 ⓟ **가격** 커피 HK$42~76 ⓦ **홈페이지** www.fuelespresso.com

№.19 %아라비카
★★★ %Arabica

2013년 홍콩의 첫 매장 오픈 후 SNS를 강타한 곳. '%'와 한글의 '응'이 닮아서 흔히 '응 커피'라는 애칭으로 불린다. 아라비카 특유의 산미가 매혹적인 커피를 맛볼 수 있는데, 아메리카노보다는 라떼 쪽이 인기가 높다. 미니멀한 굿즈도 인기 만점!

ⓜ **MAP** P.166B ⓖ **찾아가기** IFC 몰 내 L3층에 위치 ⓗ **주소** Shop 1050, L1, 8 Finance St, Central ⓣ **전화** 2319-0389 ⓒ **시간** 매일 08:00~20:00 ⓧ **휴무** 연중무휴 ⓟ **가격** 커피 HK$32~ ⓦ **홈페이지** www.arabica.coffee

Caffe Latte(HK$45~50)

№.20 소셜플레이스
★★★★ Social Place
[唐宮小廚 텅꿍씨우쮜이]

위트 넘치는 인테리어와 재미있고 새로운 딤섬을 선보여 선풍적인 인기를 끌고 있는 퓨전 중식 레스토랑으로 홍콩여행을 온 한국 연예인들이 SNS에 인증샷을 남기면서 더 유명해졌다. 버섯의 맛과 향, 그리고 모양까지 살린 버섯딤섬(Truffle Shiitake Buns, HK$ 49+10%)은 눈과 입을 모두 즐겁게 한다. 달콤한 커스터드가 들어있는 장기모양의 찐빵 딤섬(Chinese Chess Custard Buns, HK39+10%), 장미향 가득한 낭만적인 장미딤섬(Steamed Rose Floret Bun, HK$ 29+10%) 등 특색있는 딤섬 메뉴들에 도전해보자.

ⓘ **MAP** P.168A ⓘ **찾아가기** 센트럴 - 미드레벨 에스컬레이터 초입, Queen's Road Central에서 셩완 방향으로 120m, 우측 The Center 바로 다음 건물 2층에 위치 ⓘ **주소** 2/F, The L, Place, 139 Queen's Rd Central, Central ⓘ **전화** 3568-9666 ⓘ **시간** 매일 11:30~15:00, 17:30~22:00 ⓘ **휴무** 연중무휴 ⓘ **가격** 예산 HK$ 100~ ⓘ **홈페이지** socialplace.hk

№.21 막스 누들
★★★ Mak's Noodle
[麥奀雲吞麵世家 막스완탄민싸이까]

가장 기본적인 홍콩 스타일 완탕면을 맛볼 수 있는 곳. 이곳을 비롯 수많은 지점에서 동일한 맛의 완탕면을 맛볼 수 있다. 기본 메뉴는 새우 완탕과 면을 함께 즐길 수 있는 완탕면(HK$48)이지만, 완탕 없이 면만(Plain Egg Noodles, HK$39), 또는 새우나 돼지고기가 들어간 완탕만 주문할 수도 있다. 여러 종류의 볶음면도 추천 메뉴.

ⓘ **INFO** P.94 ⓘ **MAP** P.168D ⓘ **찾아가기** 센트럴 미드레벨 에스컬레이터와 Wellington Street가 만나는 지점에 위치 ⓘ **주소** G/F, 77 Wellington St, Central ⓘ **전화** 2854-3810 ⓘ **시간** 매일 11:00~21:00 ⓘ **휴무** 연중무휴 ⓘ **가격** 예산 HK$44~

№.22 타이청베이커리
★★★ Tai Cheong Bakery
[泰昌餠家 타이청빵까]

홍콩에서 꼭 먹어보아야 할 디저트로 손꼽히는 에그타르트(蛋撻, HK$10)로 유명한 곳. 60년 전통의 에그타르트는 홍콩의 마지막 총독 또한 사랑했다고. 마카오의 에그타르트와 그 맛을 비교해 보자.

ⓘ **MAP** P.168C ⓘ **찾아가기** 센트럴 - 미드레벨 에스컬레이터에서 Hollywood Road로 내려와 Lyndhurst Terrace 방향으로 도보 1분 ⓘ **주소** G/F, 35 Lyndhurst Terrace, Central ⓘ **전화** 8300-8301 ⓘ **시간** 매일 09:30~19:30 ⓘ **휴무** 부정기적 ⓘ **가격** 예산 HK$ 10

파이 또는 도넛
(HK$10~15)
에그타르트
(蛋撻, HK$10)

№.23 제니베이커리
★★ Jenny Bakery
[珍妮曲奇 짠네이콕케이]

홍콩 여행자들의 손에 하나둘씩은 꼭 들려있는 귀여운 틴케이스 쿠키의 주인공. 부드러움이 일품인 버터 쿠키와 진한 풍미를 뿜어내는 커피 쿠키가 인기 메뉴다. '오픈런'을 하더라도 어마어마한 대기줄을 피하기 어렵지만, 회전율이 빨라 길어도 15분 정도만 기다리면 구입 차례가 돌아온다.

ⓘ **MAP** P.168A ⓘ **찾아가기** MTR 셩완 역 E1번 출구에서 우측 방향으로 70m 이동 후 오른쪽 Wing Wo Street로 진입 ⓘ **주소** 15 Wing Wo St, Sheung Wan ⓘ **전화** 2524-1988 ⓘ **시간** 매일 10:00~19:00(품절 시 조기 폐점) ⓘ **휴무** 부정기적 ⓘ **가격** 3 Mix Butter Cookie HK$90, 4 Mix Butter Cookie HK$95 ⓘ **홈페이지** https://jennybakery.com

№.24 살리스테라
★★★ Salisterra

최고급 부티크 호텔 디어퍼하우스 49층의 레스토랑으로 웬만한 전망대 버금가는 높이와 전망을 자랑해, 간단히 칵테일 한 잔 즐기기에 제격이다. 합리적인 가격의 애프터눈티 세트(1인 HK$380+10%, 2인 HK$680+10%, 평일 기준) 또한 추천.

ⓘ **MAP** P.167K ⓘ **찾아가기** MTR 애드미럴티 역 F면 출구, 'The Upper House' 전용 로비로 이동 ⓘ **주소** L49, The Upper House, 88 Queensway, Admiralty, Central ⓘ **전화** 3968-1106 ⓘ **시간** 바 매일 06:30~일 01:00, 애프터눈티 매일 15:00~17:00 ⓘ **휴무** 연중무휴 ⓘ **가격** 칵테일 HK$138+10%, 바 푸드 HK$58+10%~ ⓘ **홈페이지** www.thehousecollective.com/en/the-upper-house/restaurants-and-bars/salisterra

2 CENTRAL 센트럴 [中環/쫑완]

🛍 SHOPPING

No. 1 퍼시픽플레이스
★★★★ Pacific Place [太古廣場 타이꾸꽝청]

JW메리어트호텔 홍콩, 콘라드홍콩호텔, 아일랜드샹그릴라 홍콩 등 세 개의 특급 호텔과 최고급 부티크 호텔인 디어퍼하우스, 호화로운 명품 숍이 즐비한 쇼핑몰이 자리 잡고 있는 애드미럴티의 대표적 복합 공간. IFC 몰보다 훨씬 더 여유롭고 고급스러운 분위기가 느껴지는 곳이다. 홍콩의 대표적 백화점 브랜드인 하비니콜스(Harvey Nichols, L2층)와 인테리어 디자인 소품 매장인 레인 크로퍼드 홈(Lane Crawford Home, L1층) 등의 매장을 주목하자. 상하이요리 전문 레스토랑인 예상 하이(L3층), 해산물과 타이커리 등으로 유명한 타이바질(L1층) 등의 추천 레스토랑과 함께 부담 없이 식사를 즐길 수 있는 다양한 맛집과 카페가 자리하고 있다.

Admiralty, Central
📞 전화 2844-8900 🕐 시간 매일 10:00~22:00(매장에 따라 다름) 휴무 구정 연휴
🌐 홈페이지 www.pacificplace.com.hk

📍 MAP P.167K 🚶 찾아가기 MTR 애드미럴티 역 F번 출구에서 바로 연결
📮 주소 88 Queensway,

No. 2 랜드마크아트리움
★★ Landmark Atrium [置地廣場中庭 찌떼이꿩청쫑텡]

센트럴에서 IFC 몰, 퍼시픽플레이스와 함께 다양한 명품 쇼핑을 즐길 수 있는 곳으로 FENDI, Dior, LOUIS VUITTON, TOD's 등의 매장이 입점해 있다. 매장 내 아트리움에는 종종 입점 명품 브랜드들의 플래그십 팝업 스토어가 들어서기도 해 쇼핑뿐 아니라, 보는 즐거움까지 충족시켜 주는 곳이다. 지하층에는 남성들만을 위한 Landmark Men이 자리해 있다.

📍 MAP P.168F 🚶 찾아가기 MTR 센트럴 역 G번 출구에서 바로 연결 📮 주소 15 Queen's Rd Central, Central 📞 전화 2500-0555 🕐 시간 매일 07:00~24:00 휴무 구정 연휴
🌐 홈페이지 www.landmark.hk

No. 3 센트럴 마켓
★★ Central Market [中環街市 쫑완까이씨]

홍콩을 대표하는 재래시장 중 하나로 센트럴 – 미드레벨 에스컬레이터와 보행교로 연결되어 있다. 1933년 지어진 낡은 곳이지만, 최근 리노베이션과 함께 여행자들의 시선을 잡아끄는 다양한 숍들이 들어서 센트럴의 새로운 명소로 자리매김하고 있다.

📍 MAP P.168D 🚶 찾아가기 MTR 센트럴 역 C번 출구에서 왼쪽으로 도보 5분. 센트럴 – 미드레벨 에스컬레이터 초입에 위치 📮 주소 93 Queen's Rd Central, Central 📞 전화 3618-8668 🕐 시간 매일 10:00~22:00 휴무 연중무휴 🌐 홈페이지 www.centralmarket.hk

No. 4 GOD
★★ Goods of Desire [住好啲 쭈호우띠]

'더 나은 삶을 위하여'라는 모토의 홍콩 로컬 디자인 브랜드. 1996년부터 시작해 지금은 싱가포르에도 매장을 두고 있다. 소호의 초입인 이곳 매장은 다른 곳에 비해 규모가 있는 편이다. 친근하고 저렴하며, 다소 키치스러운 디자인 제품들을 둘러보는 것으로 소호 여행을 시작해보자.

📍 MAP P.168C 🚶 찾아가기 센트럴-미드레벨 에스컬레이터에서 Hollywood Road로 내려와 진행하던 방향 오른쪽으로 도보 1분 📮 주소 48 Hollywood Rd, Central 📞 전화 2805-1876 🕐 시간 매일 10:00~20:00 휴무 연중무휴 🌐 홈페이지 www.god.com.hk

No. 5 홈 에센셜
★ Home Essentials

'아름다운 집은 필수'라는 이름을 내건 홍콩의 인테리어 디자인 숍. '구입하는 것이 아닌, 빌리는 가구'라는 재미난 아이디어가 빛나는 곳이다. 레트로한 소품들과 홍콩색을 가득 담은 장식들을 재미 삼아 둘러보자. 홍콩의 다른 디자인 숍들에 비해 공간도 널찍하고 둘러보기 수월한 편.

📍 MAP P.168C 🚶 찾아가기 센트럴 – 미드레벨 에스컬레이터에서 Lyndhurst Terrace로 내려와 왼쪽 방향 도보 1분 📮 주소 22 Elgin St, Central 📞 전화 2870-1400 🕐 시간 월~토요일 11:00~19:00, 일요일 13:00~18:00 휴무 현재 휴업 중

 ZOOM IN
맛과 멋으로 여행자들에게 손짓하는 곳, 홍콩 속 작은 세계 소호

식도락으로는 둘째 가라면 서러운 도시 홍콩. 그 중에서도 가장 핫 한 맛집 골목 소호(Soho, 蘇豪, 쏘우호우) 안에는 수십, 수백의 맛집들이 제 맛을 뽐내며 여행자들을 기다리고 있다. 전 세계에서 찾아 든 온갖 레시피가 모여 있기에 원하는 것이 무엇이든 이곳 소호에서는 맛보게 될지도 모른다. 혹, 어떤 맛으로 소호를 경험해야 할지 아직 결정하지 못한 여행자들을 위해, 작가들이 직접 발로 뛰고 눈으로 보고 혀로 검증한 소호의 추천 레스토랑을 소개한다. '소호'라는 이름으로 모인 제각각의 개성과 매력을 갖춘 맛집들의 그 다양한 매력 속으로 지금 빠져 보시라.

2 CENTRAL 센트럴 [中環/쫑완]

🍴 EATING

№.1 딩딤 1968
★★★★ Ding Dim 1968 [鼎點1968 땡딤]

팀호완의 딤섬 마스터를 지낸 주방장이 독립하여 문을 연 가정식 딤섬 레스토랑. 소호의 Elgin Street에 처음 문을 열었고, 확장을 거듭한 끝에 란콰이퐁 근처인 Wyndham Street로 자리를 옮겼다. 딤섬 대부분은 HK$26~35 정도로 저렴한 편. 특히 여러 종류의 딤섬을 두세 개씩 선택할 수 있는 세트 메뉴(HK$85)를 내놓고 있어 다양한 딤섬을 맛보고 싶은 여행자들이라면 세트 메뉴를 선택하는 것도 좋다. 소담하게 담아 내는 샤오룽바오(Xiao Long Bao with Pork & Crab Roe HK$8)도 추천.

여러 종류의 딤섬을 두 개씩 담은 세트 메뉴(HK$85)

Xiao Long Bao with Pork & Crab Roe HK$88

📍 MAP P.193 🚇 찾아가기 센트럴 – 미드레벨 에스컬레이터를 타고 Hollywood Road까지 이동한 후 란콰이퐁 방향으로 걸어서 이동 📍 주소 59 Wyndham St, Central ☎ 전화 2326-1968 🕐 시간 일~목요일 11:00~21:15, 금~토요일 11:00~22:15 ❌ 휴무 연중무휴 💰 가격 예산 HK$120~ 🌐 홈페이지 www.dingdim.com

№.2 퀴너리
★★★★ Quinary

전무후무의 '혁신적인' 칵테일로 열렬한 지지를 얻고 있는 바. 커다란 솜사탕을 얹은 듯한 Earl Gray Caviar Martini(HK$150+10%), 독한 보드카의 맛을 달콤하게 구워낸 마시멜로가 부드럽게 감싸는 Marshmallow Duo(HK$100+10%)가 베스트 메뉴. 열정적인 바텐더들의 몸짓을 눈에 담으며 퀴너리를 즐겨 보시라.

📍 MAP P.193 🚇 찾아가기 Hollywood Road와 Peel Street가 만나는 지점에 위치 📍 주소 G/F, 56-58 Hollywood Rd, Central ☎ 전화 2851-3223 🕐 시간 월~토요일 17:00~익일 01:00(일요일 ~24:00) ❌ 휴무 연중무휴 💰 가격 예산 HK$200~ 🌐 홈페이지 www.quinary.hk

№.3 브런치클럽
★★★ Brunch Club

'브런치'를 내건 이름답게 다양한 브런치 메뉴를 즐길 수 있는 소박한 카페. 신선한 재료로 단출하게 차려낸 새하얀 접시는 마치 유럽의 소박한 가정식을 보는 듯한 느낌을 준다. 부드러운 수란이 일품인 Egg Benedict(HK$102~118)가 이곳의 베스트 메뉴.

📍 MAP P.193 🚇 찾아가기 Staunton Street에서 언덕 위쪽으로 이어지는 Peel Street에 위치 📍 주소 G/F, 70 Peel St, Central ☎ 전화 2528-8861 🕐 시간 월~목요일 08:30~17:00, 금~일요일 08:30~21:00 ❌ 휴무 연중무휴 💰 가격 브렉퍼스트 HK$38~158, 버거 HK$98~138 🌐 홈페이지 www.brunch-club.org

№.4 쫌쫌
★★★ ChômChôm

Charred & Chilled Eggplant(HK$148+10%)

소호에서 가장 트렌디한 베트남 레스토랑. 흔히 쌀국수를 떠올리겠지만, 사실 이곳은 쌀국수 없는 베트남 레스토랑으로 유명하다. 베트남 로컬 맥주와 함께 쫌쫌의 맛깔스런 음식들을 경험해 보자. 산뜻한 베트남 맥주와 곁들이기 좋은 담백한 핑거푸드로 남국으로의 맛 기행을 떠나보자.

📍 MAP P.193 🚇 찾아가기 Staunton Street와 Peel Street가 만나는 지점에 위치 📍 주소 G/F, 58 Peel St, Central ☎ 전화 2810-0850 🕐 시간 월~수요일 18:00~23:00, 목요일 18:00~24:00, 금~토요일 17:00~24:00, 일요일 17:00~23:00 ❌ 휴무 화요일 💰 가격 예산 HK$200~ 🌐 홈페이지 www.chomchom.com.hk

№.5 라카반
★★★ La Cabane

다양한 와인과 함께 부담 없이 프랑스 가정식 요리를 맛볼 수 있는 캐주얼한 프렌치 레스토랑. 프랑스로부터 물 건너온 훈남 셰프들이 운영한다. 12시부터 3시까지는 런치 타임으로 와인과 곁들일 수 있는 치즈와 샤퀴테리(HK$95~120)를 다양하게 만나볼 수 있다. 저녁 시간에는 캐주얼한 와인 바로 변신한다.

📍 MAP P.193 🚇 찾아가기 Hollywood Road와 Peel Street가 만나는 지점에 위치 📍 주소 G/F, 62 Hollywood Rd, Central ☎ 전화 2776-6070 🕐 시간 월~목요일 16:00~24:00, 금·토요일 12:00~익일 01:00 ❌ 휴무 현재 휴업 중 💰 가격 예산 HK$150~300 🌐 홈페이지 www.lacabane.hk

№. 6 호리풋
★★★★ Ho Lee Fook
[디리福 하우레이푹]

깔끔한 오픈 키친과 수백 마리의 금고양이가 손님을 맞이하는 소호의 광둥 레스토랑으로 이전의 타이완 출신 셰프에 이어, 홍콩 출신 여성 셰프 ArChan Chan이 주방을 맡고 있다. 트렌디 한 분위기 때문에 젊은 손님들로 늘 북적인다. 도전적이고 다채로운 광둥 요리를 맛보자.

◎ MAP P.193 ◎ 찾아가기 Hollywood Road와 Staunton Street 사이 Elgin Street에 위치 ◎ 주소 G/F, 1 Elgin St, Central ◎ 전화 2810-0860 ◎ 시간 매일 18:00~24:00 ◎ 휴무 연중무휴 ◎ 가격 딤섬 플래터 HK$188+10%, 차이니즈 바비큐 HK$268+10%~ ◎ 홈페이지 www.holeefook.com.hk

№. 7 모토리노
★★ Motorino

홍콩에 사는 이탈리아인들도 엄지를 들어올린다는 화덕 피자 레스토랑. 검정과 하얀색 타일로 장식된 커다란 화덕에서 쉴 새 없이 피자(HK$138~)가 구워져 나온다. 센트럴 - 미드레벨 에스컬레이터가 바로 앞으로 지나가기 때문에, 홍콩의 명물을 눈 앞에 두고 이탈리아 피자를 맛보는 이국적인 경험을 할 수 있다.

◎ MAP P.193 ◎ 찾아가기 센트럴 - 미드레벨 에스컬레이터가 지나는 Shelley Street에 위치 ◎ 주소 G/F, 14 Shelley St, Central ◎ 전화 2801-6881 ◎ 시간 매일 12:00~22:00(금·토요일 ~23:00) ◎ 휴무 연중무휴 ◎ 가격 클래식 피자 HK$138~ ◎ 홈페이지 www.motorinohongkong.com

№. 8 더 글로브
★★★ The Globe

해외 매체에도 자주 소개되는 소호를 대표하는 펍 중의 펍. 수도 없이 다양한 맥주병, 일렬로 늘어선 탭 비어 노즐, 스포츠가 중계되는 TV, 왁자지껄한 사람들의 모습까지. 소호의 밤을 제대로 즐기고 싶다면, 여기 더 글로브를 잊지 말자.

◎ MAP P.193 ◎ 찾아가기 센트럴 - 미드레벨 에스컬레이터에서 Hollywood Road로 내려와 진행하던 방향 오른쪽으로 도보 1분. Graham Street로 진입 ◎ 주소 45-53A, Graham St, Central ◎ 전화 2543-1941 ◎ 시간 매일 10:00~24:00(금·일요일 ~01:00, 토요일 ~02:00) ◎ 휴무 부정기적 ◎ 가격 메인 HK$175~, 탭 비어 HK$50~, 진토닉 HK$60~ ◎ 홈페이지 www.theglobe.com.hk

№. 9 리틀바오
★★★ Little Bao

Teriyaki Fried Chicken Bao HK$108+10%

중국식 빵인 '바오'를 번으로 사용한 퓨전 버거로 유명한 곳. 프라이드 치킨이나 일반적인 패티가 들어간 바오 메뉴도 있지만, 동파육을 패티로 활용한 Pork Belly Bao를 선택해 리틀바오만의 맛을 경험해보는 것도 좋겠다.

◎ MAP P.168C ◎ 찾아가기 센트럴 - 미드레벨 에스컬레이터를 타고 Wellington Street에서 성완 방향으로 170m 직진, Aberdeen Street와 Gough Street로 진입, Shin Hing Street를 차례로 지나 도착 ◎ 주소 1-3 Shin Hing St, Central ◎ 전화 2818-1280 ◎ 시간 화~일요일 12:00~16:00, 18:00~22:00(금·토요일 ~23:00) ◎ 휴무 월요일 ◎ 가격 바오 HK$98~128+10%, 런치 세트 HK$118~148+10% ◎ 홈페이지 www.little-bao.com

№.10 헤이즐&허쉬커피로스터즈
★★ Hazel & Hershey Coffee Roasters

2009년 문을 열고 공정 무역으로 농장으로부터 바로 들여온 커피콩을 직접 로스팅 해 커피를 내는 자그마한 카페. 거리까지 퍼져 나온 커피 향에 발길을 멈출지도 모른다. 한쪽 벽면을 그득히 채운 원두와 머그, 각종 드리퍼를 구경하는 재미도 쏠쏠하다.

Long Black(HK$36)

◎ MAP P.193 ◎ 찾아가기 Staunton Street에서 언덕 위쪽으로 이어지는 Peel Street 에 위치 ◎ 주소 Shop3, G/F, 69 Peel St, Central ◎ 전화 3106-0760 ◎ 시간 매일 10:00~19:00 ◎ 휴무 연중무휴 ◎ 가격 에스 프레소 HK$30~, 드립 HK$70~ ◎ 홈페이지 www.hazelnhershey.com

CENTRAL 센트럴 [中環/쫑완]

⊕ ZOOM IN
매일 밤 뜨겁게 달아오르는 핫플레이스 란콰이퐁

⊕ PLUS TIP
란콰이퐁엔 '길맥?' 피크 타임이 되면 온 거리가 클럽으로 변신하기 때문에 굳이 바에서 판매하는 비싼 음료 값을 내는 의미가 없어진다. 란콰이퐁답게 편의점에도 다양한 맥주와 알코올이 준비되어 있으니 편의점 맥주 한 손에 들고 인파 속으로 뛰어들어 보자.

홍콩을 여행하는 대부분의 청춘 여행자들은 늦은 밤 일정으로 '란콰이퐁'을 고이 적어 두었을 것이다. 어쩌면 뜨겁게 달아오르는 밤을 위해 낮의 시시콜콜한 여행쯤은 깔끔하게 포기했을지도 모른다. 란콰이퐁(Lan Kwai Fong, 蘭桂坊, 란콰이펑)의 찬란한 밤에 대한 기대가 그만큼 크기 때문일 터. 이곳의 클럽과 펍들은 저마다의 색깔과 개성이 진한 편이기에, 내 취향과 여행 스타일에 맞는 곳을 잘 골라두는 것이 좋다. 물론 현장 분위기는 매일 밤 달라지니, 직접 란콰이퐁에 발을 딛고 경험해 보는 것이 가장 좋은 방법일지도 모른다.

📷 SIGHTSEEING

№.1 다길라 스트리트
★★★ d'Aguilar Street [德己立街 다께이랍까이]

홍콩 최고의 유흥가 란콰이퐁에서도 가장 중심이 되는 곳. 란콰이퐁 초입의 좁디 좁은 골목길일 뿐이지만 휴일 밤만 되면 거리 자체가 커다란 클럽으로 변모해 어마어마한 열기를 뿜어낸다고. 란콰이퐁의 유명한 펍이나 바와 마주하고 있어서 그곳에서 음료나 술을 주문해도 되지만, 가까운 편의점에서 캔맥주를 사와 란콰이퐁의 흥청거리는 분위기만 즐기는 것도 물론 가능하다고.

📍 MAP P.196 🚇 찾아가기 MTR 센트럴 역 D1번 출구로 나와 오른쪽으로, Queen's Road Central을 건너 D'Aguilar Street로 진입 📍 주소 D'Aguilar St, Central

№.2 프린지클럽
★★★ Fringe Club [藝穗會 아이싸이위]

1892년 냉장 창고로 지어진 건물을 홍콩의 한 예술 단체가 사들이면서 현재의 예술 공간의 모습을 갖추게 되었다. 고풍스러운 벽돌 건축물 안에서는 늘 수준 높고 독특한 전시와 공연을 만날 수 있다. 대부분의 공연에 음료 가격이 포함되어 있으니, 맥주 한 잔과 함께 멋진 공연을 즐겨 보자.

ℹ️ INFO P.50 📍 MAP P.196 🚇 찾아가기 MRT 센트럴 역 D1번 출구, Queen's Road Central, Wyndham Street를 따라 도보 4분 📍 주소 2 Lower Albert Rd, Central ☎ 전화 2521-7251 🕐 시간 공연 및 전시에 따라 다름 🚫 휴무 공연 및 전시에 따라 다름 💲 가격 전시 및 공연 일반적으로 HK$100~350 🌐 홈페이지 www.hkfringeclub.com

🍴 EATING

№.1 드래곤아이
★★★ DRAGON-I

낮에는 고급 멕시칸 레스토랑, 밤에는 자타공인 란콰이퐁 최고의 클럽으로 변신하는 곳이다. 특유의 시크한 분위기가 매력적인데, 홍콩인들도 물론 많지만 홍콩에 거주하는 서양인들의 비율도 높은 편. 란콰이퐁의 메인 거리 뒤쪽 Wyndham Street에 있다.

📍 MAP P.196 🚇 찾아가기 MTR 센트럴 역 D1번 출구, Queen's Road Central과 D'Aguilar Street를 따라 도보 7분 📍 주소 U-G/F, The Centrium, 60 Wyndham St, Central ☎ 전화 3110-1222 🕐 시간 월·수~토요일 11:30~21:00, 클럽 월·수~토요일 18:00~유동적 🚫 휴무 화, 일요일 💲 가격 세트 런치 HK$188+10%~, 해피아워 푸드 HK$128+10%~ 🌐 홈페이지 www.dragon-i.com.hk

№.2 더 차이나 바
★★ The China Bar

란콰이퐁에서도 가장 '핫'한 거리 초입에 위치한 바. 2011년 처음 문을 연 뒤, 10년 가까운 시간 동안 이곳을 지킨 란콰이퐁에서 가장 유명한 바 중 하나지만, 코로나를 거치면서 오랫동안 폐업을 하기도 했었다. 란콰이퐁의 분위기를 즐기기에는 더 없이 좋은 곳.

📍 MAP P.196 🚇 찾아가기 MTR 센트럴 역 D1번 출구로 나와 오른쪽으로, Queen's Road Central을 건너 D'Aguilar Street를 따라 도보 약 3분 📍 주소 38-44 D'Aguilar St, Central ☎ 전화 2526-5992 🕐 시간 매일 16:00~익일 새벽 🚫 휴무 연중무휴 💲 가격 맥주 또는 칵테일 HK$80~ 🌐 홈페이지 lkf.thechinabar.com.hk

3 VICTORIA
빅토리아 피크 [太平山頂/타이펭산땡]

홍콩 섬의 가장 높은 곳에서 즐기는 찬란한 밤

빅토리아 피크는 매년 700만 명의 여행자들이 찾아드는 홍콩 최고의 랜드마크이자 홍콩 여행의 1번지다. 여왕의 이름을 따 빅토리아 피크라고 부르지만, 홍콩인들은 일반적으로 'The Peak(山頂, 산땡)'이라고 부른다. 아직도 쉼 없이 산을 오르는 130년 역사의 트램으로 옛 모습을 상상할 수 있고, 열대 우림과도 같은 홍콩의 숲을 산책하듯 걸으며 찬란한 야경을 볼 수도 있는 곳. 또 이 도시의 아름다운 풍경을 벗 삼아 멋진 식사를 할 수 있고, 전 세계 무비 스타들의 모습을 빼닮은 밀랍 인형들과 기념사진을 찍을 수 있는 곳, 빅토리아 피크. 이 모든 여행의 즐거움을 한꺼번에 누릴 수 있는, 홍콩 섬의 가장 높은 곳으로 올라가 보자!

인기
★★★★★

관광지
★★★☆☆

쇼핑
★☆☆☆☆

식도락
★★☆☆☆

나이트라이프
★★★☆☆

혼잡도
★★☆☆☆

풍경이면 풍경, 재미면 재미, 남녀노소 누구에게나 인기있는 홍콩 최고의 명소!

홍콩 최고의 전망대와 산책로를 만나 보자.

피크 타워와 피크 갤러리아의 소품 숍에서 기념품을 구입하자!

홍콩의 가장 높은 곳에서 즐기는 만찬은 어떨까?

홍콩의 밤을 만끽할 수 있는 전망대가 한 가득! 늦은 밤보다는 해질녘이 매력적.

스카이테라스 4280이나 라이언스 파빌리언보다는 뤼가드로드 전망대 쪽이 훨씬 여유롭다.

PEAK

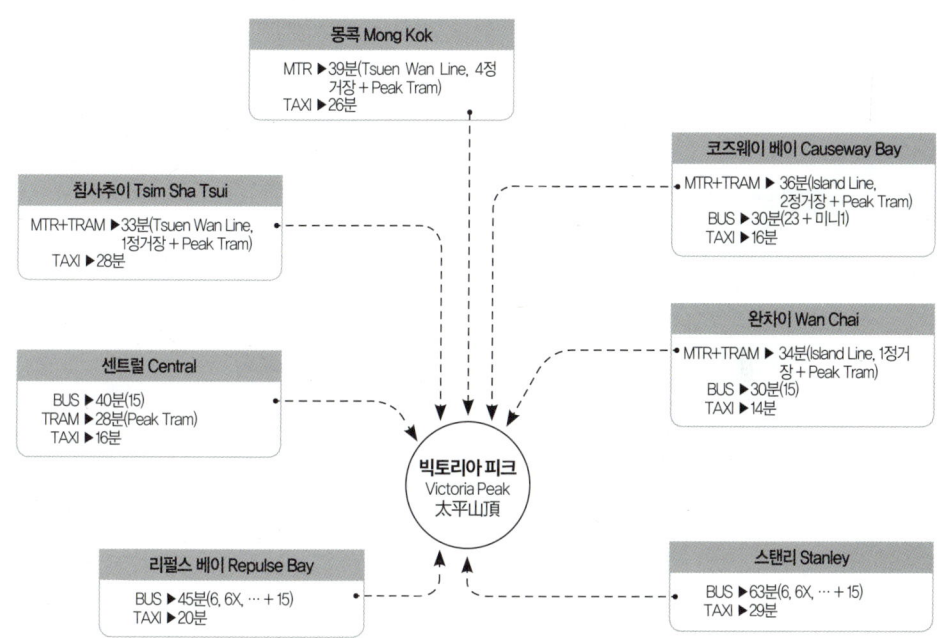

※ 해당 표는 지역의 중심 스팟인 피크타워를 기준으로 작성되었음.
※ 표기 시간은 예상치이며, 도보 이동 시간을 포함하고 있음.

빅토리아 피크 이렇게 여행하자

빅토리아 피크 여행의 하이라이트는 당연히 빅토리아 하버의 찬란한 야경이다. 홍콩 최고의 야경 스팟들을 섭렵하고자 한다면 전망대 정복 코스를 선택하여 다양한 전망대들을 두루 둘러보고, 멋진 야경과 함께 식사를 즐기자. 가족과 함께라면 정석 즐기기 코스를 선택하는 것도 좋다.

빅토리아 피크 연결 교통수단

피크 트램

센트럴 Garden Road에 있는 피크 트램 터미널(Peak Tram Terminus)을 출발해 단 10분만에 피크 타워에 도착한다. 시간도 시간이지만, 멋진 풍경과 특별한 경험이라는 피크 트램만의 장점을 놓치지 말자.

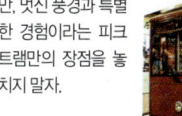

이층 버스 (15번)

센트럴 페리 선착장에서 출발하는 15번 이층 버스를 이용하면 피크 갤러리아까지 바로 연결된다. 센트럴 페리 5번 부두 앞(Central Pier 5), 시티홀(City Hall, Connaught Rd Central), MTR 애드미럴티 역(Admiralty Station, Queensway), 완차이 호프웰 센터 건너편의 아모이 스트리

트(Amoy St; Queen's Rd East) 정류장 (P.166B·F, P.167G·K, P.248E)에서 탈 수 있다.

미니 버스 (1번)

이층 버스보다 조금 더 빠르게 피크 갤러리아에 도착하는 방법. IFC, 시티홀 근처의 미니 버스 정류장(P.166B, P.167G)에서 탈 수 있다.

3 VICTORIA PEAK 빅토리아 피크 [太平山頂/타이펭산땡]

TRAVEL MEMO
빅토리아 피크 교통편 & 여행 한눈에 보기

MUST SEE
빅토리아 피크에서
이것만은 꼭 보자!

№. 1
홍콩 섬 최고 높이의 전망대에서
'백만 불짜리' 홍콩 야경 보기!

MUST EAT
빅토리아 피크에서
이것만은 꼭 먹자!

№. 1
맛있는 음식 한 입, 멋있는 풍경 한 폭,
홍콩이 내려다보이는 레스토랑에서
식사하기!

MUST EXPERIENCE
빅토리아 피크에서
이것만은 꼭 경험하자!

№. 1
130년 역사의 피크
트램을 타고 정상 오르기!

피크트램과 홍콩섬의 마천루들, 빅토리아 피크 여행의 첫 번째 풍경이다.

3. VICTORIA PEAK 빅토리아 피크

3 VICTORIA PEAK 빅토리아 피크 [太平山頂/타이펭산땡]

코스 무작정 따라하기
빅토리아 피크 정석 즐기기 코스

멋진 전망대와 역사적인 건축물은 기본. 아이들이 좋아하는 밀랍 인형 박물관과 피크 타워 최고의 뷰를 자랑하는 패밀리 레스토랑까지. 빅토리아 피크를 제대로 즐겨 보자.

> ● PLUS TIP
> 코로나 직전 새단장을 마친 피크 갤러리아! 더 다양해진 맛집과 숍 덕분에 여행자들의 선택지가 더 많아졌다고.

6 마담투소 홍콩
Madame Tussauds Hong Kong 香港杜莎夫人蠟像館 헝꽁또우사후안랍쩡꽌
40min

홍콩 배우들과의 기념사진을 남기자! 장국영, 유덕화, 배용준 등의 인기 스타와 더불어 히틀러, 사담 후세인 등 무시무시한 '셀럽'들의 밀랍 인형을 만나 볼 수 있는 곳.
🕒 매일 10:30~21:30
💰 입장료 HK$290, 어린이(3~11세) HK$245(온라인 기준)

피크 타워 건물 내 이동 → 스카이테라스 428

5 라이언스 파빌리언
Lions Pavilion 獅子亭 씨지탱
20min

1976년에 건축된 작은 중국풍 정자. 조그마한 사자 조각들이 있어 라이언스 파빌리언이라 불린다. 탁 트인 홍콩의 풍경을 공짜로 만끽할 수 있는 또 하나의 명소다.

피크 타워 내 P1층으로 이동 → 마담투소 홍콩

4 피크 갤러리아
Peak Galleria 山頂廣場 산땡꽝청
20min

맥도널드와 스타벅스, 막스누들과 타이청 베이커리까지, 익숙한 맛과 저렴한 가격의 레스토랑과 카페가 즐비하다.
🕒 매일 10:00~22:00

피크 타워를 왼편에, 피크 갤러리아를 오른편에 두고 그 사이로 이어지는 Findlay Road를 따라 도보 3분 → 라이언스 파빌리언

3 피크 타워
Peak Tower 山頂凌霄閣 산땡렝시우꺽
20min

'365일 우체통'을 이용해 미래의 나에게 엽서를 보내 보자. 자동 발매기에서 우표를 사서 원하는 날짜의 우체통에 다 쓴 엽서를 넣으면 미션 완료!
🕒 월~금요일 10:00~23:00, 토~일요일·공휴일 08:00~23:00

피크 타워 바로 앞. 도보 1분 → 피크 갤러리아

> ● PLUS TIP
> 추천 메뉴 ① 세 가지 새우 요리가 한꺼번에 나오는 Shrimper's Heaven(HK$248+10%), ② 담백한 찜 요리 Shrimper's Net Catch(HK$228+10%)

7 스카이테라스 428
Sky Terrace 428 凌霄閣摩天台 428 렝시우꺽모틴토이 428
30min

해발 428m! 아찔한 높이에서 내려다보는 홍콩의 모습을 카메라에 담아 오자. 매일 밤 8시, 심포니 오브 라이트가 펼쳐지는 시간이라면 눈치작전과 자리싸움은 필수!
🕒 월~금요일 10:00~22:00, 토~일요일·공휴일 08:00~22:00
💰 가격 성인 HK$75, 어린이(3~11세) HK$38

피크 타워 내 3층으로 이동 → 부바검프

8 부바검프
Bubba Gump 阿甘蝦餐廳 아깜하찬텡
1h

피크 타워 가장 높은 곳에 있어 최고의 전망을 자랑하는 패밀리 레스토랑. 주 메뉴는 새우. 늘 왁자지껄하고 흥겨운 분위기가 이어져 아이들과 함께 방문하기에 더없이 좋은 곳이다.
🕒 매일 12:00~22:00

피크 트램으로 10분, 피크 트램 터미널에서 도보 9분 → MTR 센트럴 역 K번 출구

F MTR 센트럴 역 K번 출구
MTR Central Station 中環站 쫑완짬
Finish

다른 지역으로 여행을 이어 가려면 MTR 센트럴 역에서 MTR을 이용하면 편리하다. IFC 몰이나 센트럴 페리 선착장 등과도 연결된다.

202-203

start

S.	MTR 센트럴 역 K번 출구
	600m, 도보 9분
1.	피크 트램 역사 갤러리
	건물 내 이동, 도보 1분
2.	피크 트램
	피크 트램 10분
3.	피크 타워
	75m, 도보 1분
4.	피크 갤러리아
	150m, 도보 3분
5.	라이언스 파빌리언
	100m, 도보 3분
6.	마담투소 홍콩
	건물 내 이동, 도보 2분
7.	스카이테라스 428
	건물 내 이동, 도보 2분
8.	부바검프
	피크 트램 10분 + 600m, 도보 9분
F.	MTR 센트럴 역 K번 출구

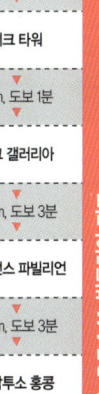

3. VICTORIA PEAK 빅토리아 피크

● PLUS TIP
옥토퍼스 카드를 이용해 피크 트램을 이용한다면 별도의 티켓을 사기 위한 '무시무시한' 대기 시간을 줄일 수 있다!

1 피크 트램 역사 갤러리
Peak Tram Historical Gallery 山頂纜車歷史珍藏館
싼땡람처렉씨짠청꾼

피크 트램 탑승 플랫폼 한 켠에 꾸며진 작은 전시관. 130년의 역사를 한눈에 볼 수 있다. 옛 승무원들의 제복 변천사를 놓치지 말자!

🕐 매일 07:30~23:00

바로 옆 승강장에서 피크 트램 탑승 → 피크 트램

2 피크 트램
The Peak Tram 山頂纜車 싼땡람체

목 준비운동 실시! 정상으로 오르는 10분 동안 당신의 시선은 오른쪽 아래로 파노라마처럼 펼쳐지는 홍콩의 풍경에 고정될 것이다. 130년 역사를 간직한 피크 트램 안에서의 인증 샷은 필수! 🕐 매일 07:30~23:00

피크 트램으로 10분 → 피크 타워

피크 타워 Peak Tower 山頂凌霄閣
스카이테라스 428 Sky Terrace 428 凌霄閣摩天台428
마담투소 홍콩 Madame Tussauds Hong Kong 香港杜莎夫人蠟像館
부바검프 Bubba Gump 阿甘蝦餐廳
퍼시픽커피컴퍼니 Pacific Coffee Company
와일드파이어 피자바 Wildfire Pizzabar
버거킹

더피크 룩아웃 The Peak Lookout 太平山餐廳

라이언스 파빌리언 Lions Pavilion 獅子亭

피크 갤러리아 Peak Galleria 山頂廣場
타이청베이커리 Tai Cheong Bakery 泰昌餅家
맥도날드
Starbucks 星巴克咖啡

3 VICTORIA PEAK 빅토리아 피크 [太平山頂/타이펭산땡]

코스 무작정 따라하기
빅토리아 피크 전망대 정복 코스

빅토리아 피크 최고 높이를 자랑하는 스카이테라스 428, 산책로를 따라 숨어 있는 멋진 전망대, 또 제각각의 진 전망을 자랑하는 레스토랑과 카페까지. 빅토리아 피크의 전망 포인트들을 모두 섭렵해 보자.

● PLUS TIP
공짜 전망대 그린테라스(Green Terrace, L3층)가 옥상층에 위치해 있다. 홍콩 섬의 북쪽과 남쪽을 두루 조망할 수 있다.

● PLUS TIP
스카이테라스 428(R층), 부바검프(L3층), 퍼시픽커피컴퍼니(G층) 등 전망 포인트들을 놓치지 말자!

5 더피크룩아웃
The Peak Lookout 太平山餐廳
타이펭싼찬탱
빅토리아 피크의 터줏대감 같은 곳. 3세기에 걸친 긴 시간 동안 한결같은 모습으로 여행자들의 입맛을 사로잡고 있는 유서 깊은 레스토랑이다.
ⓒ 월~금요일 12:00~22:00, 토~일요일·공휴일 08:00~22:00
길 건너 피크 타워까지 도보 1분 → 퍼시픽커피컴퍼니

4 뤼가드로드 전망대
Lugard Road Lookout 盧吉道觀景點
로우깟또우꾼펑딤
홍콩 최고의 전망을 선사해 주는 작은 산책로. 열대 우림과 같은 길을 따라 전망대가 위치한 곳까지 여유롭게 걸어가 보자. 왔던 반대 방향으로 피크 타워 앞 길 건너까지 도보 15분 → 더피크룩아웃

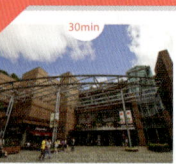

3 피크 갤러리아
Peak Galleria 山頂廣場
산땡펑청
피크 타워 맞은편에 위치한 쇼핑몰. 피크 타워에 비해 저렴한 레스토랑들이 많아 실속파 여행자들이 많이 찾는다.
ⓒ 매일 10:00~22:00
피크 타워와 피크 갤러리아를 등지고 앞의 교차로에서 오른쪽 방향. 차량 통행 금지 표시가 있는 좁은 골목길로 진입. 전망대까지는 도보 약 15분 → 뤼가드로드 전망대

2 피크 타워
Peak Tower 山頂凌霄閣
산땡링시우꺽
빅토리아 피크 여행의 구심점이 되는 랜드마크. 피크의 여행 명소들도 대부분이 피크 타워를 중심으로 모여 있다. 피크 트램의 정상 터미널도 이곳에 위치하고 있다.
ⓒ 월~금요일 10:00~23:00, 토~일요일·공휴일 08:00~23:00
피크 타워 바로 앞. 도보 1분 → 피크 갤러리아

4 뤼가드로드 전망대
Lugard Road Lookout 盧吉道觀景點

● PLUS TIP
영어, 광둥어, 한국어 등 6개 언어로 제공되는 무료 오디오 가이드를 놓치지 말자. 주변 풍경과 랜드마크에 대한 설명을 들을 수 있다.

6 퍼시픽커피컴퍼니
Pacific Coffee Company
太平洋咖啡 타이펭영까페
커피 한잔의 가격으로 여유롭게 빅토리아 피크의 전망을 만끽할 수 있는 곳. 전망 좋은 외부 테라스 석과 내부 바 테이블은 언제나 인기가 많으니 눈치작전은 필수!
ⓒ 현재 휴업 중
피크 타워 내 R층으로 올라가 도보 1분 → 스카이테라스 428

7 스카이테라스 428
Sky Terrace 428 凌霄觀摩天台 랭시우꺽모틴토이
무려 428m! 빅토리아 피크에서도 가장 높은 전망대로 360도로 펼쳐진 홍콩의 풍경을 막힘없이 감상할 수 있다.
ⓒ 월~금요일 10:00~22:00, 토~일요일·공휴일 08:00~22:00 ⓢ 가격 성인 HK$75, 어린이(3~11세) HK$38
피크 갤러리아 지하의 버스 종점에서 15번 버스나 1번 미니 버스 이용 약 40~60분 → MTR 센트럴 역 D1번 출구

F MTR 센트럴 역 D1번 출구
MTR Central Station 中環站 쫑완짬
다른 지역으로 여행을 이어 가려면 MTR 센트럴 역에서 MTR을 이용하면 편리하다. IFC 몰이나 센트럴 페리 선착장 등과도 연결된다.

204-205

↓ start

S.	MTR 센트럴 역 K번 출구
	600m, 도보 9분
1.	피크 트램 터미널
	피크 트램 10분
2.	피크 타워
	75m, 도보 1분
3.	피크 갤러리아
	1200m, 도보 15분
4.	뤼가드로드 전망대
	1200m, 도보 15분
5.	루펑
	건물 내 이동, 도보 2분
6.	퍼시픽커피컴퍼니
	75m, 도보 2분
7.	스카이테라스 428
	버스 또는 미니버스 약 40분~60분
F.	MTR 센트럴 역 D1번 출구

3. VICTORIA PEAK 빅토리아 피크

➕ PLUS TIP
올라갈 때는 진행 방향 오른쪽 자리를 사수하자! 홍콩 섬과 빅토리아 하버의 풍경이 오른쪽 아래로 펼쳐진다.

1 피크 트램
The Peak Tram 山頂纜車 산뗭람쳐

130년이 넘도록 빅토리아 피크 여행자들의 발이 되어 주고 있는 케이블카. 센트럴의 터미널을 출발해 7분 만에 정상 터미널에 도착한다.
🕐 매일 07:30~23:00

피크 트램으로 10분 → 피크 타워

S MTR 센트럴 역 K번 출구
MTR Central Station 中環站 쫑완짬

MTR 센트럴 역 K번 출구로 나와 HSBC빌딩을 정면에 두고 왼쪽으로 Des Voeux Road Central을 따라 걷다가 Garden Road를 따라 언덕 위쪽으로 피크 트램 가든로드 터미널이 위치한 세인트존스빌딩까지 도보 약 9분 → 피크 트램

3 VICTORIA PEAK 빅토리아 피크 [太平山頂/타이펭산땡]

📷 SIGHTSEEING

TRAVEL INFO
빅토리아 피크 핵심 여행 정보

№ 1 피크 트램
★★★★ The Peak Tram
[山頂纜車 산땡람체]

빅토리아 피크로 오르는 가장 매력적인 교통수단으로, 케이블에 의지해 단 10분 만에 정상 터미널에 도착한다. 탑승을 위해 오랜 대기 시간을 감수해야 하지만, 그만큼 멋진 풍경과 색다른 즐거움을 선사한다.

- INFO P.79 MAP P.200B 찾아가기 MTR 센트럴 역 K번 출구로 나와 HSBC빌딩을 정면에 두고 왼쪽으로 걷다가 Garden Road를 따라 언덕 위쪽으로 도보 약 9분 주소 33 Garden Rd, Central 전화 2522-0922
- 시간 매일 07:30~23:00 휴무 연중무휴
- 가격 편도 HK$76, 어린이(3~11세) 및 노인 HK$38, 왕복 HK$108, 어린이(3~11세) 및 노인 HK$54 홈페이지 www.thepeak.com.hk/kr

№ 2 피크 타워
★★★★ Peak Tower
[山頂凌霄閣 산땡렝시우꼭]

빅토리아 피크 최고의 랜드마크로, 여행의 구심점이 되는 곳. 스카이테라스 428, 마담투소 홍콩, 피크 트램 터미널 등이 모두 이 안에 위치한다. 중국 전통 냄비인 웍의 모양을 닮은 타워 곳곳에 숨은 전망 좋은 장소들을 절대 놓치지 말자.

- INFO P.42 MAP P.200E 찾아가기 피크 트램 가든로드 터미널에서 피크 트램 탑승. 또는 센트럴 페리 선착장에서 15번 버스 또는 2 IFC에서 1번 미니 버스 탑승 주소 128 Peak Rd, The Peak 전화 2849-0668 시간 월~금요일 10:00~23:00, 토~일요일·공휴일 08:00~23:00 휴무 연중무휴 홈페이지 www.thepeak.com.hk/kr

№ 3 스카이테라스 428
★★★★ Sky Terrace 428
[凌霄閣摩天台428 렝시우꼭모틴타이쎄이이빳]

빅토리아 피크의 전망대 중 가장 높고 막힘 없는 뷰를 자랑하는 곳! 피크 타워 옥상 전망대의 높이는 그 이름대로 428m로, 빅토리아 하버와 애버딘 지역까지 두루 내려다볼 수 있다. 심포니 오브 라이트 시간이라면 극심한 혼잡을 주의하자.

- MAP P.200E 찾아가기 피크 타워 내 R층으로 이동 주소 R/F, Peak Tower, 128 Peak Rd, The Peak 전화 2849-0668
- 시간 월~금요일 10:00~22:00, 토~일요일·공휴일 08:00~22:00 휴무 연중무휴
- 가격 입장료 HK$75, 어린이(3~11세) 및 노인 HK$38 홈페이지 www.thepeak.com.hk/kr

№ 4 뤼가드로드 전망대
★★★★ Lugard Road Lookout
[盧吉道觀景點 로우깟또우꾼땡딤]

피크 타워 옆으로 이어진 작은 산책로. 입구도 잘 보이지 않는 좁은 길이지만, 알 사람은 다 아는 멋진 전망대가 숨겨져 있다. 흡사 열대 우림을 떠오르게 하는 좁은 길을 따라 15분 정도 걸어 들어가면, 탁 트인 뷰포인트가 나타나는데, 그곳이 바로 뤼가드로드 전망대이다. 밤만 되면 찾아오는 산 모기들의 습격을 잘 견뎌 보자.

- INFO P.43 MAP P.200A
- 찾아가기 피크 타워와 피크 갤러리아를 등지고 앞의 교차로에서 오른쪽 방향, 차량 통행금지 표시가 있는 좁은 골목길로 진입. 전망대까지는 도보 약 15분 주소 Lugard Rd, The Peak
- 휴무 연중무휴

№ 5 피크 갤러리아
★★★ Peak Galleria
[山頂廣場 산땡꽝쳉]

피크 타워 맞은편에 위치한 또 하나의 랜드마크. 홍콩의 다양한 로컬 숍들과 최고의 전망을 자랑하는 파인다이닝 레스토랑이 쇼핑몰 내에 입점해 있다. L3층에 위치한 '공짜' 전망대인 그린테라스(Green Terrace)도 놓치지 말자. 제한적인 뷰이기는 하지만, 여행자들에게 잘 알려져 있지 않아 늘 여유롭게 주위 전망을 만끽할 수 있다.

- INFO P.42 MAP P.200E 찾아가기 피크 타워 바로 앞. 도보 1분 주소 118 Peak Rd, The Peak 전화 2849-4113 시간 매일 10:00~22:00 휴무 연중무휴 홈페이지 www.hanglungmalls.com/en/peak-galleria

№ 6 라이언스 파빌리언
★★★ Lions Pavilion
[獅子亭 씨즈텡]

빅토리아 피크의 전망대 중 가장 홍콩스러운(?) 곳. 피크 트램의 철로 옆으로 자리 잡은 조그만 중국풍 정자로, 난간마다 아주 귀여운 사자 조각들이 놓여 있어 라이언스 파빌리언이라 불린다. 1976년에 지어진 낡은 정자에 불과하지만, 탁 트인 홍콩 섬을 발 아래로 내려다볼 수 있어서 그 어느 곳보다 인기가 많다고.

⊙ INFO P.43 ⊙ MAP P.200E ⊙ 찾아가기 피크 타워를 왼편에, 피크 갤러리아를 오른편에 두고 그 사이로 이어지는 Findlay Road를 따라 도보 1분 ⊙ 주소 Findlay Rd, The Peak ⊙ 휴무 연중무휴

№ 7 마담투소 홍콩
★★ Madame Tussauds Hong Kong
[香港杜莎夫人蠟像館 헝겅또우사후인랍썽꾼]

프랑스의 투소 여사가 설립한 세계적 밀랍 인형 박물관. 홍콩 이외에도 런던, 시드니, 뉴욕 등 전 세계 20여 도시에도 있다. 2003년 우리의 곁을 떠난 장국영의 인형은 늘 인기가 만점! 김수현, 수지, 이종석 등 한류 스타들과 함께 버락 오바마, 히틀러와 같은 역사 인물들도 만나 볼 수 있다.

⊙ MAP P.200E ⊙ 찾아가기 피크 타워 내 P1층에 위치 ⊙ 주소 P1, Peak Tower, 128 Peak Rd, The Peak ⊙ 전화 2849-6966 ⊙ 시간 매일 10:30~21:30 ⊙ 휴무 연중무휴 ⊙ 가격 입장료 HK$290, 어린이(3~11세) HK$245(온라인 기준) ⊙ 홈페이지 www.madametussauds.com/hong-kong

🍴 EATING

№ 8 피크 트램 역사 갤러리
★★ Peak Tram Historical Gallery
[山頂纜車歷史珍藏館 싼땡썸체렉싸짠꾼]

피크 트램을 이용하는 모든 탑승객에게 무료로 제공되는 곳으로, 탑승 플랫폼 한 켠에 작게 꾸며져 있다. 탑승을 기다리면서 잠시 볼 수 있도록 200여 점의 전시품을 마련해 놓았는데, 130년 역사를 모아 놓은 곳이기에 타임 캡슐을 열어본 듯한 감상에 젖어 들게 한다. 옛 트램, 옛 승무원 제복 변천사를 보는 재미가 쏠쏠하다.

⊙ MAP P.200B ⊙ 찾아가기 피크 트램 터미널 플랫폼에 위치 ⊙ 주소 33 Garden Rd, Central ⊙ 전화 2522-0922 ⊙ 시간 매일 07:30~23:00 ⊙ 휴무 연중무휴 ⊙ 가격 피크 트램 요금에 포함 ⊙ 홈페이지 www.thepeak.com.hk/kr

№ 1 타이청베이커리
★★★ Tai Cheong Bakery
[泰昌餅家 타이청뼁까]

홍콩 5대 간식으로 선정된 홍콩식 에그타르트(HK$10)가 유명한 로컬 베이커리로 70년 이상의 유구한 역사를 자랑하는 곳이다. 센트럴 소호의 본점이 유명하지만, 스타 페리 선착장을 비롯해 이곳 빅토리아 피크에서도 타이청베이커리의 촉촉한 타르트를 만나볼 수 있다.

⊙ MAP P.200E ⊙ 찾아가기 피크 갤러리아 내 2층에 위치 ⊙ 주소 206A, 2F, Peak Galleria, 118 Peak Rd, The Peak ⊙ 전화 8300-8329 ⊙ 시간 월~금요일 11:00~19:00, 토~일요일 11:00~19:30 ⊙ 휴무 부정기적 ⊙ 가격 예산 HK$15

№ 2 퍼시픽커피컴퍼니
★★★ Pacific Coffee Company
[太平洋咖啡 타이펭양까페]

홍콩을 대표하는 커피 브랜드로 매장에 커다란 전망창과 테라스가 있어 값비싼 레스토랑 못지않은 풍경을 만끽할 수 있다. 물론 창가와 테라스 자리는 늘 인기가 많으니 눈치작전은 필수! 주문 후 받을 수 있는 30분 무료 와이파이 쿠폰을 꼭 챙기자.

⊙ MAP P.200E ⊙ 찾아가기 피크 갤러리아 내 G층에 위치 ⊙ 주소 LG, Peak Tower, 128 Peak Rd, The Peak ⊙ 전화 5138-8150 ⊙ 시간 일~목요일 08:00~19:30, 금~토요일·공휴일 08:00~20:30 ⊙ 휴무 현재 휴업 중 ⊙ 가격 커피 HK$35~, 시그니처 HK$37 ⊙ 홈페이지 www.pacificcoffee.com

3 VICTORIA PEAK 빅토리아 피크 [太平山頂/타이펭산땡]

№ 3 부바검프
★★★ Bubba Gump [阿甘蝦餐廳 아깜하찬탱]

영화 <포레스트 검프>를 모티브로 한 미국계 패밀리 레스토랑. 피크 타워 가장 위층에 자리 잡고 있어 최고의 전망을 선사하지만 매장 규모에 비하면 창가쪽 테이블의 숫자는 적은 편. 주 메뉴는 새우! 온 세상 새우요리법은 다 모아놓은 듯, 다양한 새우요리를 낸다. 새우를 좋아한다면 Shrimper's Heaven(HK$248+10%)을 추천한다. 일본식 새우덴뿌라, 코코넛 슈림프 등 세 가지 다른 조리법의 새우를 한꺼번에 맛볼 수 있다. 튀김이 부담스럽다면 맥주에 찐 새우요리인 Shrimper's Net Catch(HK$228+10%)도 좋다.

- MAP P.200E
- 찾아가기 피크 타워 내 L3층에 위치
- 주소 L3, Peak Tower, 128 Peak Rd, The Peak
- 전화 2849-2867
- 시간 매일 12:00~22:00
- 휴무 연중무휴
- 가격 예산 HK$250~
- 홈페이지 www.bubbagump.hk

№ 4 막스 누들
★★ Mak's Noodle [麥奀雲吞麵世家 막스완탄민싸이까]

50년 전통 센트럴 본점의 완탕면을 피크 위에서도 즐겨 볼 수 있다. 피크 타워의 전망 좋은 레스토랑들의 음식 가격에 마음이 상한 여행자라면 이곳 막스누들에서 뜨끈한 완탕면 한 그릇으로 그 씁쓸함을 달래보도록 하자. 기본 중의 기본 Shrimp Wonton Noodles in Soup(HK$48) 한 그릇이면 충분할 테니까.

- MAP P.200E
- 찾아가기 피크 갤러리아 내 1층에 위치
- 주소 1F, Peak Galleria, 118 Peak Rd, The Peak
- 전화 2854-3871
- 시간 매일 10:00~22:30
- 휴무 부정기적
- 가격 예산 HK$40~
- 홈페이지 www.maksnoodle.com/en

№ 5 더피크룩아웃
★★ The Peak Lookout [太平山餐廳 타이펭싼찬탱]

휴게소로 지어진 옛 석조 건물을 개조하여 만든 레스토랑. 피크 타워와 따로 떨어져 있어 무엇보다 차분하고 조용한 것이 장점이다. 다른 식당들처럼 멋진 전망은 없지만 아담한 정원의 분위기가 좋다고. 매일 밤 8시 라이브 공연도 주목하자.

- MAP P.200E
- 찾아가기 피크 타워 맞은편, Peak Road 건너편에 위치
- 주소 121 Peak Rd, The Peak
- 전화 2849-1000
- 시간 월~금요일 12:00~22:00, 토~일요일 · 공휴일 08:00~22:00
- 휴무 연중무휴
- 가격 예산 HK$300
- 홈페이지 www.peaklookout.com.hk

№ 6 스타벅스
★★ Starbucks [星巴克咖啡 씽빠학까페]

설명이 필요 없는 커피 브랜드 스타벅스를 빅토리아 피크 위에서도 만나 볼 수 있다. 음료의 가격은 시내의 다른 지점과 다르지 않다. 홍콩의 시티머그에는 피크 트램이 그려져 있는데, 특별히 의미 부여를 하며 이곳에서 구입하는 것은 어떨까.

- MAP P.200E
- 찾아가기 피크 갤러리아 내 2층에 위치
- 주소 2F, Peak Galleria, 118 Peak Rd, The Peak
- 전화 2849-6250
- 시간 매일 08:00~17:00
- 휴무 연중무휴
- 홈페이지 www.starbucks.com.hk

Snacks Combo Platter (HK$318+10%)

홍콩의 시티머그컵 (HK$198~)

하늘을 찌를 듯 높이 솟은 마천루의 도시 홍콩. 그 모든 풍경을 발 아래에 두고, 빅토리아 피크에서의 시간을 만끽해 보는 것은 어떨까.

3. VICTORIA PEAK 빅토리아 피크

4 MONG KOK
몽콕 [旺角/웡꺽]

다양한 쇼핑의 즐거움을 만끽할 수 있는 곳

홍콩 여행에서의 쇼핑은 그저 명품 쇼핑이 최고라고만 생각했다면, 당장 몽콕으로 발걸음을 옮겨 보자. 합리적인 가격의 로컬 브랜드와 유명 스포츠 브랜드는 물론이고 저렴한 화장품과 다양한 기념품들 그리고 쇼핑으로 지친 몸을 달래줄 특별한 먹거리까지 갖춘 몽콕은 홍콩의 다양한 매력을 마음껏 느끼기에 안성맞춤인 곳이다. 현지인들의 삶을 그대로 엿볼 수 있는 금붕어마켓과 새공원, 홍콩을 대표하는 재래시장인 레이디스마켓과 15층 높이의 대형 쇼핑몰 랑함플레이스까지 하나하나 열거하기도 힘든 팔색조 몽콕의 매력 속으로 들어가 보자.

인기 ★★★★★
쇼핑과 관광을 한꺼번에 즐길 수 있는 곳인 정오부터 자정까지 항상 관광객들로 붐빈다.

관광지 ★★★★★
좁은 골목을 누비며 홍콩 현지인들의 생활 모습을 들여다 보자.

쇼핑 ★★★★☆
홍콩 여행의 기념품은 이곳에서 구입하는 게 가장 저렴하다.

식도락 ★★★★☆
홍콩 길거리 음식의 모든 것을 다 만날 수 있는 곳이니 특별한 맛을 찾아 도전해 보자.

나이트라이프 ★★★★★
늦은 밤까지 화려한 조명으로 거리 풍경을 감상할 수 있다.

혼잡도 ★★★☆☆
좁은 골목마다 상점들이 늘어서 있어 자칫하다간 길을 헤맬 수도 있으니 주의!

211

※ 해당 표는 지역의 중심 역인 몽콕역을 기준으로 작성되었음.
※ 표기 시간은 예상치이며, 도보 이동 시간을 포함하고 있음.

- 프린스에드워드
- **몽콕 Mong Kok 旺角**
- 야우마테이

침사추이 Tsim Sha Tsui
MTR ▶ 7분(Tsuen Wan Line, 3정거장)
BUS ▶ 12분(1, 1A, 2, …)
TAXI ▶ 14분

코즈웨이 베이 Causeway Bay
MTR ▶ 19분(Island Line + Tsuen Wan Line, 6정거장, 1회 환승)
BUS ▶ 26분(102)
TAXI ▶ 20분

센트럴 Central
MTR ▶ 11분(Tsuen Wan Line, 5정거장)
TAXI ▶ 20분

완차이 Wan Chai
MTR ▶ 17분(Island Line + Tsuen Wan Line, 5정거장, 1회 환승)
BUS ▶ 34분(104)
TAXI ▶ 22분

리펄스 베이 Repulse Bay
MTR+BUS ▶ 50분(Tsuen Wan Line + 260, 6X, …)
TAXI ▶ 30분

스탠리 Stanley
MTR+BUS ▶ 65분(Tsuen Wan Line + 260, 6X, …)
TAXI ▶ 45분

몽콕 이렇게 여행하자

현지인들의 생활을 들여다볼 수 있는 꽃 시장과 새공원, 금붕어마켓 모두 둘러보면 좋겠지만, 시간 여유가 별로 없다면 MTR 몽콕역을 중심으로 레이디스마켓과 운동화 거리를 둘러보고 랑함플레이스로 마무리하는 코스도 좋다. 레이디스마켓이나 운동화 거리는 오후 12시 이후에 문을 여는 곳이 대부분이기 때문에 오전엔 랑함플레이스를 먼저 둘러보는 것도 방법. 쇼핑 중간엔 계란빵과 어묵 꼬치, 망고주스 등의 길거리 음식을 섭렵하고 저녁엔 랑함플레이스에서 시간을 보내자.

몽콕 출구별 핵심 볼거리

MTR 프린스에드워드 역
B1번 출구	꽃시장, 윤포우 새공원
B2번 출구	금붕어마켓

MTR 몽콕 역
B3번 출구	금붕어마켓
C3번 출구	랑함플레이스
E2번 출구	레이디스마켓, 운동화 거리

4 MONG KOK 몽콕 [旺角/웡꺽]

TRAVEL MEMO
몽콕 여행 한눈에 보기

MUST SEE
몽콕에서
이것만은 꼭 보자!

No. 1
홍콩 최대 재래시장!
레이디스마켓

No. 2
홍콩 젊은이들의
핫플레이스! 랑함플레이스

No. 3
한정판 디자인을 찾는 재미!
운동화 거리

MUST EAT
몽콕에서
이것만은 꼭 먹자!

No. 1
달콤한 과일이 듬뿍 들어간
디저트

No. 2
톡톡 터지는 재미가 있는
계란빵

No. 3
쫄깃한 타피오카가 듬뿍,
버블밀크티

MUST BUY
몽콕에서
이것만은 꼭 사자!

No. 1
알록달록 귀여운 디자인의
휴대폰 케이스

No. 2
가방에 쏙~!
귀여운 미니 우산

No. 3
여행가방에 개성을 더해줄
러기지 태그

4 MONG KOK 몽콕 [旺角/웡껔]

코스 무작정 따라하기
몽콕 완전 정복 코스

몽콕을 구석구석 즐길 수 있는 완전 정복 코스로 꽃시장이나 새공원은 이른 아침부터 관광이 가능해 부지런한 여행자에게 추천한다. 아침을 숙소 근처에서 간단하게 해결하고 여행을 시작해도 좋고 쇼핑을 즐기면서 중간중간 다양한 간식을 맛보는 것도 색다른 재미다.

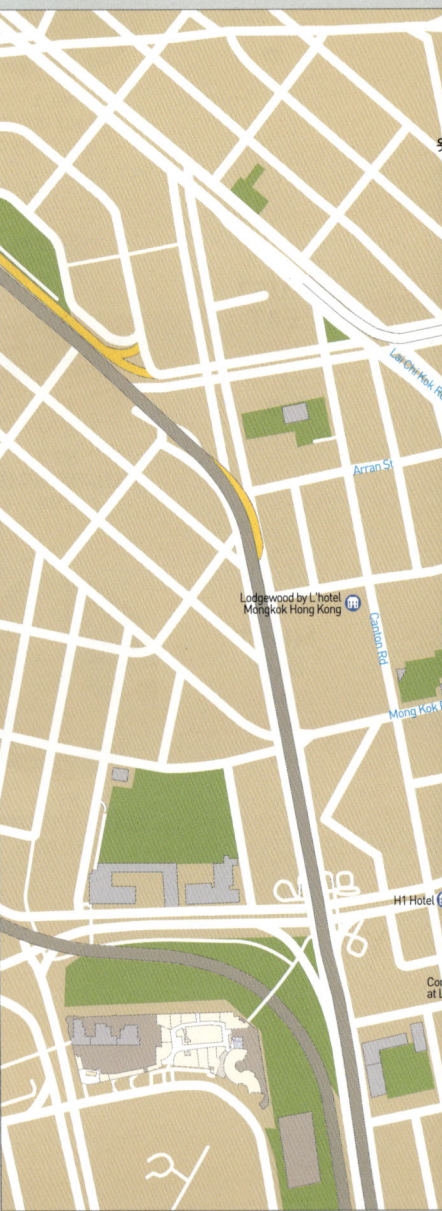

1 꽃시장
Flower Market
花墟道 파헤이또우

홍콩 최대 규모의 꽃시장. 다양한 종류의 꽃 구경은 물론 원예용품이나 인테리어 소품을 저렴하게 구입할 수도 있다.
⏱ 매일 09:30~19:30(구정 당일 휴무)

꽃시장을 따라 이동, 막다른 길에서 왼쪽 방향 → 윤포우 새공원

S MTR 프린스에드워드역 B1번 출구
Prince Edward
太子 타이찌

B1 출구로 나와 왼쪽 방향으로 유턴, Prince Edward Road West를 따라 도보 5분 → 꽃시장

● **PLUS TIP**
새에 별다른 관심이 없는 사람이라면 과감히 패스하길.

2 윤포우 새공원
Yuen Po Street Bird Garden
園圃街雀鳥花園
윤포우까이쩍니우화윤

중국 정원 스타일로 만들어진 공원으로 특별한 종류의 새들을 만날 수 있다.
⏱ 매일 09:00~17:30(구정 당일 휴무)

MTR 프린스에드워드 역 방향으로 돌아 나와 왼쪽의 큰 길을 건너 Tung Choi Street로 진입. 도보 10분 소요 → 금붕어마켓

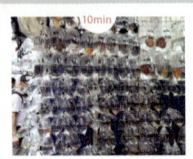

3 금붕어마켓
Goldfish Market 金魚街
깜유까이

주렁주렁 매달린 투명한 봉지 속 희귀한 모양의 금붕어들을 구경하는 재미!
⏱ 매일 11:00~21:45(구정 당일 휴무)

금붕어 시장 구경 후 돌아나와 Bute Street에서 오른쪽 방향으로 이동 → 깜와카페

214-215

start

S. MTR 프린스에드워드 역 B1번 출구

↓ 450m, 도보 5분

1. 꽃시장

↓ 50m, 도보 1분

2. 윤포우 새공원

↓ 700m, 도보 10분

3. 금붕어마켓

↓ 100m, 도보 2분

4. 깜와카페

↓ 600m, 도보 10분

뒷장으로 이어짐

4. MONG KOK 몽콕

---

4 Kam Wah Cafe
金華冰廳 깜와빵탕

버터 한 조각을 넣은 파인애플 번과 진한 홍콩식 밀크티의 조화는 상상 그 이상!
⏰ 매일 06:30~21:00

Bute Street를 따라 걷다가 왼쪽 Sai Yeung Choi Street로 직진 Argyle Street에서 왼쪽 방향으로 두 블록 앞 → 운동화 거리

PLUS TIP
추천 메뉴 파인애플 번은 대부분 오전시간에 다 팔려 버리니 서둘러 방문하는 것이 포인트!
① 파인애플번 鮮油菠蘿包 (HK$13),
② 홍콩식 밀크티 熱奶茶 (HK$20)

뒷장으로 이어짐 →

4 MONG KOK 몽콕 [旺角/웡꺽]

코스 무작정 따라하기
몽콕 완전 정복 코스

PLUS TIP
같은 디자인의 제품이라도 가게마다 가격이 다르다.

6 레디스마켓
Ladies Market
女人街 로이얀까이

패션 잡화, 장난감, 인테리어 용품과 기념품까지 없는 것이 없는 홍콩을 대표하는 재래시장.
ⓘ 매일 12:00~23:30
바로 옆 → 빅뱅돈

5 운동화 거리
Fa Yuen Street 花園街
파윤까이

아주 저렴하진 않지만 특별한 디자인의 한정판 운동화를 찾아보자. ⓘ 매일 11:00~22:00 (매장에 따라 다름)
운동화 거리에서 MTR 몽콕 역 방향(진행 방향의 오른쪽)으로 한 블록 이동 → 레디스마켓

7 빅뱅돈
Big Bang Don
爆井屋
빠우쩽눅

신선한 회를 좀처럼 찾아보기 힘든 홍콩에서 신선하고 푸짐한 해산물 덮밥을 만날 수 있는 몇 안 되는 곳.
ⓘ 월~금요일 12:00~16:00 17:30~23:00, 토·일요일 12:00~17:00 17:30~23:00
MTR 몽콕 역 건너편으로 이동 → 랑함플레이스

8 랑함플레이스
Langham Place Shopping Mall
朗豪坊 롱호우퐁

홍콩의 최신 패션 트렌드를 한눈에 볼 수 있는 숍들이 가득!
ⓘ 매일 11:00~23:00 (매장에 따라 다름)
랑함플레이스 B2층으로 이동 → MTR 몽콕 역 C3 출구

PLUS TIP
추천 매장 B2층 Market Place (슈퍼마켓) / B1층 스타카토(구두) / L3층 i.t(의류) / L5층 AAPE BY A BATHING APE(의류) / L11층 80M 버스모델숍(기념품)

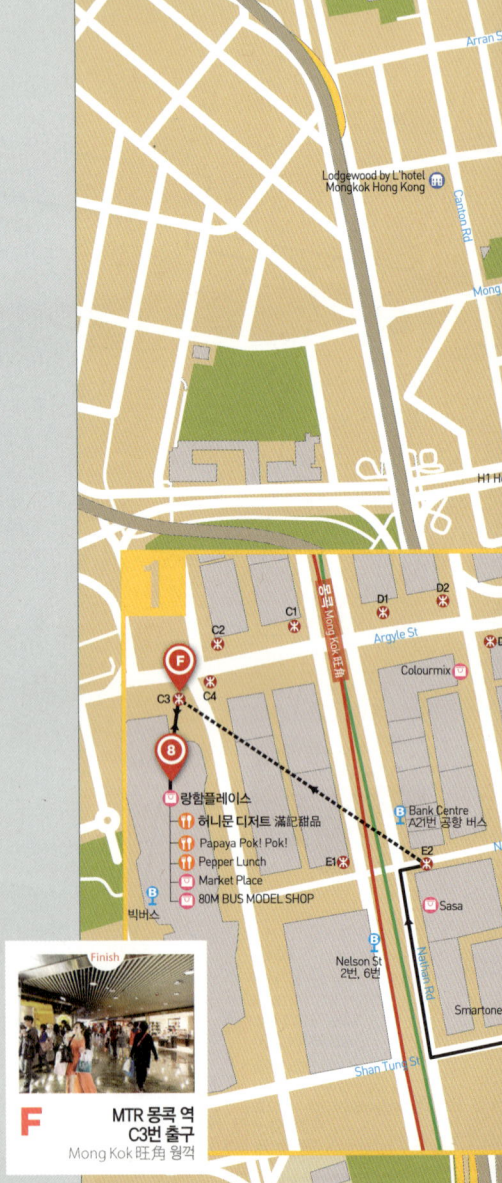

F MTR 몽콕 역 C3번 출구
Mong Kok 旺角 웡꺽

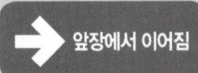
앞장에서 이어짐

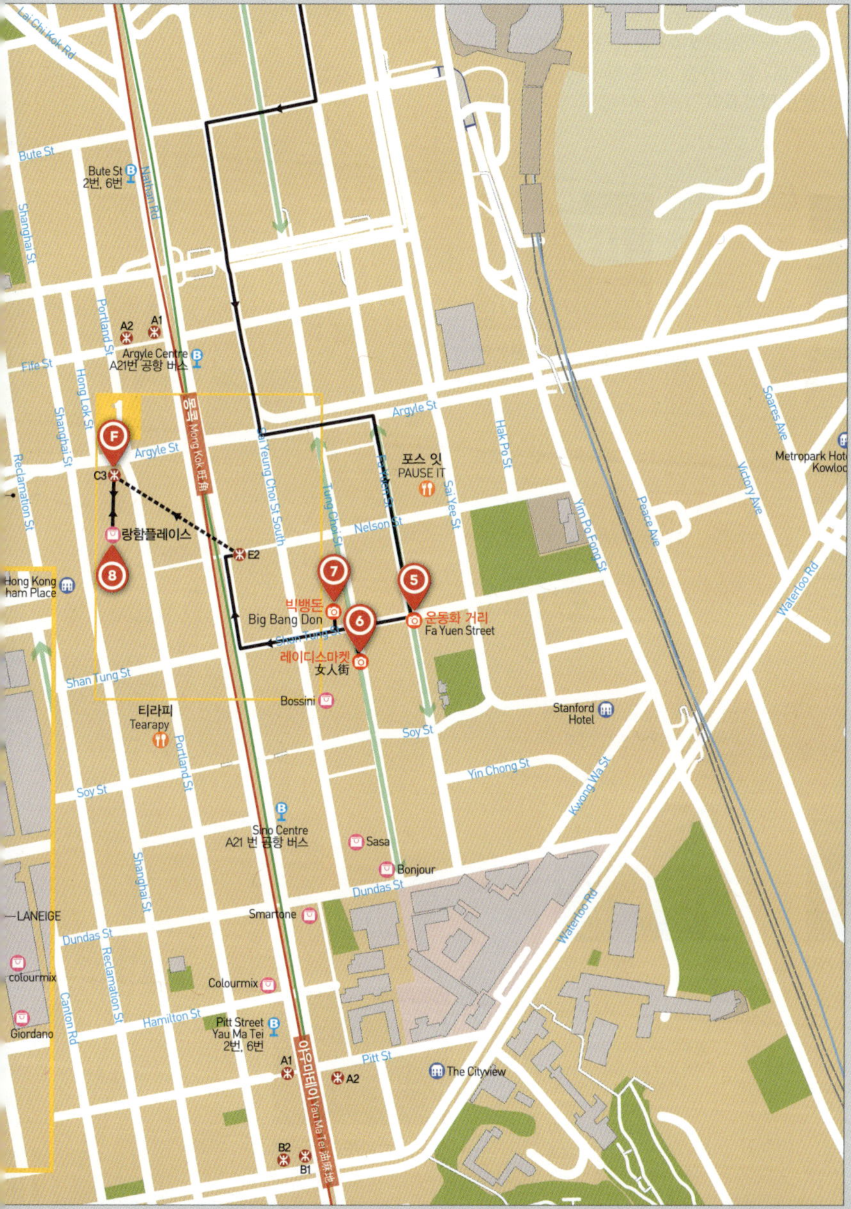

216-217 ↓ start

앞장에서 이어짐

5. 운동화 거리

150m, 도보 3분

6. 레이디스마켓

바로 옆

7. 빅뱅돈

280m, 도보 4분

8. 랑함플레이스

B2층으로 이동, 도보 2분

F. MTR 몽콕 역 C3번 출구

4. MONG KOK 몽콕

4 MONG KOK 몽콕 [旺角/웡꺽]

코스 무작정 따라하기
몽콕 핵심 코스

몽콕 역 주변의 핵심 스폿만 돌아보는 코스로, 홍콩에서 꼭 먹어봐야 하는 딤섬으로 배를 든든하게 채운 뒤 여유롭게 쇼핑을 즐겨보자! 몽콕 지역엔 펍이나 카페가 많은 편이 아니니 밤 시간엔 가까운 침사추이로 이동해 야경을 감상하거나 분위기 좋은 펍에 들러 간단한 맥주를 즐기며 하루를 마감하는 것도 좋다.

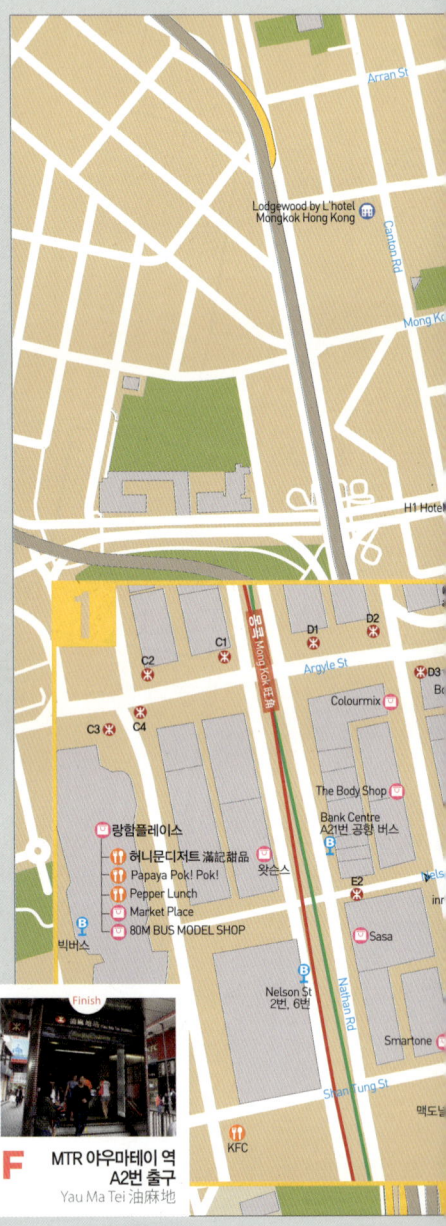

S MTR 몽콕 역 B2번 출구
Mong Kok 旺角 웡꺽

B2번 출구 에서 나와 두 번째 블록에서 우회전 → 딤딤섬

1 딤딤섬
Dim Dim Sum
點點心 딤딤썸

합리적인 가격으로 다채로운 딤섬을 즐길 수 있는 딤섬 전문점. 대중적인 맛으로 딤섬을 즐기지 않는 사람들에게도 인기. ⓘ 매일 10:00~24:00

왼쪽방향으로 코너를 돌아 한 블록 이동해 오른쪽의 Fa Yuen Street로 진입 → 운동화 거리

● **PLUS TIP**
추천 메뉴 ① 새우 딤섬 Steamed shrimp Dumplings(HK$36), ② 커스터드 번 Piggy Custard Buns(HK$27)

● **PLUS TIP**
홍콩에서만 판매되는 특별한 디자인의 운동화가 많다.

● **PLUS TIP**
같은 제품도 상점마다 가격이 조금씩 다르니 여러 번 둘러보고 가격을 흥정해 보자.

2 운동화 거리
Fa Yuen Street
花園街 파윤까이

운이 좋다면 세일 폭이 큰 제품을 '득템' 할 수도 있다.
ⓘ 매일 11:00~22:00
(매장에 따라 다름)

운동화 거리에서 MTR 몽콕 역 방향으로 한 블록 이동 → 레이디스마켓

3 레이디스마켓
Ladies Market
女人街 로이안까이

꼭 무얼 구입하지 않아도 좁은 골목을 따라 끝도 없이 이어지는 상점들을 보는 것만으로도 특별한 재미가 있다.
ⓘ 매일 12:00~23:30

MTR 몽콕 역 방향으로 한 블록 이동해 남쪽으로 이동 → MTR 야우마테이 역 A2번 출구

F MTR 야우마테이 역 A2번 출구
Yau Ma Tei 油麻地

218-219

↓ start

- S. MTR 몽콕 역 B2번 출구
- 100, 도보 1분
- 1. 딤딤섬
- 400m, 도보 5분
- 2. 운동화 거리
- 150m, 도보 3분
- 3. 레디스 마켓
- 650m, 도보 9분
- F. MTR 야우마테이 역 A2번 출구

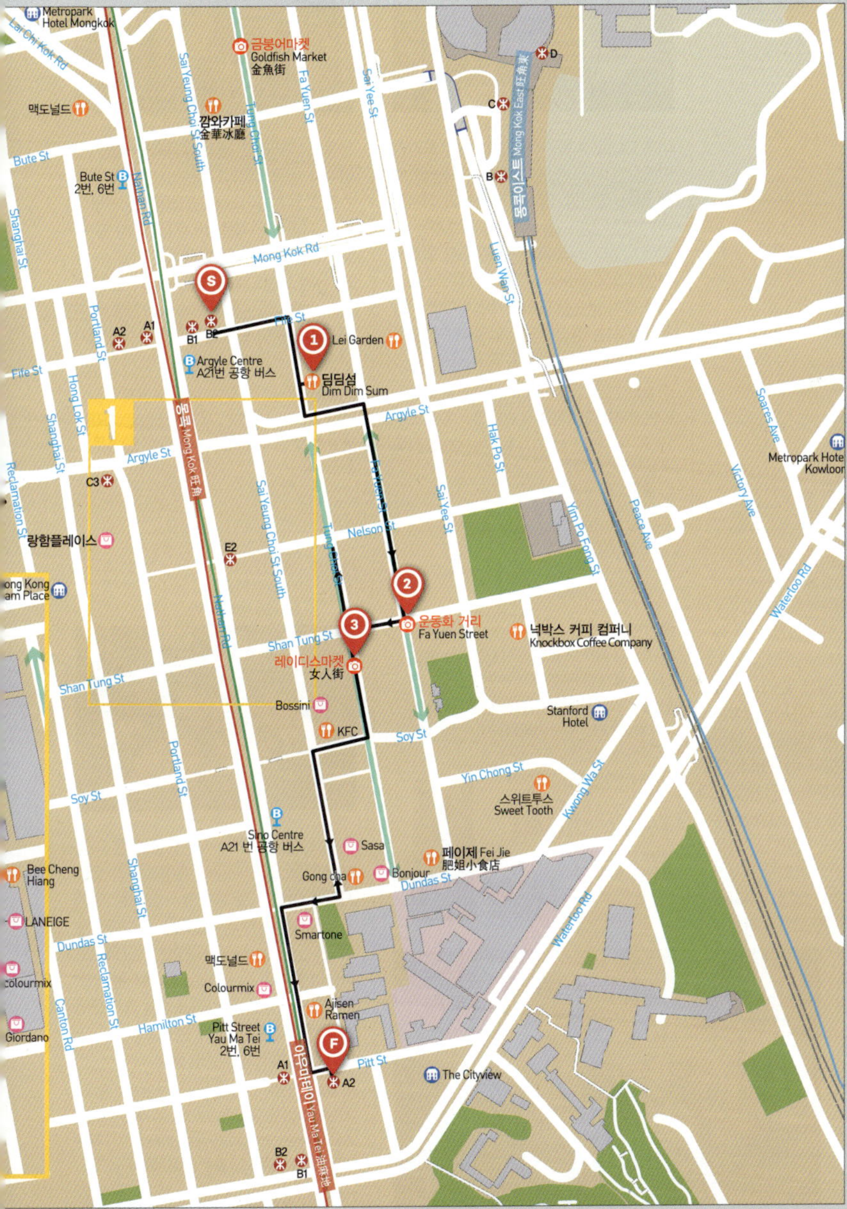

4. MONG KOK 몽콕

4 MONG KOK 몽콕 [旺角/윙꺽]

TRAVEL INFO
몽콕 핵심 여행 정보

📷 SIGHTSEEING

№.1 레이디스마켓
★★★★★ Ladies Market
[女人街 로이얀까이]

이름 그대로 처음엔 여자들을 위한 물건만 판매하던 시장이었지만 지금은 다양한 패션 잡화, 장난감, 인테리어 용품과 기념품까지 없는 것이 없는 홍콩을 대표하는 시장이 되었다. 무작정 디스카운트를 외치는 것보다 미리 원하는 제품들의 대략적인 가격을 찾아 비슷한 가격에 흥정한다면 저렴하게 원하는 물건을 구입할 수 있다. 오후 10시가 되면 하나 둘 문을 닫기 시작한다.

📍 MAP P.212D, F 🚇 찾아가기 MTR 몽콕 역 E2번 출구로 나와 직진, 두 번째 골목 🏠 주소 Tung Choi Street, Mong Kok, Kowloon ⏰ 시간 매일 12:00~23:30
🚫 휴무 연중무휴

№.2 운동화 거리
★★★ Fa Yuen Street
[花園街 파윤까이]

운동화 거리라고 해서 운동화만 있는 건 아니다. 골프 웨어나 트레이닝 복 등 각종 스포츠 용품들이 모여 있으며 쇼핑몰보다 많이 저렴한 가격은 아니지만 흔히 볼 수 없는 특별한 디자인의 제품을 만날 수 있다. 유명 브랜드 매장뿐만 아니라 편집 숍들도 많이 있는데 이곳에서는 정품 여부가 불분명하니 되도록이면 정식 매장에서 구입하는 것을 추천한다.

📍 MAP P.212D 🚇 찾아가기 MTR 몽콕 역 E2번 출구로 나와 직진, 세 번째 골목 ⏰ 시간 매일 11:00~22:00(매장에 따라 다름) 🚫 휴무 연중무휴

№.3 템플스트리트 야시장
★★★★★ Temple Street Night Market
[廟街夜市 미우까이예시]

몽콕에서 조던까지 길게 형성되어 있는 템플스트리트 북단에 1700여m, 남단에 220여m 정도 거리에 밤마다 형성되는 노천 야시장. 골동품부터 기념품, 피규어, 일상용품까지 다양한 물건들을 판매한다. 분위기는 몽콕 레이디스마켓과 비슷하다. 몽콕에 위치한 레이디스마켓이 여인개(女人街)로 불리는 것에 비해 템플스트리트는 남인개(男人街)로 불린다. 레이디스 마켓이 과거에 여성들을 위한 의류와 액세서리를 메인으로 판매했던 것에 비해 야우마테이 지역은 간척 사업이 진행되기 전까지는 부두가 있어 선원 등 남성들을 위한 물건을 파는 시장과 유흥 시설이 형성되었기 때문이다.

📍 MAP 지도 범위 외 (P.212E 방향)
🚇 찾아가기 MTR 야우마테이 역 C번 출구로 나와 유턴 후 Man Ming Lane 쪽으로 걷다가 왼쪽 두 번

째 골목으로 직진 🏠 주소 Temple Street, Yau Ma Tei ⏰ 시간 오후 4시부터 문을 여는 곳도 있지만, 해가 진 뒤에야 대부분의 가판들이 문을 연다 🚫 휴무 연중무휴 🌐 홈페이지 www.temple-street-night-market.hk

쌀알에 이름을 새길 수 있는 액세서리 HK$50

여행가방에 개성을 더해주는 러기지 태그 HK$10~

№.4 꽃시장
★★ Flower Market
[花墟道 파허이또우]

홍콩 최대 규모의 꽃시장으로 이른 아침부터 문을 열기 때문에 홍콩에서의 오전 시간을 어떻게 보내야 할지 모르는 여행자들에게 추천한다. 꼭 꽃을 구입하지 않아도 다양한 꽃들을 구경하는 것만으로도 여행이 즐거워 질 것이다. 생화는 물론 조화나 원예용품, 인테리어 소품들까지 판매한다. 멀지 않은 거리에 윤포우 새공원이 있어 함께 둘러보는 것도 좋다.

📍 MAP P.212B 🚇 찾아가기 MTR 프린스에드워드 역 B1번 출구에서 도보 7분 🏠 주소 Flower Market Road, Prince Edward, Kowloon ⏰ 시간 매일 09:30~19:30 🚫 휴무 구정 당일

№ 5 윤포우 새공원
★ Yuen Po Street Bird Garden
[園圃街雀鳥花園 윤포우까이쩍니우화윤]

중국 정원 스타일로 만들어진 공원 입구로 들어서면 엄청난 종류의 새들이 지저귀는 소리를 들을 수 있으며 직접 키우는 새들을 데리고 나오는 현지인들도 많다. 공원 바로 앞에는 새를 사고 파는 가게들이 늘어서 있다. 큰 규모는 아니지만 여러 종류의 새들을 구경하는 재미가 있다. 인테리어 소품으로 사용하기 좋은 새장을 구입할 수도 있다.

◉ MAP P.212B ◉ 찾아가기 MTR 프린스에드워드 역 B1번 출구에서 도보 10분 ◉ 주소 Yuen Po Street, Prince Edward, Kowloon ◉ 시간 매일 09:00~17:30 ◉ 휴무 구정 당일

№ 6 금붕어마켓
★ Goldfish Market
[金魚街 깜유까이]

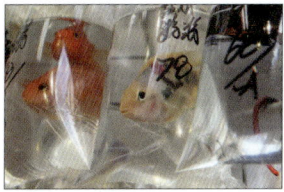

금붕어를 키우면 가정의 평안과 부를 얻을 수 있다고 생각하는 중국 사람들 덕분에 금붕어를 사려는 현지인들이 자주 찾는 곳이다. 커다란 어항 속에서 자유롭게 헤엄치고 있는 금붕어들도 많지만 투명한 봉지에 한 마리씩 포장되어 주렁주렁 매달려 있는 주인을 기다리는 모습도 재미 있다. 홍콩인들의 이색적인 생활 풍경을 구경하는 마음으로 가볍게 둘러보자.

◉ MAP P.212B ◉ 찾아가기 MTR 프린스에드워드 역 B2번 출구에서 도보 3분 ◉ 주소 Tung Choi Street North, Mong Kok, Kowloon ◉ 시간 매일 11:00~21:45 ◉ 휴무 구정 당일

№ 1 허니문디저트
★★★★★ Honeymoon Dessert
[滿記甜品 무운께이틴빤]

홍콩의 대표적인 디저트 전문점으로 열대과일을 활용한 다양한 디저트를 즐길 수 있다. 가장 인기있는 메뉴는 망고와 포멜로, 우유를 섞어 만든 망고 포멜로 앤 사고 스위트 수프 Mango pomelo and Sago Sweet Soup(HK$48). 달콤하고 부드러운 망고와 함께 톡톡 터지는 포멜로의 식감을 느낄 수 있다. 과일의 왕이라는 두리안으로 만든 달콤한 디저트도 다양하다.

◉ MAP P.212E ◉ 찾아가기 MTR 몽콕 C3번 출구와 연결된 랭함플레이스 L4층 ◉ 시간 월~금요일 11:00~22:30, 토·일요일 12:00~23:00 ◉ 휴무 부정기적 ⓢ 가격 예산 HK$53~

№ 2 미도카페
★★★★★ Mido Café
[美都餐室 메이또우찬샷]

1950년에 문을 연 이후 같은 장소에서, 같은 인테리어를 유지해 오고 있는 곳. 외벽없이 전면이 초록색 창틀과 유리창으로 되어 있고, 내벽은 타일로 되어 있는 홍콩의 전형적인 찬탱의 모습을 하고 있다. 화려하지는 않지만 향수를 자극하는 분위기는 현지인 단골 손님뿐만 아니라 외국인 관광객들에게도 인기가 있다. 밀크티와 커피가 한 쌍의 원앙새처럼 잘 어울린다고 해서 이름 붙은 원앙차(Tea&Coffee Mix, 鴛鴦茶, HK$20)와 달콤한 시럽을 듬뿍 끼얹은 프렌치토스트(French Toast, 西多士, HK$28)를 곁들이면 행복한 티타임! 다양한 재료를 넣은 클럽샌드위치(Club sandwich, 公司三文治, HK$58)나 구운 닭고기크림소스스파게티(Baked shredded chicken spaghetti with creamy sauce, 焗芝士雞絲意粉, HK$88)는 든든한 한 끼 식사가 된다. 주말에는 10% 정도 더 비싸다.

◉ MAP 지도 범위 외(P.212E 방향)

◉ 찾아가기 MTR 야우마테이 역 C번 출구로 나와 유턴 후 Man Ming Lane 쪽으로 걷다가 왼쪽 두 번째 골목을 직진. 도보 3분 ◉ 주소 G/F, 63 Temple Street, Yau Ma Tei ◉ 전화 2384-6402 ◉ 시간 목~화요일 10:30~19:30 ◉ 휴무 수요일 ⓢ 가격 예산 1인당 HK$50~
※현금 결제만 가능

Baked shredded chicken spaghetti with creamy sauce, 芝士雞絲意粉 HK$88

Club sandwich, 公司三文治. HK$58

French Toast 西多士 HK$28

№ 3 원담섬
★★★★ One Dim Sum
[一點心 얏딤썸]

가벼운 마음으로 들러 간단한 한끼를 채울 수 있어 현지인들도 많이 찾는 곳이다. 기본에 충실한 딤섬들과 함께 다양한 재료가 들어간 홍콩식 죽인 콘지도 즐길 수 있다. 다소 정신 없는 분위기지만 맛은 최고. 영어 메뉴판도 갖추고 있어 주문하기도 어렵지 않다.

Pork Dumplings HK$34

◉ MAP P.212A ◉ 찾아가기 MTR 프린스에드워드 역 A번 출구로 나와 오른쪽으로 유턴, 두 번째 블록에서 왼쪽 골목 ◉ 주소 G/F 209A, Tung Choi Street ◉ 전화 2677-7888 ◉ 시간 월~금요일 09:30~22:30, 토·일요일 08:30~22:30 ◉ 휴무 부정기적 ⓢ 가격 딤섬 HK$22~, 콘지 HK$20~

4 MONG KOK 몽콕 [旺角/웡꺽]

No. 4 딤딤섬
★★★★ Dim Dim Sum
[點點心 딤딤썸]

홍콩 음식 특유의 향이 전혀 없어 누구나 맛있게 즐길 수 있는 딤섬 체인이다. 가장 인기있는 메뉴는 새우가 통으로 들어간 Shrimp Dumplings(HK$36)로 딤딤섬에서 꼭 주문해야할 필수 메뉴이다. 부드러운 가지 위에 새우 살을 올려 튀긴 Seafood Stuffed Eggplant(HK$34)는 매콤한 소스가 더해져 한국 사람의 입맛에 딱!

Piggy Custard Buns HK$27

- MAP MAP P.212D
- 찾아가기 MTR 몽콕 역 B2번 출구에서 나와 두 번째 블록에서 우회전
- 주소 106 Tung Choi Street, Mong Kok
- 전화 2309-2300
- 시간 매일 10:00~24:00
- 휴무 부정기적
- 가격 기본 차 HK$8, 딤섬 HK$24~

No. 5 큐브릭카페 & 영화와 예술서점
★★★★ Café Kubrick

영화와 예술에 관련된 서적들을 전문적으로 취급하는 서점 안에 카페가 자리 잡고 있다. 스터디 하는 그룹들과 작업에 열중하는 사람들로 편안하면서도 예술적인 에너지가 감돈다. 커피와 차, 조각 케이크와 빵 등을 판매하고, 점심과 저녁에는 식사 메뉴도 있다. 카페를 지나 더 안쪽으로 들어가면 소품을 판매하는 미니스토어와 영화 디스크숍도 있어 영화 마니아라면 꽤 오랜 시간을 머물게 될지도 모른다. 소장하고 있는 DVD는 공식 홈페이지를 통해 미리 확인할 수 있다. 추천 메뉴는 레몬그라스와 페퍼민트가 들어 있어 긴장을 풀어 주고 면역력을 강화시켜 주며 빈혈 예방에 도움을 주는 유러피안 스타일(European Style, HK$60)당근 케이크(Today's cake, HK$ 38). 위층으로 올라가면 브로드웨이 시네마틱 영화관이 있다. 주로 예술, 독립영화가 상영된다.

- MAP 지도 범위 외(P.212E 방향)
- 찾아가기 MTR 야우마테이 역 C번 출구에서 도보 4분
- 주소 Square Street, Yau Ma Tei
- 전화 2384-8929
- 시간 큐브릭카페&서점 매일 11:30~21:45, 미니스토어&디스크스토어 월~금요일 14:00 ~22:00, 주말 · 공휴일 12:00~22:00
- 휴무 부정기적
- 가격 예산 HK$ 50~
- 홈페이지 www.kubrick.com

European Style (HK$60)

No. 6 빅뱅돈
★★★ Big Bang Don
[爆丼屋 빠우쩽눅]

Premium mixed Seafood Big Don HK$208

이름 그대로 커다란 사이즈의 덮밥을 파는 가게로 든든하게 한 끼를 즐기고 싶은 여행자들에게 추천한다. 바다와 인접하고 있지만 신선한 회를 좀처럼 찾아보기 힘든 홍콩에서 신선하고 푸짐한 해산물 덮밥을 만날 수 있는 몇 안 되는 곳이기도 하다. 워낙 푸짐한 토핑 덕분에 저렴한 가격은 아니지만 맛만큼은 보장.

- MAP P.212D
- 찾아가기 몽콕 역 E2번 출구에서 도보 2분
- 주소 57 Shantung St, Mong Kok
- 시간 월~금요일 12:00~16:00 17:30~23:00, 토 · 일요일 12:00~17:00 17:30~23:00
- 휴무 부정기적
- 가격 예산 HK$200~

No. 7 넉박스 커피 컴퍼니
★★★ Knockbox Coffee Company

원두의 재배부터 로스팅과 브랜딩까지 모든 과정을 꼼꼼하게 체크해 최상의 커피를 제공하는 곳으로 홍콩 바리스타 챔피언십의 타이틀까지 가지고 있다. 에스프레소 머신으로 추출한 커피도 주문 가능하지만 넉박스 커피 컴퍼니에 간다면 특별한 크래프트 커피 선택을 추천한다. 다양한 향과 맛을 느낄 수 있다.

- MAP P.212D
- 찾아가기 MTR 몽콕 역 E2번 출구에서 도보 6분
- 주소 23, Hak Po St, Mong Kok
- 전화 2781-0363
- 시간 매일 11:00~18:00
- 휴무 연중무휴
- 가격 크래프트 커피 HK$65~, 샌드위치 HK$76

Crafted Coffee HK$65~

No. 8 타이거 슈거
★★★ TIGER SUGAR
[老虎堂黑糖專売 러우푸텅학텅쭌마이]

대만에서 시작된 버블티 전문점. 신선한 우유에 갈색 설탕으로 단맛을 더하고 크림 무스를 넣어 부드러운 맛을 자랑한다. 쫄깃한 타피오카 펄이 듬뿍 들어간 Black Sugar Boba Milk With Cream Mousse(HK$41)가 대표 메뉴. 모든 재료가 잘 섞일 수 있게 힘차게 흔들어 마시는 것이 포인트. 여행의 피로함이 극에 달했을 때 마셔보는 것을 추천한다.

- MAP P.212C
- 찾아가기 MTR 몽콕 역 B1 출구
- 주소 Shop15, 700 Nathan Rd, Mong Kok
- 전화 2614-1717
- 시간 매일 10:00~22:00
- 휴무 부정기적
- 가격 HK$22~

Black Sugar Boba Milk With Cream Mousse HK$41

№ 9 페이 제
★★★ Fei Jie
[肥姐小食店 페이제씨우싹띰]

다양한 꼬치들을 맛볼 수 있는 곳. 직접 먹어 보면 의외로 맛있는 것들이 많으니 주저 말고 도전해 보자! 인기 메뉴는 문어다리 墨魚, 돼지곱창 細生腸, 칠면조콩팥 火雞腎 꼬치를 한꺼번에 즐길 수 있는 세트메뉴(HK$40). 테이크아웃 전문점이며 현금 결제만 가능하다.

◉ INFO P.111 ◉ MAP P.212F ◉ 찾아가기 MTR 야우마테이 역 A2번 출구에서 도보 5분 ◉ 주소 Shop 4A, 55 Dundas Street, Mong Kok ◉ 시간 수~월요일 13:00~22:30 ◉ 휴무 부정기적 ◉ 가격 꼬치 HK$10~

№ 10 깜와카페
★★★ Kam Wah Cafe
[金華冰廳 깜와빵뗑]

Crispy Sweet Bun with Butter HK$13

현지인들이 더 많이 찾는 카페라서 영어는 거의 통하지 않을 뿐 아니라 합석은 기본에 친절은 기대하지 않는 편이 좋다. 따뜻한 파인애플 모양 번에 버터 한 조각을 넣어 먹는 鮮油菠蘿包(Crispy Sweet Bun with Butter, HK$13)과 홍콩식 밀크티 熱奶茶(Milk Tea, HK$20)를 추천. 늦은 오후에 방문하면 파인애플번은 맛볼 수 없다.

◉ MAP P.212A ◉ 찾아가기 MTR 프린스에드워드 역 B2번 출구로 나와 도보 3분 ◉ 주소 G/F, 47 Bute Street, Prince Edward ◉ 시간 매일 06:30~21:00 ◉ 휴무 부정기적 ◉ 가격 예산 HK$29~

№ 11 티라피
★★★ Tearapy

Cocoa, Brown Sugar and Pearls Milk HK$44

맛은 물론이고 분위기까지 두 마리 토끼를 한꺼번에 잡은 레스토랑으로 홍콩 현지인들의 데이트 코스로 사랑받는 곳이다. 특별한 레시피로 탄생한 다양한 티 메뉴를 베이스로 샌드위치, 버거 등의 식사 메뉴도 갖추고 있다. 음식의 비주얼이 특히 예뻐 사진 찍는 것을 좋아하는 MZ세대에게 추천한다.

◉ MAP P.212E ◉ 찾아가기 MTR 몽콕 역 E1번 출구에서 도보 3분 ◉ 주소 189 Portland St, Mong Kok ◉ 시간 매일 12:00~22:00 ◉ 휴무 부정기적 ◉ 가격 예산 HK$150~

🛍 SHOPPING

№ 1 랑함플레이스
★★★★★ Langham Place Shopping Mall [朗豪坊 롱호우퐁]

MTR 몽콕 역을 중심으로 길 건너편에 위치한 레이디스마켓과 전혀 다른 분위기의 현대식 쇼핑몰이다. 다양한 홍콩 로컬 브랜드는 물론이고 유명 코스메틱 브랜드와 세계 각국의 맛을 즐길 수 있는 레스토랑까지 하나의 건물에서 원스톱 쇼핑이 가능한 곳으로, 무려 4개 층을 한꺼번에 오를 수 있는 대형 에스컬레이터와 수시로 다양한 팝업스토어와 전시가 열리는 거대한 아트리움은 랑함플레이스의 자랑. 워낙 규모가 큰 곳이라 미리 홈페이지에서 원하는 브랜드를 체크해 두거나 L4층에 위치한 고객 센터에서 지도를 챙기는 것이 포인트. L4층에 위치한 푸드코트에서는 중식은 물론이고 일식, 양식, 한식과 디저트까지 세계 각국의 다양한 요리를 즐길 수 있다.

주요 매장 B2층 Market Place(슈퍼마켓) B1층 스타카토(구두) L3층 i.t(의류) L5층 AAPE BY A BATHING APE(의류) L11층 80M 버스모델숍(기념품)

◉ MAP P.212E ◉ 찾아가기 MTR 몽콕 역 C3번 출구와 연결 ◉ 시간 11:00~23:00(매장에 따라 다름) ◉ 휴무 부정기적 ◉ 홈페이지 www.langhamplace.com.hk/en

№ 12 포스 잇
★★ PAUSE IT

Black Sesame Latte HK$42

좁은 골목에 위치한 작은 카페지만 커피 맛도 좋기로 유명하다. 기본적인 커피 외에도 차콜 라테, 호지차 라테, 흑임자 라테 등의 메뉴가 준비되어 있다. 따뜻한 라테를 주문하면 포스 잇만의 시그니처 라테 아트가 제공된다. 다소 낯선 비주얼의 흑임자 라테는 커피 대신 흑임자가 듬뿍 들어 있어 고소한 맛이 일품.

◉ MAP P.212D ◉ 찾아가기 MTR 몽콕 역 D3번 출구에서 도보 4분 ◉ 주소 Shop G11, 17 Nelson St, Mong Kok ◉ 시간 월~금요일 08:00~22:00, 토·일요일 09:00~22:00 ◉ 휴무 부정기적 ◉ 가격 예산 HK$42~

5 CAUSEWAY
코즈웨이 베이 [銅鑼灣/통로완]

Let's shop HONG KONG!
홍콩 최대의 쇼핑 천국

홍콩에서 가장 많은 쇼핑몰들이 밀집해 있는 곳. 토요일 오후가 되면 이 곳 저곳에서 모여든 쇼핑족들이 쇼핑 삼매경에 빠져드는 곳. 뉴욕의 5번가에 이어 세계에서 두 번째로 높은 상가 임대료를 자랑하는 곳. 이는 모두 코즈웨이 베이를 설명하는 문장들이다. 홍콩 쇼핑의 1번지 코즈웨이 베이는 거리마다 숨겨진 다양한 먹거리와 소소한 볼거리들도 여행자들에게 손짓하고 있으니, 그 다양한 매력의 코즈웨이 베이를 지금 만나러 가보자.

 인기 ★★★★★
 관광지 ★★★☆☆
 쇼핑 ★★★★★
 식도락 ★★★☆☆
 나이트라이프 ★★☆☆☆
 혼잡도 ★★★★☆

홍콩 섬 여행에서 코즈웨이 베이가 빠질 순 없지!

홍콩 섬에서 가장 큰 공원부터 골목골목 숨은 소박한 볼거리들까지 한가득!

내로라하는 명품 브랜드와 감각적인 로컬 편집숍까지 두루 만나볼 수 있는 곳.

소박한 디저트 맛집들이 골목마다 자리 잡은 곳. 타이항으로 가자.

Hong Kong Exclusive!!! 야간 경마가 벌어지는 해피밸리로 가자!

북적거리는 쇼핑몰들이 즐비하니, 정신이 아득해질지도….

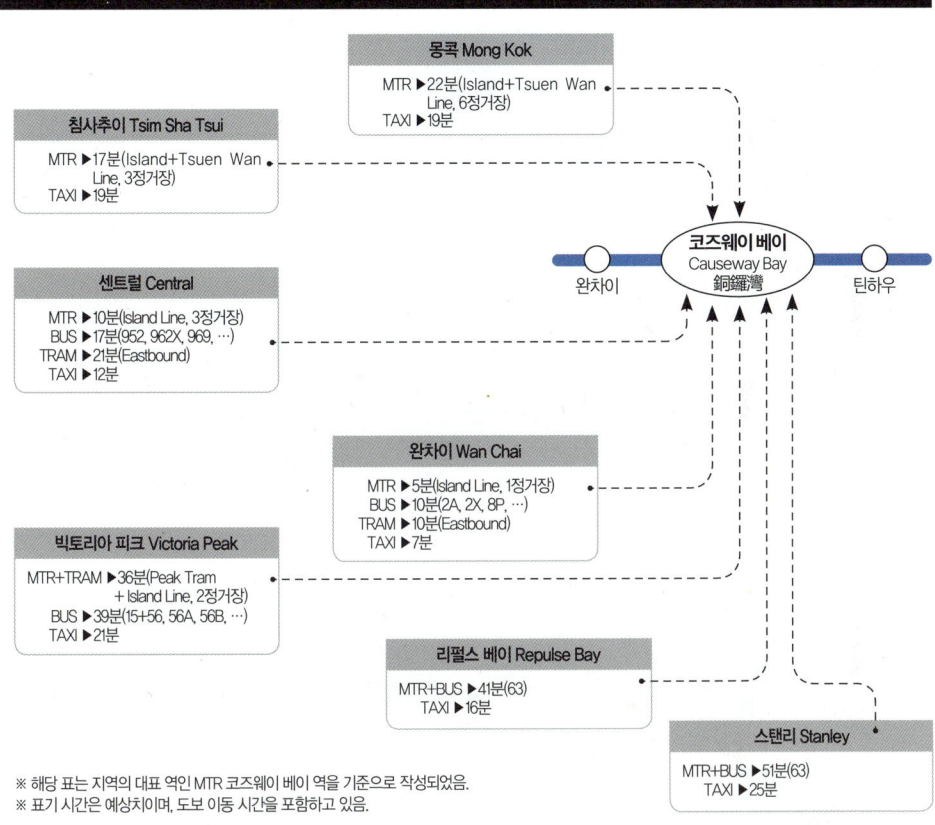

코즈웨이 베이 이렇게 여행하자

홍콩 최대의 쇼핑 지역인 코즈웨이 베이에는 여행 스폿과 함께 다양한 쇼핑몰들이 오밀조밀 자리를 잡고 있다. 쇼핑몰들의 규모도 작지 않은 편이라 제대로 여행 계획을 세우지 않으면 시작도 하기 전에 지쳐 버리기 일쑤! 쇼핑을 위해 코즈웨이 베이를 찾는 여행자들은 쇼퍼홀릭 코스를 따라 쇼핑몰들을 순례하자. 주변의 레스토랑과 맛집들도 함께 소개하고 있으니 눈여겨볼 것. 맛 기행 코스는 쇼핑몰들과 함께 떠오르는 맛집 거리 타이항을 돌아보는 코스이다. 아기자기한 디저트 맛집들을 둘러보는 즐거움은 덤! 코즈웨이 베이의 터줏대감과도 같은 눈 데이 건과 해피밸리 경마장을 둘러보는 히스토릭 코스는 쇼핑보다는 여행에 초점을 맞춘 이들을 위한 코스이다. 다만 이동 거리가 조금 길기 때문에 트램을 적절히 이용하는 것이 좋다.

코즈웨이 베이 출구별 핵심 볼거리

MTR 코즈웨이 베이 역

A번 출구	타임스스퀘어, 리시어터, 해피밸리 경마장
D번 출구	눈 데이 건, 코즈웨이 베이 타이푼 셸터, 소고백화점
E번 출구	빅토리아 파크
F번 출구	하이산플레이스, 자딘스크레센트, 리가든 1 & 2

관광 안내소

코즈웨이 베이에는 관광 안내소가 없기 때문에, 공항이나 침사추이 등에 있는 관광 안내소를 미리 이용하자.

5 CAUSEWAY BAY 코즈웨이 베이 [銅鑼灣/통로완]

TRAVEL MEMO
코즈웨이 베이 여행 한눈에 보기

5 CAUSEWAY BAY 코즈웨이 베이 [銅鑼灣/통로완]

TRAVEL MEMO
코즈웨이 베이 여행 한눈에 보기

MUST SEE
코즈웨이 베이에서 이것만은 꼭 보자!

NO. 1 열두 시 정각, 눈 데이 건의 발포 순간 지켜보기!

NO. 2 홍콩중앙도서관에서 책 속에 파묻힌 홍콩인들의 진지함 엿보기!

MUST EAT
코즈웨이 베이에서 이것만은 꼭 먹자!

NO. 1 담백하고 깔끔한 국물 맛이 일품인 호흥키에서 단돈 몇 천 원으로 미쉐린 스타 푸드 맛보기!

NO. 2 타이항과 해피밸리 골목 사이사이에 숨은 명품 카페에서 홍콩의 커피 맛 즐기기!

NO. 3 코즈웨이 베이의 대형 쇼핑몰 푸드코트에서 내멋대로 고른 한끼 식사하기!

MUST BUY
코즈웨이 베이에서 이것만은 꼭 사자!

NO. 1 코즈웨이 베이에서 가장 힙한 하이산플레이스 쇼핑몰 구경하기!

NO. 2 전 세계의 다양한 디자인 소품 매장에서 저렴하고 아기자기한 소품 '득템'하기!

NO. 3 24시간 오픈하는 대형 슈퍼마켓 웰컴슈퍼스토어에서 기념품 구입하기!

MUST EXPERIENCE
코즈웨이 베이에서 이것만은 꼭 경험하자!

NO. 1 일요일 오후 홍콩 섬 최대의 공원 빅토리아 파크에서 한껏 여유 부리기!

NO. 2 수요일 밤, 170년 역사의 경마장에서 '해피 웬즈데이'의 파티 분위기 즐기기!

화려한 쇼핑몰 바로 앞으로 느릿느릿 달리는 트램.
코즈웨이 베이의 일상 풍경이다.

쇼핑중심로 가득찬 코즈웨이 베이의 거리.
활기 넘치는 도시 홍콩의 매력을 한껏 만끽할 수 있다.

5. CAUSEWAY BAY 코즈웨이 베이

5 CAUSEWAY BAY 코즈웨이 베이 [銅鑼灣/통로완]

코스 무작정 따라하기
코즈웨이 베이 쇼퍼홀릭 코스

2 리시어터
Lee Theater 利舞臺
레이모우토이

리가든 계열의 쇼핑몰로 젊은 층들이 주로 찾고 있다. 홍콩 로컬브랜드부터 다국적 브랜드까지 다양한 패션 매장들을 만나볼 수 있다.
⏰ 매일 10:00~23:00
(매장, 요일에 따라 다름)

리시어터 건물 내 6층으로 이동
→ 파라다이스 다이너스티

1 타임스스퀘어 홍콩
Times Square Hong Kong 時代廣場

코즈웨이 베이에서 가장 규모가 큰 쇼핑몰로 명품 매장과 함께 백화점, 아웃렛 등이 함께 입점해 있어 선택의 폭이 넓다.
⏰ 매일 10:00~23:00

타임스스퀘어 광장 뒤편으로 이어지는 통로로 나온 뒤, 바로 앞 작은 사거리에서 9시 방향으로 Sharp Street East를 따라 도보 1분 → 리시어터

S MTR 코즈웨이 베이 역 A번 출구
MTR Causeway Bay Station
銅鑼灣站 통로완짬

A번 출구는 타임스스퀘어 광장이나 쇼핑몰 내부로 바로 연결된다.

MTR 코즈웨이 베이 역 A번 출구에서 바로 연결 → 타임스스퀘어 홍콩

➕ **PLUS TIP**
추천 매장 레인
크로퍼드(G~1층), 바자(18층), 시티슈퍼(B1층) 등의 쇼핑 매장과 함께, 모던차이나레스토랑(13층)과 같은 추천 맛집들이 즐비하다.

3 파라다이스 다이너스티
Paradise Dynasty
樂天皇朝 록탄웡지우

리시어터 식당가에 자리잡은 상하이 레스토랑. 친절하지 않다는 평이 많지만, 남녀노소 부담 없이 즐길만한 중식 요리를 다양하게 즐길 수 있다.
⏰ 매일 11:30~22:30

리시어터 정문 앞 교차로를 건너 정면 방향으로 이어지는 Leighton Road 우측에 위치. 도보 1분 → 마리메코

➕ **PLUS TIP**
추천 메뉴
맛도 색도 가지각색, 총천연색 샤오롱바오가 자그마치 8개!
Signature Dynasty Xiao Long Bao, 皇朝小籠包,
HK$142+10%

230-231

쇼핑의 도시 홍콩에서도 가장 많은 쇼핑몰들이 밀집한 지역 중 하나인 코즈웨이 베이. 타임스스퀘어, 하이산플레이스 등 대표 쇼핑몰은 물론 다양한 인테리어 소품 매장까지 섭렵해 보자. 평이 좋은 맛집들을 따라 즐겨 보는 홍콩의 맛은 덤이다.

6 자딘스크레센트
Jardine's Crescent
渣甸坊 짜딘펑

코즈웨이 베이 뒷골목의 매력을 폴폴 풍기는 좁은 골목. 골목의 양쪽으로 싸구려 소품들을 판매하는 노점이 즐비하다.
⏱ 매장에 따라 다름

자딘스크레센트 바로 앞. 또는 MTR 코즈웨이 베이 역 F번 출구에서 연결 → 하이산플레이스

PLUS TIP
추천 매장
리가든 1 BVLGARY(G층), CHANEL(B1층~1층), Hermes (B1층~1층), Valentino(G층~1층)
리가든 2 Burberry Children(2층), Fendi Kids(2층), Gucci Children (2층)

5 리가든 1 & 2
Lee Garden 1 & 2
利園1&2

명품 브랜드만을 주 타깃으로 하는 소규모의 쇼핑몰로 리가든 1과 리가든 2가 브릿지를 통해 하나로 연결되어 있다. 각 명품 브랜드에서 론칭한 키즈, 칠드런 매장이 특히 많다.
⏱ 매일 10:00~23:00
(매장, 요일에 따라 다름)

리가든 1을 왼쪽에, 리가든 2를 오른쪽에 두고 Yun Ping Road를 따라 길의 끝까지 걸어간 뒤, 오른쪽 5시 방향 좁은 골목으로 진입 → 자딘스크레센트

4 마리메코
Marimekko

핀란드계 인테리어 소품 브랜드로 아기자기한 패턴으로 가득한 패브릭 제품이나 테이블웨어의 종류가 많다. 디자인은 사랑스럽지만 가격이 저렴하지는 않은 편.
⏱ 매일 11:00~20:00

리시어터 정문 앞 교차로에서 Hysan Avenue를 따라 도보 2분 → 리가든 1&2

start ↓
5. MTR 코즈웨이 베이 역 A번 출구
250m, 도보 3분
1. 타임스스퀘어
100m, 도보 1분
2. 리시어터
건물 내 이동, 도보 3분
3. 파라다이스 다이너스티
80m, 도보 1분
4. 마리메코
150m, 도보 2분
5. 리가든 1 & 2
330m, 도보 3분
6. 자딘스크레센트
80m, 도보 3분
뒷장으로 이어짐

5. CAUSEWAY BAY 코즈웨이 베이

뒷장으로 이어짐

5 CAUSEWAY BAY 코즈웨이 베이 [銅鑼灣/통로완]

코스 무작정 따라하기
코즈웨이 베이 쇼퍼홀릭 코스

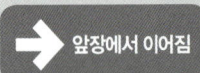
앞장에서 이어짐

7 하이산플레이스
Hysan Place 希慎廣場
헤이싼꽝청

⏰ 매일 10:00~23:00
(매장, 요일에 따라 다름)

하이산플레이스에서 소고백화점 방향으로 길을 건넌 뒤 오른쪽의 Great George Street를 따라 도보 4분 → 이케아

젊은 감각의 패션 브랜드를 비롯해, 대형 서점, 여행자들을 위한 잡화 매장 등이 함께 입점해 있다.

+ PLUS TIP
추천 매장 홍콩 최대 규모의 서점 Eslite(8층~10층), 전통 있는 완탕 전문점 호흥키 콘지 & 누들 완탕 숍(12층) 등이 하이산플레이스 내에 자리잡고 있다.

8 이케아
IKEA

북유럽 인테리어를 대표하는 스웨덴의 디자인 브랜드. 매장이 방대하고 각기 다른 콘셉트에 따라 아기자기하게 꾸며져 있어 구경하는 재미가 쏠쏠하다!

⏰ 매일 11:00~21:00

MTR 코즈웨이 베이 역 E번 출구, 또는 이케아 매장 밖으로 나와 왼편으로 Great George Street를 따라 도보 4분 → 빅토리아 파크

9 빅토리아 파크
Victoria Park 維多利亞公園 와이뚜레이아꽁윤

홍콩 섬 최대의 공원으로 과거에는 이곳이 모두 바다였다다. 황후상 광장에 있던 빅토리아 여왕의 동상을 이곳에서 만날 수 있다. 바다 위에 세운 공원에서 빅토리아 여왕과의 인증 샷을 남겨보자.

⏰ 24시간 개방

빅토리아 파크에서 이케아 방면으로 다시 나와 Gloucester Road를 따라 오른쪽으로, 다시 Kingston Street를 따라 왼쪽으로 도보 총 2분 → 프랑프랑

10 프랑프랑
FRANCFRANC

아기자기하고 화사한 스타일로 여성들에게 특히 많은 지지를 받고 있는 일본계 인테리어 숍. 한국에서는 볼 수 없는 개성 강한 디자인 제품을 득템하자.

⏰ 매일 11:30~21:00

프랑프랑이 위치한 Kingston Street 건너편, 보행자 전용 거리 Houston Street의 안쪽 왼편에 위치. 도보 2분 → 버거룸

232-233

↓ start

앞장에서 이어짐

7. 하이산플레이스

330m, 도보 4분

8. 이케아

60m, 도보 1분

9. 빅토리아 파크

200m, 도보 2분

10. 프랑프랑

130m, 도보 2분

11. 버거룸 / 리틀바오 다이너

110m, 도보 2분

12. 웰컴슈퍼스토어

110m, 도보 2분

F. MTR 코즈웨이 베이 역 1번 출구

5. CAUSEWAY BAY 코즈웨이 베이

F MTR 코즈웨이 베이 역 D1번 출구
MTR Causeway Bay Station
銅鑼灣站 통로완짬

홍콩의 다른 지역으로 이동하려면 다시 MTR 코즈웨이 베이 역으로 돌아와 MTR을 이용하는 것이 가장 빠르고 편리하다.

11-1 버거룸
Burgeroom

● PLUS TIP
추천 메뉴 버거룸 최고의 인기 메뉴
Classic Burger(HK$80)

현지 젊은이들에게 인기가 높은 수제 버거 전문점. 식사 시간 즈음에는 대기 줄이 길게 늘어서기도 한다. 분위기 좋은 테라스도 갖추고 있다.
⏰ 매일 11:00~24:00

Paterson Street를 따라 남쪽(버거룸에서 나와 왼쪽)으로 도보 2분 → 웰컴슈퍼스토어

11-2 리틀바오 다이너
Little Bao Diner

홍콩의 도전적인 여성 셰프 메이 초우가 론칭한 퓨전 버거 전문점. 중국식 빵인 바오를 번 대신 사용하는 여러 종류의 바오 버거를 만나볼 수 있다.
⏰ 매일 12:00~22:00
(금~토요일 ~23:00)

Kingston Street와 Paterson Street를 따라 도보 3분 → 웰컴슈퍼스토어

12 웰컴슈퍼스토어
Wellcome - Causeway Bay Superstore
惠康 와이홍

쇼퍼홀릭 여행의 끝은 대형마트! 홍콩을 대표하는 슈퍼마켓에서 로컬들처럼 쇼핑을 즐기자! 24시간 오픈은 덤!
⏰ 24시간 영업

웰컴슈퍼스토어를 나와 왼쪽으로, 건너편 방향으로 Great George Street를 따라 도보 이동 → 코즈웨이 베이 역

● PLUS TIP
홍콩에만 수백 개의 웰컴슈퍼스토어가 있지만, 이곳 지점이 보기 드물게 규모도 크고 24시간 운영하고 있어 쇼핑에 편리하다는 점을 기억하자!

5 CAUSEWAY BAY 코즈웨이 베이 [銅鑼灣/통로완]

코스 무작정 따라하기
코즈웨이 베이 맛 기행 코스

코즈웨이 베이의 대표 쇼핑몰들과 함께 최근 떠오르고 있는 맛집 거리인 타이항까지 두루 섭렵하는 코스이다. 시원한 쇼핑몰에서 '윈도 쇼핑'을 즐기고, 타이항에서는 달콤한 디저트의 세계에 푹 빠져 보자.

PLUS TIP
추천 매장 레인 크로퍼더(G층~1층), 시티슈퍼(B1층) 등의 쇼핑 매장과 함께, 레이가든(10층)과 같은 추천 맛집들이 즐비하다.

1 타임스스퀘어 홍콩
Times Square Hong Kong 時代廣場 싸이 떠이 펑청

쇼핑몰의 넓은 광장에서는 늘 다양한 이벤트가 펼쳐져 굳이 쇼핑을 하지 않더라도 둘러보는 재미가 넘친다. 한껏 멋을 부린 홍콩의 젊은이들을 구경하는 재미도 쏠쏠하다.
🕐 매일 10:00~23:00 (매장에 따라 다름)

타임스스퀘어를 나와 광장을 등지고 뒤편으로 이어지는 통로로 나온 뒤, 바로 앞 작은 사거리에서 9시 방향으로 Sharp Street East를 따라 도보 1분 → 리시어터

2 리시어터
Lee Theater 利舞臺 레이모우터이

홍콩에서도 가장 규모가 큰 편인 유니클로를 만나 보자. 규모가 큰 만큼 상품의 종류도 많고 디스플레이도 재미있다.
🕐 매일 10:00~23:00 (매장, 요일에 따라 다름)

리시어터 정문 앞 교차로에서 Hysan Avenue를 따라 도보 2분 → 리가든 1 & 2

3 리가든 1 & 2
Lee Garden 1 & 2 利園 레이윤

쇼핑몰 곳곳에 고급스러운 디저트 카페가 자리잡고 있다. 지하의 라메종뒤쇼콜라(La Maison du Chocolat)는 짙은 맛과 향의 초콜릿으로 유명하다. 깊은 달콤함으로 여행의 피로를 날려 보자.
🕐 매일 10:00~23:00 (매장, 요일에 따라 다름)

Yun Ping Road를 따라 언덕 아래쪽으로 도보 3분. 또는 MTR 코즈웨이 베이 역 F1번 출구에서 연결 → 하이산플레이스

4 하이산플레이스
Hysan Place 希慎廣場 헤이싼꽝청

젊은 감각의 패션 브랜드 매장과 함께 저렴한 푸드코트와 대형 서점이 자리해 있어 쇼핑에 관심 없는 여행자들도 잠시 들러 쉬어 가기 좋다.
🕐 매일 10:00~23:00 (매장, 요일에 따라 다름)

건물 내 이동 → 호흥키 콘지 & 누들 완탕 숍

5 호흥키 콘지 & 누들 완탕 숍
Ho Hung Kee Congee & Noodle Wantun Shop 何洪記허홍께이

홍콩에서 가장 부담 없이 만나볼 수 있는 미슐랭 레스토랑 중 한 곳이다. 하이산플레이스 쇼핑몰 내에 위치해 있다. 미슐랭 1스타에 빛나는 완탕면을 맛 보자.
🕐 매일 11:00~22:00

MTR 코즈웨이 베이 역 E번 출구, 또는 Great George Street를 따라 도보 4분 → 빅토리아 파크

6 빅토리아 파크
Victoria Park 維多利亞公園 와이떠레이아꽁윤

이른 새벽 태극권을 즐기는 사람들과 일요일 오후 공원을 메운 인도네시아 가정부들. 빅토리아 파크의 일상 풍경도 눈여겨보자.
🕐 24시간 개방

빅토리아 파크 앞 Causeway Road 건너편에 위치. 도보 1분 → 홍콩중앙도서관

234-235

start

S.	MTR 코즈웨이 베이 역 A번 출구
	250m, 도보 3분
1.	타임스스퀘어 홍콩
	100m, 도보 1분
2.	리시어터
	150m, 도보 2분
3.	리가든 1 & 2
	180m, 도보 3분
4.	하이산플레이스
	건물 내 이동, 도보 1분
5.	호홍키 콘지 & 누들 완탕 숍
	390m, 도보 4분
6.	빅토리아 파크
	100m, 도보 1분
7.	홍콩중앙도서관
	420m, 도보 5분
8.	타이항
	450m, 도보 5분
F.	MTR 틴하우 역 B번 출구

5. CAUSEWAY BAY 코즈웨이 베이

Start

S — MTR 코즈웨이 베이 역 A번 출구
MTR Causeway Bay Station
銅鑼灣站 통로완짬

MTR A번 출구는 타임스스퀘어 광장이나 쇼핑몰 내부로 바로 연결된다.

MTR 코즈웨이 베이 역 A번 출구에서 바로 연결 → 타임스스퀘어 홍콩

---

7 — 홍콩중앙도서관
Hong Kong Central Library 香港中央圖書館
헝꽁쯩영토쒸꾼

빅토리아 공원 맞은편의 홍콩 최대 규모의 도서관. 무료 와이파이, 인터넷 코너 등을 운영하고 있으니 잠시 쉬면서 여행 정보를 검색해도 좋다.

⏰ 매일 10:00(수요일 13:00)~21:00, 공휴일 10:00~19:00

홍콩중앙도서관을 나와 왼편으로 이어지는 Moreton Terrace, Tung Lo Wan Road를 따라 걷다가 버스 종점을 지나 걷는 방향의 우측에 위치.
도보 5분 → 타이항

---

8 — 타이항
Tai Hang 大坑 따이항

코즈웨이 베이의 숨은 맛집 골목으로 주목받고 있는 곳. 개성 넘치는 레스토랑과 함께 카페와 디저트 숍들이 즐비하다. 가볍게 산책 삼아 찾아가 보기에도 좋다.

⏰ 각 레스토랑, 숍별로 다름

타이항 초입의 Tung Lo Wan Road로 다시 나와 오른쪽 방향으로 길이 끝나는 지점까지 도보 이동 → MTR 틴하우 역 B번 출구

F — MTR 틴하우 역 B번 출구
MTR Tin Hau Station
天后站 틴하우짬

타이항에서 여행을 마친 뒤 홍콩의 다른 지역으로 이동하려면 다시 MTR 틴하우 역으로 돌아와 MTR을 이용하는 것이 가장 빠르고 편리하다.

finish

5 CAUSEWAY BAY 코즈웨이 베이 [銅鑼灣/통로완]

코스 무작정 따라하기
코즈웨이 베이 히스토릭 코스

화려한 쇼핑몰만이 코즈웨이 베이의 전부는 아니다. 한적한 어촌의 흔적이 남아 있는 삼판선들의 고향 타이푼 셸터부터 옛 영국 제국주의의 흔적이 고스란히 남은 유적지들까지. 코즈웨이 베이에 숨겨진 홍콩의 역사를 찾아가 보자.

● PLUS TIP
추천 메뉴 든든한 한끼 식사로 충분한
All Day Menu(HK$28~78)

Start
S MTR 코즈웨이 베이 역 D1번 출구
MTR Causeway Bay Station
銅鑼灣站 통로완짬

MTR 코즈웨이 베이 역 D1번 출구는 소고백화점 뒤편 Lockhart Road 쪽으로 이어진다. 왼쪽으로 방향을 잡자.

MTR 코즈웨이 베이 역 D1번 출구로 나와 Lockhart Road에서 왼쪽으로, 삼거리에서 Cannon Street를 따라 다시 오른쪽으로 도보 2분 → 18 그램스

1h
1 18 그램스
18 Grams

홈메이드 스타일의 로컬 카페 브랜드. 아기자기하고 아늑한 카페에서 진한 커피와 함께 든든한 브런치를 즐겨보자.
⏰ 매일 08:30~20:30

18 그램스에서 왼편으로 걸어와 Gloucester Road에서 다시 우회전. 약 30m 정도 걷다가 반사유리로 된 World Trade Centre가 나오면 오른쪽 골목으로 들어간다. 건물의 부속 문으로 들어가면 지하도로 연결되는데, 반대편 출구로 나가면 바로 눈 데이 건 → 눈 데이 건

20min
2 눈 데이 건
Noon Day Gun
午砲 음파우

160년 동안 하루도 빠짐없이 '정오의 포'를 쏘아온 곳. 옛 영국의 흔적 위에 오늘날 중국의 모습까지 덧칠해진 눈 데이 건에서 인증 샷을 남겨보자.
⏰ 포대 개방 : 매일 12:00~12:20

눈 데이 건에서 해변을 따라 도보 2분 → 코즈웨이 베이 타이푼 셸터

10min
3 코즈웨이 베이 타이푼 셸터
Causeway Bay Typhoon Shelter 避風塘 베이펑텅

과거 삼판선들이 태풍을 피해 정박하던 곳. 오늘날에는 낡은 삼판선과 초호화 요트를 함께 볼 수도 있다. 특별한 볼거리는 없으니 과감히 건너 뛰어도 좋다.

코즈웨이 베이 타이푼 셸터에서 슈키 타이푼 셸터 레스토랑 앞의 육교를 통해 도로를 건너 공원으로 진입 → 빅토리아 파크

30min
4 빅토리아 파크
Victoria Park
維多利亞公園 와이퉈레이공윤

현재 공원의 자리는 옛 코즈웨이 베이 타이푼 셸터가 자리 잡았던 빅토리아 하버의 바다 였다는 놀라운 사실! 일상의 여유로움이 넘치는 공원 한가운데에서, 한때는 바다였던 옛 모습을 상상해 보자.
⏰ 24시간 개방

빅토리아 파크 앞 트램 정류장에서 해피밸리 행 트램을 타고 종점 하차. 정류장 바로 뒤쪽의 Sing Woo Road와 Yik Yam Street를 따라 도보 3분 → 더커피아카데믹스

1h
5 더커피아카데믹스
The Coffee Academics

홍콩에서 가장 근사하고 평이 좋은 로컬 커피 브랜드 중 하나. 더커피아카데믹스의 깊고 진한 커피를 맛보자.
⏰ 매일 08:00~18:00

다시 트램 종점으로 돌아와 진행 방향으로 도보 이동. 관람석 아래층에 위치, 도보 14분 → 홍콩경마박물관

30min
6 홍콩경마박물관
The Hong Kong Racing Museum 香港賽馬博物館 항꽁초이마뽁맛꾼

세계적으로 유명한 홍콩 경마의 역사를 전시하고 있다. 전시관 내에서 해피밸리 경마장의 탁 트인 모습을 내다볼 수 있다.
⏰ 매일 12:00~19:00
(야간 경기 시 ~21:00)

경마장 관람석 옆 길을 따라 왔던 길을 되돌아 간 뒤 정문을 통해 그라운드로 진입 → 해피밸리 경마장

1h
7 해피밸리 경마장
Happy Valley Racecourse 跑馬地馬場 파우마떼이마청

170년 홍콩 경마 역사의 모든 것이라 할 수 있는 곳. 야간 경마와 함께 '해피 웬즈데이'라는 이름의 흥겨운 파티가 개최되는 수요일 밤에는 이곳으로 향해 보자. 경마장에서의 독특한 파티가 당신을 기다린다.
⏰ 수요일 17:15~23:00
(레이스는 19:15~)
💲 입장료 HK$10

해피밸리 트램 종점에서 Sau Kei Wan 행 트램을 타고 이동 → MTR 코즈웨이 베이 역 B번 출구

236-237

↓ **start**

S.	MTR 코즈웨이 베이 역 D번 출구
	180m, 도보 2분
1.	18 그램스
	160m, 도보 2분
2.	눈 데이 건
	130m, 도보 2분
3.	코즈웨이 베이 타이푼 셸터
	260m, 도보 3분
4.	빅토리아 파크
	트램 17분+200m, 도보 3분
5.	더커피아카데믹스
	1000m, 도보 14분
6.	홍콩경마박물관
	280m, 도보 4분
7.	해피밸리 경마장
	470m, 도보 5분+트램 7분
F.	MTR 코즈웨이 베이 역 B번 출구

5. CAUSEWAY BAY 코즈웨이 베이

F MTR 코즈웨이 베이 역 B번 출구
MTR Causeway Bay Station
銅鑼灣站 통로완짬

완차이나 센트럴, 성완 방면으로 이동할 예정이라면 Kennedy Town이나 Western Market행 트램을 이용해 바로 이동하는 것도 가능하다.

5 CAUSEWAY BAY 코즈웨이 베이 [銅鑼灣/통로완]

TRAVEL INFO
코즈웨이 베이 핵심 여행 정보

◎ SIGHTSEEING

No. 1 빅토리아 파크
★★★★ Victoria Park [維多利亞公園 와이떠레이아꽁윤]

빅토리아 여왕의 이름을 딴 홍콩 섬 최대의 공원. 공원이 위치한 자리는 과거 삼판선들이 태풍을 피해 모이던 코즈웨이 베이 타이푼 셸터(Causeway Bay Typhoon Shelter)가 있던 곳이었는데, 이후 대규모 간척 사업의 결과로 공원이 만들어 졌다고. 빅토리아 공원의 '주인'인 여왕의 동상이 이곳에 자리잡은 것은 1952년. 이전까지는 센트럴의 황후상 광장이 그녀의 주소였다. 매주 일요일 이곳은 인도네시아 출신 가정부들의 '메카'가 된다. 색색의 전통 의상을 입은 인도네시아인들이 모여 노래를 부르고, 그 노래에 따라 춤을 추며, 먹고 마시는 모습을 마주할 수 있다. 다소 생소한 풍경이지만, 그 모습은 있는 그대로 오늘날 홍콩의 단면을 보여준다.

◎ MAP P.226B
◎ 찾아가기 MTR 코즈웨이 베이 역 E번 출구로 나와 왼쪽 방향으로 직진. 도보 3분 ◎ 주소 1 Hing Fat St, Causeway Bay ◎ 전화 2890-5824 ◎ 시간 24시간 개방 ◎ 홈페이지 www.lcsd.gov.hk/en/parks/vp/index.html

No. 2 타이항
★★★ Tai Hang [大坑 따이항]

최근 소박한 레스토랑과 카페, 숍들이 하나둘 자리잡으면서 새롭게 부각되고 있는 코즈웨이 베이의 맛집 거리이다. 얼마 전까지만 해도 택시와 오토바이 정비소가 즐비했던 곳. 그렇기에 꾸며지지 않은 홍콩만의 거리 풍경을 마주할 수 있는 곳이기도 하다. 푸딩이나 아이스크림과 같은 디저트 맛집이 많은 편. 타이항의 추천 맛집, 숍 정보는 ZOOM IN 참고.

◎ MAP P.226D ◎ 찾아가기 MTR 틴하우 역 B번 출구 건너편의 Tung Lo Wan Road를 따라 도보 6분 ◎ 주소 Tung Lo Wan Rd, Causeway Bay ◎ 시간 각 레스토랑, 숍별로 다름 ◎ 휴무 각 레스토랑, 숍별로 다름

No. 3 눈 데이 건
★★★ Noon Day Gun [午砲 음파우]

영국의 영향력을 각인시키는 곳으로 '정오의 포'라는 이름처럼 160년 동안 매일 포를 쏘아 왔다. 당시의 거부 자딘 매드슨의 홍콩 입항을 축하하기 위해 포를 쏘았는데, 신임 해군 제독이 이에 놀라는 일이 벌어져 그 벌로 매일 포를 쏘게 해 그 전통이 현재까지 유지되고 있는 것. 발포 직후부터 20분 간 포대 주변을 개방한다.

◎ MAP P.227B ◎ 찾아가기 MTR 코즈웨이 베이 역 D1번 출구. Cannon Street, Gloucester Road를 따라 걷다가 World Trade Centre 옆 지하 통로 이용. 도보 4분 ◎ 주소 Gloucester Rd, Causeway Bay ◎ 전화 2508-1234 ◎ 시간 포대 개방 : 매일 12:00~12:20 ◎ 휴무 부정기적

No. 4 해피밸리 경마장
★★★ Happy Valley Racecourse [跑馬地馬場 파우마떼이마청]

1845년에 조성된 홍콩 경마 역사의 산 증인. 현재는 수요일 야간 레이스가 주로 열린다. 흥겨운 밤 분위기를 즐기고 싶다면, '해피 웬즈데이'(Happy Wednesday)'를 기억하자. 뮤지션들의 디제잉과 함께 스탠딩 파티가 열린다. 비어가든과 BBQ 부스 등이 설치되어 흥겨운 나이트 라이프를 즐기기 좋다.

◎ MAP P.226E ◎ 찾아가기 해피밸리 행 트램 종점 하차. 트램이 진행하던 방향으로 도보 5분 ◎ 주소 Happy Valley Racecourse, Wong Nai Chung Rd, Causeway Bay ◎ 시간 수요일 17:15~23:00(레이스는 19:15~) ◎ 휴무 부정기적 ◎ 가격 입장료 HK$10(옥토퍼스 카드 이용 가능) ◎ 홈페이지 www.hkjc.com

№.5 홍콩중앙도서관
★★ Hong Kong Central Library
[香港中央圖書館 향꽁쯍영토쉬꾼]

빅토리아 공원 맞은편에 있는 홍콩 최대 규모의 도서관. 무료 와이파이와 인터넷 사용이 가능해 여행자들에게도 많은 편리함을 선사한다. 위층으로 올라가면 멋스런 전면 창이 있는 휴식 공간이 나온다. 도서관이니만큼, 항상 정숙함을 유지하자.

ⓞ MAP P.226D ⓖ 찾아가기 MTR 틴하우 역 B번 출구로 나온 방향 그대로 도보 5분. 길 건너 왼쪽에 위치 ⓐ 주소 66 Causeway Rd, Causeway Bay ⓣ 전화 2921-0208 ⓢ 시간 10:00(수요일 13:00)~21:00, 공휴일 10:00~19:00 ⓗ 휴무 부정기적 ⓦ 홈페이지 www.hkpl.gov.hk

№.6 틴하우사원
★★ Tin Hau Temple
[天后廟 틴하우미우]

바다의 신으로 여겨지는 틴하우를 모신 도교 사원. 해안으로부터 멀리 떨어져 있는 점이 조금 의아하겠지만, 대규모 간척 사업이 있기 전까지는 이곳 바로 앞이 바다였다고. 18세기 초반에 지어져 이미 수백 년의 역사를 간직한 곳으로, 규모는 작지만 중국 특유의 장식적인 건축 양식을 볼 수 있는 소중한 곳이다.

ⓞ MAP P.226B ⓖ 찾아가기 MTR 틴하우 역 B번 출구로 나와 길을 건넌 후, Tin Hau Temple Road 언덕길을 따라 도보 4분 ⓐ 주소 10 Tin Hau Temple Rd, Causeway Bay ⓢ 시간 매일 07:00~17:00 ⓗ 휴무 부정기적 ⓢ 가격 무료입장

№.7 홍콩경마박물관
★ The Hong Kong Racing Museum
[香港賽馬博物館 향껑초이마빡맛꾼]

해피밸리 경마장에 위치한 경마 박물관. 세계적으로도 수준이 높은 홍콩 경마의 역사에 대해 전시하고 있다. 전시관의 규모도 작고 전시의 내용도 풍부하지는 않은 편이지만, 세월의 때가 켜켜이 묻은 옛 트로피나 마권 등은 보는 재미가 쏠쏠하다.

ⓞ MAP P.226C ⓖ 찾아가기 해피밸리행 트램 종점 하차, 트램이 진행하던 방향으로 도보 9분 ⓐ 주소 2/F, Happy Valley Racecourse, Wong Nai Chung Rd, Causeway Bay ⓣ 전화 2966-8065 ⓢ 시간 매일 12:00~19:00(야간 경기 시 ~21:00) ⓗ 휴무 구정연휴 ⓢ 가격 무료입장 ⓦ 홈페이지 corporate.hkjc.com/corporate/english/history-and-reports/the-hong-kong-racing-museum.aspx

🍴 EATING

№.1 호흥키 콘지 & 누들 완탕 숍
★★★★ Ho Hung Kee Congee & Noodle Wantun Shop [何洪記 허홍께이]

House Specialty Wonton Noodles in Soup(HK$50~78+10%)

Shrimp Dumplings (HK$55+10%)

1946년에 문을 연 콘지(죽)와 완탕의 명가. 깔끔하고 진한 국물과 툭 터지는 완탕의 조화가 일품이다. 완탕 전문점답게 새우가 들어간 딤섬도 수준급! 14째째 이어진 미슐랭 1스타의 명성과는 달리 '착한' 가격이 이곳의 자랑이라고. 로컬들에게도 인기가 많은 곳이라 점심과 저녁 시간에는 붐빌 수 있으니 이 시간은 피하도록 하자.

ⓞ MAP P.227D ⓖ 찾아가기 MTR 코즈웨이 베이 역 F번 출구 하이산플레이스 12층에 위치 ⓐ 주소 Shop 1204-1205, 12/F, Hysan Place, 500 Hennessy Rd, Causeway Bay ⓣ 전화 2577-6060 ⓢ 시간 매일 11:00~22:00 ⓗ 휴무 연중무휴 ⓢ 가격 예산 HK$50~100

№.2 파라다이스 다이너스티
★★★★ Paradise Dynasty
[樂天皇朝 록탄웡지우]

Signature Dynasty Xiao Long Bao, 皇朝小籠包, HK$142+10%

싱가포르에서 시작된 상하이 레스토랑으로 리시어터 내에 위치하고 있다. 푸아그라, 송로버섯 등 다양한 맛을 한꺼번에 즐길 수 있는 색색의 시그니처 다이너스티 샤오롱바오는 절대 놓쳐서는 안될 추천 메뉴! 무지개색 매력에 폭 빠져보자.

ⓑ INFO P.98 ⓞ MAP P.227D ⓖ 찾아가기 MTR 코즈웨이 베이 역 A번 출구로 나와 타임스 스퀘어 뒤쪽 사거리에서 왼쪽으로 도보 2분, 리시어터 6층에 위치 ⓐ 주소 6/F, Lee Theatre, 99 Percival St, Causeway Bay ⓣ 전화 2177-0903 ⓢ 시간 매일 11:30~22:30 ⓗ 휴무 연중휴무 ⓢ 가격 예산 HK$150~

5 CAUSEWAY BAY 코즈웨이 베이 [銅鑼灣/통로완]

№. 3 리틀바오 다이너
★★★★ Little Bao Diner

Pork Belly Bao HK$98+10%

도전적인 여성 셰프 메이 초우의 퓨전 버거 전문점. PMQ와 인접한 센트럴 매장에 이어 두 번째로 문을 열었다. 중국식 빵인 '바오'를 번으로 사용한 바오 버거가 시그니처 메뉴. 그 중 대표격인 Pork Belly Bao는 동파육의 부드러움과 깊은 맛을 현대적으로 재해석한 것.

◉ MAP P.227B ◉ 찾아가기 MTR 코즈웨이 베이 역 E번 출구에서 빅토리아 파크 앞까지 도보 2분, 삼거리에서 좌측 방향 ◉ 주소 Shop H1, G/F, 9 Kingston St, Gloucester Rd, Causeway Bay ◉ 전화 2555-0600 ◉ 시간 매일 12:00~22:00(금~토요일 ~23:00) ◉ 휴무 부정기적 ◉ 가격 바오 HK$98~128+10% ◉ 홈페이지 www.little-bao.com

№. 4 더커피아카데믹스
★★★★ The Coffee Academics

홍콩을 대표하는 로컬 스페셜티 커피 브랜드, 카페로 들어서면 실험실에 들어온 듯한 착각이 드는데, 로스팅과 브루잉을 위한 온갖 장치가 카페를 가득 채우고 있기 때문. 커피 자체의 맛과 향이 좋으니 과감히 에스프레소나 롱고를 선택하거나, 이곳만의 실험적인 시그니처 커피 메뉴에 도전해 보자.

◉ MAP P.226E ◉ 찾아가기 해피밸리행 트램 종점 하차, 뒤쪽 Sing Woo Road를 따라 걷다가 삼거리에서 Yik Yam Street로 진입, 도보 총 3분 ◉ 주소 17 Yik Yam St, Happy Valley, Causeway Bay ◉ 전화 2985-5799 ◉ 시간 매일 08:00~18:00 ◉ 휴무 연중무휴 ◉ 가격 에스프레소 HK$32~, 콜드브루 HK$42~, 올데이브렉퍼스트 HK$108~
◉ 홈페이지 www.the-coffeeacademics.com

№. 5 버거룸
★★★ Burgeroom

코즈웨이 베이의 인기 있는 수제 버거 전문점. 가장 일반적인 클래식 버거(HK$80)부터 푸아그라 크랩버거(HK$268)까지 수십 종의 버거 메뉴에 피클이나 치즈, 베이컨 등의 토핑을 내키는 대로 추가(HK$10~)할 수도 있다. 주변으로 여러 레스토랑의 테라스가 이어져 있어 늘 활기가 넘친다. 저녁 시간이라면 외부 테이블에 자리를 잡고 버거와 맥주 한 잔하기에 더없이 좋다.

◉ MAP P.227B ◉ 찾아가기 MTR 코즈웨이베이 역 E번 출구에서 왼쪽 방향. Paterson Street, Kingston Street, Houston Street를 따라 도보 이동 ◉ 주소 Shop D, G/F, 50-56 Paterson St, Causeway Bay ◉ 전화 2890-9130 ◉ 시간 매일 11:00~24:00 ◉ 휴무 연중무휴 ◉ 가격 예산 HK$100~150 ◉ 홈페이지 www.burgeroom.com

№. 6 하비투 테이블
★★★★ HABITU Table

홍콩 로컬 카페 브랜드 하비투가 론칭해 운영하는 캐주얼 레스토랑으로, 홍콩의 교보문고라 할 수 있는 Eslite 서점 내에 자리잡고 있다. 다양한 알라카르테(단품 메뉴)부터 티 세트와 커피까지 만나볼 수 있는데, 스타터와 메인, 디저트와 음료로 구성된 세트 런치 메뉴의 가성비가 훌륭하다.

◉ MAP P.227D ◉ 찾아가기 MTR 코즈웨이 베이 역 F2번 출구에서 바로 연결되는 하이산 플레이스 8층 Eslite 서점 내에 위치 ◉ 주소 L804, 8/F, Hysan Place, 500 Hennessy Rd, Causeway Bay ◉ 전화 3543-1313 ◉ 시간 매일 11:00~22:00(라스트오더 21:30) ◉ 휴무 현재 휴업 중 ◉ 가격 시그니처 카페 HK$56~58, 올데이 브렉퍼스트 HK$168 ◉ 홈페이지 www.habitu.com.hk

№.7 18 그램스
★★★ 18 Grams

홈메이드 스타일의 로컬 카페 브랜드. 작고 소박하며 자칫 허름해보이기까지 하지만 얕보지 마시라. 오직 커피의 훌륭함만으로 홍콩 각지에 크고 작은 매장을 내고 10년이 넘도록 사랑받아온 곳이니까. 테이블 서너 개 뿐인 작은 매장이라 종종 합석도 필요하지만 개의치 말고, 매일 직접 로스팅하는 18 그램스의 커피와 함께 든든한 브런치 메뉴를 만끽해 보자.

◉ MAP P.227B ◎ 찾아가기 MTR 코즈웨이베이 역 D1번 출구로 나와 Lockhart Road에서 왼쪽으로, 삼거리에서 Cannon Street를 따라 다시 오른쪽으로 도보 2분 ◎ 주소 G/F, 15 Cannon St, Causeway Bay ◎ 전화 9454-0353 ◎ 시간 매일 08:00~18:00(금·일요일 ~20:00) ◎ 휴무 연중무휴 ◎ 가격 커피 HK$32~, 올데이 메뉴 HK$28~78 ◎ 홈페이지 www.coffeeroasterylab.com

№.8 타이거 슈거
★★★ Tiger Sugar
[老虎堂黑糖專売 라오푸텅학텅쭌마이]

대만으로부터 시작해 동남아 전체를 강타하고 있는 블랙 밀크티. 타피오카가 들어간 보통의 밀크티에 브라운 슈거와 크림 무스가 더해져 강렬하면서도 부드러운 맛이 일품이다. 짙은 갈색의 슈거 시럽이 녹아내리는 모습이 참으로 매력적이다.

◉ MAP P.227D ◎ 찾아가기 MTR 코즈웨이베이 역 F2번 출구로 나와 오른쪽으로 도보 2분 ◎ 주소 G/F, 36 Jardine's Bazaar, Causeway Bay ◎ 전화 2614-1717 ◎ 시간 매일 11:00~22:00 ◎ 휴무 부정기적 ◎ 가격 음료 HK$22~ ◎ 홈페이지 https://hongkong-macau.tigersugar.com

Brown Sugar Boba Milk with Cream Mousse(HK$32)

№.9 페퍼런치
★★★ Pepper Lunch

Australian Striploin Steak HK$138

지글거리는 철판 위에 서빙되는 풍성한 스테이크가 유명한 패스트푸드 스테이크 전문점으로, 1994년 도쿄를 시작으로 지금은 홍콩과 마카오는 물론 미국과 호주 등지까지 매장을 둔 글로벌 맛집이기도 하다. 하이산플레이스 푸드코트의 Kitchen Eleven 내에 위치해 있어서 쇼핑 중 찾아가기 좋다. 기본 스테이크는 물론 야키니쿠나 햄버그 스테이크 등을 메인으로 선택할 수 있고 커리나 가니시 등을 추가할 수 있다.

◉ MAP P.227D ◎ 찾아가기 MTR 코즈웨이베이 역 F2번 출구로 바로 연결되는 하이산플레이스 11층 푸드코트 내에 위치 ◎ 주소 Shop 1103, 11/F, Hysan Place, 500 Hennessy Rd, Causeway Bay ◎ 전화 2259-5159 ◎ 시간 매일 11:00~21:30(라스트오더 21:00) ◎ 휴무 부정기적 ◎ 가격 철판 디럭스 콤보 HK$65~89 ◎ 홈페이지 https://pepperlunch.com.hk

№.10 남기국수
★★ Nam Kee Spring Roll Noodle
[南記粉麵 남께이판민]

1970년대부터 골목마다 손수레를 끌고 다니며 즉석에서 끓인 국수로 사랑 받아온 홍콩식 쌀국수 전문점이다. 다양한 토핑을 얹은 맑은 국물의 쌀국수는 가벼운 한끼 식사로도 모자람이 없다고. 홍콩 내에만 서른 곳에 가까운 지점을 두고 있다.

◉ MAP P.227D ◎ 찾아가기 MTR 코즈웨이 베이 역 F1번 출구로 나와 Yee Woo Street를 따라 100m 지점 ◎ 주소 B1/F, Causeway Bay Centre, 15-23 Sugar St Causeway Bay ◎ 전화 2576-3721 ◎ 시간 매일 07:30~22:00 ◎ 휴무 연중무휴 ◎ 가격 국수 HK$38~ ◎ 홈페이지 www.namkee.hk

5 CAUSEWAY BAY 코즈웨이 베이 [銅鑼灣/통로완]

🛍 SHOPPING

№.1 타임스스퀘어 홍콩
★★★★ Times Square Hong Kong
[時代廣場 싸따이꽹청]

쇼핑몰이 즐비한 코즈웨이 베이에서도 가장 규모가 큰 쇼핑몰. Lane Crawford(2층)와 City'super(B1층) 등이 입점해 있으며, 다양한 명품 브랜드와 캐주얼 브랜드가 함께 입점해 있어 늘 쇼핑족들로 붐빈다. 광장에서는 다채로운 이벤트가 펼쳐지며, 식당가에는 다양한 레스토랑이 있어, 식사만을 위해 방문하는 것도 좋다.

◎ MAP P.227E ◎ 찾아가기 MTR 코즈웨이 베이 역 A번 출구에서 바로 연결 ◎ 주소 1 Matheson St, Causeway Bay ◎ 전화 2118-8900 ◎ 시간 매일 10:00~23:00(매장에 따라 다름) ◎ 휴무 연중무휴 ◎ 홈페이지 www.timessquare.com.hk

№.2 하이산플레이스
★★★★ Hysan Place
[希慎廣場 헤이싼꽹청]

2012년 문을 연 젊은 감각의 대형 쇼핑몰. 여행자들을 위한 아이템을 모아둔 DFS 홍콩, 옛 T Galleria(G층)와, 홍콩 최대 규모의 서점인 Eslite(8층~10층)을 둘러보자. 푸드코트인 KITCHEN Eleven(11층), 호흥키 콘지 & 누들 완탕 숍(12층)도 자리잡고 있어 배고픈 여행자들에게 안식처가 되어 주기도 한다.

◎ MAP P.227D ◎ 찾아가기 MTR 코즈웨이 베이 역 F번 출구에서 연결 ◎ 주소 500 Hennessy Rd, Causeway Bay ◎ 전화 2886-7222 ◎ 시간 매일 10:00~23:00(매장, 요일에 따라 다름) ◎ 휴무 연중무휴 ◎ 홈페이지 www.leegardens.com.hk

№.3 이케아
★★★ IKEA

북유럽 인테리어의 대표 주자 이케아. 한국 내 매장이 론칭하며 홍콩 이케아 쇼핑의 메리트가 줄어들기는 했지만, 구경 삼아 잠시 들르는 것도 좋다. 가구와 조명기구, 침구와 식기, 문구와 완구 등 그 종류마다 나열하는 것도 어려울 만큼 압도적으로 방대한 컬렉션을 자랑한다. 이케아만의 아기자기한 디스플레이를 구경하는 재미도 크다.

◎ MAP P.227B ◎ 찾아가기 MTR 코즈웨이 베이 역 E번 출구로 나와 왼쪽 방향으로 도보 2분 ◎ 주소 UB, Parklane Hotel, 310 Gloucester Rd, Causeway Bay ◎ 전화 3125-0888 ◎ 시간 매일 11:00~21:00 ◎ 휴무 연중무휴 ◎ 홈페이지 www.ikea.com.hk

№.4 마리메코
★★★ Marimekko

이케아와 더불어 북유럽 디자인의 또 다른 강자로 꼽히는 핀란드의 마리메코. 낙서를 해 놓은 듯 장난기 넘치는 패턴의 식기나 도자기 제품이 특히 유명하다. 벽면을 가득 채운 패브릭 제품들은 사랑스럽기까지 할 정도. 엘리먼츠몰 등에도 매장을 두고 있다.

◎ MAP P.227F ◎ 찾아가기 MTR 코즈웨이 베이 역 A번 출구로 나와 타임스스퀘어 뒤쪽 사거리에서 왼쪽으로 도보 2분. 리시어터 맞은편 Leighton Rd 오른편에 위치. 도보 3분 ◎ 주소 42-52 Leighton Rd, Causeway Bay ◎ 전화 2203-4218 ◎ 시간 매일 11:00~20:00 ◎ 휴무 연중무휴 ◎ 홈페이지 www.sidefame.com.hk/categories/marimekko-1

№.5 홈리스
★★ Homeless

G.O.D, KAPOK 등과 더불어 홍콩만의 도시적 감각을 디자인으로 풀어낸 로컬 디자인 숍이다. 이곳 매장과 홍콩국제공항 매장을 더불어 6곳에서 홈리스의 디자인을 만나볼 수 있다. 인테리어 소품이나 가구 등 덩치가 큰 제품들이 많지만, 키링이나 액세서리, 데스크웨어 등 기념품으로 구입할 만한 아기자기한 제품들도 다양하게 만나볼 수 있다.

◎ MAP P.227F ◎ 찾아가기 MTR 코즈웨이 베이 역 F1번 출구에서 Yun Ping Road, Hysan Avenue를 따라 도보 3분 ◎ 주소 Shop 111, 1/F, Lee Garden Three, 10 Hysan Ave, Causeway Bay ◎ 전화 3620-3675 ◎ 시간 매일 11:00~20:00 ◎ 휴무 부정기적 ◎ 홈페이지 www.homeless.hk

№.6 리시어터
★★ Lee Theater
[利舞臺 레이모우터이]

코즈웨이 베이를 주름잡는 리가든 계열의 쇼핑몰. 명품 위주의 리가든과 달리 상대적으로 젊은 감각의 캐주얼 브랜드 매장들이 많이 입점해 있다. 일본 브랜드인 Muji(3~4층)와 유니클로(B2~G층)는 홍콩에서도 규모가 큰 편. 한식은 물론 일식과 동남아에 이르기까지 다양한 종류의 맛집도 두루 갖추고 있다.

◉ MAP P.227D ◉ 찾아가기 MTR 코즈웨이 베이 역 A번 출구로 나와 타임스스퀘어 뒤쪽 사거리에서 왼쪽으로 도보 2분 ◉ 주소 99 Percival St, Causeway Bay ◉ 전화 2886-7302 ◉ 시간 매일 10:00~23:00(매장, 요일에 따라 다름) ◉ 휴무 연중무휴 ◉ 홈페이지 www.leegardens.com.hk

№.7 리가든 1 & 2
★★ Lee Garden 1 & 2
[利園 레이윤]

홍콩을 대표하는 명품 쇼핑몰. 비교적 규모는 작지만 대부분 명품 브랜드가 입점해, 이를 타깃으로 하는 여행자들에게는 오히려 편하게 쇼핑할 수 있는 장점이 있다. 리가든 2의 명품 키즈 매장도 주목하자.

◉ MAP P.227B ◉ 찾아가기 MTR 코즈웨이 베이 역 F1번 출구로 나와 오른쪽의 Yun Ping Road를 따라 도보 2분 ◉ 주소 리가든 1 : 33 Hysan Av, Causeway Bay, 리가든 2 : 28 Yun Ping Rd, Causeway Bay ◉ 전화 2907-5227 ◉ 시간 매일 10:00~23:00(매장, 요일에 따라 다름) ◉ 휴무 연중무휴 ◉ 홈페이지 www.leegardens.com.hk

№.8 프랑프랑
★★ FRANCFRANC

아기자기하고 화사한 스타일의 일본계 인테리어 숍. 규모도 작고 취급 품목 또한 적지만, 개성 강하고 톡톡 튀는 제품들이 많은 것이 프랑프랑의 장점이다. 여성스러움이 묻어나는 테이블웨어나 퍼퓸 제품들이 특히 인기가 높다.

◉ MAP P.227B ◉ 찾아가기 MTR 코즈웨이 베이 역 E번 출구, Paterson Street, Kingston Street를 따라 도보 4분 ◉ 주소 Shop B, G/F-1/F, Fashion Walk, 8 Kingston St, Causeway Bay ◉ 전화 3583-2528 ◉ 시간 매일 11:30~21:00 ◉ 휴무 구정연휴 ◉ 홈페이지 hk.francfranc.net

№.9 웰컴슈퍼스토어
★★ Wellcome - Causeway Bay Superstore
[惠康 와이홍]

Jardine Matheson이 운영하는 홍콩의 대표 슈퍼마켓. 홍콩, 필리핀, 대만 등지에 250개 이상의 매장을 둔 초대형 슈퍼마켓 브랜드이다. 홍콩의 수많은 매장들 중에서도 규모가 큰 편. 딱히 필요한 것들을 사지 않더라도 온갖 종류의 상품들을 둘러보는 재미가 있어서 지나가다 한번쯤 들러 보는 것도 좋다.

◉ INFO P.116 ◉ MAP P.227B ◉ 찾아가기 MTR 코즈웨이 베이 역 E번 출구에서 왼쪽으로, 첫 번째 교차로에서 왼쪽으로 돌아 Paterson Street로 진입하여 오른쪽 첫 번째 건물 ◉ 주소 25-29 Great George St, Causeway Bay ◉ 전화 2577-3215 ◉ 시간 24시간 영업 ◉ 휴무 연중무휴 ◉ 홈페이지 www.wellcome.com.hk

№.10 자딘스크레센트
★ Jardine's Crescent
[渣甸坊 짜딘펑]

하이산플레이스 옆 뒷골목에 위치한 재래시장. 두 사람이 마주 지나치기도 어려울 만큼 좁은 골목의 양쪽에 액세서리, 싸구려 티셔츠, 잡화 등을 파는 노점들이 줄지어 서 있다. 딱히 사고 싶은 물건이 없더라도 잠시 기웃거려 보자. 호화 쇼핑몰 사이에서 마주하는 재래시장의 풍경 또한 홍콩을 여행하는 또 다른 즐거움이니라.

◉ MAP P.227D ◉ 찾아가기 MTR 코즈웨이 베이 역 F1번 출구 바로 앞 ◉ 주소 Jardin's Crescent, Causeway Bay ◉ 시간 매장에 따라 다름 ◉ 휴무 매장에 따라 다름

№.11 소고홍콩
★ SOGO Hong Kong

1985년에 문을 연 일본계 백화점. 코즈웨이 베이 역 앞에 위치하고 있어 여행의 기점이 되는 곳이다. 내부 구조나 상품 디스플레이가 우리 백화점의 그것과 흡사해 익숙하게 쇼핑을 즐길 수 있다는 것이 강점. 일본계 패션, 코스메틱 브랜드가 많이 입점해 있는 편이다.

◉ MAP P.227D ◉ 찾아가기 MTR 코즈웨이 베이 역 D번 출구에서 바로 연결 ◉ 주소 555 Hennessy Rd, Causeway Bay ◉ 전화 2833-8338 ◉ 시간 매일 10:00~22:00 ◉ 휴무 연중무휴 ◉ 홈페이지 www.sogo.com.hk

5 CAUSEWAY BAY 코즈웨이 베이 [銅鑼灣/통로완]

⊕ ZOOM IN
코즈웨이 베이의 뒷골목, 소박한 디저트의 천국 타이항

코즈웨이 베이의 떠오르는 핫플레이스 타이항(Tai Hang, 大坑, 따이항)은 이제까지의 여행 서적에서는 거의 언급된 적이 없는 숨은 명소다. 사실 이곳은 불과 몇 년 전까지만 해도 투박한 자동차 정비소가 즐비했던 곳. 지금처럼 아기자기한 맛집들이 자리 잡은 것은 상대적으로 저렴한 상가 임대료 덕분이었다고. 하지만 이제는 이곳의 임대료마저 천정부지로 치솟아 이를 견디지 못하고 떠나는 맛집들도 수두룩하다고 하니, 아기자기한 타이항의 모습을 머지 않아 보지 못하게 될지도 모르겠다.

디저트 맛집이 특히 많은 타이항. 달콤한 아이스크림 한 입 베어 물고, 홍콩의 상징 빨간 택시들을 수리하고 있는 정비소들을 찾아 골목 골목을 누벼보자. 감성 넘치는 인증 샷은 필수다!

🍴 EATING

№.1 코즈웨이 베이 모어턴테라스 버스 종점
★★★★ Causeway Bay Bus Terminus(Moreton Terrace)
[銅鑼灣(摩頓台) 通路彎]

코즈웨이 베이의 시내버스 종점으로 홍콩섬을 가로질러 카우룽 반도의 튠문, 홍콩섬 남부의 압레이차우와 애버딘 등지를 연결하는 버스들이 발착하는 곳이다. 상징적인 무지개 빛깔의 2층 버스가 줄지어 서 있는 풍경만으로도 포토제닉한 홍콩의 일상 풍경이 되기에 충분하니, 타이항을 방문할 예정이라면 이곳에 잠시 들러 홍콩의 일상을 카메라에 담아 보자.

◎ MAP P.244 ◎ 찾아가기 MTR 틴하우 역 B번 출구 건너편의 Tung Lo Wan Road를 따라 도보 7분 ◎ 주소 Tung Lo Wan Dr, Causeway Bay ◎ 휴무 연중무휴

№.2 클래시파이드
★★★★ Classified

홍콩을 대표하는 브런치 레스토랑이자 와인 바. 커피는 물론, 브런치 메뉴와 샐러드, 와인 셀렉션과 그에 어울리는 핑거 푸드까지. 어느 하나 부족한 것 없이 퍽 괜찮은 먹을 거리와 마실 거리를 제공한다. 타이항으로 가는 길목, 탁 트인 창가 자리에 앉아 여유를 부려 보기에 더없이 좋다. 눈길 사로잡는 키즈 메뉴도 갖추고 있어 아이들과 방문하기에도 좋을 듯.

◎ MAP P.244 ◎ 찾아가기 MTR 틴하우 역 B번 출구 건너편의 Tung Lo Wan Road를 따라 도보 6분 ◎ 주소 1-9 Lin Fa Kung St West, Causeway Bay ◎ 전화 2857-3454 ◎ 시간 매일 08:30~21:00 ◎ 휴무 현재 휴업 중 ◎ 가격 브렉퍼스트 HK$83+10%~, 키즈 브렉퍼스트 HK$78~92+10%, 올데이 HK$123+10%~ ◎ 홈페이지 www.classifiedfood.com 클래시파이드 브렉퍼스트 Classified Breakfast(HK$150+10%)

№.3 플럼콧
★★★★ Plumcot

타이항의 뒷골목에 2017년 7월 새로이 문을 연 소박한 베이커리. 프랑스에서 넘어와 이곳 타이항에 자리잡은 프렌치 파티시에의 손맛을 직접 경험해볼 수 있다. 크루아상, 시나몬 롤 같은 기본 빵은 물론, 이곳에서의 시그니처 메뉴들도 경험해볼 만 하다.

◎ MAP P.244 ◎ 찾아가기 MTR 틴하우 역 B번 출구 건너편의 Tung Lo Wan Road를 따라 걷다가 왼쪽 Ormsby Street로 진입. 도보 8분 ◎ 주소 G/F, 10A Sun Chun St, Causeway Bay ◎ 전화 2573-6293 ◎ 시간 월~금요일 08:00~19:00, 토요일 11:30~18:30 ◎ 휴무 일요일 ◎ 가격 빵 HK$28~, 커피 HK$35~ ◎ 홈페이지 www.plumcot.co

№.4 파인프린트 커피
★★★ Fineprint Coffee

소호와 완차이 등 홍콩에만 8곳의 매장을 두고 있는 카페로, 커피 자체의 맛과 향으로 인지도를 쌓아가고 있는 숨은 고수다. 매장이 아주 작아서 타이항의 길거리에 나앉아야 하기도 하지만, 그게 오히려 이곳의 매력! 훌륭한 커피와 함께 타이항의 분위기를 만끽하자.

◎ MAP P.244 ◎ 찾아가기 MTR 틴하우 역 B번 출구 건너편의 Tung Lo Wan Road를 따라 도보 8분 ◎ 주소 G/F, 1 Lily St, Causeway Bay ◎ 전화 5331-5205 ◎ 시간 매일 06:00~18:00 ◎ 휴무 부정기적 ◎ 가격 커피 HK$30~45, 푸드 HK$25~ ◎ 홈페이지 www.fineprint.hk

Flat White(HK$30~45)

6 WAN CHAI

완차이 [灣仔/완짜이]

빛바랜 재래시장부터 스타일리시 한 맛집 골목까지

완차이를 처음 밟는 여행자들이라면 재래시장과 낡은 건물들에 실망하며 그저 스쳐 지나갈지도 모른다. 그러나 이곳은 그런 서민적인 모습과 함께 홍콩 섬의 대표 마천루와 랜드마크들, 또 아기자기한 뒷골목들이 끝도 없이 이어져 복잡 다양한 홍콩의 또 다른 모습을 마주할 수 있는 곳이기도 하다. 그래서 오히려 하나의 색깔, 하나의 단어로 규정할 수 없는 이곳이야말로 진짜 홍콩다운 여행지일지도 모르니, 이처럼 다양한 매력을 지닌 완차이를 절대 놓치지 말자.

인기
★★★☆☆

바로 옆 센트럴, 코즈웨이 베이보다 인기가 높지는 않지만 특유의 소박함이 매력!

관광지
★★★☆☆

침사추이와 빅토리아 하버의 야경을 한눈에 볼 수 있는 해변산책로를 걸어 보자!

쇼핑
★★☆☆☆

스타스트리트 옆 Sau Wa Fong에는 감각적인 디자인 숍들이 옹기종기 모여 있다.

식도락
★★☆☆☆

미술랭부터 로컬 맛집까지 만나볼 수 있는 완차이의 뒷골목을 찾아가 보자.

나이트라이프
★★☆☆☆

스타&십스트리트의 멋진 바에서 칵테일 한 잔. 이른 저녁의 해피아워를 놓치지 말자!

혼잡도
★★★★☆

완차이 지역을 가로지르는 트램과 MTR을 이용해 여행한다면 크게 어렵지 않다.

247

몽콕 Mong Kok
- MTR ▶18분(Island+Tsuen Wan Line, 5정거장)
- TAXI ▶15분

※ 해당 표는 지역의 대표 역인 MTR 완차이 역을 기준으로 작성되었음.
※ 표기 시간은 예상치이며, 도보 이동 시간을 포함하고 있음.

침사추이 Tsim Sha Tsui
- MTR ▶13분(Island+Tsuen Wan Line, 2정거장)
- FERRY ▶30분(Star Ferry)
- TAXI ▶19분

코즈웨이 베이 Causeway Bay
- MTR ▶5분(Island Line, 1정거장)
- BUS ▶7분(2A, 2X, 23, …)
- TRAM ▶12분(Westbound)
- TAXI ▶8분

센트럴 Central
- MTR ▶6분(Island Line, 2정거장)
- BUS ▶10분(952, 962X, 969, …)
- TRAM ▶16분(Eastbound)
- TAXI ▶8분

어드미럴티 — 전시센터 — **완차이 Wan Chai 灣仔** — 코즈웨이 베이

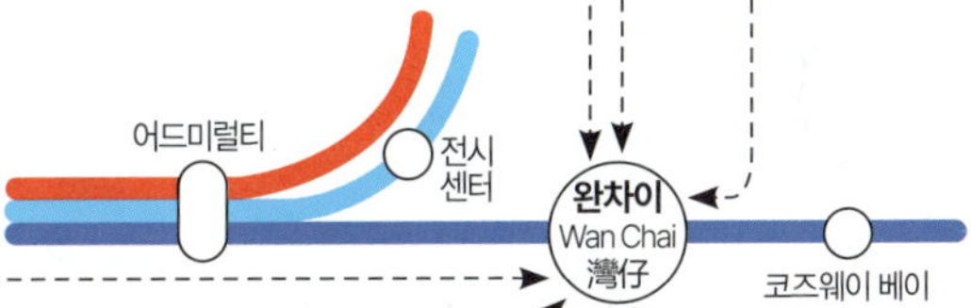

빅토리아 피크 Victoria Peak
- MTR+TRAM ▶34분(Peak Tram + Island Line, 1정거장)
- BUS ▶33분(15)
- TAXI ▶19분

리펄스 베이 Repulse Bay
- BUS ▶25분(6, 6X, 260, …)
- TAXI ▶17분

스탠리 Stanley
- BUS ▶45분(6, 6X, 260, …)
- TAXI ▶27분

완차이 이렇게 여행하자

완차이는 홍콩 섬에서 가장 먼저 개발된 지역으로 서쪽의 센트럴, 동쪽의 코즈웨이 베이와 이웃하고 있는 중심 상업 지역이다. 홍콩의 다른 지역에 비해 여행 스팟이 많지는 않아 반나절 정도면 추천 코스를 여유 있게 소화할 수 있다. 시간의 여유가 있거나 완차이를 제대로 둘러보고 싶다면 완전 정복 코스나 아트 & 디자인 코스를 선택하는 것을 추천한다. 여행 기간이 짧은 여행자들은 완차이 스타일리시 코스로 더욱 새로운 완차이를 경험해 보자. 이제껏 알지 못했던 완차이만의 감각적인 매력을 만날 수 있다.

완차이에서는 서민적인 딤섬부터 최고급 중국요리까지, 또 유럽식 브런치부터 완전히 홍콩다운 현지 음식까지 모두 맛볼 수 있으니, 코스별 추천 맛집도 함께 살펴보자.

완차이 출구별 핵심 볼거리

MTR 완차이 역
A1번 출구	센트럴플라자, 홍콩아트센터
A3번 출구	타이윤마켓, 호프웰센터, 흥씽사원, 스타스트리트(애드미럴티 역 F번 출구도 이용 가능)

MTR 엑시비션 센터 역
A1번 출구	완차이 스타 페리 선착장
B1번 출구	골든 바우히니아 광장, 엑스포 프롬나드, 홍콩 컨벤션 & 엑시비션 센터

완차이 스타 페리 선착장
골든 바우히니아 광장, 홍콩 컨벤션 & 엑시비션 센터

6 WAN CHAI 완차이 [灣仔/완짜이]

TRAVEL MEMO
완차이 여행 한눈에 보기

MUST SEE
완차이에서 이것만은 꼭 보자!
▶

№.1
엑스포 프롬나드에서 빅토리아 하버의 파노라믹 풍경 감상하기!

MUST EAT
완차이에서 이것만은 꼭 먹자!
▶

№.1
광둥 레스토랑 골든 바우히니아에서 홍콩 미식 대상을 수상한 요리 맛보기!

MUST BUY
완차이에서 이것만은 꼭 사자!
▶

№.1
스타스트리트의 아기자기한 디자인 숍에서 마음에 드는 소품 골라 보기!

MUST EXPERIENCE
완차이에서 이것만은 꼭 경험하자!
▶

№.1
타이윤마켓을 걸으며 서민들의 삶 훔쳐 보기!

역사적인 반환식의 무대가 되었던 홍콩 컨벤션 & 엑시비션 센터. 완차이의 대표적 풍경을 마주해 보자.

WAN CHAI 완차이 [灣仔/완짜이]

코스 무작정 따라하기
완차이 완전 정복 코스

완차이의 대표 랜드마크, 그림같은 해변 풍경, 서민적인 재래시장, 감각적인 맛집 거리까지. 완차이의 다양한 표정들을 두루 만나 볼 수 있는 정석 코스이다. 완차이행 스타 페리를 타고 바다를 건너는 것으로 여행을 시작하자.

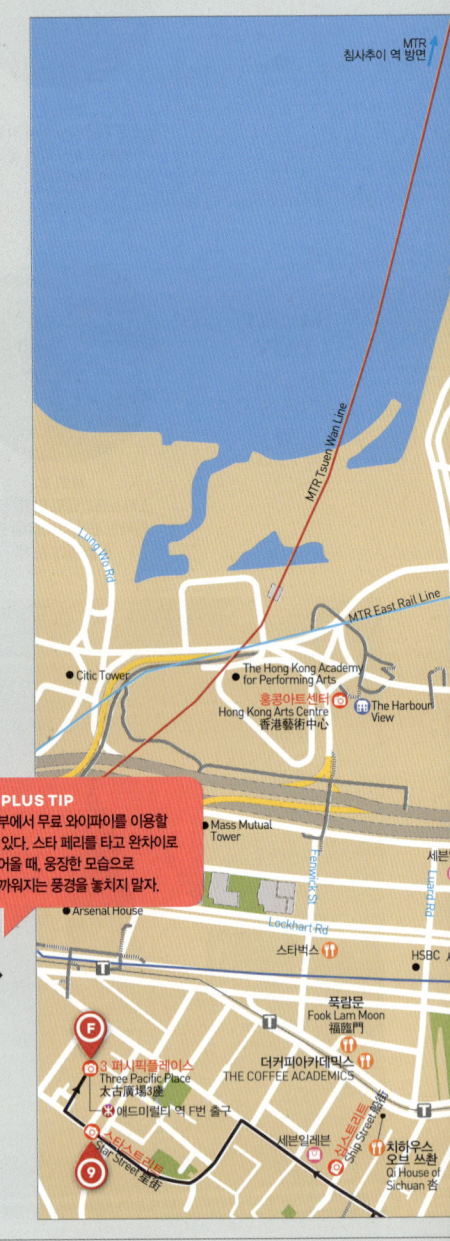

● **PLUS TIP**
쾌청한 날, 파란 하늘을 함께 담고 싶다면 빅토리아 하버 쪽을 바라보고 사진을 찍자!

● **PLUS TIP**
침사추이에서 페리를 타고 올 때는 진행 방향의 오른쪽에 앉아야 홍콩 섬 마천루들의 화려한 풍경을 감상할 수 있다.

S 완차이 페리 선착장
Wan Chai Ferry Pier
灣仔渡輪碼頭
완짜이또우룬마타우

1880년부터 운항해 온 스타 페리의 완차이 선착장. 침사추이 - 완차이 노선이 있어 침사추이로부터 이동해 온 여행자들의 출발점이 된다.

완차이 페리 선착장을 나와 오른쪽으로 Expo Drive East를 따라 도보 10분 → 골든 바우히니아 광장

1 골든 바우히니아 광장
Golden Bauhinia Square
金紫荊廣場 깜찌껭꽁청

자그마치 6m! 홍콩의 상징 황금빛 자형화(Golden Bauhinia) 앞에서 홍콩 여행 인증 사진을 꼭 남기자!
⏰ 국기 게양 및 하강식
매일 08:00, 17:00

골든 바우히니아 광장에서 해안을 따라 도보 1분 → 엑스포 프롬나드

2 엑스포 프롬나드
Expo Promenade
博覽海濱花園 뽁람하이빤화윤

뒤로는 웅장한 홍콩 컨벤션 & 엑시비션 센터, 앞으로는 탁 트인 빅토리아 하버의 전경을 마주할 수 있는 해변 산책로. 낮의 풍경도, 밤의 풍경도 더할 나위 없이 아름답다.

엑스포 프롬나드 바로 앞 → 홍콩 컨벤션 & 엑시비션 센터

● **PLUS TIP**
내부에서 무료 와이파이를 이용할 수 있다. 스타 페리를 타고 완차이로 넘어올 때, 웅장한 모습으로 가까워지는 풍경을 놓치지 말자.

3 홍콩 컨벤션 & 엑시비션 센터
Hong Kong Convention & Exhibition Centre
香港會議展覽中心
헝겅우이얏찜람쭝쌈

완차이의 얼굴이자 최고의 랜드마크인 초대형 전람회장. 역사와 영화의 배경이 된 멋진 건축물을 마음껏 감상하자.
⏰ 행사 일정에 따라 다름

신관 G층으로 이동 → 골든 바우히니아 상기

250-251

start

S. 완차이 페리 선착장

700m, 도보 10분

1. 골든 바우히니아 광장

50m, 도보 1분

2. 엑스포 프롬나드

50m, 도보 1분

3. 홍콩 컨벤션 & 엑시비션 센터

건물 내 이동, 2분

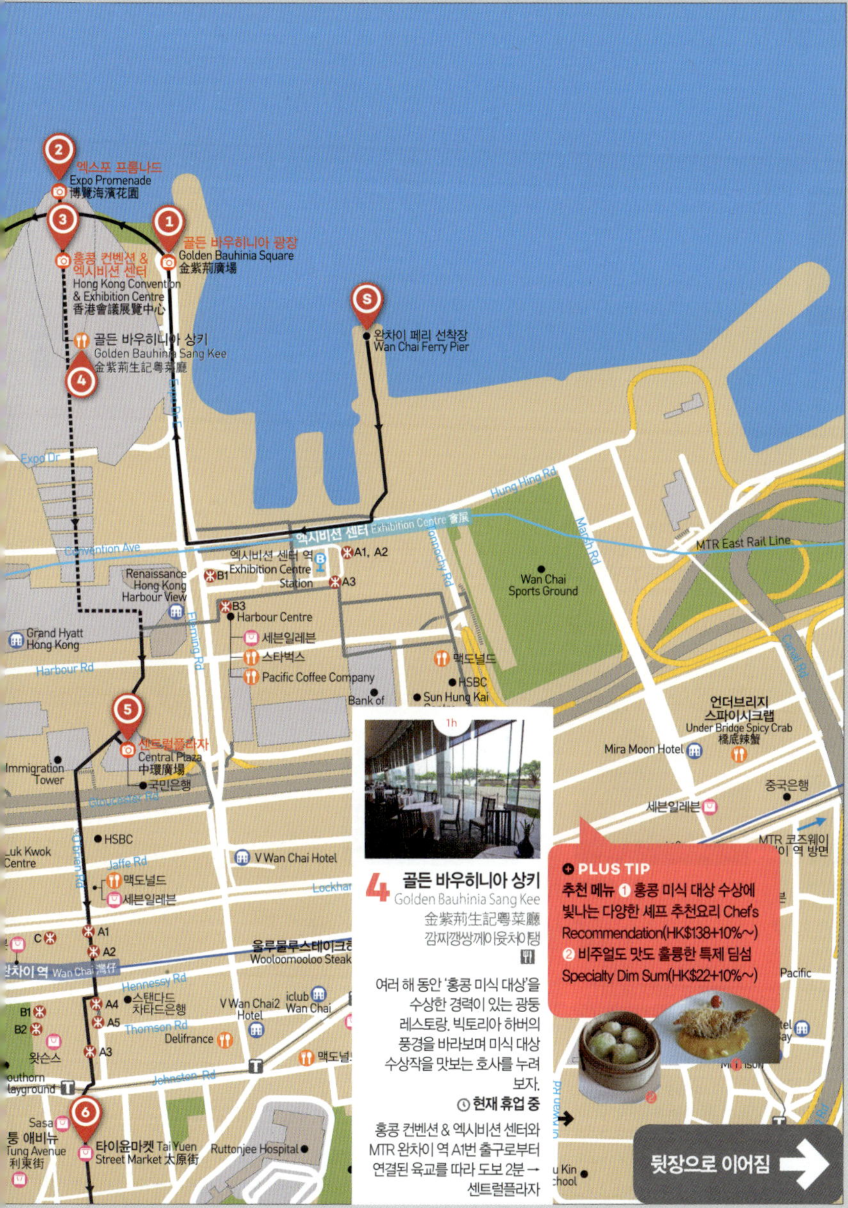

4. 골든 바우히니아 상키

130m, 도보 2분

뒷장으로 이어짐

6. WANCHAI 완차이

6 WAN CHAI 완차이 [灣仔/완짜이]

코스 무작정 따라하기
완차이 완전 정복 코스

➡ 앞장에서 이어짐

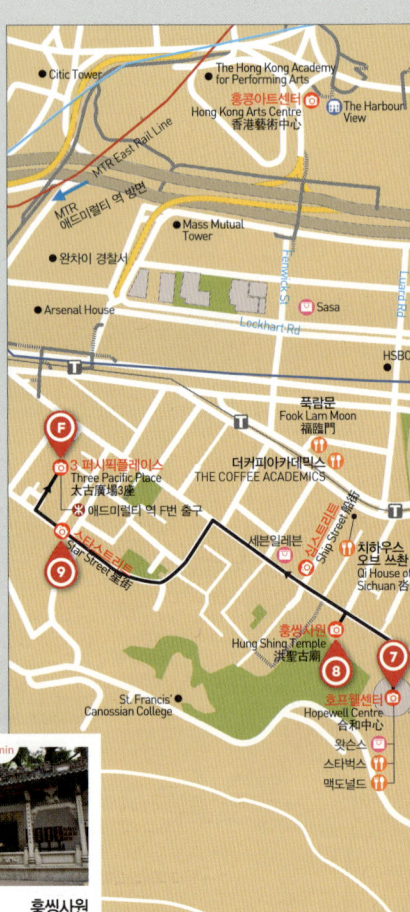

5 센트럴플라자
Central Plaza 中環廣場 쭝완꿩청

'홍콩 키다리 순위'에서 3위를 차지한 높이 374m, 78층의 고층 빌딩! 46층의 스카이 로비 무료 전망대에서 360도로 펼쳐진 홍콩의 풍경을 만끽할 수 있다.
⏱ 월~금요일 07:00~21:00
(토~일요일 휴무)

센트럴플라자에서 MTR 완차이 역 방향 육교를 따라 도보 8분. 육교가 끝나는 지점의 Johnston Road 건너편에 위치 → 타이윤마켓

● **PLUS TIP**
스카이 로비는 고층, 저층 엘리베이터를 환승하기 위한 층이다. 점심 시간 전후로는 빌딩 근무자의 식사 행렬로 붐비니, 이 시간만은 피해서 가자.

⬇

6 타이윤마켓
Tai Yuen Street Market
太原街 타이윤까이

서민들의 삶이 고스란히 묻어나는 완차이의 진짜 모습을 느낄 수 있는 곳. 홍콩 섬 최대의 재래시장에서 그들 삶의 모습을 마주해보자. ⏱ 매일 10:00~20:00(매장에 따라 다름)

타이윤마켓의 남쪽 끝에서 건너편의 오른쪽(우체국 방향)으로, Queen's Road East를 따라 도보 4분 → 호프웰센터

➡

7 호프웰센터
Hopewell Centre
合和中心 합위쭝쌈

35년이나 되어 조금은 낡아 보이지만, 외부에 매달려 있는 전망용 엘리베이터는 스릴 만점! 호프웰센터를 오르내리며, 완차이의 살가운 풍경에 폭 빠져 보는 것도 좋다.
⏱ 월요일 11:30~02:00,
화~일요일 09:00~02:00

호프웰센터에서 나와 왼쪽으로 Queen's Road East를 따라 도보 2분 → 훙씽사원

➡

8 훙씽사원
Hung Shing Temple
洪聖古廟 훙쌩꾸미우

도심 속 사원에서 한 박자 쉬기. 어부의 신 훙씽은 어떤 모습으로 당신을 기다리고 있을까.
⏱ 매일 09:00~17:00

훙씽사원을 나와 왼편으로 150m 정도 걷다가 왼편의 언덕길 St. Francis Street를 따라 올라간다 → 스타스트리트

➡

252-253 ↓ **start**

앞장에서 이어짐

5. 센트럴플라자
▼
550m, 도보 8분

6. 타이윤마켓
▼
300m, 도보 4분

7. 호프웰센터
▼
100m, 도보 2분

8. 흥싱사원
▼
350m, 도보 5분

9. 스타스트리트
▼
50m, 도보 1분

F. MTR 애드미럴티 역 F번 출구

6. WANCHAI 완차이

> **PLUS TIP**
> 조금 더 저렴하게 스타스트리트를 즐길 수 있는 해피아워 이벤트(평일 17:00~20:00) 또한 눈여겨 보자.

1h

⑨ 스타스트리트
Star Street 星街 씽까이

서민들의 동네 완차이를 한 번에 스타일리시한 곳으로 만든 멋스러운 거리. 감각적인 레스토랑과 펍, 인테리어 숍이 옹기종기 모여 있는 거리에서 나만의 아지트를 찾아 보는 건 어떨까.
⊙ 각 레스토랑, 숍별로 다름
스타스트리트 입구 3 퍼시픽 플레이스 지하 통로 이용 → MTR 애드미럴티 역

Finish 金鐘 Admiralty

F MTR 애드미럴티 역 F번 출구
MTR Admiralty Station
金鐘站 깜쫑짬

스타스트리트에서 완차이 여행을 마친다면 MTR 애드미럴티 역을 이용해 다른 지역으로 이동하는 것이 편리하다.

6 WAN CHAI 완차이 [灣仔/완짜이]

코스 무작정 따라하기
완차이 아트 & 디자인 코스

정겨운 소박함이 가득한 완차이의 골목 사이에서 홍콩의 예술과 디자인을 마주해 보자. 홍콩아트센터부터 뒷골목에 숨은 디자인 숍까지 전 세계에서 주목하고 있는 홍콩만의 독특한 예술 세계가 당신을 기다린다.

---

3 홍콩 컨벤션 & 엑시비션 센터
Hong Kong Convention & Exhibition Centre 香港會議展覽中心 헝겅우이찜람쭝쌈

센트럴플라자와 함께 완차이의 표정을 완성하는 초대형 전람회장. 내부에서 대형 유리창을 통해 내다보는 빅토리아 하버의 모습이 멋스럽네!
⏱ 행사 일정에 따라 다름

건물 내 신관 G층에 위치 → 골든 바우히니아 상키

> **● PLUS TIP**
> 심포니 오브 라이트 시간이 되면 무지개 빛 LED 조명이 화려하게 건축물을 밝힌다.

2 엑스포 프롬나드
Expo Promenade 博覽海濱花園 빡람하이 뺀화윤

빅토리아 하버와 건너편 침사추이의 풍경을 여유롭게 감상하자. 침사추이의 산책로보다 한적해서 좋다.

엑스포 프롬나드 바로 앞 → 홍콩 컨벤션 & 엑시비션 센터

---

5 홍콩아트센터
Hong Kong Arts Centre 香港藝術中心 헝겅아이쎳쭝쌈

현대극, 시각 예술, 영화와 영상. 홍콩아트센터만의 독자적인 예술 세계를 경험해 보자. 홍콩의 또 다른 매력에 빠지게 될지도 모른다.
⏱ 매일 08:00~23:00 (음력 1월 1일~3일 휴무)
💰 입장료 전시별로 다름

홍콩아트센터를 나와 왼편의 Fenwick Street를 따라 400m 정도 걷다가 트램이 달리는 Johnston Road에서 좌회전하여 도보 4분. 총 10분 소요
→ 리퉁 애비뉴

4 골든 바우히니아 상키
Golden Bauhinia Sang Kee 金紫荊廣東菜廳 깜찌깽양꽈에 읏차이텡

완차이에서 결코 놓쳐서는 안될 광동 레스토랑. 빅토리아 하버를 마주한 창가 자리를 차지하려면 예약은 필수!
⏱ 현재 휴업 중

홍콩 컨벤션 & 엑시비션 센터 구관의 그랜드하얏트 홍콩 로비 출구로 나와 육교를 통해 Harbour Road를 건너 도보 3분
→ 홍콩아트센터

> **● PLUS TIP**
> 추천 메뉴 ❶ 홍콩 미식 대상 수상에 빛나는 다양한 셰프 추천요리 Chef's Recommendation(HK$138+10%~)
> ❷ 비주얼도 맛도 훌륭한 특제 딤섬 Specialty Dim Sum(HK$22+10%~)

---

6 리퉁 애비뉴
Lee Tung Avenue 利東街 레이뚱까이

Lee Tung Street를 따라 아기자기하게 이어지는 스트리트 몰. 감각적인 숍들과 톡톡 튀는 카페와 레스토랑 사이를 거닐며, 새로운 완차이를 경험해 보자.
⏱ 매일 10:00~22:00

리퉁 애비뉴 몰 끝 지점에서 길 건너편으로 이동→호프웰센터

7 호프웰센터
Hopewell Centre 合和中心 합워쭝쌈

마치 건전지처럼 생긴 원통형의 고층 빌딩. 56층의 자그마한 전망대에서 빼곡빼곡 완차이의 모습을 내려다보자
⏱ 월요일 11:30~02:00, 화~일요일 09:00~02:00

호프웰센터에서 나와 왼쪽으로 Queen's Road East를 따라 도보 2분 → 훙씽사원

8 훙씽사원
Hung Shing Temple 洪聖古廟 홍쌩꾸미우

틴하우사원과 함께 항구도시 홍콩의 옛 모습을 상상케 하는 곳. 소박한 사원에서 어부의 신을 만나 보자.
⏱ 매일 09:00~17:00

훙씽사원을 나와 왼편으로 150m 정도 걷다가 왼편의 연립길 St Francis Street를 따라 올라간다 → 스타스트리트

9 스타스트리트
Star Street 星街 쌩까이

KAPOK을 비롯한 아기자기한 디자인 숍들이 Sau Wa Fong 거리와 Sun Street를 중심으로 자리잡고 있으니, 스타스트리트의 막다른 골목 끝에 숨겨진 보물 같은 장소들을 직접 찾아 나서 보자.
⏱ 각 레스토랑, 숍별로 다름

스타스트리트 입구 3 퍼시픽 플레이스 지하 통로 이용 → MTR 애드미럴티 역

254-255

start

S. 완차이 페리 선착장

↓ 700m, 도보 10분

1. 골든 바우히니아 광장

↓ 50m, 도보 1분

2. 엑스포 프롬나드

↓ 50m, 도보 1분

3. 홍콩 컨벤션 & 엑시비션 센터

↓ 건물 내 이동, 2분

4. 골든 바우히니아 상키

↓ 180m, 도보 3분

5. 홍콩아트센터

↓ 650m, 도보 10분

6. 리퉁 애비뉴

↓ 50m, 도보 1분

7. 호프웰센터

↓ 100m, 도보 2분

8. 훙싱사원

↓ 350m, 도보 5분

9. 스타스트리트

↓ 50m, 도보 1분

F. MTR 애드미럴티 역 F번 출구

6. WANCHAI 완차이

---

1. 골든 바우히니아 광장
Golden Bauhinia Square
金紫荊廣場 깜찌껭꿩청

홍콩의 20달러(HK$20)짜리 지폐에도 등장하는 홍콩의 상징 바우히니아(자형화). 바로 옆에 내걸린 홍콩 깃발에서도 자형화를 발견해 보자.

- 국기 게양 및 하강식 매일 08:00, 17:00

골든 바우히니아 광장에서 해안을 따라 도보 1분 → 엑스포 프롬나드

20min

S. 완차이 페리 선착장
Wan Chai Ferry Pier
灣仔渡輪碼頭 완짜이또우런마타우

1880년부터 운행해 온 스타 페리의 완차이 선착장. 침사추이 - 완차이 노선이 있어 침사추이로부터 이동해 온 여행자들의 출발점이 된다.

완차이 페리 선착장을 나와 오른쪽으로 Expo Drive East를 따라 도보 10분 → 골든 바우히니아 광장

Start

F. MTR 애드미럴티 역 F번 출구
MTR Admiralty Station
金鐘站 깜쫑짬

스타스트리트에서 완차이 여행을 마친다면 MTR 애드미럴티 역을 이용해 다른 지역으로 이동하는 것이 편리하다.

Finish

6 WAN CHAI 완차이 [灣仔/완짜이]

코스 무작정 따라하기
완차이 스타일리시 코스

더욱 새롭고 핫 한 곳들만 모았다. 여유로운 브런치로 시작해, 아기자기한 뒷골목을 걷고, 시크 한 레스토랑과 루프톱 바에서 홍콩의 맛과 화려한 밤을 즐겨 보자!

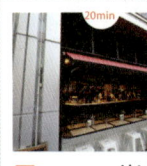

6 치하우스오브 쓰촨
Qi House of Sichuan
껌헤이

우리 입맛에도 너무 잘 맞는 쓰촨요리 레스토랑. 모던하고 시크 한 레스토랑에서 맛보는 매콤한 쓰촨요리로 또 다른 홍콩의 맛을 경험하자.
🕐 매일 12:00~14:30, 18:00~23:00

Johnston Road를 따라 The Pawn, MTR 완차이 역을 차례로 지나쳐 도보 7분. Caltex 주유소 바로 앞 The Hennessy 옥상에 위치 → 울루물루스테이크하우스 완차이

↓

5 십스트리트
Ship Street 船街 쓴까이

개성 넘치는 맛집들이 하나둘 자리 잡고 있는 완차이의 숨은 명소. 현지인들의 입소문을 타고 있는 맛집들을 발견하는 재미가 쏠쏠하다.
🕐 각 레스토랑별로 다름

Ship Street와 Johnston Road가 교차하는 지점 코너의 J Senses 2층 → 치하우스오브 쓰촨

←

PLUS TIP
추천 메뉴 ❶ 시원한 냉채처럼 입맛을 돋우는 Boneless Chicken in Chili Sauce(口水雞, HK$85+10%) ❷ 매콤달콤해서 우리 입맛에도 잘 맞는 Sugar Glazed Ginger and Scallion Beef(薑牛, HK$166+10%)

4 3 퍼시픽플레이스
Three Pacific Place
太古廣場3座타이꾸꽝청쌈쪼

지하에 작은 몰이 위치한 업무용 고층 빌딩. 스타스트리트와 MTR 애드미럴티 역 사이를 연결하고 있다. 유리 커튼월의 럭셔리한 로비를 가볍게 둘러 보고 십스트리트로 향하자.
🕐 매일 10:00~20:00

3 퍼시픽플레이스를 나와 길을 건너 오른쪽으로 Queen's Road East를 따라 도보 6분. Ship Street와의 교차점에서 왼쪽 → 십스트리트

3 스타스트리트
Star Street 星街 쌩까이

스타스트리트를 더 스타일리시 하게 즐기는 법. 스타, 선, 문 스트리트의 골목마다 숨겨진 맛집들 중, 내 스타일에 꼭 맞는 곳을 찾아 보자. 보석은 더 깊숙한 곳에 숨어 있다.
🕐 각 레스토랑, 숍별로 다름

Star Street가 끝나는 지점으로 이동 → 3 퍼시픽플레이스

↓

7-1 울루물루스테이크 하우스 완차이
Wooloomooloo Steakhouse Wan Chai

완차이와 코즈웨이 베이 일대, 또 화려한 센트럴플라자의 야경을 눈 앞에서 볼 수 있는 루프톱 바. 지친 여행의 하루를 마무리하기에 더없이 멋진 장소이다.
🕐 매일 11:45~15:00, 18:00~22:00(현재 루프톱 임시 폐쇄)

Hennessy Road를 따라서 MTR 완차이 역으로 이동 → MTR 완차이 역

OR

7-2 더커피아카데믹스
The Coffee Academics

완차이를 가로지르는 Johnston Road 앞 로컬 브랜드 카페. 홍콩에서 가장 실험적이고 다양한 커피를 만나볼 수 있다.
🕐 매일 08:00~18:00

Johnston Road를 따라서 MTR 완차이 역으로 이동 → MTR 완차이 역

→

F MTR 완차이 역 A4번 출구
MTR Wan Chai Station
灣仔站 완짜이짬

Hennessy Road를 따라서 MTR 완차이 역으로 향하자. Johnston Road 선상의 트램을 이용하는 것도 방법. Westbound라고 쓰인 정류장에서 Kennedy Town이나 Western Market 행 트램을 타자. 두 정류장을 지나면 MTR 완차이 역이다.

256-257

start

S. MTR 완차이 역 A3번 출구
↓ 120m, 2분

1. 리퉁 애비뉴
↓ 180m, 3분

2. 모던차이나레스토랑
↓ 400m, 도보 5분

3. 스타스트리트
↓ 100m, 도보 1분

4. 3 퍼시픽플레이스
↓ 400m, 도보 6분

5. 십스트리트
↓ 70m, 도보 1분

6. 치하우스오브 쓰촨
↓ 550m, 도보 7분

7. 울루물루스테이크하우스 완차이 / 더커피아카데믹스
↓ 400m, 도보 5분

F. MTR 완차이 역 A4번 출구

6. WANCHAI 완차이

---

2 모던차이나레스토랑 (금만정)
Modern China Restaurant
金滿庭 깜문텡

베이징, 쓰촨, 상하이의 음식들을 모두 아우른 캐주얼한 차이니즈 레스토랑. 깔끔하고 우리 입맛에도 잘 맞는 중식을 맛 보자네

⏰ 매일 11:45~22:00
Queen's Road East를 따라 도보 5분 → 스타스트리트

➕ PLUS TIP
추천 메뉴 ① 진한 국물 맛이 일품인 탄탄면 Tan – Tan Noodle in Spicy Soup(招牌擔擔麵, HK$63+10%) ② 육즙 가득 샤오롱바오 Xiao Lung Bao(鮮肉小龍包, HK$68+10%)

1 리퉁 애비뉴
Lee Tung Avenue
利東街 레이똥까이

중국풍 수공예품을 판매하는 크래프트 숍, 꽃향기가 가득 밴 플라워 티 숍, 맛의 도시 도쿄와 파리에서 이미 검증된 카페와 맛집까지. 스트리트 몰 리퉁 애비뉴를 거닐며, 스타일리시한 완차이 여행을 마무리하자.

⏰ 매일 10:00~22:00
리퉁 애비뉴 몰 끝 지점까지 도보 3분 → 모던차이나레스토랑

S MTR 완차이 역 A3번 출구
MTR Wan Chai Station
灣仔站 완짜이짬

완차이 지역의 중심에 있는 MTR 완차이 역에서 코스를 시작하자. A3번 출구로 나오면 홍콩 섬의 상징인 트램이 달리는 Johnston Road를 마주할 수 있다.

MTR 완차이 역 A3번 출구에서 오른쪽 방향 도보 2분. 길 건너에 위치 → 리퉁 애비뉴

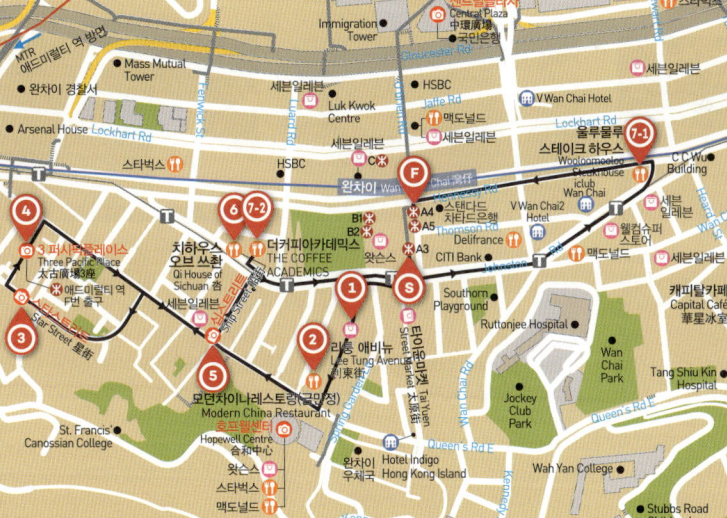

WAN CHAI 완차이 [灣仔/완짜이]

TRAVEL INFO
완차이 핵심 여행 정보

📷 SIGHTSEEING

№.1 엑스포 프롬나드
★★★★ Expo Promenade
[[博覽海濱花園] 빡람하이뻰화윤]

홍콩 컨벤션 & 엑시비션 센터의 앞으로 이어진 해변 산책로. 빅토리아 하버와 함께 침사추이의 스카이라인을 감상할 수 있는 곳이다. 매일 밤 8시 심포니 오브 라이트를 이곳에서도 감상할 수 있으며, 시시각각 색이 변하는 홍콩 컨벤션 & 엑시비션 센터의 화려한 야경도 즐길 수 있다. 매우 한적하고 조용한 편이라 여유를 만끽하며 홍콩의 밤을 즐기기에 더없이 좋은 곳이다.

📖 INFO P.59 🗺 MAP P.248A 🚩 찾아가기 완차이 페리 선착장을 나와 오른쪽으로 Expo Drive East를 따라 도보 10분. 또는 MTR 완차이역 A1번 출구에서 센트럴플라자 방향으로 도보 이동 📍 주소 Convention Av, Wan Chai

№.2 골든 바우히니아 광장
★★★★ Golden Bauhinia Square
[金紫荊廣場 깜찌껭꽹청]

6m 높이의 황금빛 바우히니아(자형화)가 서 있는 완차이의 명소. 홍콩의 중국 반환을 기념하기 위해 1997년에 조성되었다. 그 때문에 항상 중국인 관광객들로 인산인해를 이룬다. 광장의 바로 뒤로 홍콩 컨벤션 & 엑시비션 센터가 있으며, 엑스포 프롬나드가 광장에서 바로 이어진다.

🗺 MAP P.248A 🚩 찾아가기 완차이 페리 선착장을 나와 오른쪽으로 Expo Drive East를 따라 도보 10분. 또는 MTR 완차이역 A1번 출구에서 센트럴플라자 방향으로 도보 이동 📍 주소 Expo Dr E, Wan Chai 🕘 시간 국기 게양 및 하강식 매일 08:00, 17:00

№.3 스타스트리트
★★★★ Star Street
[星街 쌩까이]

완차이를 대표하는 맛집 골목. 선스트리트(Sun St), 문스트리트(Moon St) 일대를 통틀어 스타스트리트라 부른다. 평범한 뒷골목이었던 이곳에 감각적인 맛집과 바, 디자인 숍들이 하나 둘 자리 잡으면서 완차이의 새로운 핫플레이스로 떠오르고 있다. 센트럴 소호에 비해 유명세가 덜해 조용하고 여유로운 것이 강점. 스타 스트리트의 추천 레스토랑, 숍 정보는 ZOOM IN 참고.

🗺 MAP P.248E 🚩 찾아가기 MTR 애드미럴티역 F번 출구에서 3 퍼시픽 플레이스 방향 지하도 이용 📍 주소 Star St, Wan Chai 🕘 시간 각 레스토랑, 숍 별로 다름 🌐 홈페이지 www.pacificplace.com.hk/starstreet

№.4 홍콩 컨벤션 & 엑시비션 센터
★★★ Hong Kong Convention & Exhibition Centre [香港會議展覽中心 향껭우이찐람쭝쌈]

홍콩 반환 기념식의 무대가 된, 아시아에서 두 번째로 큰 전람회장. 1988년에 완공된 남측 구관과, 1997년에 완공된 북측 신관으로 이루어져 있다. 광둥 레스토랑인 골든 바우히니아 샤키(신관)와 그랜드하얏트호텔 홍콩(구관)이 있다. 매일 밤, 심포니 오브 라이트와 함께 화려하게 빛을 발하는 모습 또한 놓치지 말자.

📖 INFO P.57 🗺 MAP P.248A 🚩 찾아가기 MTR 완차이역 A1번 출구에서 센트럴플라자 방향으로 도보 5분 📍 주소 1 Expo Dr E, Wan Chai ☎ 전화 2582-8888 🕘 시간 행사 일정에 따라 다름 🚫 휴무 부정기적 🌐 홈페이지 www.hkcec.com

№.5 센트럴플라자
★★ Central Plaza
[中環廣場 쭝완꽹청]

높이 374m, 78층의 업무용 고층 빌딩. ICC, 2 IFC에 이어 홍콩의 세 번째 높이를 자랑한다. 화려한 야간 조명과 황금빛 유리 커튼월, 첨탑의 독특한 형태 때문에 홍콩 섬의 대표 랜드마크 역할을 톡톡히 하고 있다. 무료로 개방된 46층의 스카이로비에 꼭 올라가 보자.

📖 INFO P.57 🗺 MAP P.248C 🚩 찾아가기 MTR 완차이역 A1번 출구로부터 연결된 육교를 따라 도보 2분 📍 주소 18 Harbour Rd, Wan Chai ☎ 전화 2586-8111 🕘 시간 월~금요일 07:00~21:00 🚫 휴무 토~일요일 🌐 홈페이지 www.centralplaza.com.hk

№ 6 호프웰센터 ★★
Hopewell Centre [合和中心 합워쭝쌈]

원통형의 형태가 인상적인 66층의 업무용 고층 빌딩. 45년이나 되어 허름하지만 17층과 56층을 오가는 전망 엘리베이터는 한번쯤 타볼 만하다. 원통형의 엘리베이터가 외부에 노출되어 바람이 세게 부는 날이면 조금씩 흔들거리며 오르내리는 아찔함을 맛볼 수 있다. 56층 로비에는 완차이를 내려다볼 수 있는 작은 전망 창이 있다.

⊙ MAP P.248E ⊙ 찾아가기 MTR 완차이 역 A3번 출구로 나와 Tai Yuen Street와 Queen's Road East를 따라 도보 6분 ⊙ 주소 183 Queen's Rd E, Wan Chai ⊙ 시간 매일 09:00~18:00 ⊙ 휴무 부정기적 ⊙ 홈페이지 www.hopewellcentre.com

№ 7 훙씽사원 ★★
Hung Shing Temple [洪聖古廟 훙쌩꾸미우]

당나라의 천문, 지리학자였다가 사후에 어부의 신으로 추앙된 훙씽을 기리는 사원. 이곳을 포함하여 홍콩에만 열 곳 이상의 훙씽사원이 있어, 섬과 바다의 도시 홍콩을 사뭇 실감케 한다. 사원이 세워질 때만 해도 현재의 위치는 빅토리아 하버를 마주한 바닷가였으나 대규모 간척사업에 의해 지금과 같은 내륙이 되었다고 한다.

⊙ MAP P.248E ⊙ 찾아가기 호프웰센터에서 나와 왼쪽으로 Queen's Road East를 따라 도보 2분 ⊙ 주소 129-131 Queen's Rd E, Wan Chai ⊙ 시간 매일 09:00~17:00 ⊙ 휴무 부정기적

№ 8 홍콩아트센터 ★★
Hong Kong Arts Centre [香港藝術中心 횡꽁아이쎳쭝쌈]

1977년 개관한 홍콩의 대표적 종합 예술 센터. 현대극, 시각 예술, 영화와 영상 등에 초점을 맞춘 다양한 프로그램이 365일 열린다. 다수의 기획 전시와 공연이 무료로 열리는 점도 이곳만의 강점. 4층과 6층, 빅토리아 하버를 마주한 카페는 잠시 쉬어가기에 좋다.

⊙ MAP P.248C ⊙ 찾아가기 MTR 완차이 역 C번 출구에서 왼쪽 방향. Lockhart Road와 Fenwick Street를 따라 도보 8분 ⊙ 주소 2 Harbour Rd, Wan Chai ⊙ 전화 2582-0200 ⊙ 시간 매일 08:00~23:00 ⊙ 휴무 음력 1월 1일~3일 ⊙ 가격 입장료 전시별로 다름 ⊙ 홈페이지 www.hkac.org.hk

№ 9 3 퍼시픽플레이스 ★
Three Pacific Place [太古廣場3座 타이꾸꿩청쌈짜]

센트럴을 대표하는 쇼핑몰 퍼시픽플레이스의 3관. 화려한 유리 커튼월 빌딩 안에 고급 오피스들이 입주해 있다. 지하부터 3층까지 계단식으로 연결된 탁 트인 로비가 특히 멋스럽다. 프레타망제(Pret A Manger) 등이 입점한 몰이 지하에 있지만, 규모는 작은 편. 스타스트리트와 MTR 애드미럴티 역을 연결하고 있다.

⊙ MAP P.248E ⊙ 찾아가기 MTR 애드미럴티 역 F번 출구에서 바로 연결
⊙ 주소 1 Queens Rd E, Wan Chai
⊙ 시간 매일 10:00~20:00
⊙ 휴무 부정기적
⊙ 홈페이지 www.pacificplace.com.hk

🍴 EATING

№ 1 골든 바우히니아 상키 ★★★★★
Golden Bauhinia Sang Kee [金紫荊生記粵菜廳 깜찌껭쌩께이웃차이텡]

홍콩 컨벤션 & 엑시비션 센터 내의 광둥 레스토랑. 전면 창을 통해 빅토리아 하버를 바라보며 식사를 할 수 있다. 수차례 '홍콩 미식 대상'을 수상한 경력으로 유명한데, 수상 요리를 저렴한 1인 메뉴로 구성해 내놓고 있어 혼자 여행하는 이들에게도 안성맞춤이다. 계절에 따라 자주 업데이트되는 셰프 추천 메뉴(HK$138+10%~)와 스페셜티 딤섬(HK$22+10%~) 위주로 주문한다면 제법 근사한 광둥식 정찬을 훌륭한 가성비로 만나볼 수 있다.

⊙ MAP P.248A ⊙ 찾아가기 홍콩 컨벤션 & 엑시비션 센터의 신관 G층에 위치 ⊙ 주소 G/F, 1 Expo Dr, Wan Chai ⊙ 전화 2582-7729 ⊙ 시간 매일 11:00~15:00, 18:00~22:00 ⊙ 휴무 현재 휴업 중 ⊙ 가격 예산 점심 딤섬 HK$150~, 저녁 HK$250~ ⊙ 홈페이지 restaurants.hkcec.com/en/GoldenBauhiniaSangKee

Specialty Dim Sum (HK$22+10%~)
Chef's Recommendation (HK$138+10%~)

WAN CHAI 완차이 [灣仔/완짜이]

N<u>o</u>. 2 푹람문
★★★★ Fook Lam Moon [福臨門 쭉람문]

1972년 문을 연 완차이의 대표적 광둥 레스토랑. 규모가 매우 큰데도 예약 없이는 식사하기 힘들 정도로 홍콩인들에게 늘 사랑을 받는 곳이다. 주성치를 비롯한 여러 홍콩 스타들도 자주 들르는 곳이라고 한다. 대표 메뉴는 샥스핀, 전복, 제비집을 재료로 하는 최고급 요리들. 그런 만큼 가격도 상상을 초월한다. 조금 알뜰하게 푹람문의 맛을 즐기고 싶다면 딤섬(HK$55~80+10%) 메뉴도 좋다. 추천 메뉴 중 하나인 Fook Lam Moon's Famous Crispy Chicken(當紅炸子雞, Half HK$400+10%, Whole HK$800+10%)은 우리 입에도 잘 맞는다. 한 마리의 치킨을 머리까지 통으로 구워 내는데, 속살은 부드럽고 겉은 바삭한 식감이 일품이다.

ⓘ INFO P.90 ⓜ MAP P.248C
ⓖ 찾아가기 MTR 완차이 역 A3번 출구로 나와 오른쪽으로 Johnston Road를 따라 도보 4분

ⓐ 주소 G/F, Newman House, 35-45 Johnston Rd, Wan Chai ⓟ 전화 2866-0663 ⓣ 시간 매일 11:30~15:00, 18:00~23:00 ⓧ 휴무 구정 전날, 당일 ⓟ 가격 예산 HK$300~ ⓗ 홈페이지 www.fooklammoon-grp.com

딤섬(HK$55~80+10%)

Fook Lam Moon's Famous Crispy Chicken(當紅炸子雞, Half HK$400+10%, Whole HK$800+10%)

N<u>o</u>. 3 울루물루스테이크하우스
★★★★ Wooloomooloo Steakhouse

화려한 야경을 뿜어내는 센트럴플라자를 가장 가까이에서 볼 수 있는 루프톱 바. 아래층에는 울루물루스테이크하우스가 자리해 있다. 빅토리아 하버는 물론 코즈웨이 베이까지 조망할 수 있으니 칵테일 한 잔과 함께 홍콩의 밤을 만끽해 보자.

ⓜ MAP P.248D ⓖ 찾아가기 MTR 완차이 역 A3번 출구로 나와 Johnston Road를 따라 왼쪽으로 5분 ⓐ 주소 31/F, The Hennessy, 256 Hennessy Rd, Wan Chai ⓟ 전화 2893-6960 ⓣ 시간 매일 11:45~15:00, 18:00~22:00(현재 루프톱 임시 폐쇄) ⓧ 휴무 연중무휴 ⓟ 가격 맥주 또는 칵테일 HK$80~ ⓗ 홈페이지 www.woo-steakhouse.com

N<u>o</u>. 4 더커피아카데믹스
★★★★ The Coffee Academics

2012년 설립한 뒤 홍콩에만 13곳의 매장을 열고, 싱가포르와 필리핀, 말레이시아 등지까지 진출한 로컬 커피 브랜드. 직접 로스팅한 여러 산지의 원두로 다양한 추출 방식으로 독특하고 훌륭한 이곳만의 커피를 맛볼 수 있다. 여러 지점 중 이곳 존스턴로드 지점이 특별한 건, 매장 전면의 커다란 개방형 창문 때문. 개방감 높은 전면창 바로 앞에 거리를 마주한 바 테이블이 있어 트램이 달리는 홍콩의 일상 풍경을 눈에 담으며 여유로운 한 때를 보낼 수 있다. 포토제닉한 사진은 덤.

ⓜ MAP P.248E ⓖ 찾아가기 MTR 완차이 역 A3번 출구로 나와 우측(축구장) 방향으로 도보 4분

ⓐ 주소 Newman House, 35-45 Johnston Rd, Wan Chai ⓟ 전화 2154-1180 ⓣ 시간 매일 08:00~18:00 ⓧ 휴무 부정기적 ⓟ 가격 에스프레소 HK$32~, 콜드브루 HK$42~, 올데이브렉퍼스트 HK$108~ ⓗ 홈페이지 www.theacademicsgroup.com

N<u>o</u>. 5 모던차이나레스토랑(금만정)
★★★★ Modern China Restaurant [金滿庭 깜문텡]

2002년 첫 매장을 연 전형적인 홍콩스타일 중식당으로 캐주얼한 분위기와 선택의 폭이 넓은 다양한 메뉴, 한국인들의 입맛에도 잘 맞는 중식메뉴들로 현지인과 여행객 모두에게 오래 사랑 받아온 곳이다. 코로나 기간 중 코즈웨이 베이의 타임스스퀘어 지점 대신 이곳 리퉁 애비뉴에 새 매장을 열었다. 면과 두부 요리, 다양한 딤섬 등이 호불호 없이 맛보기 좋다.

ⓘ INFO P.99 ⓜ MAP P.248E ⓖ 찾아가기 MTR 완차이 역 A3번 출구로 나와 우측(축구장) 방향, 길 건너 리퉁애비뉴 진입, 도보 6분 ⓐ 주소 G/F, Lee Tung Avenue, Lee Tung St, Wan Chai ⓟ 전화 2388-3666 ⓣ 시간 매일 11:45~22:00 ⓧ 휴무 부정기적 ⓗ 홈페이지 www.mdchr.com

№. 6 언더브리지 스파이시크랩
★★ Under Bridge Spicy Crab [橋底辣蟹 키우따이랏하이]

이름 그대로 거대한 고가 도로 밑에 있는 언더브릿지 스파이시크랩은 자그마치 50년이 넘도록 영업을 해 온 완차이의 터줏대감과도 같은 시푸드 레스토랑이다. 같은 이름의 레스토랑이 주변에 세 곳이나 있는데, 모두 같은 곳이니 주저 없이 들어 가자. 시그니처 메뉴는 '당연히' 게 요리. 매콤 짭조름한 고추 마늘 토핑을 가득 얹은 Signature Under Bridge Spicy Crab(招牌橋底辣蟹, HK$시가)을 주문하자. 먼저 게의 크기를 고르고, 소스의 종류와 매운 정도를 선택하면 된다.

- 전화 2893-1289
- 시간 매일 11:00~01:00
- 휴무 연중무휴
- 가격 예산 HK$500~
- INFO P.93
- MAP P.248D
- 찾아가기 MTR 코즈웨이 베이역 C번 출구에서 왼쪽 방향으로 고가도로 아래까지 도보 이동
- 주소 1/F, 391, Lockhart Rd, Wan Chai

Signature Under Bridge Spicy Crab (招牌橋底辣蟹, HK$시가)

№. 7 캐피탈 카페
★★ Capital Café [華星冰室 와씽빵쌋]

이른 아침부터 늦은 밤까지 현지인들로 북적이는 로컬 스타일의 찬탱. 두툼한 토스트 위에 블랙트러플을 가미한 스크램블 에그를 얹어 나오는 홍콩 로컬 아침 메뉴를 만날 수 있다. 연유와 팥이 듬뿍 들어 있는 홍더우빙(Redbean Ice, 紅豆冰, HK$34)은 가벼운 식사 대용으로도 좋다.

- MAP P.248D
- 찾아가기 MTR 완차이 역 A4번 출구, Hennessy Road를 따라 오른쪽으로 Heard Street로 진입
- 주소 Shop B1, G/F, Kwong Sang Hong Building, 6 Heard St, Wan Chai
- 전화 2666-7766
- 시간 매일 07:00~22:00 (일요일 ~21:00)
- 휴무 연중무휴
- 가격 예산 HK$50~80

SHOPPING

№. 1 리퉁 애비뉴
★★★ Lee Tung Avenue [利東街 레이똥까이]

완차이 한복판에 새로 자리잡은 스트리트 몰 형식의 쇼핑몰. Johnston Road와 Queen's Road East를 잇는 Lee Tung Street 양쪽과 그 지하에 다양한 숍과 레스토랑, 카페들이 자리잡고 있다. 홍콩 느낌 물씬 풍기는 소품과 기념품을 만나볼 수 있는 숍들과 함께 드러그스토어와 마트도 입점해 있어 잠시 들러 쇼핑을 하기에도 좋다.

- MAP P.248E
- 찾아가기 MTR 완차이 역 A3번 출구로 나와 길 건너편으로 이동
- 주소 200 Queen's Rd E, Wan Chai
- 전화 3791-2304
- 시간 매일 10:00~22:00
- 휴무 연중무휴
- 홈페이지 www.leetungavenue.com.hk

№. 2 타이윤마켓
★★ Tai Yuen Street Market [太原街 타이윤까이]

Tai Yuen Street를 따라 남북으로 길게 조성된 홍콩 섬 최대의 재래시장. 여행자들보다는 현 지인들이 주로 찾는 곳이기에, 곳곳에 밴 서민들의 삶의 모습을 들여다보며 걷기에 더없이 좋다. 여행자들이 기념품으로 사올 만한 물건은 거의 찾기 힘든 편. 가볍게 구경하며 다음 장소로 이동하자.

- MAP P.248E
- 찾아가기 MTR 완차이 역 A3번 출구로 나와 길 건너편에 위치
- 주소 Tai Yuen St, Wan Chai
- 시간 매일 10:00~20:00 (매장에 따라 다름)
- 휴무 부정기적

6 WAN CHAI 완차이 [灣仔/완짜이]

⊕ ZOOM IN
완차이의 떠오르는 잇 플레이스!
스타스트리트 & 십스트리트

완차이를 서민들의 생활 공간으로만 생각했던 여행자는 여기를 주목하시라. 여기 소호만큼 매력 있고, 스탠리만큼 스타일리시 한 멋진 거리가 완차이에도 있으니 그 이름 스타스트리트(Star Street, 星街, 쌩까이)와 십스트리트(Ship Street, 船街, 쑨까이). 평범한 주택가 뒷골목이었던 이곳에 몇 해 전부터 크고 작은 레스토랑과 감각적인 숍들이 생기면서 이제는 꽤 스타일리시 한 완차이의 명소가 되었다. 이곳의 최대 장점은 꼭꼭 숨어 있는 맛집들을 찾아보는 재미가 있다는 것. 게다가 다른 관광지에 비해 대중에게 덜 알려져 '덜' 복잡하며 '더 여유롭'다는 것. 홍콩의 복잡함에 지친 여행자들이여, 이제 스타스트리트로 가자. 십스트리트를 걸어 보자. 그곳에서 여유 넘치는 홍콩을 마주해 보자.

EATING

№.1 치하우스오브 쓰촨
★★★★★ Qi House of Sichuan [갑 헤이]

완차이에 터를 잡은 뒤, 2016년부터 4년간 줄곧 미쉐린 1스타를 받아온 쓰촨 레스토랑. 화려한 중국식 장식과 검은색 주조의 모던한 인테리어가 조화롭다. 상하이, 광둥요리의 느끼함에 질린 여행자라면 이곳에서 쓰촨요리의 매운맛으로 여행의 활기를 되찾아 보자. 시그니처 메뉴로는 매콤 새콤한 맛이 일품인 전채 Boneless Chicken in Chili Sauce(秘製口水雞, HK$85+10%)과 달큼한 생강 향이 매콤함과 어우러진 쇠고기 요리 Sugar Glazed Ginger and Scallion Beef(薑牛, HK$166+10%) 등이 있는데, 모두 우리 입에 잘 맞는다.

Boneless Chicken in Chili Sauce (秘製口水雞, HK$85+10%)

Sugar Glazed Ginger and Scallion Beef(薑牛, HK$166+10%)

🕒 매일 12:00~15:00, 18:00~23:00 ⊖ 휴무 연중무휴
💲 가격 예산 점심 HK$200~, 저녁 HK$250~
🌐 홈페이지 www.qi-sichuan.hk

📍 MAP P.262
🚇 찾아가기 MTR 완차이 역 A3번 출구로 나와 길을 건넌 후, Johnston Road를 따라 오른쪽으로 도보 3분. J Senses 건물 2층에 위치 📍 주소 2/F, J Senses, 60 Johnston Rd, Wan Chai ☎ 전화 2527-7117 🕒 시간

№.2 파이브 가이즈
★★★★ Five Guys

쉐이크쉑, 인앤아웃 버거와 함께 미국의 3대 햄버거로 불리는 파이브 가이즈의 홍콩 첫 매장. 이곳을 포함해 9곳이 성업 중이다. 빨간 체크 무늬, 무료 땅콩 포대, 육즙 가득한 패티의 햄버거(HK$85~110)는 바로 파이브 가이즈의 상징! 완차이의 한가운데에서 미국 본토의 햄버거를 맛보자.

📍 MAP P.262 🚇 찾아가기 MTR 완차이 역 A3번 출구로 나와 길을 건넌 후, 오른쪽으로 도보 3분 📍 주소 G/F, 60 Johnston Rd, Wan Chai ☎ 전화 3618-9122 🕒 시간 매일 11:00~22:30 ⊖ 휴무 연중무휴 💲 가격 예산 HK$100~ 🌐 홈페이지 www.fiveguys.com.hk

№.3 22 십스
★★★★ 22 Ships

미슐랭 스타 셰프인 제이슨 애서튼이 론칭한 타파스 바. 시그니처 음료인 화이트 산그리아(HK$98+10%)와 함께 눈과 입이 함께 즐거운 핑거푸드를 즐겨보자. 바 테이블이 있어서 나 홀로 여행자에게도 부담이 없는 곳. 오픈 키친의 활기찬 모습도 놓치지 말 것. 조만간 센트럴의 PMQ로 매장을 이전하겠다고 밝힌 바 있다.

📍 MAP P.262 🚇 찾아가기 MTR 완차이 역 A3번 출구 오른쪽으로 Johnston Road를 따라 걷다가 Ship Street로 진입. 총 도보 5분 📍 주소 G/F, 22 Ship St, Wan Chai ☎ 전화 2555-0722 🕒 시간 런치 토~일요일 12:00~15:00, 디너 화~일요일 18:00~22:00(금~토요일~23:00) ⊖ 휴무 월요일 💲 가격 핑거푸드 HK$48~188+10% 🌐 홈페이지 www.22ships.hk

№.4 르방베이커리
★★ Levain Bakery

유럽 스타일의 빵 맛을 그대로 재현하고 있는 프렌치 베이커리. 센트럴 PMQ에 처음 문을 열었던 플래그십이 외곽 커리베이 지역으로 옮겨가면서, 완차이에도 작은 베이커리를 열게 되었다. 바게트나 크루아상처럼 빵 본연의 맛을 즐길 수 있는 다양한 핸드메이드 빵을 내놓고 있다.

📍 MAP P.262 🚇 찾아가기 MTR 완차이 역 A3번 출구로 나와 우측(축구장) 방향으로 도보 3분, 왼쪽 Ship Steet 진입 후 도보 2분 📍 주소 G/F 138-144, Queen's Rd E, Wan Chai ☎ 전화 2708-8112 🕒 시간 매일 08:00~19:00 ⊖ 휴무 부정기적 💲 가격 커피 HK$36~, 커피&토스트 세트 HK$58~ 🌐 홈페이지 www.levain-bakery.com

WAN CHAI 완차이 [灣仔/완짜이]

№. 5 오올라프티
★★★★ Oolaa Petite

소호의 맛집으로 유명한 오올라(Oolaa)가 스타스트리트에도 상륙했다. 소호에서도 많은 사랑을 받았던 몇몇 베스트 메뉴를 이곳에서도 맛볼 수 있으며, 가벼운 아침 식사부터 저녁의 그릴 메뉴까지 다양하게 즐길 수 있다. 평일이라면 세트 런치 메뉴(HK$158~188)를 선택해 보자. 스타터로 시작해 메인 디시(그릴, 스파게티 등 선택)와 디저트에 차까지 코스로 즐길 수 있다.

⊙ MAP P.262 ⊙ 찾아가기 MTR 애드미럴티 역 F번 출구에서 3 퍼시픽플레이스를 통해 밖으로, 3 퍼시픽플레이스 후문 바로 앞. 도보 6분 ⊙ 주소 Shop 2, Tower 2, Starcrest, 9 Star St, Wan Chai ⊙ 전화 2529-3823 ⊙ 시간 월~금요일 07:00~24:00, 토~일요일·공휴일 08:00~24:00 ⊙ 가격 단품 HK$65~200, 파스타 HK$140~190 ⊙ 휴무 연중무휴 ⊙ 홈페이지 www.oolaagroup.com/restaurants/oolaa-petite

Flat White (HK$45~55)

A La Carte (HK$65~200)

№. 6 APT. 커피
★★★★ Apt. Coffee

뒷골목에 숨은 카페임에도, 오직 커피와 음식만으로 입소문을 타고 유명해진 스타 스트리트의 대표적인 맛집이다. 커피는 물론이고 함께 곁들이는 오픈 샌드위치가 이곳의 명물. 빵과 스프레드, 토핑을 선택할 수 있는데, 토핑은 네 종류까지 얹을 수 있다고.

⊙ MAP P.262 ⊙ 찾아가기 MTR 애드미럴티 역 F번 출구에서 3 퍼시픽플레이스를 통해 밖으로, Star Street를 따라 Moon Street로 진입 ⊙ 주소 G/F, 12 Moon St, Wan Chai ⊙ 전화 3619-4393 ⊙ 시간 매일 08:00~18:00 ⊙ 휴무 부정기적 ⊙ 가격 커피 HK$32~, 토스트 HK$70~, 샐러드 HK$98~ ⊙ 홈페이지 www.apt-coffee.com

🛍 SHOPPING

№. 1 KAPOK
★★★ KAPOK

2006년 설립된 홍콩 최초의 라이프스타일 셀렉트 숍으로, 이곳 완차이 스타 스트리트 일대에서는 10년이 넘는 시간 동안 플래그십 스토어를 운영해 왔다. 자체적으로 개발한 디자인 소품 및 라이프스타일 아이템과 함께, 메종키츠네, a.p.c 등 시대를 선도하는 브랜드의 디자인 굿즈들을 함께 취급하는 소위 '잘 나가는' 편집 숍이다. 두 개의 층과 두 개의 공간으로 나뉘어진 특유의 순백의 매장에서 홍콩을 선도하는 디자인 제품들을 가득 만나 보자.

⊙ MAP P.262 ⊙ 찾아가기 MTR 애드미럴티 역 F번 출구에서 3 퍼시픽플레이스를 통해 밖으로, Star Street를 따라 Sun Street로 진입 ⊙ 주소 8 Sun St, Wan Chai ⊙ 전화 2549-9254 ⊙ 시간 월~토요일 11:00~20:30, 일요일 11:00~20:00 ⊙ 휴무 부정기적 ⊙ 홈페이지 www.ka-pok.com

💚 EXPERIENCE

№. 1 록시땅스파
★★★ Spa L'occitane

프랑스 자연주의 화장품 브랜드 록시땅에서 운영하는 여성 전용 스파. 모든 마사지 룸에 개별 샤워룸이 딸려 있어 편안하게 스파를 즐길 수 있다. 최고급 스파 프로그램을 합리적인 가격에 경험해 보자.

⊙ MAP P.262 ⊙ 찾아가기 MTR 애드미럴티역 F번 출구에서 3 퍼시픽플레이스를 통해 밖으로, 후문 바로 앞에 위치 ⊙ 주소 Shop No. 3, Star Crest, 9 Star St, Wan Chai ⊙ 전화 2143-6288 ⊙ 시간 매일 11:00~20:00 ⊙ 휴무 현재 휴업 중 ⊙ 가격 HK$980~1,580(60~90분) ⊙ 홈페이지 hk.loccitane.com

낡디 낡은 옛 건물들, 거리 위까지 내걸린 커다란 간판, 줄지어 달리는 이층의 온갖, 완차이의 시간은 느리게 흘러간다.

빼곡거리며 틈이 경쟁으로 보이는 완차이의 마천루들, 결코 화려하진 않지만 소소한 이야깃거리가 가득 숨어있을 것 같다.

6. WANCHAI 완차이

7 STANLEY
스탠리 [赤柱/쳌취]

이국적인 매력이 풍기는 홍콩의 작은 유럽

2층 버스를 타고 구불거리는 길을 내달리다 보면 마주하게 되는 스탠리는 과거 홍콩 섬에서 가장 번창한 어촌 마을이었다. 세계 2차 대전 때는 군사 감옥이 있던 암울한 역사를 가지고 있지만, 지금은 바다와 맞닿은 멋진 풍광과 바다를 바라보며 늘어선 노천카페들 덕분에 홍콩 섬 남부의 대표적인 관광지로 탈바꿈했다. 홍콩에서 외국인들이 가장 많이 거주하는 곳으로 주말이면 해변을 따라 산책을 즐기는 외국인들을 많이 볼 수 있다. 홍콩의 작은 유럽이라 불리는 스탠리로 특별한 여행을 떠나 보는 건 어떨까?

인기
★★★★★

관광지
★★★☆☆

쇼핑
★★★★☆

식도락
★★★★★

나이트라이프
★★☆☆☆

혼잡도
★★★☆☆

리펄스 베이와 함께 묶어 하루 코스로 둘러보는 걸 추천!

관광지에 대한 기대보다는 이국적인 분위기를 느낄 수 있는 곳.

스탠리마켓은 홍콩의 여러 재래시장 중에서 영어가 가장 잘 통해 쇼핑하기가 수월하다.

유명 맛집들이 모여 있어 먹는 즐거움이 있다.

숙소로 돌아오는 시간을 계산해 너무 늦은 시간까지 머물지 않는 것을 추천한다.

현지인과 관광객들이 함께 몰리는 주말을 제외한 평일은 비교적 한가한 편.

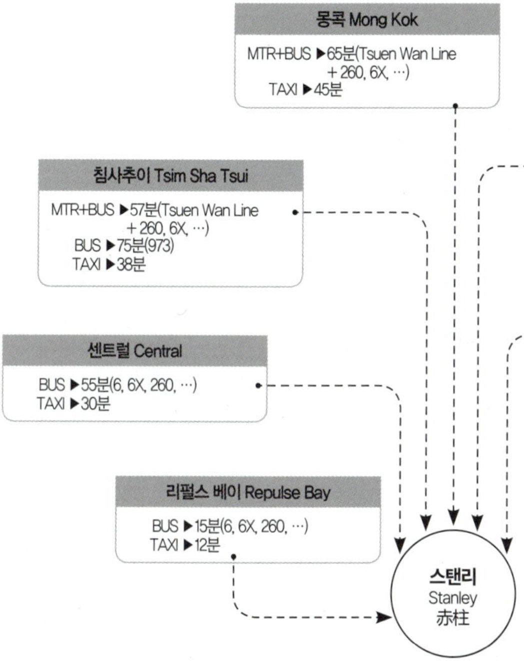

```
                    몽콕 Mong Kok
              MTR+BUS ▶ 65분(Tsuen Wan Line
                         + 260, 6X, …)
                    TAXI ▶ 45분
                                              코즈웨이 베이 Causeway Bay
                                              BUS ▶ 48분(40, 40X)
     침사추이 Tsim Sha Tsui                      TAXI ▶ 30분
  MTR+BUS ▶ 57분(Tsuen Wan Line
            + 260, 6X, …)
       BUS ▶ 75분(973)
       TAXI ▶ 38분
                                                  완차이 Wan Chai
                                              BUS ▶ 40분(6, 6X, …)
        센트럴 Central                          TAXI ▶ 33분
    BUS ▶ 55분(6, 6X, 260, …)
    TAXI ▶ 30분

      리펄스 베이 Repulse Bay
    BUS ▶ 15분(6, 6X, 260, …)
    TAXI ▶ 12분
                                        스탠리
                                       Stanley
                                        赤柱
```

※ 해당 표는 지역의 중심 스폿인 스탠리를 기준으로 작성되었음.
※ 표기 시간은 예상치이며, 도보 이동 시간을 포함하고 있음.

스탠리 이렇게 여행하자

스탠리에서 여유롭게 해수욕을 즐기고 싶은 여행자라면 스탠리 해수욕 코스를, 이국적인 분위기 물씬 풍기는 스탠리를 마음껏 누려 보고 싶은 여행자라면 스탠리 완전 정복 코스를 선택하자. 평일엔 다소 조용한 분위기지만 주말이면 관광객들은 물론이고 나들이 나온 현지인들이 많아 복잡하다. 활기찬 스탠리의 분위기를 만끽하기 위해선 평일보단 주말에 방문하는 걸 추천한다. 노천카페에 앉아 시원한 바람을 맞으며 세계 각국의 다양한 음식을 즐기는 재미도 빼놓지 말자.

7 STANLEY 스탠리 [赤柱/첵취]

TRAVEL MEMO
스탠리 교통편 & 여행 한눈에 보기

MUST SEE
스탠리에서
이것만은 꼭 보자!

No. 1
블레이크피어에서 바다 풍경 바라보기

MUST EAT
스탠리에서
이것만은 꼭 먹자!

No. 1
노천카페에 앉아 세계 각국의 다양한 음식 맛보기

MUST BUY
스탠리에서
이것만은 꼭 사자!

No. 1
스탠리마켓에서 기념품 사기

MUST EXPERIENCE
스탠리에서
이것만은 꼭 경험하자!

No. 1
스탠리 메인 비치에서 해수욕 즐기기

해변 산책로를 여유롭게 걸으며 스탠리의 분위기를 만끽해 보자.

7 STANLEY 스탠리 [赤柱/쳑취]

코스 무작정 따라하기
스탠리 완전 정복 코스

이국적인 분위기를 풍기는 홍콩의 작은 유럽 스탠리를 구석구석 살펴보는 코스로, 홍콩의 매력이 물씬 풍기는 재래시장 스탠리마켓을 둘러보고 아름다운 스탠리만을 산책하자. 스탠리플라자에서는 감각적인 인테리어 숍들도 다양하게 접할 수 있다.

3 블레이크피어
Blake Pier at Stanley
赤柱卜公碼頭
쳑취뽁꽁마타우

특별한 분위기를 풍기는 천장과 내부 덕분에 데이트를 즐기는 커플들이 이곳을 많이 찾는다. 침사추이와 센트럴을 오가는 스탠리크루즈가 운항된다.
블레이크피어를 나와 바로 왼쪽 → 머리하우스

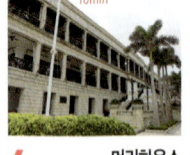

4 머리하우스
Murray House 美利樓
메이레이라우

1844년에 지어진 영국 식민지 시대의 역사적인 건축물. 내부엔 다양한 레스토랑이 자리 잡고 있다.
입구에서 왼쪽으로 도보 1분 → 틴하우사원

● PLUS TIP
시즌마다 건물에서 다양한 팝업 이벤트가 열리기도 한다.

5 틴하우사원
Tin Hau Temple 天后廟
틴하우미우

홍콩 섬에서 가장 오래된 곳으로 1767년에 지어졌다. 아직도 향을 피우며 가족의 평안과 건강을 기원하는 사람들을 많이 볼 수 있다.
⏰ 매일 08:00~18:00
사원 건너편 → 스탠리플라자

6 스탠리플라자
Stanley Plaza 赤柱廣場 쳑취꿩청

여행자들보다는 현지인들에게 더 사랑 받는 곳으로 대형 슈퍼마켓과 카페, 인테리어 숍 등이 모여 있다.
⏰ 매일 09:00~22:00 (가게마다 다름)

스탠리플라자 건물 L5층으로 올라가 왼쪽 방향으로 이동 → 스탠리플라자 버스 정류장

F 스탠리플라자 버스 정류장
Stanley Plaza 赤柱廣場 쳑취꿩청

스탠리빌리지 정류장으로 다시 돌아가지 않아도 이곳에서 센트럴행 버스를 탈 수 있다.

● PLUS TIP
추천 매장 G층 스타벅스, 비프 앤 리버티, 클래시파이드(카페&레스토랑) L2층 3hree Sixty(슈퍼마켓)

Stanley Plaza 赤柱廣場
6, 6X, 66, 73번(센트럴행)

클래시파이드 Classified
비프 앤 리버티 Beef & Liberty
맥도널드
3hree Sixty(슈퍼마켓)
Watson's Wine Cellar
스탠리플라자 Stanley Plaza 赤柱廣場

틴하우사원 Tin Hau Temple 天后廟

놀이터

지노스젤라토 Gino's Gelato

머리하우스 Murray House 美利樓

Stanley Ma Hang Park 赤柱馬坑公園

블레이크피어 Blake Pier at Stanley 赤柱卜公碼頭

270-271

start

S.	스탠리빌리지 버스 정류장
	↓ 150m, 도보 2분
1.	스탠리마켓
	↓ 400m, 도보 7분
2.	빠네 에 라테
	↓ 250m, 도보 3분
3.	블레이크피어
	↓ 100m, 도보 1분
4.	머리하우스
	↓ 100m, 도보 1분
5.	틴하우사원
	↓ 30m, 도보 1분
6.	스탠리플라자
	↓ L5층으로 이동, 도보 2분
F.	스탠리플라자 버스 정류장

7. STANLEY 스탠리

S 스탠리빌리지 버스 정류장
Stanley Village 赤柱村 첵취춘

정류장 입구에서 왼쪽으로 나와 횡단보도를 건너 내리막길로 이동 → 스탠리마켓

1 스탠리마켓
Stanley Market 赤柱市場 첵취씨청

주로 서양인들을 상대하는 곳이라 동양적인 매력을 가진 기념품이 주를 이룬다.
⏰ 매일 11:00~18:30 (가게마다 다름)

스탠리 해변 산책로를 따라 이동 → 빠네 에 라테

➕ PLUS TIP
다른 재래시장에 비해 흥정도 어렵고 가격도 조금 높은 편이니 주의!

2 빠네 에 라테
Pane e Latte 🍴🥐

갓 구운 빵과 브런치를 즐길 수 있는 공간으로 이탈리아 아말피 해안에서 영감을 받은 이국적인 분위기가 매력적이다.
⏰ 매일 08:00~20:15

Stanley Main Street 를 따라 도보 3분 → 블레이크피어

7 STANLEY 스탠리 [赤柱/첵취]

코스 무작정 따라하기
스탠리 해수욕 코스

➕ **PLUS TIP**
베이크 하우스 에그타르트는 구입 즉시 맛보는 것을 추천한다. 가격 HK$12.5

3 스탠리플라자
Stanley Plaza
赤柱廣場, 첵취꽝청

스탠리마켓과 대조를 이루는 현대적인 건물로, 대형 슈퍼마켓과 카페, 인테리어 숍 등이 있으며 건물 앞 광장엔 시즌별로 전시나 공연이 열리기도 하고 아이들을 위한 놀이터가 마련되어 있다.
🕐 매일 08:00~23:00(가게마다 다름)

건물 L5층으로 올라가 왼쪽으로 이동 → 스탠리플라자 버스 정류장

➕ **PLUS TIP**
주요 매장 G층 스타벅스, 비프 앤 리버티, 클래시파이드(카페&레스토랑) L2층 3hree Sixty(슈퍼마켓)

2 베이크하우스
Bakehouse

최근 홍콩의 수많은 카페와 레스토랑 중에서 가장 핫한 곳이라 할 수 있다. 달콤한 에그타르트와 진한 커피의 조합은 언제나 옳다.
🕐 매일 08:00~18:00
Stanley Main Street를 따라 오른쪽으로 도보 5분 → 스탠리플라자

F 스탠리플라자 버스 정류장
Stanley Plaza 赤柱廣場 첵취꽝청

스탠리빌리지 정류장으로 다시 돌아가지 않아도 이곳에서 센트럴행 버스를 탈 수 있다.

Stanley Plaza 赤柱廣場 6, 6X, 66, 73번(센트럴행)

스탠리플라자 Stanley Plaza 赤柱廣場 3
클래시파이드 Classified
비프 앤 리버티 Beef & Liberty
맥도널드
3hree Sixty(슈퍼마켓)
Watson's Wine Cellar
틴하우사원 Tin Hau Temple 天后廟
놀이터
머리하우스 Murray House 美利樓
Stanley Ma Hang Park 赤柱馬坑公園
블레이크피어 Blake Pier at Stanley 赤柱卜公碼頭

272-273

start

북적거리는 홍콩 도심을 벗어나 여유로운 스탠리 메인 비치에서 특별한 휴식을 즐겨 보자. 시간 여유가 된다면 다양한 해양 스포츠를 경험해 보는 것도 좋다. 물놀이로 허기진 배는 세계 각국의 다양한 맛이 공존하는 스탠리 메인 스트리트에서 모자람 없이 채워 보자.

1 스탠리 메인 비치
Stanley Main Beach
赤柱正灘泳灘 쳭취펭탄웽탄

한적한 분위기에서 자유롭게 수영을 즐기기 더없이 좋은 곳이다.

스탠리빌리지 버스 정류장으로 돌아와 진행 방향으로 횡단보도를 건넌 뒤 내리막길로 내려가 오른쪽 Stanley Market Road를 따라 이동 → 베이크 하우스

+ PLUS TIP
샤워실과 탈의실 모두 무료!

S 스탠리빌리지 버스 정류장
Stanley Village
赤柱村 쳭취춘

정류장 입구에서 오른쪽 Stanley Beach Road를 따라 도보 5분 → 스탠리 메인 비치

S.	스탠리빌리지 버스 정류장
	270m, 도보 5분
1.	스탠리 메인 비치
	500m, 도보 10분
2.	베이크 하우스
	350m, 도보 5분
3.	스탠리플라자
	L5층으로 이동, 도보 2분
F.	스탠리플라자 버스 정류장

7. STANLEY 스탠리

7 STANLEY 스탠리 [赤柱/쳌취]

TRAVEL INFO
스탠리 핵심 여행 정보

📷 **SIGHTSEEING**

№. 1 ★★ 스탠리 메인 비치
Stanley Main Beach
[赤柱正灘泳灘 쳌취쨍탄웽탄]

리펄스 베이 비치만큼 많은 관광객들이 찾는 곳은 아니지만 한적한 분위기에서 자유롭게 수영을 즐기기 더없이 좋은 곳이다. 주말이면 가족 단위로 놀러 나온 현지인들이 주를 이루며 해변 오른쪽에서는 다양한 해양 스포츠를 즐기는 사람들을 만날 수 있다. 샤워실과 탈의실 모두 무료로 이용 가능하니 여유롭게 해수욕을 즐겨 보자.

📍 **MAP** P.268B ➡ **찾아가기** 스탠리빌리지 버스 정류장에서 오른쪽 Stanley Beach Road를 따라 도보 5분

№. 2 ★★ 머리하우스
Murray House
[美利樓 메이레이라우]

1844년에 지어진 영국 식민지 시대의 역사적인 건축물이다. 원래는 센트럴에 있었으나 중국은행이 세워지면서 건물을 구성하고 있던 수십 만개의 벽돌이 해체되었다. 벽돌 하나하나에 번호를 붙여 보관해 오다가 스탠리에 새롭게 자리를 잡았다. 오랜 역사를 간직하고 있는 건물이지만 크게 볼거리가 있는것은 아니다. 2층에는 독일식 하우스 맥주 전문점이 있다.

📍 **INFO** P.49 📍 **MAP** P.268C ➡ **찾아가기** 스탠리 빌리지 버스 정류장에서 도보 8분

№. 3 ★★ 블레이크피어
Blake Pier at Stanley [赤柱卜公碼頭 쳌취뽁꽁마타우]

이국적인 스탠리의 분위기와 다소 동떨어져 보이는 이 건물은 원래 센트럴에 있던 것으로 2007년 지금의 자리로 옮겨져 다시 문을 열었다. 특별한 분위기를 풍기는 천장과 내부 덕분에 데이트를 즐기는 커플들이 많고 주말이면 이곳에서 침사추이와 센트럴을 오가는 스탠리 크루즈를 탑승할 수 있는 곳이기도 하다. 팬데믹 이후 정해진 스케줄이 아닌 비정기적으로 특정 날짜만 오픈된다. 홈페이지를 통해서 운항 날짜를 확인할 수 있으며 예약은 필수.

📍 **MAP** P.268E ➡ **찾아가기** 스탠리빌리지 버스 정류장에서 도보 8분

TIP 스탠크크루즈
🌐 홈페이지 http://www.aqualuna.com.hk

센트럴 9번 선착장 11:00 출발 ➡ 침사추이 1번 선착장 11:15 출발 ➡ 블레이크피어 12:45 도착

블레이크피어 14:45 출발 ➡ 센트럴 9번 선착장 16:15 출발 ➡ 침사추이 1번 선착장 16:30 도착

왕복 성인 HK$420, 어린이 HK$270
편도 성인 HK$330, 어린이 HK$200
(무료 음료 1잔 포함)

№. 4 ★ 틴하우사원
Tin Hau Temple
[天后廟 틴하우미우]

홍콩 곳곳에 자리 잡고 있는 무려 70개의 틴하우사원 중에서 홍콩 섬에서 가장 오래된 곳으로 1767년에 지어졌다. 현대적인 건물인 스탠리플라자 바로 옆에 있어 눈에 잘 띄진 않지만, 사원 안쪽으로 들어서면 향을 피우며 가족의 평안과 건강을 기원하는 사람들을 볼 수 있다. 잠깐이라도 들러 여행지에서의 안전과 나만의 소원을 빌어 보는건 어떨까?

📍 **MAP** P.268C ➡ **찾아가기** 스탠리빌리지 버스 정류장에서 도보 6분 🕐 **시간** 매일 08:00~18:00

🍴 EATING

№ 1 클래시파이드
★★★ Classified

가볍게 즐기기 좋은 샐러드와 스낵부터 든든하게 속을 채울 수 있는 파스타, 버거, 스테이크까지 다채로운 메뉴가 준비되어 있다. 이른 아침 오픈하기 때문에 가볍게 아침 식사를 즐기는 현지인들도 많은 편. 매일 조금씩 바뀌는 데일리 스페셜 메뉴가 특히 인기 있으며 와인 애호가들을 위한 와인 리스트도 풍부하게 갖추고 있다.

◎ MAP P.268C ◎ 찾아가기 스탠리빌리지 버스 정류장에서 도보 5분 ◎ 주소 Shop G08A, G/F, Stanley Plaza, 23 Carmel Road, Stanley, Hong Kong ◎ 전화 2563-3454 ◎ 시간 월~금요일 08:30~20:30, 토·일요일 08:30~21:00 ◎ 휴무 부정기적 ◎ 가격 예산 HK$150~

№ 2 비프 앤 리버티
★★★ Beef & Liberty

지금까지 먹어본 버거 중 가장 맛있는 버거를 제공한다는 모토로 운영되고 있는 수제 버거 전문점이다. 완벽한 버거를 위해 패티의 황금 비율과 속 재료의 조합, 치즈의 녹는 정도 등 디테일한 세부 레시피를 수년간 연구 개발해 만들어 냈다. 가장 인기 있는 메뉴는 블랙 페퍼 버거.

◎ MAP P.268C ◎ 찾아가기 스탠리빌리지 버스 정류장에서 도보 5분 ◎ 주소 G/F, Stanley Plaza, 23 Carmel Road, Stanley, Hong Kong ◎ 전화 2563-2085 ◎ 시간 월·화·목요일 11:30~21:00 금요일 11:30~22:00 토요일 10:30~22:00 일요일 10:30~21:00 ◎ 휴무 수요일 ◎ 가격 예산 HK$150~

№ 3 베이크하우스
★★★ Bakehouse

홍콩에서 필수로 먹어야 하는 디저트 중 하나인 에그타르트를 맛볼 수 있는 카페로 최근 홍콩에서 가장 인기 있는 곳이다. 센트럴의 소호와 완차이에도 지점이 있으며 스탠리 지점은 다른 지점과 달리 웨이팅이 없는 편이라 꼭 들러보는 것을 추천한다. 달콤하고 부드러운 포르투갈식 에그타르트는 진한 아메리카노와 환상 궁합을 자랑한다.

◎ MAP P.268D ◎ 찾아가기 스탠리빌리지 버스 정류장에서 도보 2분 ◎ 주소 116 Stanley Main St, Stanley ◎ 시간 매일 08:00~18:00 ◎ 휴무 부정기적 ◎ 가격 예산 HK$42.5~

Sourdough Egg Tart (HK$12.5)

🛍 SHOPPING

№ 4 빠네 에 라테
★★★ Pane e Latte

이탈리아어로 빵과 우유라는 이름을 가진 베이커리 겸 레스토랑이다. 입구는 물론이고 내부 인테리어 역시 이탈리아 해안에서 영감을 받아 꾸며졌다. 갓 구운 빵과 함께 가볍게 커피 혹은 차를 즐기는 것도 좋고 파스타, 스테이크 등의 메뉴를 선택해 든든한 식사 시간을 가질 수도 있다. 와인, 맥주 등 음료 라인업도 다양하다.

◎ MAP P.268D ◎ 찾아가기 스탠리빌리지 버스 정류장에서 도보 3분 ◎ 주소 25 Stanley Market Rd, Stanley ◎ 전화 2337-7221 ◎ 시간 매일 08:00~20:15 ◎ 휴무 연중무휴 ◎ 가격 예산 HK$200~

Avocado Toast Classico (HK$148+10%)

№ 1 스탠리마켓
★★★★ Stanley Market [赤柱市場 쳑취씨청]

홍콩의 재래시장 중에서 가장 영어가 잘 통하는 곳이지만, 다른 재래시장에 비해 흥정도 어렵고 가격도 조금 높은 편이다. 주로 서양인들을 상대하는 곳이라 동양적인 매력을 가진 기념품이 주를 이룬다. 굳이 무얼 사기보다는 가벼운 마음으로 천천히 둘러보며 분위기를 즐겨 보자. 팬데믹 이후 그 규모가 많이 축소되었다.

◎ MAP P.268C ◎ 찾아가기 스탠리빌리지 버스 정류장에서 왼쪽 횡단보도를 건너 내리막길로 직진 ◎ 시간 매일 11:00~18:30 (가게마다 다름) ◎ 휴무 연중무휴

№ 2 스탠리플라자
★★★ Stanley Plaza [赤柱廣場 쳑취꿩청]

스탠리를 대표하는 스탠리마켓과 대조를 이루는 현대적인 건물로 슈퍼마켓과 카페, 인테리어 숍 등이 모여 있다. 건물 앞 광장엔 시즌별로 전시나 공연이 열리기도 하고 작은 놀이터가 마련되어 있어 아이와 함께 여행하는 가족이라면 한번쯤 들러 시간을 보내는 것도 좋겠다. L5층으로 나가면 스탠리플라자 버스 정류장으로 연결되는데 이곳에서 센트럴행 버스를 탑승할 수 있다.

◎ MAP P.268C ◎ 찾아가기 스탠리빌리지 버스 정류장에서 도보 5분 ◎ 주소 Stanley Plaza, 23 Carmel Road, Stanley, Hong Kong ◎ 전화 2813-4623 ◎ 시간 매일 09:00~22:00 (가게마다 다름) ◎ 휴무 부정기적 ◎ 홈페이지 www.stanleyplaza.com

8 REPULSE BA
리펄스 베이 [淺水灣/친쏘이완]

홍콩을 대표하는 아름다운 해변

홍콩으로 접근하는 배들을 약탈하며 살아가던 해적들의 근거지였던 리펄스 베이. 과거와는 달리 지금은 홍콩의 유명 배우들과 부유층들이 모여 사는 부촌이자 홍콩을 대표하는 가장 아름다운 해변으로 유명한 곳이다. 건물 중앙에 용이 드나들 수 있는 커다란 구멍을 뚫어 놓아 특별한 볼거리를 제공하는 더리펄스베이, 바다 건너 유럽에서 수입해 왔다는 모래가 깔린 리펄스 베이 비치. 홍콩이라기보다 유럽의 작은 소도시가 연상되는 이곳에서 바쁜 여행의 중간, 가뭄에 단비 같은 달콤한 휴식을 즐겨 보는 건 어떨까?

인기
★★★★☆

관광지
★★★★☆

쇼핑
★★☆☆☆

식도락
★★★☆☆

나이트라이프
★☆☆☆☆

혼잡도
★★☆☆☆

여행 당일 날씨 상황을 고려해 방문하는 것이 좋다.

대부분의 관광객들은 해변을 산책하거나 스탠리 가는 길에 잠시 들른다.

홍콩 부유층들이 모여 사는 곳이라 가격이 비싼 편이다.

최근에 문을 연 더리펄스베이에는 분위기와 맛을 동시에 사로잡는 레스토랑들이 모여 있다.

홍콩은 야경이 유명하지만 리펄스베이는 밤보다 낮이 더 아름다운 곳이다.

복잡한 도심을 벗어나 여유로운 여행을 즐겨 보자.

몽콕 Mong Kok
- MTR+BUS ▶50분(Tsuen Wan Line + 260, 6X, …)
- TAXI ▶30분

침사추이 Tsim Sha Tsui
- MTR+BUS ▶46분(Tsuen Wan Line + 260, 6X, …)
- BUS ▶65분(973)
- TAXI ▶26분

센트럴 Central
- BUS ▶36분(6, 6X, 260, …)
- TAXI ▶18분

코즈웨이 베이 Causeway Bay
- BUS ▶30분(40, 40X)
- TAXI ▶20분

완차이 Wan Chai
- BUS ▶27분(6, 6X, …)
- TAXI ▶19분

리펄스 베이 Repulse Bay 淺水灣

스탠리 Stanley
- BUS ▶15분(6, 6X, 260, …)
- TAXI ▶12분

리펄스 베이 이렇게 여행하자

날씨에 따라 여행의 만족도가 크게 좌우되는 곳이니만큼 여행 당일 날씨가 좋지 않다면 과감하게 다음을 기약하는 것이 좋다. 햇살이 내리쬐는 날이면 리펄스 베이 비치에서 여유롭게 해수욕을 즐겨 보시길. 무료로 이용 가능한 샤워실과 탈의실은 여행자들에게도 활짝 열려 있으니 말이다. 물놀이로 허기진 배는 편의점에서 간단히 도시락을 구매해 해변에서 즐겨 보는 것도 추천! 여유가 된다면 정통 애프터눈티를 맛보며 잠시만이라도 영국의 상류층이 된 듯한 기분으로 오후의 여유를 누려 보자. 버스로 십여 분이면 도착하는 스탠리(P.266)와 함께 여행하는 것도 좋다.

8 REPULSE BAY 리펄스 베이 [淺水灣/친쏘이완]

TRAVEL MEMO
리펄스 베이 교통편 & 여행 한눈에 보기

MUST SEE
리펄스 베이에서
이것만은 꼭 보자!
➡

No.1
커다란 구멍이 뚫려 있는
더리펄스베이 건물 구경하기

MUST EAT
리펄스 베이에서
이것만은 꼭 먹자!
➡

No.1
영국의 상류층이 된 듯한
기분으로 애프터눈티 즐기기

MUST EXPERIENCE
리펄스 베이에서
이것만은 꼭 경험하자!
➡

No.1
아름다운 리펄스 베이 비치에서
해수욕 즐기기

하루 정도는 도시에서 벗어나 여유로운 휴양지 바이브를 느껴보자.

8 REPULSE BAY 리펄스 베이 [淺水灣/친쏘이완]

코스 무작정 따라하기
리펄스 베이 완전 정복 코스

가벼운 마음으로 리펄스 베이 비치를 걸으며, 뱃사람들의 안전을 기원하는 마음으로 만들어 졌다는 틴하우 & 관음상까지 둘러보는 코스. 클래식한 분위기의 더베란다에서 영국의 정통 애프터눈티를 즐겨 보는 것도 좋고, 미처 예약을 하지 못했다면 더리펄스베이 아케이드에 자리 잡은 퍼시픽커피에서 커피 한잔의 여유를 즐겨 보자.

1 리펄스 베이 비치
Repulse Bay Beach
淺水灣海灘 친쏘이완하이탄

유럽에서 건너왔다는 몸값 비싼 모래 위를 사뿐사뿐 걸으며 여유롭게 산책을 즐겨 보자.
바다를 바라보고 해변을 따라 왼쪽으로 500m 이동 → 틴하우 & 관음상

S 리펄스 베이 비치 정류장
Repulse Bay Beach
淺水灣海灘 친쏘이완하이탄

길 건너 계단을 이용해 비치로 이동 → 리펄스 베이 비치

2 틴하우 & 관음상
Tin Hau and Kwun Yum Statues 天后像 觀音像
틴하우쩡 꾼얌쩡

뱃사람들의 안전을 기원하는 마음으로 지어진 사원으로 다양한 신상들을 구경하는 재미가 있다.
리펄스 베이 비치 정류장 바로 앞 왼쪽 계단으로 올라간다 → 더리펄스베이

● PLUS TIP
인연석과 월하노인을 빨간색 실로 묶어 주면 원하는 사람과 결혼하게 된다는 전설이 있다.

● PLUS TIP
건물에 뚫린 구멍은 산에 사는 용이 바다로 빠져 나가기 위한 길!

3 더리펄스베이
The Repulse Bay
影灣園 영완윤

홍콩 유명 배우들과 갑부들이 모여 사는 곳으로, 리펄스 베이를 대표하는 건물. 이곳을 배경으로 기념사진을 찍어 보자.
더리펄스베이 건물 1층 → 더베란다

● PLUS TIP
추천메뉴 홍차와 디저트를 즐기며 여유를! 애프터눈티(HK$508+10%~)

4 더베란다
The Verandah

클래식한 분위기에서 정통 영국식 애프터눈티를 즐기자.
⏰ 애프터눈티 : 수~금요일 15:00~17:30,
토·일요일 15:30~17:30
건물 앞 계단으로 내려간다 → 리펄스 베이 비치 정류장

F 리펄스 베이 비치 정류장
Repulse Bay Beach
淺水灣海灘 친쏘이완하이탄

센트럴로 가는 버스 정류장. 스탠리로 이동하려면 길 건너 더리펄스베이 바로 앞에 있는 정류장을 이용하자.

8 REPULSE BAY 리펄스 베이 [淺水灣/친쏘이완]

코스 무작정 따라하기
리펄스 베이 해수욕 코스

날씨가 좋다면 여벌 옷을 챙겨 홍콩에서 가장 아름다운 해변에서 해수욕을 즐겨 보자. 물놀이 용품을 미처 준비하지 못했다면 해변가에 위치한 세븐일레븐에서 구입할 수 있으며, 다양한 레스토랑이 모여 있는 더펄스에서 해변을 바라보며 세계 각국의 음식들을 즐겨 보는 것도 좋다.

➕ **PLUS TIP**
간단한 간식을 구입해 비치에서 피크닉을 즐겨 보자!

1 세븐일레븐
간단한 먹거리나 돗자리, 물놀이 용품을 구입할 수 있다.
🕐 24시간 운영
세븐일레븐 바로 옆 → 탈의실

S 리펄스 베이 비치 정류장
Repulse Bay Beach
淺水灣海灘 친쏘이완허이탄
길 건너 계단을 이용해 비치로 이동한다 → 세븐일레븐

2 탈의실
탈의실, 샤워실, 화장실이 한곳에 위치하고 있으며 누구나 무료로 이용할 수 있다.
탈의실 바로 앞 → 리펄스 베이 비치

3 리펄스 베이 비치
Repulse Bay Beach
淺水灣海灘 친쏘이완허이탄
홍콩 최고 인기를 자랑하는 비치로 날씨가 좋으면 어김없이 해수욕을 즐기는 사람들로 북적인다.
바다를 등지고 왼쪽 방향으로 이동, 계단을 올라간다 → 리펄스 베이 비치 정류장

F 리펄스 베이 비치 정류장
Repulse Bay Beach
淺水灣海灘 친쏘이완허이탄
센트럴로 가는 버스 정류장. 스탠리로 이동하려면 길 건너 더펄스베이 바로 앞에 있는 정류장을 이용하자.

➕ **PLUS TIP**
수영복을 챙기지 못했더라도 주저 말고 바닷속으로 뛰어들어가 보자. 젖어 버린 옷은 홍콩의 뜨거운 햇살 아래 금세 말라 버리니 걱정 없다.

282-283

start

S. 리펄스 베이 비치 정류장

▼ 200m, 도보 2분

1. 세븐일레븐

▼ 바로 옆

2. 탈의실

▼ 바로 앞

3. 리펄스 베이 비치

▼ 250m, 도보 3분

F. 리펄스 베이 비치 정류장

8. REPULSE BAY 리펄스 베이

- 더리펄스베이 The Repulse Bay
- 더베란다 The Verandah
- Spices
- 더리펄스베이 쇼핑 아케이드 The Repulse Bay Shopping Arcade
- **S** Repulse Bay Beach 淺水灣海灘 6, 6A, 6X, 66, 260번 (스탠리행)
- **B** Repulse Bay Beach 淺水灣海灘 6, 6A, 6X, 260번 (센트럴행)
- **F**
- Repulse Bay Rd
- ① 세븐일레븐
- ② 화장실 탈의실 샤워실
- ③ 리펄스 베이 비치 Repulse Bay Beach 淺水灣海灘
- 리펄스 베이 Repulse Bay 淺水灣
- 놀이터
- S Bay Path
- Beach Rd
- 더펄스 The Pulse
- 라임우드 Limewood
- 더커피아카데믹스 THE COFFEE ACADEMICS
- %아라비카 %ARABICA
- 아말피타나 Amalfitana
- 틴하우 & 관음상 Tin Hau and Kwun Yum Statues 天后像 觀音像

8 REPULSE BAY 리펄스 베이 [淺水灣/친쏘이완]

📷 SIGHTSEEING

TRAVEL INFO
리펄스 베이 핵심 여행 정보

№. 1 리펄스 베이 비치
★★★★ Repulse Bay Beach
[淺水灣海灘 친쏘이완하이탄]

한쪽 끝에서부터 반대쪽까지 천천히 산책 하듯 걸어도 10분이면 될 정도로 그리 넓지 않은 리펄스 베이 비치는 해변에서 바라보는 멋진 풍경 덕분에 관광객들에게는 물론이고 현지인들에게도 꾸준히 사랑 받고 있는 곳이다. 유럽에서 건너왔다는 몸값 비싼 모래 위를 사뿐사뿐 걸으며 여유롭게 산책을 즐겨 보는 것도 좋고, 날씨가 허락된다면 직접 비치로 뛰어들어 수영을 즐기며 여유를 만끽해 보자.

📍 MAP P.278C
🚌 찾아가기 리펄스 베이 비치 정류장에서 건너편 계단으로 내려간다

№. 2 더리펄스베이
★★★ The Repulse Bay
[影灣園 엥완윤]

처음 설계할 당시에는 구멍이 따로 없었지만 뒷산에 사는 용이 건물에 막혀 바다로 빠져나갈 수 없으면 큰 화를 불러올 것이라는 이야기에 건물 중앙에 커다란 구멍을 뚫어 용이 지나갈 수 있는 길을 만들어 주었다고 한다. 홍콩 유명 배우들과 갑부들이 모여 사는 곳으로 보안이 살벌해 건물 안으로 들어가 볼 순 없지만 특별한 외관 덕분에 리펄스 베이를 대표하는 건물이 되었다.

📍 MAP P.278A 🚌 찾아가기 리펄스 베이 비치 정류장 바로 앞 왼쪽 계단으로 올라간다
🏠 주소 The Repulse Bay, 109 Repulse Bay Road

№. 3 틴하우 & 관음상
★★★ Tin Hau and Kwun Yum Statues
[天后像觀音像 틴하우쩡 꾼얌쩡]

리펄스 베이 비치 끝자락, 바다의 여신인 틴하우와 관음상이 위용을 드러내며 서 있는 이곳은 뱃사람들의 안전을 기원하는 마음으로 지어진 곳이다. 주변엔 크고 작은 다양한 신상들이 있는데 배불뚝이 스님을 쓰다듬으면 아이를 갖게 된다거나, 인연석과 월하노인을 빨간색 실로 묶어주면 원하는 사람과 결혼을 하게 된다는 등의 다양한 속설을 가지고 있어 소원이 이루어지길 바라는 관광객들의 발걸음이 끊이지 않는다.

📍 MAP P.278F 🚌 찾아가기 리펄스 베이 비치 정류장에서 건너편 계단을 내려와 해변을 따라 왼쪽으로 500m 이동

№. 4 더펄스
★★ the pulse

주말이면 브런치를 즐기는 현지인들이 주로 찾는 복합 쇼핑몰이다. 2층에는 영유아들을 위한 장난감, 의류들을 판매하는 숍들이 모여 있다. 1층에는 여유롭게 리펄스 베이 비치를 바라 보며 브런치를 즐길 수 있는 레스토랑과 카페가 있다.

주요 매장 %아라비카 %ARABICA, 클래시파이드 Classified, 라임우드 Limewood, 더커피아카데믹스 THE COFFEE ACADEMICS

📍 MAP P.278F 🚌 찾아가기 리펄스 베이 비치 정류장에서 건너편 계단을 내려와 왼쪽 방향으로 이동 🏠 주소 28 Beach Road, Repulse Bay 📞 전화 2815-8888
🕐 시간 가게마다 다름 🚫 휴무 부정기적
🌐 홈페이지 www.thepulse.com.hk

🍴 EATING

№.1 더베란다
★★★ The Verandah

화려하진 않지만 중후한 느낌의 클래식한 분위기에서 정통 영국식 애프터눈티를 즐길 수 있는 곳이다. 전체 대관 행사가 많아 방문하기 전 예약은 필수이다.

📍 MAP P.278A 🚶 찾아가기 더리펄스베이 건물 1층에 위치 🏠 주소 The Repulse Bay, 109 Repulse Bay Road ☎ 전화 2292-2822
🕐 시간 수~토요일 · 공휴일 점심 12:00~15:00, 애프터눈티 15:00~17:30, 저녁 19:00~22:30 / 일요일 브런치 11:00~15:00, 애프터눈티 15:30~17:30, 저녁 18:30~22:30
🚫 휴무 공휴일을 제외한 월 · 화요일 💰 가격 수~금요일 1인 HK$508+10%, 2인 HK$728+10% 토 · 일요일 · 공휴일 1인 HK$548+10%, 2인 HK$808+10% 🌐 홈페이지 www.therepulsebay.com/en/dining/verandah

№.2 라임우드
★★★ Limewood

리펄스 베이의 복합 쇼핑센터 더펄스에 위치한 레스토랑으로 다양한 해산물과 함께 BBQ를 즐길 수 있는 곳이다. 전망 좋은 곳에 위치한 레스토랑인 만큼 저렴한 가격은 아니지만 리펄스 베이 비치를 바라보며 즐기는 칵테일 한잔은 지친 여행자의 피로를 한방에 풀어줄 수 있을 것이다.

📍 MAP P.278F
🚶 찾아가기 리펄스 베이 비치 정류장에서 건너편 계단을 내려와 왼쪽 방향으로 이동
🏠 주소 28 Beach Road, Repulse Bay
☎ 전화 2866-8668 🕐 시간 월~금요일 11:30~16:00 18:00~22:00, 토 · 일요일 11:30~22:00
🚫 휴무 부정기적
💰 가격 예산 HK$150~
🌐 홈페이지 www.limewood.hk

SPICY TIGER PRAWN ROLL
HK$148+10%

CALAMANSI SODA
HK$70+10%

JERKED COCONUT CORN
HK$120+10%

№.3 더커피아카데믹스
★★★ THE COFFEE ACADEMICS

죽기 전에 꼭 가봐야 하는 카페 25 리스트에 이름을 올린 홍콩에서 가장 핫한 스페셜티 커피 전문점. 홍콩에도 지점이 여러 곳 있지만 막혀 있는 문 없이 리펄스 베이 비치를 향해 활짝 열려있는 구조 덕분에 이곳 지점은 늘 사람들로 북적거린다.

📍 MAP P.278F
🚶 찾아가기 리펄스 베이 비치 정류장에서 건너편 계단을 내려와 왼쪽 방향으로 이동 🏠 주소 28 Beach Road, Repulse Bay ☎ 전화 2511-1902 🕐 시간 일~목요일 08:00~18:00, 금 · 토요일 08:00~19:00 🚫 휴무 연중무휴
💰 가격 커피 HK$42+10%~

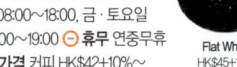

Flat White
HK$45+10%

№.4 아말피타나
★★ Amalfitana

정통 이탈리안 화덕 피자 전문점으로 실제 이탈리안 태생 셰프가 직접 주방을 맡아 운영하고 있다. 이탈리안 정통 화덕피자에 트렌디하고 창의적인 토핑을 더한 아말피타나만의 독창적인 메뉴들을 갖추고 있으며 피자와 함께 먹기 좋은 샐러드와 식사 메뉴도 다양한 편이다. 시그니처 칵테일과 함께 즐겨보는 것을 추천한다.

📍 MAP P.278F 🚶 찾아가기 리펄스 베이 비치 정류장에서 건너편 계단을 내려와 왼쪽 방향으로 이동 🏠 주소 Shop 105, G/F, The Pulse, 28 Beach Rd, Repulse Bay 🕐 시간 매일 11:00~21:00 🚫 휴무 부정기적 💰 가격 피자 HK$150~

№.5 %아라비카
★★ % ARABICA

일본 교토에 본사를 두고 있지만 홍콩에 첫 번째 지점을 오픈했을 정도로 홍콩에 대한 애정이 깊은 브랜드이다. 미니멀 인테리어와 걸맞은 깔끔한 커피 맛을 자랑한다. 한국 사람들에게는 브랜드의 아이덴티티라 할 수 있는 % 심벌을 사선으로 읽어낸 응커피라는 이름으로 불리기도 한다. 리펄스베이 지점은 다른 매장들과 다르게 독특한 원 모양의 카운터가 인상적이다.

📍 MAP P.278F 🚶 찾아가기 리펄스 베이 비치 정류장에서 건너편 계단을 내려와 왼쪽 방향으로 이동 🏠 주소 The Pulse, Shop 205, Level 2, 28 Beach Rd, Repulse Bay ☎ 전화 2625-9338 🕐 시간 매일 08:30~19:00 🚫 휴무 부정기적
💰 가격 아메리카노 HK$40, 카페라테 HK$45

DAY-40
무작정 따라하기 디데이별 여행 준비

D-40
여권 발급

만료일이 6개월 이상 남은 여권을 소지하고 있어야만 홍콩, 마카오 출입국 시 문제가 되지 않는다. 만료일이 6개월 미만으로 남은 경우엔 유효기간 연장 신청을 하거나 새로운 여권을 발급받도록 하자. 여권 발급은 각 지역의 시, 도청이나 구청에서 가능하며 여권용 사진 1장과 신분증, 여권 발급 신청서와 함께 수수료를 제출하면 된다. 발급까지는 일주일 정도 소요된다.

여권 만들기
여권 발급 수수료 복수 여권 4만 5,000원(5년), 5만 3,000원(10년), 단수 여권 2만원
- 만 25세 미만 군 미필자의 경우 국외 여행 허가서 필수 지참
- 자세한 내용은 병무청 홈페이지 www.mma.go.kr 참조

> **Check!** 대한민국 여권 소지자는 비자 없이 홍콩, 마카오에서 최대 90일 체류 가능!

2. 숙박비
호텔 숙박 비용이 비싸기로 손꼽히는 홍콩의 숙박 요금은 호텔 등급에 따라 1박에 15만원부터 80만원까지 천차만별이다. 한인 민박이나 게스트하우스는 1박에 HK$600 정도로 숙박이 가능하니 굳이 호텔을 고집할 필요는 없다. 물론 여유가 된다면 홍콩에서만 누릴 수 있는 고급 호텔의 특별한 서비스를 경험해 보는 것도 좋다.

3. 교통비
공항에서 시내를 왕복하는 버스는 편도 HK$33부터이지만 공항 고속철도를 이용하면 HK$100 이니 공항 도착 시간과 예산에 맞춰 이용하도록 하자. 시내 교통은 주로 MTR이나 버스, 트램을 이용하는데 생각보다 교통비가 그리 비싼 편은 아니다.

> **Check!** 마카오를 함께 여행할 경우 페리 왕복 비용은 HK$380~부터

4. 식비
저렴한 로컬 식당은 HK$50부터 시작되지만 고급 레스토랑에서는 한끼 식사 비용이 HK$1,000을 넘기도 한다. 본인의 여행 스타일에 맞춰 예산을 짜는 것이 포인트. 조식은 숙소에서 해결하고 관광객들에게 소문난 맛집을 위주로 다닌다면 점심, 간식, 저녁을 더해 하루 평균 HK$300 정도로 예상하면 된다.

5. 입장료
뮤지엄 패스를 구입하면 홍콩 박물관에 자유롭게 입장이 가능하다. 무료 입장 가능한 박물관도 있다.
- 디즈니랜드 HK$639, 오션파크 HK$498

D-38
여행 경비 체크

✓ 홍콩 3박 4일 예상 경비

항공 요금	30만~50만원 (세금, 유류 할증료 포함)
숙박비	HK$600 (한인 민박 1박 기준)
공항 왕복 교통비	HK$40~200 (1일 평균 HK$40)
식비	HK$300~ (1일 기준)
입장료	뮤지엄패스 HK$50~, 테마파크 HK$639~
총경비	항공료 30만원 + HK$4,049 = 약 100만원 (입장료, 쇼핑비 제외)

1. 항공 요금
여행 경비에서 숙소만큼이나 큰 비용을 차지하는 항공 요금. 홍콩은 특별히 성수기와 비수기의 차이가 크게 없이 꾸준히 인기가 있는 여행지이기 때문에 되도록이면 서둘러 항공권을 예약하는 것이 항공 요금을 저렴하게 구입하는 방법. 저가 항공의 '얼리버드 요금'을 예약하면 30만원 정도에 홍콩 왕복 항공권을 구입할 수도 있다.

D-35
항공권 예약

최근 저가 항공 취항이 급격히 늘어나면서 조금 서둘러 예약한다면 제주도행 항공권보다 더 저렴한 가격으로 홍콩행 항공권을 거머쥘 수도 있다. 각 항공사별 '얼리버드 요금'이나, 소셜커머스 사이트의 핫딜을 수시로 체크해 보는 것이 좋다.

1. 홍콩·마카오 취항 항공사

• 홍콩

인천 ↓ 홍콩	대한항공	https://kr.koreanair.com
	아시아나항공	http://flyasiana.com
	제주항공	www.jejuair.net
	에어프레미아	www.airpremia.com
	티웨이항공	www.twayair.com
	캐세이패시픽 항공	www.cathaypacific.com/kr
	홍콩항공	www.hongkongairlines.com
	홍콩익스프레스	www.hkexpress.com
부산(김해) ↓ 홍콩	에어부산	www.airbusan.com
	홍콩익스프레스	www.hkexpress.com

• 마카오

인천 ↓ 마카오	대한항공	https://kr.koreanair.com
	아시아나항공	http://flyasiana.com
	제주항공	www.jejuair.net
	한에어	www.hahnair.com
	에어마카오	www.airmacau.com.mo
부산(김해) ↓ 마카오	에어부산	www.airbusan.com

2. 항공권 가격 비교 사이트

인터파크 투어 http://air.interpark.com
웹투어 www.webtour.com
네이버 항공권 https://flight.naver.com

3. 홍콩·마카오 항공권 예약 꿀팁!

TIP 1 항공권 예약 시 여행 일자만큼이나 중요한 건 비행기 시간!
무턱대고 저렴한 항공권을 예약하는 것보다 자신에게 맞는 시간대의 항공권을 선택하는 것이 좋다. 꽉 찬 홍콩에서의 일정을 원하는 사람이라면 인천에서 오전 일찍 출발해 홍콩에서 저녁 늦게 돌아오는 시간으로 예약하자. 휴가를 많이 낼 수 없는 직장인의 경우는 인천에서 금요일 저녁에 출발하는 항공편을 선택한다면 휴가 없이도 주말을 이용한 홍콩 여행이 가능하고, 홍콩에서 자정 즈음 출발하는 항공편을 이용해 기내에서 잠을 청한다면 호텔 비용을 하루 절약할 수도 있다. 단, 이 방법은 체력이 좋은 분들만 시도하시길!

TIP 2 얼리버드 요금 각 항공사별로 경쟁하듯 내 놓는 얼리버드 요금에 주목하자! 미리 휴가 일정을 정할 수 있는 여행자라면 가장 저렴하게 홍콩행 항공권을 구입할 수 있는 방법! 주요 항공사 홈페이지에 회원 가입을 해 두면 특가 이벤트가 오픈 될 때마다 미리 메일로 알려 주니 누구보다 빠르게 정보를 얻을 수 있다.

TIP 3 소셜커머스 쿠팡, 티켓몬스터, 위메프 등 소셜커머스에서는 수시로 대폭 할인된 항공권을 구입할 수 있다. 지정된 날짜에 따라 요금이 다르니 일정에 맞춰 검색해 보는 것이 보다 저렴한 항공권을 구입하는 방법!

TIP 4 땡처리 항공권 2~3일 내로 떠날 준비가 된 여행자라면 땡처리 항공권에 주목해 보자. 출발 날짜가 임박한 항공권을 50%

이상 저렴하게 구입 가능하다. 하지만 급하게 여행 일정을 잡을 경우 숙소를 미처 예약하지 못할 수도 있으니 예약 전에 숙소도 함께 체크 해 보는 것이 포인트. (땡처리 닷컴 www.072.com)

4. 저가 항공 예약 시 주의점!

✓위탁 수하물 규정 체크
기내식이나 기내 서비스 비용을 최소화하고 저가 항공사의 경우 기내식은 물론이고 위탁 수하물도 추가로 비용을 지불하는 경우도 있다. 예약 시 수하물 규정을 꼼꼼하게 체크하고 필요하다면 예약 시

> **Check!**
> **홍콩익스프레스** 기내 반입 수하물 1개(7kg 이내) + 휴대용품 1개, 위탁 수하물은 추가 요금 발생
> **제주항공** 기내 반입 수하물 1개 + 휴대용품 1개, 위탁 수하물 1개(15kg 초과 시 추가 요금 발생)
> **티웨이항공** 기내 반입 수하물 1개 + 휴대용품 1개, 위탁 수하물 1개(15kg 초과 시 추가 요금 발생)
> **진에어** 기내 반입 수하물 1개 + 휴대용품 1개, 위탁 수하물 1개(15kg 초과 시 추가 요금 발생)

미리 추가해 두는 편이 공항에서 하는 것보다 조금 더 저렴하다.

✓환불 규정 체크
특가 요금의 경우엔 취소나 환불, 여행 일정 변경이 안 되는 경우가 대부분이다. 여행 일정이 변경되는 경우 항공권 금액을 전액 수수료로 지불해야 될지도 모르니 신중하게 예약하자.

✓항공 일정 체크
저가 항공의 경우엔 출발 시간 혹은 날짜가 변경되거나 운행 지연이 되는 경우가 종종 있다. 여행 출발 전 항공 일정을 다시 한번 체크하자.

D-30
숙소 예약하기

한인 민박부터 게스트하우스, 럭셔리 호텔까지 관광 도시 홍콩엔 여행자의 스타일과 예산에 따라 다양한 숙소가 마련되어 있다. 홍콩의 호텔들은 요금이 비싸기로 유명하니 배낭 여행자들에게는 저렴한 게스트하우스나 한인 민박을 추천 물론 호텔이라고 해서 무조건 다 비싼 것은 아니니 꼼꼼하게 비교해 보고 자신에게 맞는 숙소를 예약하도록 하자.

tip 짧은 일정의 여행자라면 숙소 비용보다는 위치가 중요! 주요 관광지가 몰려 있는 침사추이나 센트럴에 위치한 숙소를 예약하는 것이 좋다.

D-25
여행 정보 수집 및 여행 계획 세우기

이 책만으로도 충분히 여행정보를 수집할 수 있지만 직접 여행을 다녀온 여행자들의 후기를 꼼꼼히 체크해 보는 것도 좋다. 가이드북과 인터넷을 적절히 활용해 자신에게 맞는 여행지를 선별해 나만의 특별한 여행 일정을 세워 보자!

tip 〈무작정 따라하기 홍콩〉 저자가 추천하는 실패 확률 제로 여행 코스! P.136 참조

관광청 홈페이지
각 관광청 홈페이지에서는 최신 여행 정보와 함께 다양한 이벤트 소식을 확인할 수 있다.

홍콩관광청
www.discoverhongkong.com

여행 커뮤니티
포에버 홍콩카페
http://cafe.naver.com/foreverhk
홍콩여행을 다녀온 사람들의 후기가 많다. 하지만 모든 정보가 정확한 것은 아니니 주의하자.

정대리의 홍콩이야기 블로그 http://blog.naver.com/hktb1
홍콩관광청에서 운영하는 블로그로 비교적 객관적이고 생생한 후기를 볼 수 있다.

tip 홍콩 관광청 공식 홈페이지에서 무료로 e 가이드북을 다운로드 할 수 있다.

D-20
면세점 쇼핑하기

세계 각국의 다양한 면세점들이 있지만 우리나라 면세점은 그 중에서도 저렴하기로 손에 꼽힌다. 게다가 인터넷 면세점의 적립금 제도를 활용하면 정가에서 30% 정도 할인된 가격으로 제품 구입이 가능하니 평소 위시리스트에 올려 두었던 다양한 제품들을 저렴하게 구입해 보자.

면세점 이용 꿀팁!
- 보통 인터넷 면세점은 일주일 단위 혹은 한달 단위로 적지 않은 금액의 적립금을 계속해서 제공한다. 한꺼번에 제품을 몰아 결제하는 것보단 각각의 제품을 시간차를 두고 나눠 구입하면 조금 더 저렴하게 구입 가능하다.
- 인터넷 면세점 전용 앱을 설치하면 모바일에서만 사용 가능한 모바일 적립금을 추가로 이용할 수 있다.

• 한 곳의 면세점만 공략하지 말고 롯데면세점, 신라면세점, 신세계면세점 등 면세점별 판매 가격을 체크하면 같은 물건이라도 보다 저렴하게 구입 가능하다.

Check! 여행을 마치고 돌아오는 내국인의 경우 반입 가능한 면세 한도는 800달러(US$)와 술 2병(2리터 이하), 향수 100㎖ 이하 한 병, 담배 한 보루! 너무 많은 제품을 구입했다간 적지 않은 세금을 내야 할지도 모르니 유의하자!

D-15
환전하기

홍콩과 마카오 두 곳 모두 홍콩달러가 사용되기 때문에 환전은 모두 홍콩달러로 하면 된다. 귀국 후 남은 홍콩달러를 다시 원화로 환전 시 환차손이 생기므로 대략적인 여행 일정과 세워진 예산에 맞춰 과하지 않게 환전하는 것이 포인트. 비상 상황을 대비해 홍콩에서 사용 가능한 신용카드(VISA, 아메리칸 익스프레스(AMEX), JCB, Marstercard 등)를 함께 가져 가자.

Check! 홍콩에서 신용카드 사용하기?!
아주 작고 허름한 가게나 재래시장이 아니라면 대부분 카드 사용이 가능하다. 하지만 신용카드 이용 시 카드사에 지불해야 하는 수수료가 발생하니 크지 않은 금액이라면 되도록이면 현금을 이용하자.

환전하기 꿀팁!
• 다양한 금액으로 골고루 환전하면 여행 시에 더욱 유용하게 사용할 수 있다. HK$500, 1,000 등 고액권은 받지 않는 곳도 있으니 유의! (홍콩달러 화폐 종류 : HK$10, 20, 50, 100, 500, 1,000)

tip 혹시 미리 환전을 못했더라도 공항에 위치한 환전소를 이용할 수 있지만 수수료를 더 많이 지불해야 하니 은행 인터넷 홈페이지나 창구 등을 이용해 미리 환전하는 것이 좋다.

D-10
여행자 보험 가입

환전 시 은행에서 무료로 가입해 주기도 하지만 보장이 턱없이 부족한 경우가 대부분이니 내용을 꼼꼼하게 확인하는 것이 좋다. 일주일 이내 여행의 경우 2만원 정도의 금액으로 가입 가능하니 혹시 모를 비상 상황을 대비해 여행자 보험은 꼭 가입하자. 본인의 공인인증서와 본인명의 신용카드가 있다면 보험사 홈페이지(삼성화재, LIG손해보험, 동부화재 등)에서 간단하게 가입 가능하며 이렇게 가입하는 것이 가장 저렴하다.
공항에서도 가입 가능하지만 같은 보장이라도 보험료가 더 비싸니 미리 인터넷으로 가입해 보험증서를 출력해 두는 것이 좋다.

D-5
짐 꾸리기

여행 준비물 체크 리스트

기본적인 옷들이나 화장품, 여성용품들은 홍콩 현지에서도 충분히 구입 가능하지만 여권이나 항공권, 홍콩달러, 신용카드, 호텔 바우처 등은 꼼꼼하게 챙겨 두자. 너무 많은 짐으로 가방을 꽉 채워 가면 홍콩에서 구입한 물건들은 담아올 수 없으니 가방의 2/3 정도는 비워 두는 것이 좋다.

- ☐ **여권** 만료일이 6개월 이상 남아 있는지 확인
- ☐ **항공권** 출국, 귀국 일정을 다시 한번 확인하고 이티켓을 출력한다.
- ☐ **여권 사본** 복사하거나 휴대폰에 이미지로 저장해 두는 것도 좋다.
- ☐ **현금** 소액권 위주로 홍콩달러로 환전해 준비하자
- ☐ **신용카드** 비자나 마스터카드 등 해외에서 사용 가능한지 확인
- ☐ **여행자 보험** 보험증서는 출력해서 가지고 가자.
- ☐ **호텔 바우처** 미리 출력하거나 휴대폰에 이미지로 저장해 두자.
- ☐ **여행 가방** 예약한 항공사의 수하물 규정에 맞게 준비
- ☐ **크로스백** 배낭은 소매치기의 위험이 있으니 크로스백이 유용하다.
- ☐ **옷** 겨울에도 두꺼운 옷은 필요 없다. 계절에 맞춰 준비하자.
- ☐ **카디건 or 바람막이** 여름이라도 쇼핑몰에는 에어컨이 강하니 준비하자.
- ☐ **속옷** 더운 홍콩의 특성상 넉넉하게 준비하자.
- ☐ **신발** 평소 발에 익숙한 운동화나 샌들을 준비하자.
- ☐ **세면도구** 작은 사이즈의 여행용 빈 병에 가지고 가면 좋다. 자외선 차단제도 필수
- ☐ **카메라** 메모리 카드와 충전기를 함께 챙기자.
- ☐ **멀티콘센트** 홍콩에서 사용 가능한 3구형으로 준비
- ☐ **우산** 작고 가벼운 우산은 비가 올 때나 한낮에도 유용하다.
- ☐ **선글라스** 자외선이 강한 홍콩에서는 선글라스가 필수
- ☐ **상비약** 연고, 반창고, 두통약, 진통제, 종합감기약 등
- ☐ **수영복** 해변이나 호텔에서 유용하다.

D-1
최종 점검 리스트 확인

항공사나 호텔에 미리 연락해 다시 한번 일정을 확인하고 여행 가방엔 빠진 것이 없는지 리스트를 살피자. 집에서 인천공항까지의 소요 시간을 확인해 이동 방법을 미리 정해 두고 여행 전날은 충분히 휴식을 취해 컨디션을 조절하는 것이 좋다.

D-Day
출국하기

1. 공항 이동하기

늦어도 비행기 출발 시간 2시간 전에는 도착하는 것이 좋다. 성수기에는 출국하는 사람들로 엄청난 기다림을 감수해야 할지도 모르니 3시간 전에 도착하도록 하자.

Check! 대한항공, 진에어를 이용하는 경우 인천공항 제2여객터미널에서 수속 및 탑승한다.

• 공항 버스
운행 시간 04:15~23:30 (노선별 상이)
요금 9,000원~ (노선별 상이)

공항버스 노선은 홈페이지 참고
www.cyberairport.kr

• 공항 철도
운행 시간 06:00~22:50
요금 직통 열차 13,000원(서울역 기준)

2. 탑승 수속

예약한 항공사 카운터에서 이티켓을 이용해 탑승 수속을 한다. 위탁 수하물이 있다면 카운터에서 보내고 기내 수하물은 소지하도록 한다. 항공기 기내에는 용기 1개당 100㎖가 넘거나 총량 1L를 초과하는 액체류, 칼·가위·면도날 등 날카로운 물품과 인화물질 등은 반입할 수 없으니 유의하도록 하자.

Check! 도심 공항 터미널을 이용할 경우 항공기 출발 3시간 전까지 탑승 수속을 완료해야 하니 유의하자.

3. 출국 심사

비행기 티켓과 여권을 가지고 휴대품 보안 검사를 하고 출국 심사대를 통과하자.

Check! 스마트패스 앱을 설치해 등록해 두면 별도로 마련된 게이트를 통해 빠르게 출국 심사가 가능하다.

4. 면세품 인도

미리 면세점에서 구입한 물건이 있다면 면세점 인도장에서 교환권 번호 또는 여권으로 조회 후 인도가 가능하다. 탑승동에서 비행기를 탑승해야 하는 경우라면 탑승동 면세품 인도장을 이용하자.

5. 비행기 탑승

미리 티켓에 적힌 게이트 번호를 확인해 위치를 파악해 두고 출발 시간보다 20~30분 정도 먼저 탑승을 시작하니 보딩 타임을 확인해 여유롭게 게이트 앞에 도착하는 것이 좋다.

INDEX

A 1

APT. 커피 _264

GOD _192

HSBC빌딩 _184

ICC _44

IFC _182

K11 뮤제아 _35, 160

K11아트몰 _161

KAPOK _264

PMQ _50

SKY100 전망대 _153

T갤러리아 _162

%아라비카 _190, 285

18 그램스 _241

1881 헤리티지 _49, 153

2 IFC _45

22 십스 _263

3 퍼시픽플레이스 _259

ㄱ

골든 바우히니아 광장 _258

골든 바우히니아 상키 _259

구 대법원, 입법부 빌딩 _49, 186

구 센트럴 경찰서 _50, 186

구 완차이 우체국 _51

구 홍콩총독부 _50

그레이트푸드홀 _118

그레이하운드 _159

금붕어마켓 _221

글로리베이커리 _160

까우께이 _189

까우룽 공원 _154

깜와카페 _223

꽃시장 _220

ㄴ

남기국수 _241

너츠포드테라스 _154

넉박스 커피 컴퍼니 _222

네드 켈리스 라스트스탠드 _157

네이선로드 _53

눈 데이 건 _238

ㄷ

다길라 스트리트 _197

더 글로브 _195

더들스 _109, 190

더들스트리트 _185

더리펄스베이 _284

더베란다 _285

더 원 _163

더 차이나 바 _197

더커피아카데믹스 _240, 260, 285

더펄스 _284

더페닌슐라 홍콩 _51

더폰 _50

더피크룩아웃 _208

드래곤아이 _197

딘타이펑 _99, 156

딤섬 _222

딤섬 라이브러리 _188

딩딤 1968 _194

ㄹ

라이언스 파빌리언 _207

라이언스 파빌리언 & 뤼가드로드 전망대 _43

라임우드 _285

라카반 _194

라틀리에 드 조엘 로브숑 _104, 190

란콰이퐁 _183

랑함플레이스 _223

랜드마크아트리움 _192

레이가든 _91, 187

레이디스마켓 _220

록시땅스파 _264

록예딤섬 _159

룽킹힌 _107, 189

뤼가드로드 전망대 _206

르방베이커리 _263

리가든 1 & 2 _243

리시어터 _243

리퉁 애비뉴 _261

리틀바오 _195

리틀바오 다이너 _240

리펄스 베이 비치 _284
리포센터 _185

■
마담 푸 그랑 카페 시누와 _188
마담투소 홍콩 _207
마리메코 _242
마야 바디 헬스센터 _163
막스 누들 _94, 191, 208
만모사원 _184
매닝스 _114
머리하우스 _49, 274
모던차이나레스토랑 _99
모던차이나레스토랑(금만정) _260
모토리노 _195
모트 32 _97, 187
몬키카페 _159
미도카페 _221
미라플레이스 _162

■
버거룸 _240
베이크하우스 _37, 275
보이노베이션 _106, 189
봉주르 _161
부바검프 _208
부처스트럭 _159
브런치클럽 _194

블레이크피어 _274
비프 앤 리버티 _275
빅뱅돈 _222
빅토리아 파크 _41, 238
빅토리아 피크 뤼가드로드 _59
빠네 에 라테_275

▲
살리스테라 _191
상기 콘지 _95
샤샤 _114
샹히 _162
서구룡 문화지구 _36
서구룡문화지구 아트파크 _152
성 앤드루 교회 _51, 155
성 요한 성당 _49, 186
세레나데 _155
세바 _187
센트럴 & 웨스턴 디스트릭트 프롬나드 _183
센트럴 마켓 _192
센트럴-미드레벨 에스컬레이터 _183
센트럴플라자 _258
성완 트램 정류장 _52
소고홍콩 _243
소셜플레이스 _191
소호 _182
슈가피나 _161
스카이테라스 428 _206

스타 페리 _58, 80
스타벅스 _208
스타스트리트 _258
스타의 거리 _152
스탠리 메인 비치 _274
스탠리마켓 _275
스탠리플라자 _275
스파이스 _160
시계탑 _48
시티슈퍼 _119
실버코드 _162
심포니 오브 라이트 _152
쑨얏센기념관 _51, 185

●
아말피타나 _285
아이스퀘어 _162
아쿠아 루나 _81
야우마테이 극장 _51
언더브리지 스파이시크랩 _93, 261
엑스포 프롬나드 _59, 258
엠플러스 _154
예상하이 _99, 158, 187
오션파크 _65
오올라프티 _264
오이스터 & 와인바 _157
오존 _158
운동화 거리 _220

291

울루물루스테이크하우스 _260

울루물루프라임 _157

원덤섬 _221

웨스턴마켓 _48, 184

웰컴슈퍼스토어 _116, 243

위 _101

윤포우 새공원 _221

이사 _163

이케아 _242

인섬니아 _197

ㅈ

자딘스크레센트 _243

자미야모스크 _51, 186

정두 _95, 188

제니베이커리 _160, 191

조이힝 _91

죽가장 _93

중국은행타워 _184

쯤쯤 _194

ㅊ

천외천 _155

청킹맨션 _154

치케이 _156

치하우스오브 쓰촨 _263

칠리파가라 _101

침사추이 시계탑 _153

침사추이 해변 산책로 & 스타의 거리 _58

침차이키 _94, 190

ㅋ

카페 보헴 _158

카프리스 _105, 188

캐피탈 카페 _261

캔톤로드 _154

코즈웨이 베이 모어턴테라스 버스 종점 _245

콩테 드 쿠키 _160

쿡트델리 _159

쿼리 베이 _53

퀴너리 _194

큐브릭카페 & 영화와 예술서점 _222

클래시파이드 _245, 275

ㅌ

타마파크 _183

타이거 슈거 _222, 241

타이바질 _189

타이윤마켓 _261

타이청베이커리 _191

타이청베이커리 _207

타이퀸 _182

타이항 _238

타이힝 _91, 156

타임스스퀘어 홍콩 _242

탕코트 _155

템플스트리트 야시장 _220

템플스파이스크랩 _93

트위스트 _163

티라피 _223

틴룽힌 _108, 158

틴하우 & 관음상 _284

틴하우사원 _239, 274

팀호완 _188

ㅍ

파라다이스 다이너스티 _98, 239

파이브 가이즈 _263

파인프린트 커피 _245

파크레인 쇼핑 거리 _163

퍼시픽커피컴퍼니 _207

퍼시픽플레이스 _192

페닌술라 스파 _163

페이 제 _111, 223

페킹가든 _97, 190

페퍼런치 _241

포스 잇 _223

푹람문 _90, 260

퓨얼에스프레소 _190

프랑프랑 _243

프린지클럽 _50, 197

플래그스태프 하우스 다기박물관 _50, 185

플럼콧 _245

피엠큐 PMQ _182

피크 갤러리아 _206
피크 타워 _206
피크 타워 & 피크 갤러리아 _42
피크 트램 _79, 206
피크 트램 역사 갤러리 _207

하버시티 _161
하비투 테이블 _240
하이산플레이스 _242
할란스 _157
해피밸리 경마장 _238
허니문디저트 _221
헤이즐&허쉬커피로스터즈 _195

호리푹 _195
호이틴통 _157
호프웰센터 _259
호흥키 콘지 & 누들 완탕 숍 _239
홈 에센셜 _192
홈리스 _242
홍콩 고궁박물관 _152
홍콩 디즈니랜드 _60
홍콩 옵저베이션 휠 _59
홍콩 옵저베이션 휠 / AIA 바이털리티 파크 _183
홍콩 컨벤션 & 엑시비션 센터 _258
홍콩 트램 _77
홍콩경마박물관 _239
홍콩공원 _185

홍콩과학관 _153
홍콩금융관리국 인포메이션 센터 _183
홍콩동식물공원 _186
홍콩아트센터 _259
홍콩역사박물관 _153
홍콩우주박물관 _155
홍콩중앙도서관 _239
홍콩총독부 _186
홍콩해양박물관 _185
황후상 광장 _184
후통 _101, 156
훙씽사원 _259
희기 _93, 156

사진 제공

42p 피크갤러리아 kylauf@shutterstock.com
169p 센트럴 – 미드레벨 에스컬레이터 martinho Smart@shutterstock.com
192p 센트럴 마켓 kylauf@shutterstock.com
228p 푸드코트 Sorbis@shutterstock.com

MEMO

MEMO